全球低碳城市联合研究中心绿皮书

中国城市低碳发展2011

URBAN LOW-CARBON DEVELOPMENT OF CHINA IN 2011

主 编

潘家华 王汉青 陈志强
梁本凡 周跃云 陈 颖

经济日报出版社

图书在版编目（CIP）数据

中国城市低碳发展2011/潘家华等著.--北京 ：
经济日报出版社，2011.1
ISBN 978-7-80257-299-7

Ⅰ.①中… Ⅱ.①潘… Ⅲ.①城市-节能-研究-中
国 Ⅳ.①TK01

中国版本图书馆CIP数据核字(2011)第043521号

中国城市低碳发展2011

主　　编　潘家华 王汉青 陈志强 梁本凡 周跃云 陈 颖
责任编辑　赵博雅
责任校对　王 曦 张 健 韩 倩 蔡钱英 邢章萍

出版发行　经济日报出版社
地　　址　北京市宣武区右安门内大街65号(邮政编码:100054)
电　　话　010-63567689（编辑部）63588445（发行部）
网　　址　www.edpbook.com.cn
E-mail　jjrb58@sina.com
经　　销　全国新华书店

印　　刷　北京汉玉印刷有限公司
开　　本　850×1168mm 1/16
印　　张　17.75
字　　数　330千字
版　　次　2011年1月第一版
印　　次　2011年1月第一次印刷
书　　号　ISBN 978-7-80257-299-7
定　　价　398.00元

摘 要

本报告探讨界定了低碳城市与城市低碳发展等基本概念与范畴，汇集整理了中国110个大与特大城市的能源消费与碳排放数据，考察分析了中国城市低碳发展面临的困难与问题，梳理总结了中国城市低碳发展规划的特点与框架体系，尝试构建了中国城市低碳发展的评价指标体系，对中国110个城市的低碳产出指标、低碳消费指标、低碳资源指标、低碳社会指标、低碳环境指标等进行了初步测算，揭示了中国城市低碳发展的基本途径与主要方向，提出了推进中国城市低碳转型的具体措施与建议。

低碳发展是一场涉及生产方式、生活方式、社会制度与价值观念的革命，是中国现代化建设的新主题。虽然单位GDP能源消耗处于迅速改善状态，能源消费结构也变得越来越低碳，未来25年，如果没有显著的技术变革与结构转型作支撑，由于人口增长、人均GDP增长与居民生活质量的提升，我国能源消费总量和二氧化碳排放总量会一直保持增长状态。按常规发展模式，我国二氧化碳排放可能在2035年以后达到顶峰，总量将超过100亿吨。目前，我国人均二氧化碳排放已经超过世界平均水平，部分城市人均已经超过9吨，接近欧盟水平。所以，我国城市低碳发展，面临能耗与排放不断增长的挑战。

2010年，中国城市低碳发展进步很大，但也存在一些问题：110个城市的2/3，碳排放强度偏大，节能减排任务重；过分看重成本比较高的太阳能发电项目的开发，公共投入忽视成本；节能减排“拉闸断电”，措施单一且过于僵硬，国民福利损失严重；应对气候变化的法律、法规和政策体系不完善，很多领域仍然处于空白状态。

面对挑战与问题，“十二五”期间，我国各城市要以科学发展观为指导，从实际出发，探索适合自己特色的低碳发展道路；要认识到产业结构转型、能源结构调整、企业技术改造和降低单位GDP能耗，仍然是我国城市低碳发展的主要途径；国家有关部门要改革节能减排考核办法，提高区域统筹节能减排效率；各地要积极开展低碳城市发展理论与规划研究，构建全国低碳发展新格局。

Abstract

This report highlights some basic concepts of urban low-carbon development, compiling a list of 110 Chinese cities' energy and carbon emissions, analyzing the difficulties and problems of Chinese cities' low-carbon development, summing up the carbon framework of urban planning systems and its features, creating an evaluation and assessment index system for the low-carbon , pointing out the path and direction of China's urban low-carbon development and proposing concrete measures and proposals for Chinese low-carbon cities.

Low-carbon development is a revolution including production mode, lifestyles, social systems and cultural values, and is also a new theme in China's modernization. The energy consumption per unit of GDP in China is decreasing rapidly and the energy structure is becoming a low-carbon one. However, due to population growth and per capita GDP growth, China's total energy consumption will keep growing before 2045. As a result of this, the carbon emissions will also keep increasing before 2045. The CO2 emissions will reach a peak between 2035 and 2045 and hover at 130 million tons under BAU without obvious technology progress or economic structural transformation, which is twice of the current level. Per capita carbon dioxide emissions will be 8.98 tons in 2045.

In 2010, urban low-carbon development in China has made great progress but still there are some problems. For example, 78% of 110 cities have a low carbon productivity with high carbon emission intensity and their task is much heavy in terms of energy saving and emission reduction. Too much emphasis has been put on the development solar electricity which has a relatively high cost. Public investment is used without regarding the cost or benefit. The emission reduction measure in cutting power is too rigid and simple, which results in serious loss of national welfare. The laws, regulations and policy system in dealing with the climate change are very imperfect, and many areas remain in a blank state.

To overcome the problems and challenges, this report suggests that during the period of next five Planning, China's cities should explore their own low-carbon development path from reality guided by the "Scientific Concept of Development" and should realize that industrial restructuring, energy structure adjustment, enterprises' technological transformation and the reduction of energy consumption per unit of GDP are still the main way to develop low-carbon cities in China. We should reform the emission reduction implementation measures and improve the efficiency of regional co-coordinating energy saving and emission reduction. We should also be active in the research of low-carbon development theory and planning, and construct a new pattern of national low-carbon development.

目 录

表　目

图　目

CONTENTS

前 言

面对化石能源供给的有限性、二氧化碳排放的增长、全球气候变化等问题，向低碳转型，已经成为城市现代化发展的新主题，成为人类文明发展的新方向，成为全球可持续发展的必然选择。

然而，世界上处于高速发展中的经济体，发展低碳技术、调整能源结构、实现低碳减排，一般存在城市人口增长快、能源需求增长快、二氧化碳排放总量增长快、技术水平落后、产业结构层次低、经济增长方式粗放、低碳发展理论研究不足、低碳建设经验缺乏等困难。

作为负责任的世界人口大国，中国为承担起节能减碳、应对气候变化、推动人类文明转型、促进全球可持续发展的义务，已经主动向全世界庄严承诺，到2020年，单位GDP的二氧化碳排放比2005年削减40%～45%。

为了实现这一承诺，中国从中央到地方、从东部沿海到西部山区、从城市到乡村，开展了自愿自觉的低碳行动。2010年7月，国家发展与改革委员会公布了五省八市低碳试点名单。目前，全国一大批省份和城市都在开展低碳城镇发展规划与建设试点工作。

为了科学推动我国城市低碳发展，中国社会科学院城市发展与环境研究所、湖南工业大学、经济日报社所属的《经济》杂志等单位利用各自优势，联合发起成立全球低碳城市联合研究中心，试图在低碳城市研究与评价领域，优势互补、强强联合、打造精品、构建品牌、走向全球、引领世界。

在中国社会科学院城市发展与环境研究所、湖南工业大学和《经济》杂志的大力支持下，全球低碳城市联合研究中心开展了低碳城市发展理论、中国低碳城市发展评价指标体系、中国城市低碳产业、中国城市低碳交通、中国城市低碳建筑、中国城市低碳能源、中国城市低碳园区、中国城市低碳品牌、中国城市低碳规划、中国城市低碳发展排位等专题研究，取得了初步的成绩。

《中国城市低碳发展绿皮书2011》是全球低碳城市联合研究中心2010年完成的主要研究成果。该成果尝试从理论、实践、综合、前瞻等方面有所创新，编制整理了主要涵盖中国110个地级以上城市能源与碳排放数据，考察分析了中国城市低碳发展面临的困难与问题，梳理总结了中国城市低碳规划的特点与框架体系，尝试构建了中国低碳城市与城市低碳发展的评价指标体系，揭示了中国低碳城市与城市低碳发展的基本途径与主要方向，提出了推进中国城市低碳发展的具体措施与建议。

《中国城市低碳发展绿皮书2011》在低碳城市规划、低碳城市建设与城市低碳产业发展理论、方法与实践等领域里所开展的一些有益探索，希望对城市领导干部、城市科研工作者、高等院校教师与学生，学习与了解低碳城市、城市低碳发展与建设等有一定的参考价值，对国内外专业机构、服务公司与技术人员了解中国城市低碳发展情势、获取中国城市低碳发展基本数据，提供一些基本信息。在应对气候变化、节能减排等方面，《中国城市低碳发展绿皮书2011》为国家宏观决策部门和城市居民准确把握和客观认识我国温室气体排放的基本情况及减排途径，提供了量化参考依据。

鉴于时间短、方法体系不尽完善，本书一定存在不少缺点和错误，全球低碳城市联合研究中心诚恳希望读者批评指正。低碳城市与城市低碳发展，是一个极富挑战性的战略性及现实性课题，我们愿与国内外相关机构、团队与个人一起，不断完善理论与方法论体系，丰富城市低碳数据，拓展研究内容，为世界可持续发展和人类低碳生态文明建设，贡献自己的智慧与力量。

潘家华

2010年11月8日

Foreword

Facing issues such as the limited supply of fossil fuels, the increase of CO_2 emissions, and global climate change, transition to a low carbon approach has become a new theme of modern urban development, as well as a new development direction of human civilization. It has also become the inevitable choice for global sustainable development.

However, for the economic bodies with rapid economic development in the world, there are many difficulties in developing low carbon technologies, adjusting the energy structure and implementing carbon emission reduction. These difficulties include rapid urban population growth, huge demand for energy, rapidly increasing CO_2 emissions, less developed technology, low level industrial structure, extensive economic growth, insufficient theoretical studies on low-carbon development and lack of low-carbon urban construction experience.

As a responsible country in the world, China has made a solemn promise to the world that by 2020, carbon emissions per unit of GDP will be reduced by 40%-45% compared to 2005. This will allow China to fulfill its obligation in energy saving and carbon emissions reduction in order to cope with climate change, promote the transition of human civilization, and promote global sustainable development. In order to accomplish this promise, all of China launched a voluntary low-carbon movement in 2010. In June 2010, the National Development and Reform Commission released the list of low-carbon pilots which contained eight cities and five provinces. Now, a large number of provinces and cities are carrying out low-carbon urban development planning and construction work.

In order to scientifically promote the urban low-carbon development process, the Institute for Urban and Environmental Studies of the Chinese Academy of Social Sciences, Hunan University of Technology and Economic Journal Magazine established the Global Joint Research Center for Low Carbon Cities. The basic tenets of the center are: Complementarities, Partnership, Quality Promotion, Brand Building, Internationalization and Global Leadership.

In support of the Institute for Urban and Environmental Studies of the Chinese Academy of Social Sciences, Hunan University of Technology and Economic Journal Magazine, the Global Joint Research Center for Low Carbon Cities has done a lot of research projects on the theories of low-carbon city development, China's urban development evaluation and assessment index system, urban low-carbon industry, urban low-carbon transportation, urban low-carbon construction, urban low-carbon energy, urban low-carbon special economic zones, urban low-carbon city branding, urban low-carbon city planning, and Chinese cities' low carbon development ranking. Encouraging results have been achieved.

Low-carbon Urban Development in China 2011 is one of the main fruits of the Global Joint Research Center for Low Carbon Cities. This article is highly theoretical, practical, comprehensive, forward-looking and innovative. It highlights some basic concepts and categories of urban low-carbon development, compiling a list of Chinese cities' energy and carbon emissions, analyzing the difficulties and problems of Chinese cities' low-carbon development, summing up the carbon framework of urban planning systems and features, creating an evaluation and assessment index system for the low-carbon development, pointing out the path and direction of China's urban low-carbon development and proposing concrete measures and proposals for Chinese cities' low-carbon development.

It is also an important theoretical pilot tool to guide low-carbon city planning and construction, and a high-level reference for party members, scholars, professors and students to learn and understand the basics of low-carbon urban development and construction. Further, it is the best way for domestic and foreign professional organizations, service companies, and professional and technical personnel to understand China's low-carbon development situation and to get basic data.

Due to limited time to complete the projects, there are many shortcomings in this book. We sincerely hope for your constructive criticism and corrections. At the same time, we are looking for universities, professional organizations, service companies, foundations, businessmen, professionals and technical personnel at home and abroad who are interested in low carbon development to actively participate in the Global Joint Research Center for Low Carbon Cities. We can work together and contribute our wisdom and strength to the world's sustainable development and development of a low-carbon ecological civilization.

Pan Jia-hua

Nov. 8, 2010

总论：中国城市低碳发展的挑战与途径

潘家华　王汉青　梁本凡　周跃云　朱守先

摘要：本文对中国人口发展、经济发展、城市化进程等城市低碳发展的宏观背景进行了描述，对中国未来能源消费与碳排放总量进行了预测，从碳生产力水平、碳排放强度、可再生能源发展、节能减排目标、低碳政策等方面讨论了中国城市低碳发展与转型的突出问题，并从发展规划、碳指标分配、结构调整与技术进步、制度与政策建设等方面提出了中国城市现代化低碳转型发展的途径。

关键词：低碳发展　城市转型　城市现代化

低碳发展，是一场涉及生产方式、生活方式、社会制度与价值观念的革命。2003年，英国率先提出低碳经济。随后，欧盟将低碳经济视为一场新兴工业革命。2006年，《斯特恩报告》呼吁全球向低碳经济转型。[1] 2007年，中外学者以吉林等城市为案例，开展中国城市低碳发展方法论与途径研究。2008年，国际环境保护非政府组织世界自然基金，在中国选取部分城市开展低碳发展项目研究。2010年7月，国家发改委启动五省八市低碳工作试点。以此为标志，低碳发展已经成为中国城市现代化发展的新主题。“十二五”期间，中国城市低碳发展将进入新的阶段。为推进我国城市健康转型，我们认为，要将城市低碳发展放到中国现代化发展的高度来认识，要认识到它是科学发展观在当前这个时代的具体表现、是我国可持续发展战略与行动的向前再推进、是我国生态文明建设的重要组成部分与实施步骤。为此，要迅速建立城市低碳发展的理论体系与评价标准，研究未来我国城市低碳发展的战略重点与工作方法，探索中国特色的城市低碳现代化发展道路。

一、低碳发展是中国现代化建设的新主题

现代化是一个社会以经济发展为核心，涉及政治、法律、社会结构、心理、文化等人类活动和思想等一切领域的全方位转型过程。一般有下列三项特征：（1）过程上具有革命性与渐进性；（2）内容上具有全局性与综合性；（3）方向上具有进步性与创新性。包括生产方式的进步、制度机制的发展、文明形态的更新等等。

[1]2006年10月，前世界银行首席经济学家尼古拉斯·斯特恩牵头编撰的《斯特恩报告》认为，全球每年将1%的GDP进行低碳发展投入，可以避免将来气候变化给人类每年带来5%～20%的GDP的损失。

城市低碳发展是城市社会经济文化环境综合体由高碳工业文明形态全面向低碳工业文明与后工业文明形态发展的过程，表现为碳生产力水平和人文发展指数由低向高，不断提升的一种城市文明变迁状态。城市低碳发展主要通过技术的跨越式发展、制度机制的约束、能源效率的改进、产业结构的优化以及消费行为的低碳化等方式来实现。经济转型是低碳发展的基础，社会转型、文化转型、制度转型等，也是低碳发展的重要方面。没有社会转型、文化转型、制度转型的配合，城市低碳发展是不可能的。总之，城市低碳发展是一场涉及生产方式、生活方式、社会制度、价值观念的革命。在内容、性质与特征上，它与现代化是高度一致的，是生产力发展到高级阶段的产物，是现代化建设的新主题，是后工业化时代发展的核心内容之一，是工业文明向生态文明转变的必然过程。

面对这场新的全球现代化运动，英国等欧洲国家倡导发展低碳经济，日本提出建设低碳社会，美国强调发展低碳技术。发展中国家在贸易、融资和生产等方面提出了低碳发展措施，发起了各种低碳倡议。中国高度重视低碳经济建设。继2007年出席APEC发表讲话后，2008年，胡锦涛总书记又在G8+5峰会、日本“暖春之旅”及国内会议等多种重要场合强调了应对气候变化、发展低碳经济的重要性。2008年6月27日，中央政治局集体学习会议首次把应对气候变化、发展低碳经济作为学习内容。2009年9月22日，胡锦涛在联合国气候变化峰会上提出要大力发展绿色经济，积极发展低碳经济和循环经济，研发和推广气候友好技术。哥本哈根会议前夕，国务院会议决定，到2020年我国单位国内生产总值二氧化碳排放比2005年下降40%～45%，我国非化石能源占一次能源消费的比重达到15%左右，森林面积比2005年增加4000万公顷，森林蓄积量比2005年增加13亿立方米。

总之，向低碳转型，成为全球国际社会现代化发展的主旋律，同时也是中国现代化的重要新主题之一。

二、中国低碳发展面临的挑战

但是，和发达国家相比，我国现代化低碳发展所遇到的挑战很多。主要表现在以下三个重要方面。

1．中国低碳发展面临技术水平、经济结构、人口增长、城市化进程、国际贸易与资源环境等多种因素的限制

一是人口数量继续增长。当前和今后的15年，中国人口将以每年800～1000万的速度增长。二是城市化进程的快速推进。即使我国人口城镇化率每年增加1个百分点，城镇人口每年新增1400万左右，到2035年，我国人口城镇化水平将近68%。人口城市化所带来的消费方式转变和大规模城市基础设施建设，在未来几十年中都将给中国城市低碳发展带来巨大挑战。三是居民生活质量与碳消费水平提高。2010年，我国人均生活消费二氧化碳排放水平为0.73吨，仍处于较低水平。但是，即使采用比较严格的节能减排措施，未来相当长一段时期仍然会增加。四是能源密集工业比重居高不下。钢铁、汽车、造船、机械工业的发展消耗大量的原材料和能源。2010年我国万元GDP的能耗高达1.1吨标准煤，万元GDP的二氧化碳排放强度为2.1吨。五是处于国际产业与贸易分工低端，进口的主要是高附加值的产品和服务，而出口的主要是能源密集附加值低的制造业产品。六是资源环境的约束。中国以煤炭为主的能源消费结构短期内难以改变，能源结构调整难度大，在向低碳发展模式转变的过程中，将比其他国家受到更多的资金和技术压力，付出更高的代价。七是能源利用效率不高。2008年我国能源加工转换总效率为71.6%，比1995年只提高0.5个百分点。[2] 火电、炼钢、水泥制造、合成氨与乙烯等高耗能产品的单位能耗，我国整体上与日本等发达国家仍存在一定差距。总之，中国低碳发展面临技术水平、经济结构、人口增长、城市化进程、国际贸易与资源环境等多种因素的限制。

2．全球有限的碳预算空间会迫使中国在民生问题还没有得到很好地解决之前就过多地承担碳减排等国际义务

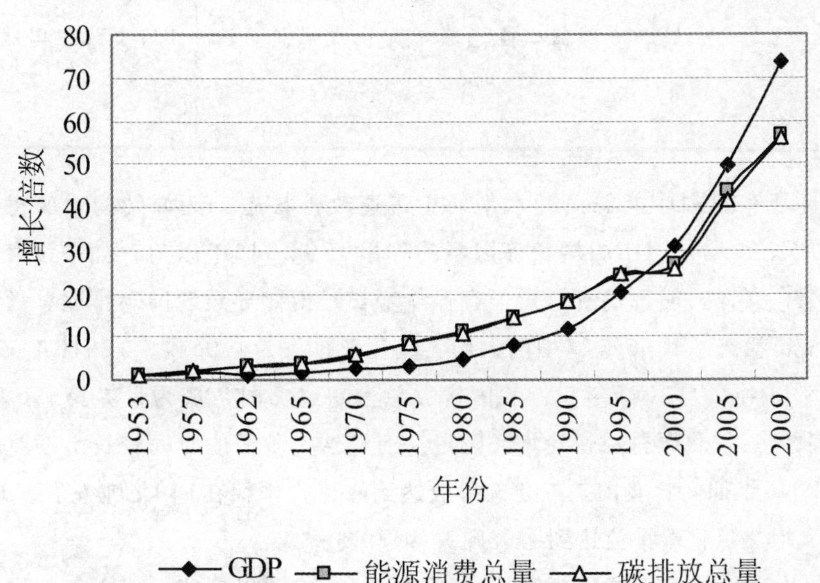

图1 中国碳排放、能源消费与GDP增长过程变化(1953～2009年，1952年不变价)

中国的经济增长、能源消费和碳排放总量之间，呈现出一个指数型耦合相关关系，见图1。三条曲线处于高度重合或平行状态。1953年到2009年期间，我国能源消费总量和经济总量，分别增长了56倍和72倍，相应的，中国的碳排放总量增加了55倍。

[2]《中国能源统计年鉴2009》，中国统计出版社2010年版。

表1 我国未来能源消费需求与碳排放增长预测（2005年不变价BUA情景）

年份	人口（万人）	人均GDP（元）	能源消费总量（亿吨标准煤）	单位GDP能源消耗（吨标准煤/万元）	碳排放总量（亿吨二氧化碳）	人均碳排放（吨二氧化碳）	碳排放系数（吨二氧化碳/吨标准煤）
2010	134659	22679	31.93	1.105	68.49	5.09	2.15
2015	138606	33752	40.96	0.847	87.12	6.29	2.13
2020	141841	46620	47.80	0.698	100.80	7.11	2.11
2025	144773	61313	54.08	0.586	113.04	7.81	2.09
2030	146211	78664	59.10	0.492	122.43	8.37	2.07
2035	146724	98646	62.80	0.413	128.96	8.79	2.05
2040	146768	119633	64.42	0.347	131.08	8.93	2.03
2045	146123	144018	65.06	0.290	131.19	8.98	2.02
2050	144639	172061	64.40	0.241	128.70	8.90	2.00

注：碳排放系数、碳排放总量和人均二氧化碳排放，来自于梁本凡，“中国社会经济环境仿真与低碳生态环境税制研究”，国家社科基金项目成果，2010年9月，项目批准号：02BJY116，项目名称：未来中国不同环保税制的社会经济生态效果仿真研究。其他数据来源：中国城市科学研究会主编，中国低碳生态城市发展战略，第180~181页，中国城市出版社，2009年。

虽然近年来我国单位GDP能源消耗水平处于迅速改善状态，能源结构也变得越来越低碳，但由于人口增长与人均GDP的增长等因素的作用，在2045年以前，如果没有显著的技术变革与结构转型作支撑，能源消费总量一直保持增长。由此导致我国碳排放总量在2045年以前也一直处于增长状态。2006年，中国人均二氧化碳排放为4.05吨。[3] 2010年，我国人均二氧化碳排放为5.09吨。自2007年起，我国排放总量超过美国，成为世界第一。2010年到2030年之间，是我国二氧化碳排放快速增长阶段，而且这一阶段的时间较长。按照BUA情景预测，2035年到2045年期间，我国二氧化碳排放达到峰值，徘徊在130亿吨左右，是目前的2倍；到2045年，人均二氧化碳排放达到8.98吨，接近9吨。

按2005年世界人口平均确定的碳预算标准，[4] 1900～2050年期间，每人每年约为2.33吨二氧化碳。在“G8+5”经济体中，仅有巴西和印度始终处在这一标准以下，中国自1993年起超过了这一标准。这就是说，目前，我国碳排放预算空间，尽管有大量的历史盈余额度，但现状和未来处于相对亏欠状态。

从图2可知，2008年大陆30个省市区人均二氧化碳排放均高于2.33吨，一些省区已经超过人均10吨，接近或超过目前一些发达国家的人均排放水平。

[3]中国城市科学研究会主编，中国低碳生态城市发展战略，第16页，中国城市出版社，2009年。

[4]潘家华，陈迎，李晨曦：《碳预算方案的国际机制研究》，经济科学出版社，2009年12月。

图2　2008年中国各省区人均碳排放

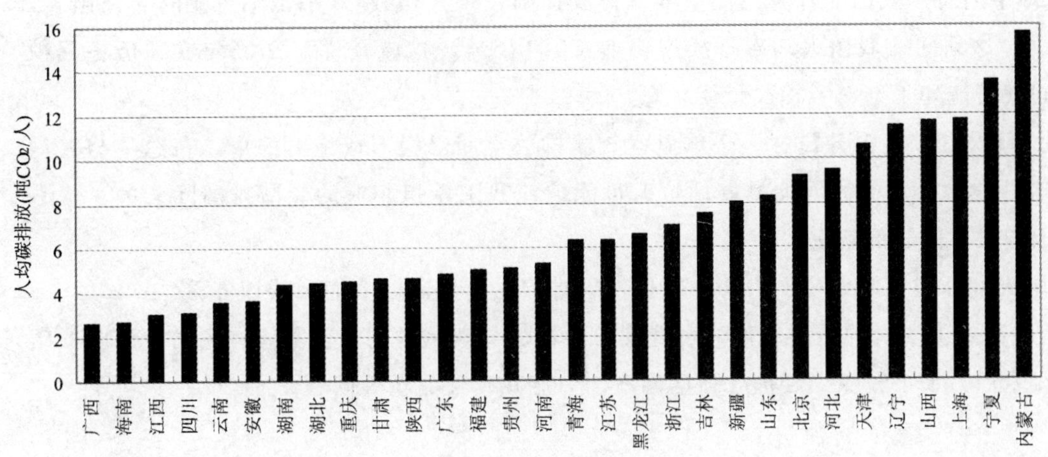

数据来源：根据《中国能源统计年鉴2009》整理。

表2 2009年“G8+5”碳排放指标比较

	人均碳排放（吨二氧化碳/人）	碳生产力（万美元/吨二氧化碳）（2000年不变价）	碳能源强度（吨二氧化碳/吨标准油）
中国	4.92	0.04	3.07
美国	18.38	0.21	2.45
加拿大	16.53	0.16	2.07
墨西哥	3.83	0.19	2.26
巴西	1.9	0.23	1.47
法国	5.74	0.42	1.38
德国	9.79	0.26	2.4
意大利	7.18	0.27	2.44
俄罗斯	11.24	0.03	2.32
英国	8.32	0.34	2.45
印度	1.25	0.06	2.3
日本	9.02	0.45	2.32
南非	6.93	0.05	2.51
世界平均	4.39	0.14	2.4

数据来源：Key World Energy Statistics 2010

1850～2005年期间，中国化石能源燃烧温室气体累积排放只有71.3吨二氧化碳/人，而同期全世界为173.7吨二氧化碳/人，中国要达到世界人均水平，尚有人均102.4吨的历史累积排放空间。[5] 2006年～2010年，按人均，我国已经消耗了24.3吨历史累积排放空间，留给未来的，只有78.1吨了。如果我国未来能源利用温室气体排放严格控制在年人均5吨水平，这78.1吨剩余历史累积排放空间，在2025年就几乎消耗殆尽。事实上，

[5]同上

2011～2025年期间，我国能源利用温室气体排放控制在年人均5吨水平是不可能的。按照表2中预测数据，这期间，我国人均碳排放年均增长0.115吨，这就是说，2023年我国历史累积碳预算空间就可能处于绝对亏损或负债状态。

为满足全球摄氏2度温升目标，全球温室气体排放空间已经形成绝对约束。在总量与人均水平上，这种被世界“关注”的排放地位，可能迫使我国承担相应的碳减排国际义务。这必然会影响国内民生问题的解决。

3．中国大部分城市的碳生产力水平较低，碳排放强度偏高，节能减碳任务重

城市是我国经济发展的重要载体，也是我国碳排放与碳减排的重要主体。我国城市向低碳转型面临碳生产力水平较低，碳排放强度偏高，节能减碳任务重等问题。

图3　我国110城市的碳生产力水平分布

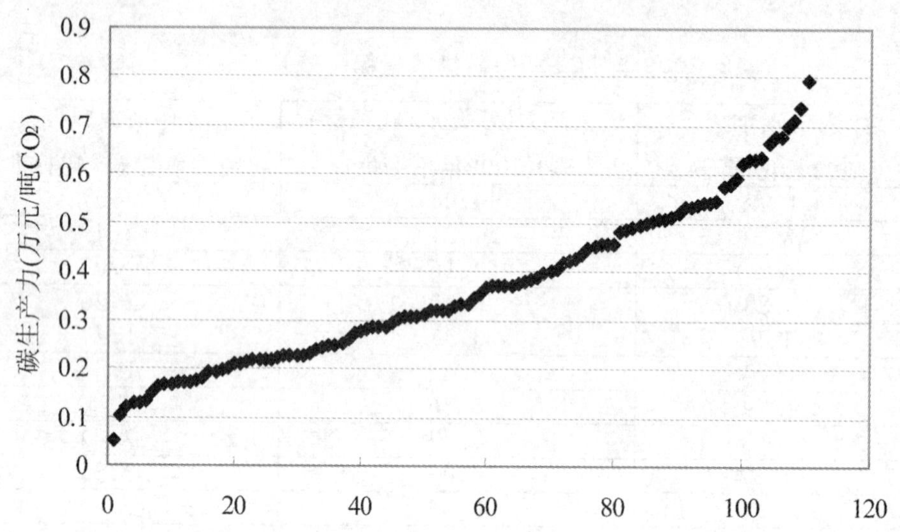

2008年，我国110城市的碳生产力水平明显偏低，以每排放一吨二氧化碳所能产出的GDP来衡量，78%的城市低于0.5万元。按7元人民币折换为一美元计算，只有0.07万美元。按一美元等于6元人民币计算，也只有0.083万美元。这就是说，2008年中国110城市的78%，其碳生产力水平低于830美元或700美元。

这个水平只比2009年印度的水平高一点，大致为世界平均水平的一半，只有法国的20%左右。如果这些城市的碳生产力要达到世界平均水平，则其排放强度要减少一半。由此可见，我国各城市二氧化碳减排压力之大。

2008年，我国万元GDP的二氧化碳排放在6吨以上的城市有石嘴山、临汾、攀枝花、本溪、西宁、长治和抚顺。这些城市的突出特点是能源密集，单位GDP的能耗高。其中，石嘴山GDP的能耗最高，万元GDP要消耗7.2吨标准煤，万元GDP的二氧化碳排放高达18.8吨，位居所考察的110个城市之首。

图4 我国110城市的碳排放强度分布

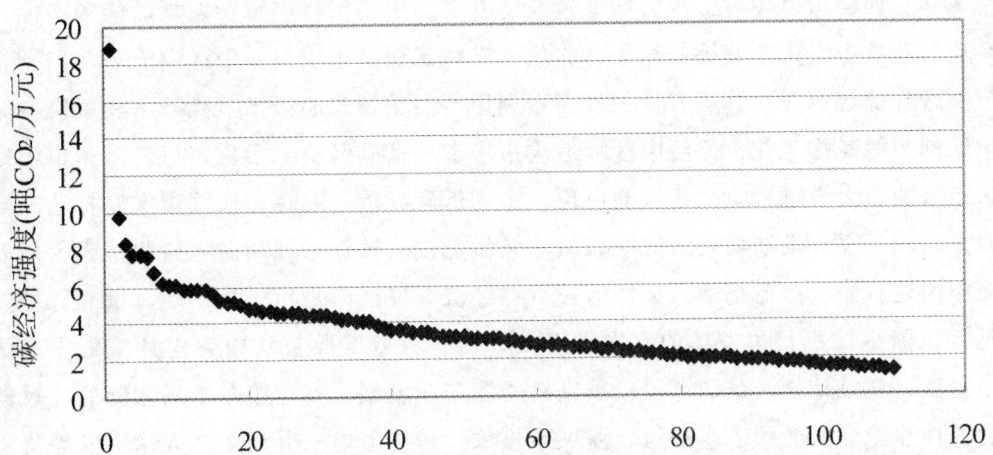

2008年，在考察与分析的110个城市中，有82.7%的城市其万元GDP的二氧化碳排放在5吨以下。其中，2～3吨为集中分布区，占110城市的25.5%，万元GDP的二氧化碳排放在1吨以下的城市缺失，1.5吨以下的城市有深圳、台州、珠海、厦门、湛江、延安和汕头，四个特区城市凸现其中，而上海、北京等第三产业高度发达的城市，因单位GDP能耗较高而无缘进入前列。只有张家界和湛江两市人均二氧化碳 排放没有超过2.33吨。

表3 我国110城市的碳排放强度分组统计

吨二氧化碳/万元GDP	1< 排放< 2	2< 排放 < 3	3< 排放< 4	4< 排放< 5	排放 > 5
城市数(座)	24	28	20	19	19
%	21.8	25.5	18.2	17.3	17.3

就目前来看，中国的二氧化碳减排问题为全世界所瞩目。我国城市二氧化碳减排问题更为严峻。要将2020年单位国内生产总值二氧化碳排放指标，降到2005年的40%～45%以下，十分困难，而要将中国人均二氧化碳排放水平，降到世界平均水平，则更难。中国国家和城市低碳发展面临的挑战是相当严峻的。

三、当前中国城市低碳发展存在的主要问题

在以低碳技术和低碳产品为核心的新一轮国际竞争角逐之中，谁领先一步，谁将引领世界发展潮流，并成为国际市场最大赢家。作为最大的发展中国家和碳排放大国，中国的低碳发展选择不仅决定未来自身核心竞争力的发展前景，也影响着世界未来的发展前景。2010年，中国城市低碳发展出现了许多可圈可点的个案。例如，江西共青城开放开发区管委会及所属企业，向

九江市政府签署自愿节能减排协议，承诺模范遵守国家节能减排的相关法律法规，积极参与节能减排工作。西宁市以环境工程引导低碳经济发展。中山市将培育和发展新能源产业，把新能源产业打造成中山市具有核心竞争力的优势支柱产业。重庆市渝中区政府与西门子签订了建筑节能合作谅解备忘录，双方将积极探索利用西门子领先的楼宇节能技术和解决方案，推进渝中区的节能减排工作，把渝中区打造成重庆市“低碳经济”示范窗口。随州市倡导城市建筑绿色节能，大力推广新型材料的应用，走“低碳经济”之路。成都市实施打造“零碳成都”城市品牌工程，发展低碳经济既做减法又做加法。镇江市规划做大做强薄膜太阳能产业，打造中国建材光伏产业基地。金华市在当地经济开发区内划出一片土地，设立异地开发区，给地处上游区域经济欠发达的磐安县开发，所得税收等收益均归磐安县。延安市试点“太阳能屋顶”建设计划。潍坊市积极推进新能源产业发展，打造胶东半岛太阳能、风能、生物质能、地热能等新能源生产基地。深圳市投放“减排节能”电动车。天津市发展集中供热，贷款节能减排。但是，纵观中国城市低碳发展形势，分析各地低碳发展策略与行为，存在的主要问题有：

1．光伏发电技术推广过快，超过了当前市场的承受能力

中国近几年开始着力发展新能源，先后出台了《可再生能源法》和《可再生能源发展中长期规划》。2007年6月，中国政府发布《中国应对气候变化科技专项行动》，明确了要重点发展新能源和可再生能源技术。但是从各地对新能源的理解与实施方案来看，刻意追求“零碳”成本比较高的太阳能的开发与应用。而对水电、垃圾发电、生物质能、煤层气等低成本的环保型清洁能源的利用等重视不够。例如，创下了世博历史上“太阳能发电应用规模之最”的上海世博园太阳能发电应用项目，发电成本每度2～2.5元，比目前水火发电成本高1.5～2元。“高价”太阳能的应用，需要高额公共财政和消费者支出与补贴。这必然导致国民福利的损失。在当前技术经济条件下，太阳能发电越多，国民福利损失越大。太阳能发电技术在具有市场竞争力之前，大规模推广与布局，容易造成资本锁定。

国内其它一些城市的太阳能示范项目，如太阳能路灯，投资大，市场效果欠佳。北京十渡风景区太阳能路灯的地面亮度，远不及初十的月亮。白天好看，形成了新能源路灯风景线，但晚上仍然漆黑一片，老百姓称之为浪费工程。某城市规划局综合办公楼的太阳能光伏发电项目，每度电的发电资金成本高达4.5元。如果太阳能发电项目在该市全面推广，显然对该市政府财政会造成难以承受的负面影响。

2009年3月，中国发布《汽车产业调整和振兴规划》，明确提出到2011年要形成50万辆电动车产能的目标。2009年，中国政府将新能源、节能环保、电动汽车等产业列入战略性新兴产业加以扶持。但是，简单地将电动车与环保车、节能车和低碳车划等号，显然是错误的。如果电动车所使用的电仍然是煤电，由于煤电的能源转换效率低，排放系数高，那么，和原来烧油的汽车相比，反而会提高碳排放。

我们需要鼓励发展可再生能源，但对于目前尚不具有市场竞争力的风能、太阳能，有限资金宜投在研发上，而不是投在产业化推广上。对不具有市场竞争力的可再生能源进行大规模布局补贴，社会将不堪重负，生产难以维系，实际上形成浪费。

2．节能减排机制与指标分配方式不尽完善

国家“十一五”节能减排指标分配，海南和西藏是12%，吉林省分配的任务较重，是30%，大多数省区介于15%～20%之间。从各地执行的情况看，其分配原则与方法是否科学，值得进一步研究。

科学的节能减排指标分配方式，需要考虑各地碳减排能力与碳排放水平。碳排放水平高的地区，减排责任相对较大，碳排放水平低的地区，减排责任相对较小。

关于碳排放水平，一般使用人均二氧化碳排放差值与万元GDP二氧化碳排放差值这两个指标来衡量。2010年，全国人均二氧化碳排放接近5.1吨。如果以人均5吨为标准来分配2011年的碳减排责任，青、新、内蒙古、宁、黑、吉、辽、苏、浙、沪、津、京、鲁、冀等，为碳排放水平较高的地区，因而要承担较大的减排责任。海南、广东、湖南、江西、云南、四川、广西、重庆、陕西、甘肃、安徽等，为碳排放水平较低的地区，减排任务分配也相对要小一些。

2008年我国万元GDP二氧化碳排放水平为2.13吨。按照万元GDP二氧化碳排放差值计算，山西与内蒙古等地区碳减排潜力大，京、沪等地碳减排潜力较低。

从各地减碳能力与减碳空间来看，宁夏缺乏减碳技术与经济实力，而可减空间很大。京、沪等地可减空间不大，但减排技术与经济实力很强。

所以，明确各地减排的责任、能力、条件与效益，建立合作减排机制，利用市场机制组织各地资源，发挥各地优势，是“十一五”国家节能减排工作中没有解决好的重大问题。

从机制上讲，节能减排分责任减排与志愿减排、高效减排与低效减排、当地减排与异地减排、合作减排与独立减排等多种类型。责任减排，就是由直接责任者出资的减排，志愿减就是无直接责任者进行的减排。当地减排，直接责任者在本地安排的减排，在当地完成减排指标。异地减排，直接责任者出资，由异地的合作者或志愿者安排的减排。一省区出资，到外省区减排，在外省区完成减排指标，又称为异地合作减排。一般来说，合作减排成本低，效率更高，还具有技术转移效益、经济效益和社会效益，更能实现减排局部利益与全局利益的最优化。国际社会的清洁发展机制，就是一种很好的合作减排范例。遗憾的是，我国“十一五”期间的节能减排机制，主要以当地减排、独立减排、低效减排方式为主，合作减排、异地减排和高效减排等方式少见。

3．节能减排手段单一，措施过于僵硬，国民福利损失严重

2010年，为了完成“十一五”规划所定的节能减排指标，我国有些省市对工业企业实施“开九停四”、拉闸断电等措施。通过简单粗暴的行政手段来强迫企业停产以降低能源消耗。造成的现实后果是：企业只好自备小型发电机，采购柴油发电来继续生产，解决订单与违约问题。订单保住了，但因自备电机，成本上升，利润减少，单位GDP能耗反而上升。由于限电限产，城市招商环境恶化，社会就业受到影响，居民生活水平下降。总之，节能减排手段单一，不能兼顾其他社会经济目标，措施过于僵硬，反而带来国民福利受损。

4．城市低碳发展的理论、政策、法律与规范等尚需完善

中国在发展低碳经济，促进城市低碳转型等方面的法律、法规、政策体系等非常不完善。很多领域尚没有规范性文件，更谈不上低碳经济立法。在宏观政策管理方面，能力有待提高。关于城市低碳发展的理论研究成果不多。低碳城市建设缺乏系统的城市低碳发展理论体系与考核评价体系做指导。这些严重制约了我国城市低碳转型与发展的现代化进程。

四、中国城市现代化低碳发展途径

要以科学发展观为指导，从我国各地区、各城市的具体实际和发展阶段出发，探索适合各地自己特色的低碳发展道路。当前，中国城市现代化低碳发展途径要重点注意以下几个方面。

1．开展低碳发展理论与规划研究，构建全国低碳发展新格局

一个区域，一个城市，如何发展低碳，需要科学的理论作指导。在科学研究的基础上，编制低碳发展规划。低碳发展规划要明确低碳发展目标、定位、原则、方向、任务、重点项目、建设时序等等。应结合节能减排工作，鼓励城市建立低碳经济示范区与低碳产业园区，开发低碳居住空间，实验低碳城市公交系统，创建低碳生态科技城等，为公众深度参与低碳发展创造便利条件。同时，通过广泛的宣传动员，进一步倡导企业和公民开展绿色生产，绿色经营，绿色消费，实践低碳生活方式，特别是戒除以大量消耗能源、大量排放温室气体为代价的“面子消费”、“奢侈消费”等。碳排放强度等指标应纳入城市“十二五”规划当中。根据低碳发展规划，各地区、各城市的政府部门应制订发展低碳经济的指导意见，明确低碳试点发展的区域与地点、项目与行业；实施企业能源强度标准与开展碳排放统计工作，规定可再生能源使用比例，筛选和推广国家重点低碳技术及示范工程。

2．产业结构调整、能源供应结构调整、节能技术改造与降低单位GDP的能耗，仍然是我国城市低碳发展的主要途径

2008年，我国终端能源消费中，大农业只占2.15%，工业高达70.66%，其他（含建筑业等）占27.18%，见表5。所以，通过产业结构调整，降低工业能源消耗，具有很大潜力。一些能源密集、经济效益不好的产业，如果技术改造难度较大，需要就地关停。传统产业的改造升级转型与旅游文化产业的发展等均是低碳发展的战略重点。

受能源供应结构的影响，中国的煤炭消费比重在全球主要经济体中位列榜首，2008年达70.3%，而世界平均煤炭消费比重是29%，印度煤炭消费比重是53%。中国将煤炭消费比重调整到印度水平，还有很大空间。

表4 2008年中国终端能源消费结构

领域	农林牧渔	工业	建筑业	交通邮电通信	批发零售贸易餐饮	生活消费	其它	合计
亿吨标准煤	0.6	19.68	0.38	2.25	0.57	3.19	1.18	27.85
比重(%)	2.15	70.66	1.36	8.08	2.05	11.45	4.24	100

数据来源：《中国能源统计年鉴2009》，中国统计出版社，2010年版

目前，中国投入产出成本低、效率高的大型商业低碳能源开发项目主要有水电和核电。我国水能理论蕴藏量超过6.7亿千瓦，居世界第一位，但开发利用比率不到30%。我国西南地区的减排，要重点通过进一步实施水电开来实现。

东部沿海缺煤、缺油、缺气的省区，需要重点发展核电等零碳能源。以反应堆计算，法国核电有58座，美国有104座，而我国包括在建的项目才26座。目前核电占全国发电总量的比重仅有1.92%。所以，核电还有巨大发展空间。太阳能发电、风能等新能源造价高，供给不稳定，经济效益不高，暂时仍不属于大规模发展范围。

国内企业进行节能技术改造，重点要推广与使用节能锅炉和节能灶。全国各城市要重点抓好交通节能、建筑节能、夜景照明节能等工作。夜景照明要限制在晚11点以前，交通节能主要在于提高城市公共交通出行比重，减少私人小汽车出行带来的能源高消费。

3．改革节能减排指标分配方式，创新实施办法，提高区域统筹节能减排效率

中国政府明确提出了应对气候变化自主减缓行动目标，到2020年单位GDP的二氧化碳排放将比2005年下降40%～45%。对这一减排目标的分解，“十二五”期间应该落实15%左右，“十三五”期间应该落实10%左右。

“十二五”期间的17%，要通过责任评估、能力评估、潜力评估、条件评估等方法，实行“谁有责任减”与“谁有能力减”等相结合的方式，科学地分配到各地。只有改革节能减排指标分配制度，才能提高区域统筹减排效率。

对于人均二氧化碳排放大幅高于全国平均水平的地区，天津、上海、辽宁、宁夏、山西与内蒙古等地区，应承担更大的减排责任。而海南、广东、湖南、江西、云南、四川、广西、重庆、陕西、甘肃、安徽等地区，也要承担一定的减排责任，相对来讲，其责任可以低一些。

万元GDP的二氧化碳排放水平全国分布，是识别“谁有潜力减”的重要依据。沪、京、津、浙、闽、琼、粤、桂等地，为低碳排放区，万元GDP二氧化碳排放在0～2.5吨之间，可减潜力相对不大。宁夏、甘肃、新疆、陕西、内蒙古等高碳排放区，万元GDP二氧化碳排放在4吨以上，远远高于2.13吨的全国平均水平，可减潜力较大。

人均收入水平，地方政府财力大小，科技人才集中程度，是识别“谁有能力减”的重要依据。宁夏、甘肃、新疆、陕西、内蒙古等高碳排放区，由于人均收入较低，科技实力有限，靠自己单干能力有限。沪、京、津和浙等地，由于经济实力强，是全国最有能力支持减排的地区。

鉴于全国各地节能减排责任、能力、条件与效益不一，科学的节能减排机制要求明确各地减排的责任、能力、条件与效益，合理分配减排任务指标，建立合作减排机制，利用市场机制组织各地资源，发挥各地优势，实行全国统筹减排。

例如，沪、京、津和浙等地，碳生产力水平处于较高地位，其直接减排责任比重分配要小。由于其经济与科技实力强，是有能力支持减排的地区，所以其间接减排责任比重分配要大。要鼓励他们带资金与技术，到西部地区开发异地合作减排项目。

宁夏、甘肃、新疆、陕西、内蒙古等人均收入相对较低，科技实力有限，能力有限的高碳排放地区，要分配适当的直接减排责任，要鼓励他们引进资金与技术，在当地开发合作减排项目。

冀、晋、豫、皖、苏、渝、鄂、湘、滇、川、黑、吉、辽、青等地区，万元GDP排放在2～4吨之间。直接减排责任比重分配与间接减排责任比重分配应相当。容许他们采取多种灵活的节能减排方式。

4．创建可以有效降低减排成本的全国碳市场

排放交易天然不只应用于温室气体，但温室气体天然适合排放交易。其原因是：温室气体排放影响与减排效果在全球具有无地区差异性，无时间差异性。所以，它可以设计为一种规模极大，成本极小的金融工具，可以储存，可以进行现货与期货买卖。

和其他减排措施相比，通过碳市场实现二氧化碳减排，可以有效降低成本。目前国内节能减排，没有让企业承担具体的量化减排指标，也没有对各行业、各地区、各企业的初始排放定额进行分配，没有建立碳市场。国内的CDM，是以国外买家为主的碳交易初级市场，其本质是远期合约交易。国内企业只能通过CDM来换取部分减排收入，并且受到国外机构的严格审核和限制。所以，建立全国碳市场，是降低减排成本的重要方式。

5．完善相关政策与法规，推动城市低碳发展与低碳城市建设

要倡导低碳消费模式，促进企业加快低碳产品的研发，以市场需求导向，低成本引领产业经济向低碳经济转型。加强低碳经济立法工作。要对可再生能源法进行修改，进一步明确编制可再生能源开发利用规划的原则和主要内容，完善规划编制、审批与备案制度，从法律上确立国家实行可再生能源发电全额保障性收购制度，建立电网企业收购可再生能源电量费用补偿机制，设立国家可再生能源发展基金，要求电网企业提高吸纳可再生能源电力的能力等，对推动我国可再生能源产业的健康快速发展，促进能源结构调整，加强资源节约型、环境友好型社会建设具有重要意义。

制定适合各地情况的低碳经济发展政策。通过改革能源价格形成机制，构建反映市场供求关系、资源稀缺程度和环境损害成本的价格体系；改革资源税制度，将碳税纳入环境税范围，来部分反映传统化石能源生产和使用所导致的气候变化等外部成本。给予补贴，鼓励新能源的发展。

Tasks and Problems as well as Strategies of Urban Low-carbon Development in China

PAN Jiahua, WANG Hanqing, LIANG Benfan, ZHOU Yueyun, ZHU Shouxian

Abstract: This paper discusses the macro background of China's urban low-carbon transformation, as well as evaluating and forecasting urbanization, population development, energy consumption and carbon emissions in China. It studies the prominent problems of urban low-carbon transformation including carbon productivity, carbon emissions intensity, renewable energy development, energy conservation, emission reduction targets and low carbon policy. Finally, it offers an urban low-carbon transformation roadmap, including development planning, carbon index distribution, structural readjustment, technical progress, systems and policies.

Keywords: Low-carbon Development, Urban Transformation, Urban Modenization

第一章 中国城市低碳发展评价指标体系

潘家华，王汉青，梁本凡，庄贵阳，周跃云，朱守先

摘　要：本文介绍了中国城市低碳发展指标的研究历程，总结了中国城市低碳发展评价的理论与方法，阐述了中国城市低碳发展评价指标体系的具体内容与构建原则，指明了对城市低碳发展进行评价的重要意义。

关键词：低碳城市　指标体系　低碳发展

城市低碳发展评价理论与方法，是指导、监测、评价各地城市低碳发展与建设工作的基本工具，对于推动我国低碳省区和低碳城市试点工作，坚持从实际出发，立足国情、统筹兼顾、综合规划，加大改革力度、完善体制机制，依靠科技进步、加强示范推广，努力建设以低碳排放为特征的产业体系和消费模式，成功实现向低碳省和低碳城市转型，具有重大实践意义。根据我国城市低碳发展试点实践的需要，在科学的理论指导下，建立一套定位于体现公平发展、效率发展、环保发展、低碳发展、统筹发展、包容发展、和谐发展、综合发展、健康发展和科学发展等理念的综合评价指标体系，显得十分迫切。

第一节 中国低碳城市评价指标研究的回顾

一、城市低碳经济评价指标体系

为了科学地指导低碳城市建设，推动国内低碳城市发展进程，中国学者经过长期的探索，建立了一套城市低碳经济发展的指标与评价体系。中国社会科学院城市发展与环境研究所研究提出的指标体系对低碳经济进行了明确的界定，对城市低碳发展状况进行了定量化的测评，构建了以低碳产出、低碳消费、低碳资源和低碳政策为维度的低碳发展指标群。[6] 如表1-1所示，吉林低碳经济发展指标体系为四大类，12个指标。低碳生产包括单位经济产出的碳排放指标及能耗指标，其测量方法分别与中国现行的单位GDP

[6]潘家华、庄贵阳等：《低碳经济的概念辨识与综合评价指标体系》，中国社会科学院可持续发展研究中心研究报告，2009 年。

能耗指标及可能的全国碳排放强度指标一致。低碳消费包括人均能源消费和每户能源消费。低碳资源包括低碳能源所占份额，单位能源生产排放量及森林覆盖率。低碳政策指标考察了低碳发展政策及规划的存在与否，相关规定实施所取得的成效及公众对低碳的认知水平。该指标体系逻辑清晰，结构简洁，目标值合理，其科学性和可操作性都通过了实践检验，在吉林、广元等市低碳发展水平的评测中，取得了较好的实际效果。

表1-1　城市低碳经济评价指标体系

	指标	低碳标准
低碳生产	碳生产力	高于全国平均水平20%
	单位产值能耗，或主要工业单位附加值的碳排放	居全国领先地位
低碳消费	人均碳排放	如果人均GDP低于全国平均水平的地区，则人均碳排放也必须低于全国平均水平； 如果人均GDP超过全国平均水平的地区，则人均碳排放必须不超过全国平均水平的一半。
	家庭人均碳排放	如果人均可支配收入低于全国平均水平的地区，则家庭人均碳排放必须低于全国平均水平； 如果人均可支配收入超过全国平均水平的地区，则家庭人均碳排放必须不超过全国平均水平的一半。
低碳资源	零碳能源在一次能源中所占比例	高于全国平均水平
	森林覆盖率	参考现行国家标准
	单位能源消耗的二氧化碳排放系数	低于全国平均水平
低碳政策	低碳经济发展规划	制订并通过全面发展规划，并在相关政府部门的计划中加以体现。
	建立碳排放监测、统计和监管机制	系统应做到有效，充分和协调一致 。
	公众对低碳经济的认知度	超过80%
	符合建筑物能效标准	超过80%
	非商业性能源的激励措施	设计合理，广泛使用

资料来源：《吉林市低碳发展计划》，2010年5月。

当前，各种版本的城市低碳发展评价指标体系均存在一个共同的特点，就是它具有强烈的低碳导向。即以低的碳排放、高的碳生产力为主要评价准则，以碳减排为城市发展的关键内容。事实上，碳排放是一个事关全球利益的问题，碳减排的目的是保护“地球公地”，而城市发展主要是一个事关地方利益的问题。全球利益与地方利益并不是完全一致的。

鉴于城市是一个综合体，城市低碳发展包括城市经济低碳发展、城市社会低碳发展、城市环境低碳发展、城市文化低碳发展等多方面的内容。城市低碳发展综合评价指标体系，不仅需要城市低碳经济评价指标体系，还应包括城市社会低碳发展评价指标、城市环境低碳发展评价指标、城市文化低碳发展评价指标等等。相对于内涵相对宽泛的城市综合体而言，原来设定的城市低碳综合评价指标体系的内容与目标相对较窄。即它不能覆盖城市低碳发展的各个重要方面，不能充分承担指导城市社会低碳发展与城市环境低碳发展等任务。

同时，现有指标体系没有体现地方城市在低碳社会结构发展、低碳人文价值观发展等方面的作为与贡献，缺乏反映地方碳减排的经济成本、社会成本、环境成本与福利损失等经济指标，强调城市向低碳经济转型的努力程度与实现设定低碳经济目标的程度，所以，要将现有指标体系用于中国城市低碳发展评价，还需要进行必要的创新与调整。

二、低碳生态城市评价指标体系

中国城市科学研究会就中国低碳生态城市发展战略与发展指标体系也进行过深入的研究。其研究方法是先提出生态城市指标体系，然后提出基于低碳城市发展要求的规划指标体系。二者共同构成所谓的低碳生态城市指标体系。其中，衡量生态城市的一级指数6个，分别是生活水平指数，资源节约水平指数，产业健康指数，环境友好指数，社会和谐指数，生态文化指数。衡量城市低碳发展的规划评价指标分三类。其中，区域规划评价指标14个，城市形态结构规划评价指标16个，节能居住评价指标8个。[7]

由于生态城市指标体系着重评价城市的现有综合生态发展水平，城市规划指标体系着重评价城市规划设计的低碳取向，这两套体系没有，也不可能融合成一个有机整体。严格意义上讲，这种二合一体系，难以成为科学的低碳生态城市指标体系，与社会所需要的城市低碳发展评价指标体系存在一定的差距。

第二节 中国城市低碳发展评价指标体系构建

一、目标要求

无论哪一种指标体系，设计的目标与要求离不开服务当前的社会实践。目前，我国处于“十二五”规划实施的前夕，城市低碳发展评价指标体系构建，需要服务于“十二五”期间我国城市低碳发展的实际，要对“十二五”期间我国城市低碳发展的总目标、总任务、总方案、重点项目与行动计划等构成支撑。具体来说，要体现低碳导向、节能导向、适应与减缓气候变化的导向；要能指导并推动城市在低碳、节能、适应与减缓气候变化等方面采取更有效的行动。

---

[7]中国城市科学研究会主编，中国低碳生态城市发展战略，第29~32页，中国城市出版社，2009年。

同时，也不能就低碳而低碳，不能导致城市经济单一方面的低碳演化，更不必以牺牲地方经济、地方环境与地方福利为代价，而去追求“地球公地”利益的片面的人均温室气体排放指标的改进与达标。因此，城市低碳发展评价体系的设计，要以系统论为指导，要根据城市经济环境社会综合体的要素、结构、功能等进行综合分析、研究与设计。

应该承认，地方城市低碳发展是有成本的，其外部正效应是巨大的，搭乘效应是全球的，对地方城市当前的福利增长贡献近期一般较小，对未来全球气候变化减缓贡献较大。所以，中国城市低碳发展评价要有地方福利标准的考量。提高效率能改善福利，扩大公平也能增进福利。中国城市低碳发展评价，还要体现公平与效率的要求，设置公平指标与效率指标，对城市低碳发展的公平与效率水平进行考核，更能体现中国政府所倡导的“坚持以我为主、从实际出发、立足国情、统筹兼顾”的城市低碳发展原则。

健康的低碳发展状况是不仅要求单位GDP的温室气体排放更少，同时要求单位GDP的其他污染物排放也更少。仅有单位GDP产出的温室气体排放削减指标，而不考虑单位GDP的其他污染物排放削减等指标，不仅与地方低碳发展实际不符，反而对地方低碳发展水平产生误判。

城市人均温室气体排放总体水平，除了受能源驱动的生产和消费系统影响外，还与碳汇的增减变动有关，与政策的驱动有关，与可以利用的资源特征，人们对不同环境公共物品的偏好与选择等有关。可见，环境经济系统的低碳发展是一个十分复杂的过程，需要评价的方方面面很多。其中，对发展质量的考察与评价应重于数量水平。低碳发展质量，必须基于内部过程的考察，所采用的指标体系，必须是对内部过程的观察与反映。

低碳发展在很多方面涉及公共决策、政府投入与补贴问题。比较成本效益分析，是对公共决策进行福利优化的重要工具。忽视成本节约、环境友好的温室气体排放指标改进，不符合福利经济学的要义。它要求环境经济系统向低碳发展的转型过程与路径选择，在满足总目标的同时，其他目标不致变坏，最好也有相应改善。不计经济成本、环境成本、社会福利成本，与低碳发展的本意是相违背的。

投入产出表是指导城市低碳发展评价的重要计量工具。城市经济低碳发展指标之间关系的确定与计算，只有以投入产出表为指导，才会更清晰、科学与合理。就能源消费与碳排放而言，有生产侧和消费侧计算法。我国单位GDP能耗与碳排放指标，是典型的生产侧计算法。《中国能源统计年鉴》省级能源平衡表中的终端能源消费量，既有消费侧计算，也有生产侧计算。不同的方法，不同的口径，其计算结果是不一致的。根据投入产出理论与投入产出表，能更好地理清各种计算方法与计算结果之间的关系。

绿色国民核算理论，试图对GDP等指标进行环境校正，是对传统投入产出表的重要补充。城市低碳发展综合指标体系的设计，需要以绿色国民核算理论做指导，促使低碳发展与地方环境发展相协调。将城市环境分为资源环境、人工设施环境与污染物排放容纳环境，并将三者独立开来，可以突出城市低碳发展中，资源利用选择、污染物减排与设施建设的重要性。

二、基本思路

低碳发展可以理解为以低碳化为主要特征和方向的可持续发展路径。为了度量实现低碳发展过程中所处的发展阶段、存在的差距及可以采取的政策手段，在低碳经济研究的基础上，依据低碳城市的特点，进一步建立一个多维度的综合性评价指标体系，以衡量城市低碳发展的健康程度，横向比较各国或经济体离低碳经济目标有多远，纵向比较各国或经济体向低碳经济转型的努力程度，是十分必要的。

目前，国内外在实践中广泛应用的评价指标体系，一种是利用层次分析法把所选取的指标指数化，赋予权重后再加总，以得分的高低排名。[8]全球低碳发展评价的一个准则是人均碳排放。这样，人均碳排放，是城市低碳发展的一个重要综合评价指标。经济系统、环境系统与社会系统是相互联系的，同时这种联系具有有序性与层次性。根据城市经济环境社会综合体这种联系的有序性与层次性，可以将人均碳排放指标转化为一系列具有特定经济、环境与社会意义的成份指标。考察kaya衡等式：

人均碳排放（1）=人均GDP（2）×人均能源消耗（3）×能源碳排放强度（4）

= 人均碳排放强度（5）×单位GDP能耗（6）×单位能耗的GDP产出（7）

= 单位能耗的GDP产出（8）×人均能源消耗（9）×单位GDP的碳排放（10）

则可以发现，其第1项人均碳排放这一指标，通过环境经济体的内部关联，可以表现为生产指标、消费指标、结构指标、技术指标等等。第2~9项，是对第1项人均碳排放指标的分解，或者称为第1项总体指标的成份指标。通过对成份指标的考察，既可以分析城市低碳发展的质量，也可以分析城市低碳发展的数量。反过来看，城市特定经济、环境与社会成份指标，通过一定的科学逻辑与组织框架统一起来，就构成城市低碳发展综合评价指标体系。

另一种思路是基于驱动力－状态－响应模型，构建城市低碳发展评价指标体系。[9]

评价的方面主要包括：(1)城市低碳发展的驱动因素。经济发展到后工业化时期，城市社会经济系统具有向高产出、低污染、环境友好型发展模式转型的内在动力和诉求。驱动因素包括生产方式、消费模式、技术导向和资源可持续利用等等。(2)城市低碳发展状态。实质是要界定城市在某一时期所处的低碳发展水平，包括人均碳排放、碳生产力水平、低碳资源的开发利用情况等等，进而揭示城市所处的经济发展阶段、所达到的技术水平、所具有的资源禀赋和消费模式特征。(3)低碳发展的政策响应。主要表现为促进低碳发展，城市所采取的政策与措施等，如征收碳税和消费税，提高能源利用效率，推广公共交通和绿色建筑，植树造林增加碳汇，利用税收优惠和财政补贴鼓励发展可再生能源等等。为评价城市实现低碳转型的努力与不足，探讨如何采取有针对性的低碳发展路径，还需要设定未来某一时期的低碳发展目标，来评估政策的可行性及不同发展路径

---

[8]类似于人类发展指数（HDI)的计算方法。

[9]驱动力－状态－响应(Driving Force-Status-Response，简称DSR)模型，系联合国可持续发展委员会(UNCSD)提出，是研究环境－经济－社会三大系统协调发展的基本模型，被广泛用来构建各种不同领域的可持续发展指标体系。

的成本等等。总之，基于驱动力－状态－响应模型评价一个城市的低碳发展水平，除了发展阶段这一基本方面以外，核心问题是在资源禀赋、技术水平及消费方式三个方面是否具备低碳发展的潜力，同时要考察城市向低碳经济转型所付出的努力。

综合上面的目标、要求与思路，一个科学的城市低碳发展评价指标体系需要从6个层面来构建：(1)经济低碳；(2)社会低碳；(3) 资源低碳；(4)环境低碳；(5) 设施低碳；(6)政策低碳。评价对象要在一定时期内具有可持续性，要在一定期限内能达到目标值。由于低碳发展评价指标目标值的设定仅是一个相对比较值，无法判断地区低碳发展水平的实际情况，故根据世界低碳发展的实际经验，结合上述指标体系的设置，给各指标赋予实际值，用来衡量目前的高、中、低等不同低碳发展阶段，方便进行国际比较，方便评价与分析城市低碳发展水平，为各城市寻求低碳发展的突破口和路径创造条件。

三、指标选择原则

1．国际与国内可比较原则

城市低碳发展，是全球关注的共同事业。评价指标构成与评价数据结果，会受到国际社会的广泛关注。同时，这些评价数据，在国际气候博弈、全球碳资源空间分配与GHG排放核查等方面，有着巨大的应用价值。所以，坚持国际与国内可比较原则，符合国际社会共同应对气候变化的需要。

2．经济社会环境效益原则

低碳发展，主要通过低投入高产出来实现。高效率是低碳发展对资源节约集约利用，同时还要减少污染排放的客观要求。尤其是在能源结构与产业结构一时不能快速转变的情况下，低投入高产出是实现低碳发展的重要途径。单位GDP的能源消耗与资本投入等强度和效率指标在评价与考核低碳发展时处于核心地位。资源优化配置产生配置效率。无论是市场配置资源，还是政府配置资源，坚持高效率的原则，就是成本最小，消费者和生产者剩余最大原则。所以，如何体现市场竞争与成本优化原则来设计低碳发展评价指标体系，是我们需要研究的重要问题。

3．结构优化与经济转型原则

低碳发展，可以通过结构优化与经济转型来实现。资源节约集约利用与削减污染排放，结构优化与经济转型是重要途径。尤其是技术一时不能快速提升的情况下，能源结构优化、产业结构优化，对低碳发展更为重要。所以，非化石能源占一次能源比重等能源结构优化指标，第三产业或清洁产业占全部产业比重等产业结构优化指标，是评价与考核城市低碳发展的重要指标。

4．环境友好与社会和谐原则

政府公共经济投入与城市低碳设施建设，涉及公共福利均等化等社会问题。城市低碳发展评价标准，要注意全球利益与地方环境保护、气候公共福利与其他公共福利之间的合理平衡。充分就业是社会和谐的前提，收入差距不大，社会分配公平是社会和谐的重要方面。低碳发展必须要，也应该要为地方城市创造更多的低碳就业岗位，为社会低收入阶层提供更多的收入机会，为社会公平与社会和谐创造条件。

5．满足基本发展需求原则

低碳发展，必须是以满足人类基本发展需求前提下的低碳发展。这样，要求我们区分人们的基本的刚性的碳消费与有弹性的奢侈的碳消费。对不同的消费部分，应予以不同的评价，以此转变人们的生活消费模式、价值观与消费行为。

6．数据来源稳定可靠原则

国际上对低碳方面的数据要求达到“三可”，即可测量、可报告、可核查。用于评价的数据来源要稳定可靠，口径统一，计算准确，收集成本不高，难度不大，以保障整个评价工作的连续开展与可操作。

四、指标体系的结构

中国城市低碳发展评价指标体系结构分三级。见表1–2。

表1–2　中国城市低碳发展评价指标体系

一级指标	二级指标	序号	成分指标
经济转型指标	碳生产力指标	1	单位碳排放的GDP产出
	消费结构指标	2	城市居民低碳消费支出比重
社会转型指标	人均排放指标	3	人均碳排放水平
	就业贡献指标	4	单位碳排放提供的就业岗位数
资源低碳指标	低碳能源指标	5	非化石能源占一次能源比重
	森林碳汇指标	6	森林覆盖率
环境协同指标	水体环境指标	7	单位工业总产值的COD排放
	大气环境指标	8	单位工业总产值的二氧化硫排放
设施低碳指标	低碳交通指标	9	每辆公交车人均乘坐次数
	低碳建筑指标	10	城市居民建筑单位面积能耗水平
低碳政策指标	低碳产业政策	11	低碳产业规划、政策与税收等措施
	规划监管指标	12	碳排放监测、统计和考核体系建立

一级指标，要对城市经济社会环境综合体进行全覆盖。分经济、社会、环境、资源、设施、政策6大板块。目的是考核城市政府与城市社会如何在保护好当地的生态环境、发展经济、改善民生的前提下，通过低碳政策驱动、低碳产业发展、低碳建筑技术、低碳交通技术、森林碳汇建设、清洁能源利用等，全面推进城市社会经济的低碳化发展进程。

二级指标12个，是城市经济、社会、环境、资源、设施、政策6大板块的进一步分解。重在以点代面地描述系统特征，从国家最关注、民众最关切的低碳生产力、碳消费结构、人均碳预算、碳就业岗位贡献度、低碳交通、低碳建筑、低碳能源、森林碳汇、水体环境、大气环境、政策监管等12个领域，对经济、社会、环境、资源、设施、政策等子系统的低碳化发展进行描述与评价。二级指标的落点范围，是二氧化碳减排有潜力的领域，城市低碳行动的重点领域，国际上认可的通行领域。

三级指标12个，事实上就是可以量化的更具体的成份指标。理论上，成份指标选择与设计，要在水平、结构、技术、替代、公平、效率等方面对二级指标所代表的系统板块特征有突出反映。

五、成分指标的功能与相互关系

1. 单位碳排放的GDP产出

单位碳排放的GDP产出，是单位国内生产总值碳排放的倒数。重点评价生产系统的能源消耗强度与碳排放强度。这个指标与国家五年发展规划束性指标相关联，十分重要。其内涵是单位GDP的能耗，具有较强的政策涵义。

2. 城市居民低碳消费支出比重

评价碳消费结构的指标很多。理想指标是城市居民生活用能源消费，但数据来源十分困难。考虑到人均碳排放指标的口径较大，包括生活与生产用能源消费。所以，这里评价的重点是城市居民碳消费支出结构与偏好，以提升对城市消费结构的评价的层次与深度。消费转型对生产转型，具有拉动作用，城市居民碳消费支出结构与偏好的变化，对城市低碳发展方向具有引导与指示功能。

3. 人均碳排放水平

人均碳排放水平，是国际碳预算指标，可以进行全球对比，层级较高。内涵是人均能源消费。从全球碳预算与碳排放管理的角度看，它是一个终极评价指标。但从地方城市低碳健康发展的角度看，它只是一个普通的社会评价指标。因为，城市低碳发展，衡量的不仅是人均碳排放水平的高低，还要比低碳发展的质量、进程与效率。

4. 单位碳排放提供的就业岗位数

单位碳排放提供的就业岗位数，是碳排放的岗位产出。建设和谐社会，城市有责任提供更多就业岗位与机会。对城市低碳发展质量的考核，岗位产出是重要方面。低碳社会评价指标很多，但碳排放的岗位产出是当今中国社会劳动阶层最关注指标之一。

5. 非化石能源占一次能源比重

是对能源结构的考察。城市能源结构，在总体上取决于地方能源资源禀赋、国家的能源政策与区域能源供应系统的特点，但地方城市政府不是不可作为的。如小水电、风能、太阳能、地热等等，与地方城市的发展政策密切相关。它同时是中国政府向国际社会自主承诺的指标之一。

6. 森林覆盖率

作为森林碳汇指标，森林覆盖率与森林蓄积量均不能完全代表森林碳汇发育程度，但它们均是中国政府向国际社会自主承诺的指标。森林覆盖率数据可得性比森林蓄积量要好，因而选择前者。

7. 单位工业总产值的COD和二氧化硫排放

全球碳减排，需要协同考虑地方其他环境治理目标。二氧化碳减排行为与决策，也受地方其它环境目标的制约。水环境问题与气环境问题中，COD和二氧化硫 分别扮演着十分重要的角色。 因为指标数量限制，工业是COD和二氧化硫 排放大户，本指标体系重点突出单位工业总产值的COD和二氧化硫排放。

8．每辆公交车人均乘坐次数

低碳交通可以从能源利用效率、公交车辆利用效率、人们公交出行偏好等指标来评价。考虑到单位碳排放的GDP产出和人均碳排放水平两个指标包含了城市交通能源利用的效率因子，这里只需重点考察公交车辆利用效率和人们使用公交车出行的偏好。这里假定，在必须使用机动车出行的条件下，每辆公交车人均乘坐次数越高，公交车辆利用效率也越高，人们使用公交出行偏好越强，城市交通的低碳意识与能力越好。

9．城市居民建筑单位面积能耗水平

对建筑低碳发展进行评价，可以是多层次多口径的。是否包括建筑材料、建筑翻新与装璜、建筑物使用过程中的所有能耗，是否包括城市工业建筑、商业建筑、市政公用建筑、居民建筑，含义与结果是不同的。考虑到单位碳排放的GDP产出和人均碳排放水平两指标内涵了城市建筑能源消费因子，这里需要考察的城市居民平时使用建筑物时，是否具备较好的低碳节能意识与行为。

10．低碳产业规划、政策与税收等措施

我国的碳排放，主要来自工业。其次来自交通运输邮电业，城乡居民生活用能直接碳排放比重相对较低。所以，城市低碳发展，在现阶段重点在城市产业的低碳化。低碳产业政策在城市产业低碳化中具有重要的促进作用。

11．碳排放监测、统计和考核体系建立

城市低碳发展离不开制度环境的配套与政策工具的推动。因此，是否具有低碳经济发展战略规划，是否建立了碳排放监测、统计和监管体系，城市市民的低碳经济意识如何，建筑节能标准的执行情况如何，以及是否具有发展与使用非商品能源的激励措施等，可以反映一个城市低碳经济转型的努力程度。碳排放监测、统计和考核体系建立，是低碳城市建设工作推进的必要条件。该指标可以评价地方城市政府在低碳发展方面的决心与能力。

第三节 中国城市低碳发展评价指标体系论证

中国城市低碳发展评价指标体系的论证，包括城市低碳发展与低碳城市发展等内涵与外延的辨析，理论与方法的研究、目标与原则的设定，指标的取舍与方案的合成等等。鉴于有关概念辨析、理论与方法、目标与原则等内容的讨论，上文已经涉及，这里重点讨论二级指标和成分指标的取舍与方案的合成过程。

一、城市低碳发展评价指标体系论证

根据现有的研究基础、有关理论与实践要求，全球低碳城市联合研究中心、有关地

方城市与国际专家，就中国城市低碳发展评价指标体系提出了四套“讨论方案”。然后专家们对四套方案进行对比、分析、提升与精简，最后合成了两套评价指标体系。[10] 在一级指标层，中国城市低碳发展综合评价指标体系有三套方案基本一致，分歧主要表现在二级指标层和成份指标层。见表1-3和表1-4。

表1-3 中国城市低碳发展评价指标体系讨论方案一

<table>
<tr><th>一级指标</th><th>二级指标</th><th>成分指标</th><th>序号</th></tr>
<tr><td rowspan="7">低碳经济指标</td><td rowspan="4">低碳生产指标</td><td>单位碳排放的GDP产出</td><td>1</td></tr>
<tr><td>单位能耗的GDP产出</td><td>2</td></tr>
<tr><td>单位碳排放的人均收入</td><td>3</td></tr>
<tr><td>产业结构低碳水平</td><td>4</td></tr>
<tr><td rowspan="3">低碳消费指标</td><td>人均能源消费水平</td><td>5</td></tr>
<tr><td>人均消费支出的碳排放</td><td>6</td></tr>
<tr><td>消费结构的低碳水平</td><td>7</td></tr>
<tr><td rowspan="6">低碳社会指标</td><td rowspan="2">低碳人口指标</td><td>人均碳排放水平</td><td>8</td></tr>
<tr><td>高碳消费人口比重</td><td>9</td></tr>
<tr><td rowspan="3">低碳就业指标</td><td>低碳行业就业岗位比重</td><td>10</td></tr>
<tr><td>单位碳排放提供的就业人数</td><td>11</td></tr>
<tr><td>单位能耗提供的就业人数</td><td>12</td></tr>
<tr><td>低碳分配指标</td><td>高碳消费人口收入与低碳消费人口收入差距</td><td>13</td></tr>
<tr><td rowspan="4">低碳资源指标</td><td>新能源指标</td><td>非化石能源占一次能源比例</td><td>14</td></tr>
<tr><td>排放因子指标</td><td>化石能源综合排放水平</td><td>15</td></tr>
<tr><td rowspan="2">森林碳汇指标</td><td>森林覆盖率</td><td>16</td></tr>
<tr><td>土地碳汇占用</td><td>17</td></tr>
<tr><td rowspan="4">低碳环境指标</td><td>资本排放指标</td><td>单位固定资本投入的碳排放</td><td>18</td></tr>
<tr><td rowspan="3">污染排放指标</td><td>单位碳排放相应的COD排放</td><td>19</td></tr>
<tr><td>单位碳排放相应的二氧化硫排放</td><td>20</td></tr>
<tr><td>单位碳排放相应的固废排放</td><td>21</td></tr>
<tr><td rowspan="3">低碳设施指标</td><td>低碳交通指标</td><td>人均拥有公交车辆数</td><td>22</td></tr>
<tr><td>低碳通信指标</td><td>人均拥有电话数</td><td>23</td></tr>
<tr><td>燃气指标</td><td>燃气普及率</td><td>24</td></tr>
<tr><td rowspan="3">低碳政策指标</td><td>规划指标</td><td>低碳规划发展</td><td>25</td></tr>
<tr><td>激励指标</td><td>低碳激励政策制定与立法建设</td><td>26</td></tr>
<tr><td>监管指标</td><td>碳排放监测、统计和体系建立</td><td>27</td></tr>
</table>

[10]梁本凡研究员、朱守先博士、眉山市、瑞士专家分别提出一套城市低碳发展评价或低碳城市发展评价指标体系“讨论方案”。2010年6月初到8月底，中国社会科学院城市发展与环境研究所连续召开“中国城市低碳发展综合评价指标体系”与“中国低碳城市发展评价指标体”设计研讨会。与会专家有潘家华研究员、杨重光研究员、张雷研究员、庄贵阳研究员、梁本凡研究员、周跃云教授、陈洪波副研究员、陈迎副研究员、单菁菁副研究员、朱守先博士、瑞士专家、 瑞士项目组中国专家、眉山市发改委专家、北京市东城发改委专家、德州市能源办专家等。

表1-4 中国城市低碳发展评价指标体系讨论方案二

一级指标	序号	二级指标
低碳产出指标	1	根据产业结构调整的碳生产率
	2	碳排放弹性
	3	重点行业单位产品碳排放
低碳消费指标	4	人均生活能源消费碳排放
	5	城镇居民生活能源消费碳排放
	6	农村居民生活能源消费碳排放
	7	人均能源消费碳排放
	8	人均电力消费碳排放
	9	人均燃油消费碳排放
	10	人均燃气消费碳排放
低碳资源指标	11	单位能源消费的二氧化碳排放因子
	12	能源消费结构
	13	高碳能源消费占一次能源比例
	14	非化石能源消费占一次能源比例
低碳环境指标	15	单位面积二氧化碳排放量
	16	森林覆盖率
	17	主要污染物排放强度
	18	化学需氧量
	19	二氧化硫
	20	固体废物回收与资源化率
	21	工业固体废物资源化率
	22	城市生活垃圾资源化率
低碳社会指标	23	公众低碳经济知识普及率
	24	公众低碳生活方式执行率
	25	节能电器普及率
	26	步行、自行车和公共交通出行率
低碳政策指标	27	低碳经济发展规划
	28	碳排放监测、统计、监管体系和信息平台完善度
	29	建筑节能标准执行率
	30	低碳技术发展与引进激励措施和力度
	31	非商品能源发展激励措施和力度

专家从各个角度、不同层面对指标体系进行提问、质疑、补充与完善。总的要求是：指标选择要简化，要有明确的低碳含义。删除那些代表性不强的指标与内涵重复的指标。

一级指标，分经济、社会、环境、资源、设施、政策6大板块。为契合转型的要求，名称有所调整，如表1-3中的低碳经济指标，在表1-2中改名为经济转型指标。讨论中，有专家建议将设施板块、资源板块与环境板块合并。因为从一般意义上讲，设施与资源是环境的一部份，不应分为三个系统。另有专家认为，就低碳主题而言，关联度较大的资源，主要是能源与碳汇。与一般意义上的资源概念相比，这里的资源范围要窄。所谓的环境，与一般的环境概念相比，范围也窄一些，主要指与碳减排竞争资金的污染物控制、环境容量修复等。设施是环境，但这里的设施主要指建筑与交通能源利用，与污染物控制和环境容量修复等环境内涵相去甚远。将资源板块与环境板块分开，更能突出低碳问题的特点，突出低碳评价指标体系与生态评价指标体系、环境评价指标体系和资源评价指标体系的区别与联系。将设施板块与环境板块分开，更能突出城市建筑与交通在低碳发展中的重要性。最后，专家一致同意将资源板块、设施板块与环境板块分开，保留一级指标六大板块结构。

二级指标，由讨论方案中的27或31个削减到12个。保留的二级指标不多。绝大部分有所提升和改善。如表1-3中的新能源指标，在表1-2中改名为低碳能源指标。新增低碳产业政策指标，合并规划指标、激励指标和监管指标为规划监管指标。去掉低碳分配指标、排放因子指标、资本排放指标、低碳通信指标、燃气指标等等。主要原因是建筑节能是城市低碳发展的重要特点与方面，所以要添加。燃气指标，的确是一个重要的设施指标，在只保留两个设施指标的条件下，燃气指标的重要性不如其他两个，故被去除。排放因子指标是一个重复指标，在碳生产力指标内已经考虑了其影响，被去除。低碳通信这个指标的定义有问题，被去掉。资本投入的减排放效率是一个好指标，但时滞问题比较严重，被去掉。碳分配指标内涵不明，为碳消费结构指标所取代。

二、低碳城市发展评价指标体系论证

中国低碳城市发展评价指标体系，系中瑞合作项目成果。2010年8月至9月，经过集中研究、讨论与测试而形成。它是一个双层评价系统，同时具有评价性和服务性。一是对各城市的低碳发展的总体状况进行定量描述，或通过横向可比指标来评价各地城市低碳发展相对进展，成分指标的选取具有区域与发展阶段的普适性，二是以各城市为客户和服务对象，对各城市低碳计划、项目、工程与行为等进行评价，帮助与指导城市改进工作方式、提高低碳行动效率。评价指标的选择可以保留各城市的特殊性。因此，其上层的总体评价系统，基本与中国城市低碳发展综合评价指标体系一致。其下层指标初步设计有47个，不同城市可以视自己的情况而可以增减。 47个下层指标关注城市行动。该行动指标有明确的评价导则予以定义，在评价导则或咨询顾问的指导下，城市行动者可以对自己的低碳行动进行自我评估。下层指标与上层评价指标的关系是：或者是上层定性评价指标的定量化，或者是上层定量评价指标的进一步分解与说明，或者是能影响上层指标或上层评价结构的重要城市行动。

第四节 中国城市低碳发展评价标准设计

坚持多元化评价标准。在满足多目标优化的基础上，进行综合评价和专题评价。（1）自比：与自己的历史进程相比较，考察低碳发展进步快慢。（2）互比：与同类城市数据相比较，考察低碳发展相对健康程度。（3）与国家要求相比较，考察城市完成低碳发展任务的程度。国家环保部门对生态县、生态市、生态省建设的评价与考核就属此类。给各指标设定不同的阈值，以是否达到阈值(目标值)为考核标准。在国际上，还有一种是以目标值完成的程度来评价与考核的指标体系，如瑞士国际开发署所构建的低碳

城市评价指标体系。（4）与国际水平相比较，考察城市低碳发展的国际差距。

一、国内评价标准设计

低碳经济实验区和低碳发展试点城市要率先实现低碳化发展，必须满足表1-2所列的12个指标的基本要求。在进行城市间的低碳发展水平对比时，满足指标的幅度越大，说明低碳化发展程度越高。低碳发展水平的比较方式可以是单一指标要素的比较，也可以进行多指标综合比较，赋予各指标以权重和比值。由于考虑到中国不同地区城市的产业结构、发展阶段、资源禀赋存在显著差异，使用本指标体系中的各个分指标有针对性地对城市低碳发展的相关方面分别进行评价，效果会更好一些。 经过案例城市和实验地区的检验，指标体系在征求意见的基础上，再进行逐步修正和优化，可以形成指导区域和城市低碳发展的实践的技术导则。

考虑到我国人均碳排放已经高于5吨二氧化碳/人，许多城市高于这一水平。从我国城市的现实排放态势出发，如果2020年前城市排放能降到5吨二氧化碳/人以下，即可认为是低碳发展阶段，介于5～10吨二氧化碳/人之间为中碳发展阶段，大于10吨二氧化碳/人为高碳发展阶段。

中国《可再生能源中长期发展规划(2007年9月)》提出逐步提高优质清洁可再生能源在能源结构中的比例，力争到2010年使可再生能源消费量达到能源消费总量的10%左右，到2020年达到15%左右。鉴于以上标准，设定可再生能源占一次能源比例，如超过15%为低碳发展阶段；10%～15%为中碳发展阶段；低于10%为高碳发展阶段。当然，这种标准的设计是相对的，可以根据评价工作所要达到的目的而作调整。

表1-5 部分指标的相对评价标准

成分指标	国内评价标准
单位碳排放的GDP产出	高于全国平均水平20% 全国领先或行业领先
人均碳排放水平	如人均GDP低于全国平均水平，人均碳排放需低于全国平均水平；如人均GDP高于全国平均水平X%，则人均碳排放水平不得高于全国平均水平0.5X%
城市居民低碳消费支出比重	如人均可支配收入低于全国平均水平，则城市居民低碳消费支出比重可以低于全国平均水平；如人均可支配收入高于全国平均水平，则城市居民低碳消费支出比重需高于全国平均水平
单位碳排放提供的就业岗位数	高于全国平均水平
非化石能源占一次能源比例	如高于15%为低碳；介于10%～15%之间为中碳；低于10%为高碳
森林覆盖率	高于全国各功能区的平均水平

二、国际评价标准设计

为便于中国城市与国际碳生产力进行比较，碳生产力的单位宜统一口径。这里采用Intl $/T二氧化碳。2005年，北欧5国(芬兰、挪威、瑞典、丹麦、冰岛)平均碳生产力水平为4483Intl $/T二氧化碳，位于全球领先地位。故以北欧5国平均碳生产力水平为参照，凡高于北欧5国平均碳生产力水平的，视为进入低碳发展阶段。

经济合作与发展组织(OECD)30国平均碳生产力为2284Intl $/T二氧化碳，其碳生产力水平较高。故以经济合作与发展组织(OECD)30国平均碳生产力水平为参照，凡低于OECD平均碳生产力水平的，视为处于高碳发展阶段。

凡碳生产力水平介于北欧5国与OECD之间的，视为进入中碳发展阶段。

中国碳生产力水平目前为956 Intl $/T二氧化碳，处于高碳发展阶段。

1997年，欧盟提出可再生能源在一次能源消费中的比例将从1996年的6%提高到2010年的12%。2007年初，欧盟又提出了新的发展目标，要求到2020年，可再生能源消费占到全部能源消费的20%。以此为参考，可以设定可再生能源占一次能源比例，如超过20%为低碳发展阶段；20%～12%为中碳发展阶段；低于12%为高碳发展阶段。

表1-6 城市低碳发展水平的国际评价标准

一级指标	序号	二级指标	国际标准
低碳产出指标	(1)	碳生产力	高于北欧5国平均水平为低碳；介于北欧5国平均水平和OECD平均水平之间为中碳；低于OECD平均水平为高碳
低碳消费指标	(2)	人均碳排放	－
	(3)	人均生活消费碳排放	－
低碳资源指标	(4)	可再生能源占一次能源比例	－
人类发展水平	(5)	人类发展指数	>0.8，高人类发展水平 0.5～0.8，中人类发展水平 <0.5，低人类发展水平

关于低碳、中碳、高碳发展阶段或发展水平的评价标准，显然是动态的与相对的。但是，它必须是有现实根据的。本文所列的国内与国际标准值，只具有方法论上的参考意义。

参考文献：

1．中国城市科学研究会主编：《中国低碳生态城市发展战略》，第29~32页，中国城市出版社2009年版。

2．UNCSD, Indicators of Sustainable Development: Guidelines and Methodologies, Third Edition, October 2007.

Theories and Methods of Evaluation and Assessment for Low-carbon Development of Cities in China

PAN Jiahua, WANG Hanqing, LIANG Benfan, ZHUAG Guiyang, ZHOU Yueyun, ZHU Shouxian

Abstract: This paper introduces and summarizes the theories and methods for evaluation of Chinese urban low-carbon development, then offers an evaluation and assessment index system for low-carbon development and describes the meaning of each indicator. Finally, it points out the significance of low-carbon development of Chinese cities.

Keywords: Low-carbon City, Index System, Low-carbon Development, Low-carbon Assessment

第二章 中国110城市低碳发展定量评价

梁本凡 周跃云 朱守先 陈梦玫

摘 要：本文介绍了参与定量评价城市的选择方法，数据来源、数据口径与处理方法，采用中国城市低碳发展评价指标体系，对遴选城市的低碳发展指标进行定量测算与排位。指标排位结果显示，2008年，碳生产力水平排位前五名的城市依次是深圳、台州、珠海、厦门和湛江；GDP能耗强度排位前五名的城市依次是深圳、台州、厦门、珠海和汕头；能源消耗碳强度排位前五名城市依次是西宁、上海、成都、兰州与湛江；人均碳排放水平排位前五名的城市依次是湛江、张家界、汕头、连云港与南宁。

关键词：110城市 低碳发展 定量评价

在国家发改委确定了全国五个低碳试点工作省区和八大低碳试点工作城市以后，不少地方提出发展低碳产业、建设低碳城市、倡导低碳生活，申请开展低碳试点工作的迫切要求。对中国110城市低碳发展质量与进程进行定量评价，对总结低碳试点城市的工作经验，树立科技低碳、人文低碳、绿色低碳等城市低碳发展理念，引导全国各地城市低碳健康发展，推动中国低碳生态文明建设进程，具有重大理论与实践意义。

第一节 对象界定与候选城市范围

一、城市概念界定

城市概念界定，直接影响到数据的收集、处理与各城市评价结果。在我国，可以作为研究对象的城市概念在口径上有四：即建成区、城区、市（辖）区、市辖区和县（市）。例如四川眉山，辖东坡区、仁寿县、彭山县、洪雅县、丹棱县、青神县，2008年建成区面积40平方公里，城区面积56平方公里，城区人口31．9万，市（辖）区面积

表2－1 2008年四川眉山城市概念的四种口径

	建成区	城区	市（辖）区	市辖区和县
面积（平方公里）	40	56	1331	7186
人口（万人）	–	31．9	84．93	346．58

图2–1　四川眉山市区域范围

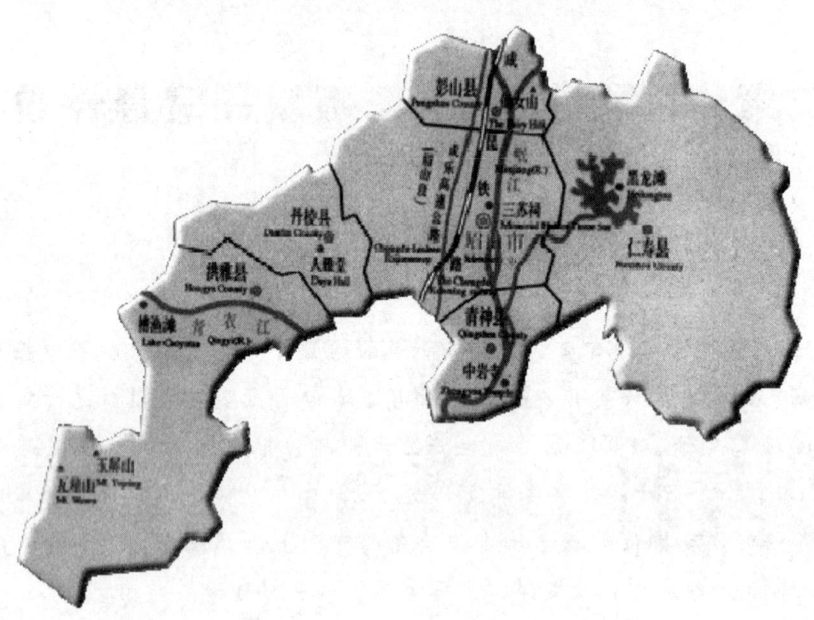

1331平方公里，人口84.93万，一区五县面积7186平方公里，人口346.58万人。

由于工业碳排放与森林碳汇有很大一部分分布在建成区与市辖区范围以外，而我国城市碳排放主要来源于工业。所以，要客观地比较与评价城市的低碳发展，建成区与市辖区范围太狭窄。而体现城乡统筹协调发展要求，以生态文明建设为导向的低碳城市建设，取大口径的市域范围比较好。事实上针对不同的评价目标，需要使用不同口径的数据。对城市生产活动的低碳发展评价，一般取大口径的数据，地域范围覆盖市辖区和县。对城市交通、建筑与居民行为进行低碳评价，数据一般取小口径，地域范围覆盖建成区或城区即可。考虑到统计数据的配套性，来源稳定可靠等要求，本研究所采用的数据覆盖市（辖）区范围。

二、候选城市的标准

鉴于低碳发展是现代化发展的高级阶段，是生产力发展到较高阶段的产物，所以，经济发展总量与人均经济发展水平是遴选候选城市的主要标准。地级城市和地级以上城市，是我国经济发展的主力，同时又掌控着大量的发展资源，所以，城市的行政级别或资源掌控能力，是衡量候选城市的又一标准。环境保护也是低碳发展考核的重要方面，所以，是否列入国家重点环保监测城市，也是我们选择的依据。最后，能否进入候选城市，还要看这个城市自身是否有完备的基础数据。

本研究中重点评价的110个城市，基本上是满足上述标准，是我国GDP总量与人均GDP均居前列的地级和地级以上城市，简称110城市。

第二节 基础数据来源与处理方法

一、数据来源

中国110城市低碳发展定量评价研究基础数据来源有以下几类：

1. 统计数据

统计数据主要有历年《中国统计年鉴》、《中国城市统计年鉴》、《中国环境统计年鉴》、《中国林业统计年鉴》、《中国城市建设统计年鉴》、《中国能源统计年鉴》、《国际统计年鉴》、《新中国60年统计资料汇编》、各市省直辖自治区统计年鉴、各省直辖市自治区历年国民经济和社会发展统计公报、各城市历年统计年鉴、各城市历年国民经济和社会发展统计公报等等。

2. 网络数据

重要的网络数据有碳排放参考数据。国际网络数据来源有：http://cait.wri.org、http://cdiac.ornl.gov、http://ddp-ext.worldbank.org、http://data.iea.org、http://www.ipcc.ch。国内网络数据来源主要是国家各部委机构、各城市政府机构网站。

3. 文献数据

包括三类文献：政府文件、政府工作报告及其制定的各种规划、标准等，高等院校和科研机构以及研究工作者所公开发表的学术报告、著作与论文等文献，报纸、杂志等媒体报道与新闻等。

4. 调研数据

课题组深入样本城市进行实地调研所获得的数据。

二、数据处理方法

一般来说，凡时间序列原始数据要进行真实性与可靠性评估与处理。受价格影响的数据均以2005年为基点，处理成可比价数据。量纲数据进行口径、范围与构成的归一化处理。比例数据和地方数据进行整体化的归一处理。用于比较的指标数据根据需要进行标准化与无量纲化处理。

本定量评价研究所使用的人口、能源消费和碳排放等数据，具有以下特征：人口为包括户籍人口和暂住半年以上人口的常住人口。能源消费，包括能源生产、加工转换中的能源使用，工业、农业、建筑业和第三产业能源消费、城乡居民生活能源消费。

碳排放，包括上述能源生产与消费过程中的一切排放。对于使用火电、汽油等能源产品的城市，即使火电生产分布在其它城市，火电生产过程中的一次能源投入、电网输电损耗等排放计入火电使用城市。

三、指标计算方法

1．碳生产力水平指标

本文使用单位碳排放的GDP产出作为碳生产力水平指标的标度。单位碳排放的GDP产出等于城市国内生产总值(2005不变价)除以二氧化碳排放总量。该指标是我国向国际社会承诺的重要减排指标之一，也是我国各地“十二五”期间国民经济与社会发展的约束性考核指标。

二氧化碳排放总量，是全社会能源消费二氧化碳排放总量，包括农业、工业、建筑业、第三产业以及居民生活能源消费过程中的二氧化碳排放。二氧化碳排放与化石能的生产与消费有关。

化石能源消费总量分为终端能源消费量、能源加工转换损失量和损失量三部分。

终端能源消费量：指一定时期内生产和生活消费的各种能源在扣除了用于加工转换二次能源消费量和损失量以后的数量。

能源加工转换损失量：指一定时期内投入加工转换的各种能源数量之和与产出各种能源产品(含二次能源)之和的差额，是观察能源在加工转换过程中损失量变化的指标。

能源损失量：指一定时期内能源在输送、分配、储存过程中发生的损失和由客观原因造成的各种损失量，不包括各种气体能源放空、放散量。

二次能源消费量换算回一次能源消费量的方法，以火电为例：火电发电用煤炭消费量等于火电用电量×煤炭发电能源转换系数 ＋ 火电用电量×电网供电损耗系数×煤炭发电能源转换系数。

二氧化碳排放总量 ＝ 一次化石能源消费碳排放 ＋ 二次化石能源消费碳排放（换算回一次能源消费量计算） ＝ 全社会煤炭消费量×煤炭的二氧化碳排放系数＋ 全社会石油消费量×石油的二氧化碳排放系数＋ 全社会天然气消费量×天然气的二氧化碳排放系数。

2． GDP能耗强度指标

本文使用单位GDP的能耗产出作为GDP能耗强度指标的标度。计算方法是地区生产中总能源消耗除以地区国内生产总值。本指标是国家公布的约束性考核指标，每年由各省级有关部门进行测算并对外公布。该指标具有多重指示意义。由于我国的能源供应与消费结构以煤为主，GDP能耗强度的降低，不仅意味单位GDP产出所伴随的碳排放减少，烟尘、二氧化硫等环境污染物排放的减少，还意味着能源资源节约水平、能源安全水平与能源利用技术水平等的提高，可能还意味城市产业结构的变化、抗能源资源短缺风险的能力的增强。

3．碳的能源强度指标

计算方法是地区生产中总能源消耗除以二氧化碳排放总量。如果没有碳捕获与储存技术，其倒数就是能源的含碳量。该指标一方面指示城市能源资源的构成、能源供需结构的特点，同时还指示清洁能源、可再生能源、低碳能源生产、发展与应用的程度。

4．人均碳排放水平指标

人均碳排放水平 = 二氧化碳排放总量/全市年中常住人口数。为了计算简便，也可使用年末常住人口数。这是一个可以进行全球对比的指标，指标的层级较高。内涵是人均能源消费。从全球碳预算与排放管理的角度看，它是一个终极考核指标。在碳空间博弈中十分重要。但从地方城市低碳健康发展的角度看，它只是一个普通的社会评价指标。

5. 城市居民低碳消费支出比重

将城市居民低碳消费支出中的医疗保健消费支出、娱乐教育与文化服务消费支出设定为低碳消费支出。然后求低碳消费支出占总支出的比重。这个指标是一个消费结构指标。使用人力代替物力、使用知识代替能源为人类提供高价值的服务，居民消费结构由物质消费、能源消费向知识消费与服务消费转变，是低碳社会发展的方向。城市居民低碳消费支出比重越高，城市社会的低碳化发展程度越高。

6. 单位碳排放就业岗位贡献数

在我国，从业与就业有一定的区别。根据有关统计年鉴的数据统计口径，这里的就业是指在企业、事业、机关和其他法人单位工作或受雇用。就业活动与劳动岗位相联系，就业人员的“三险”受法律保障。从事获取收入的活动，被称为从业活动。城乡个体商贩、路边摆摊、个体修车、农民种地等活动，一般不存在雇用关系，属于从业的范畴，不在就业统计之列。从业的统计口径比就业大。从业活动包括就业活动。单位碳排放就业岗位贡献数 = 碳排放总量 / 实际就业岗位数。实际就业岗位数以实际就业人数代替。

7. 城市非化石能源消耗比重

目前，我国商品化的非化石能源主要有水电、核能、生物质能、地热、风电等。化石能源主要有煤炭、石油、天然气及其工业制成品。火电、汽油、柴油等是二次化石能源。将二次化石能源消耗量，通过加工转换系数还原为一次化石能源消耗量。将当地消耗的所有能源换算为标准煤，然后加总得城市能源消耗总量。非化石能源消耗比重 = 非化石能源消耗量 /城市一次能源消耗总量。

8. 城市森林覆盖率

园林不等于森林，城市园林绿化面积一般不计算在森林面积之内。森林包括人工林、经济林等等。城市森林覆盖率是城市区域森林面积/城市区域总土地面积。

9. 每辆公共电汽车人均乘坐次数

对于远距离交通来说，城市居民只有两种选择：一是驾驶私人机动车、二是乘坐公共电汽车。每辆公共电汽车人均乘坐次数，是城市公共电汽车客运人次/城市公共电汽车数量。是每辆公共电汽车运行效率的表达，反映城市公共电汽车乘用的方便程度与城市居民乘用公共电汽车的偏好。

10. 城市单位居住面积能耗水平

城市居住建筑用能，主要是做饭、供暖、空调、照明、提供热水等。通常的能源类型是各种燃气与电。南方夏天空调使用多而冬天少供暖，北方冬天多供暖而夏天少空调。由于集中供暖、供热水与空调的能耗数据不好收集，节能效果与用户的行为没有关系。所以，这里的单位居住面积能耗，是居民分户计量、能自主控制消费的能源，主要是用气与用电两大类。

第三节 中国110城市低碳发展定量比较

现已完成了2005年到2009年5个年度，共计12个指标的中国城市低碳发展定量比较研究工作。这里按照2008年有关指标数据，这里重点介绍前五个城市的低碳发展情况。

一、碳生产力水平排位前五名城市

单位碳排放的GDP 产出，是单位GDP二氧化碳排放强度的倒数。碳生产力水平越高，二氧化碳排放强度越低，城市低碳发展水平相应也就越高。所以，从每吨二氧化碳排放所提供的万元GDP产出指标来看，深圳名列第一，珠海、厦门分别排第三和第四。这些特区城市，产业结构较轻，能源利用效率高。台州排第二、湛江名列第五，值得人们认真研究。

表2-2　碳生产力水平前五名城市数据

城市	深圳	台州	珠海	厦门	湛江
万元/吨二氧化碳	0.795	0.736	0.714	0.698	0.677
名次	1	2	3	4	5

二、GDP能耗强度排位前五名城市

单位GDP的能耗，与国家确定的节能减排指标高度关联，具有较强的政策涵义。如果全国各地能源碳强度一致，它就可以作为碳生产力指标的替代指标。由于我国各地能源碳强度高度一致，所以，按GDP能耗强度排位前五名城市与碳生产力水平排位前五名城市高度一致。而所存在的能源碳强度差别，导致特区汕头取代湛江，进入低碳发展前五名城市行列。台州仍然排名第二，印证其在碳生产力水平排位第二具有合理性。

表2-3　GDP能耗强度前五名城市数据

城市	深圳	台州	厦门	珠海	汕头
吨标煤/万元	0.544	0.560	0.600	0.603	0.632
名次	1	2	3	4	5

三、能源消耗碳强度排位前五名城市

能源消耗碳强度越低，城市低碳发展基础就越好。能源消耗的碳排放强度，与城市能源结构、产业结构等具有较大的相关性。 其中，能源结构中煤炭的比重、水电等可再

生能源比重、天然气等低碳排放能源比重，对排位的影响相当大。值得注意的是，湛江在这个指标中再次进入前五名。

表2-4 能源消耗碳排放强度前五名城市数据

城市	西宁	上海	成都	兰州	湛江
吨二氧化碳/吨标煤	2.092	2.147	2.193	2.234	2.240
名次	1	2	3	4	5

四、人均碳排放水平排位前五名城市

按人均碳排放水平排位，前五名城市为湛江、张家界、汕头、连云港和南宁。其中湛江排位第一。由于人口因素的介入，前五名城市的排位再次出现了变化。可见，城市低碳发展排位，远比经济发展排位复杂。同时，经济高度发达的城市，低碳发展状况不一定很好，水平不一定很高。经济欠发达的城市，如台州、湛江、西宁等，也可以在城市低碳发展指标体系中得到较高的评价。这表明，低碳发展对于一些经济落后，名不见经传的城市来说，是一次大好的发展机遇。

表2-5 人均碳排放水平前五名城市

城市	湛江	张家界	汕头	连云港	南宁
吨二氧化碳/人	1.974	2.317	2.693	2.878	3.106
名次	1	2	3	4	5

五、城市居民低碳消费排位前五名城市

城市居民低碳消费系数越高，城市社会的低碳化发展程度越高。按城市居民低碳消费系数排位，前五名城市为北京、吉林、南通、淄博和咸阳。其中北京排位第一。北京城市居民医疗保健消费支出、娱乐教育与文化服务消费支出比重最高可以理解，南通、淄博和咸阳城市居民的医疗保健消费支出、娱乐教育与文化服务消费支出比重与北京高度接近，值得研究。

表2-6 城市居民低碳消费结构前五名城市

城市	北京	吉林	南通	淄博	咸阳
%	29.76	28.06	26.66	26.21	26.14
名次	1	2	3	4	5

六、碳排放就业岗位贡献排位前五名城市

珠海每千克二氧化碳可提供41.6个就业岗位，排位第一；厦门可提供38.2个就业岗位，排位第二；北京这个指标只名列第三；南宁进入前五，作为省会城市，实在不简单。

表2-7 单位碳排放就业岗位贡献数

城市	珠海	厦门	北京	海口	南宁
个/千克二氧化碳	41.6	38.2	36.6	36.4	32.8
名次	1	2	3	4	5

七、非化石能源消耗比重排位前五名城市

非化石能源消耗比重排位前五名的城市，主要是水电产业发达，水电利用比重高的城市。宜昌、武汉、南宁、昆明、西宁等水电资源丰富的中西部城市名列其中。

表2-8 城市非化石能源消耗比重

城市	宜昌	西宁	昆明	南宁	武汉
%	20.4	20.0	19.0	18.0	16.9
名次	1	2	3	4	5

八、森林覆盖率排位前五名城市

非化石能源消耗比重排位前五名的城市，分别是张家界、抚顺、韶关、三亚和杭州。

表2-9 城市森林覆盖率

城市	张家界	抚顺	韶关	三亚	杭州
%	67.5	66.2	66.1	64.4	64.3
名次	1	2	3	4	5

九、低碳公交发展排位前五名城市

这个指标不见北京、上海等特大城市的踪影。一是轨道交通未进入本指标的考察范围，二是北京、上海等特大城市的公共电汽车的效率不是没有问题。海口每辆公共电汽车每年被每个城市居民搭乘的机会有2.37次，全国第一。西部城市延安、阳泉、克拉玛依、金昌分别排第二、第三、第四、第五。可见，发展低碳公交，西部城市更有机会。

表2-10 每辆公共电汽车人均乘坐次数

城市	海口	延安	阳泉	克拉玛依	金昌
次/辆/人	2.37	0.83	0.30	0.29	0.29
名次	1	2	3	4	5

十、低碳建筑发展排位前五名城市

以城市单位居住面积用电与用燃气水平来衡量城市低碳建筑发展水平，张家界耗能最少，排名第一，平顶山排名第二，赤峰排名第三，台州排名第四，泉州排名第五。

表2-11 城市单位居住面积用电与用燃气水平

城市	张家界	平顶山	赤峰	台州	泉州
千克标煤/平方米	0.458	0.715	0.779	0.826	0.922
名次	1	2	3	4	5

十一、城市水环境质量排位前五名城市

以城市工业废水COD排放强度来衡量城市水环境质量发展水平，三亚排放最少，排名第一，北京排名第二，厦门排名第三，深圳排名第四，克拉玛依排名第五。

表2-12 城市工业废水COD排放强度

城市	三亚	北京	厦门	深圳	克拉玛依
克COD/万元	123	125	146	147	181
名次	1	2	3	4	5

十二、城市大气环境质量排位前五名城市

以城市工业废气二氧化硫排放强度来衡量城市大气环境质量发展水平，海口排放最少，排名第一，三亚排名第二，深圳排名第三，北京排名第四，大庆排名第五。

表2-13 城市工业废气二氧化硫排放强度

城市	海口	三亚	深圳	北京	大庆
克二氧化硫/万元	150	280	1095	1466	1827
名次	1	2	3	4	5

Low-carbon Development Analysis of 110 Cities in China

Liang Benfan, Zhou Yueyun, Zhu Shouxian, Chen Mengmei

Abstract: This article uses a comprehensive low-carbon development evaluation and assessment index system to calculate the low-carbon development indicators of 110 selected Chinese cities. It describes the selection process for choosing 110 cities as well as the data resources, caliber of data and data treatment. The results indicate that the top five cities in terms of carbon productivity in 2008 were Shenzheng, Taizhou, Zhuhai, Xiamen and Zhanjiang; the top five cities in terms of energy intensity per unit of GDP in 2008 were Shenzheng, Taizhou, Xiamen, Zhuhai and Shantou; the top five cities in terms of carbon intensity resulting from energy consumption in 2008 were Xinning, Shanghai, Chendu, Lanzhou and Zhanjiang; and the top five cities in terms of per capita carbon emissions in 2008 were Zhanjiang, Zhangjiajie, Shantou, Lianyungang and Nanning.

Keywords: The Top 110 Cities Low-carbon Development Index Ranking

第三章 中国城市低碳发展规划特点与进展

梁本凡 周跃云 朱守先 赵先超 张 旺 李 昊

摘要：本文简要回顾了中国城市低碳发展规划工作历程，总结了城市低碳发展规划的若干特点，明确了城市低碳发展规划的定位，构建了包括低碳发展现状分析、规划原则、情景分析、专项规划与项目规划等在内的城市低碳发展规划框架体系。最后，在分析中国城市低碳发展规划有待解决的问题基础上，对中国城市低碳发展规划发展方向进行了展望。

关键词：低碳规划框架 低碳规划定位 低碳规划特点

城市低碳发展规划是指导城市科学发展的蓝图，是减少温室气体排放的重要手段，是引导中国城市实现经济转型、由工业文明走向生态文明和低碳文明的科学指南。编制城市低碳发展规划，可以有效发挥规划的综合引导作用，将城市产业结构调整、能源结构优化等工作有效结合，在明确城市低碳发展的行动目标、具体措施基础上，探索城市低碳发展模式。

第一节 中国城市低碳发展规划工作态势

为达到减少温室气体排放的目标，发达国家一些著名城市有的已经编制了低碳发展规划,有的已经开展了温室气体清单研究。我国城市也不例外。

一、总体态势

2010年7月19日，国家发改委选择广东、辽宁、湖北、陕西、云南五省和天津、重庆、深圳、厦门、杭州、南昌、贵阳、保定八市开展低碳试点工作，目的是充分调动各方面积极性，积累对不同地区和行业分类指导的工作经验。要求试点省区和试点城市编制低碳发展规划，发挥规划综合引导作用。规划要明确提出本地区控制温室气体排放的行动目标、重点任务和具体措施，将调整产业结构、优化能源结构、节能增效、增加碳汇等工作结合起来，降低碳排放强度，积极探索低碳绿色发展模式。[11]低碳试点工作的开

[11]《关于开展低碳省区和低碳城市试点工作的通知》，发改气候【2010】1587号，2010年8月10日。

展对我国城市低碳发展规划带来较大的推动作用。目前，全国各地城市开展低碳发展规划的热情高涨，它们不仅包括东部沿海发达城市，例如北京、上海；也包括中西部内陆不发达城市，例如贵阳、广元（见表3-1）。

二、相关城市的情况

1．吉林市的《吉林低碳发展路线图》

2008年，吉林市获得国家发改委批准，成为中国第一个低碳经济示范区。作为一个面积与比利时相当，拥有450万人口的传统重工业城市，吉林市的低碳转型涉及经济和社会等方方面面，并且面临巨大的挑战。2008年，在中国社会科学院城市发展与环境研究所、国家发改委宏观经济研究院能源研究所和吉林大学等单位的帮助下，吉林市编制了《吉林市低碳经济路线图》。2009年底，吉林市与中国社会科学院城市发展与环境研究所等单位在北京主办了隆重的《吉林市低碳经济路线图》新闻发布会。该路线图实际上就是城市低碳发展规划。它为推动中国东北地区开展低碳发展研究奠定了坚实的基础。与其他城市的低碳发展规划项目相比，这是一个国际项目，获得了英国等国际机构的资助。

2．广元市的《广元市低碳重建与发展项目》

2010年7月，《广元市低碳重建与发展项目》成果发布会在京召开。中国社会科学院城市发展研究所承担该规划的研究工作。广元市低碳重建与发展项目开始于2008年，以地震灾区低碳重建为主题。该项目也获得了英国等国际机构的资助。在对广元市低碳发展现状进行分析的基础上，规划明确了广元市低碳城市建设的重点任务，科学合理地提出了低碳发展目标，将产业低碳化体系、低碳能源体系、低碳城市空间布局模式、低碳基础设施体系、低碳社会消费体系以及低碳生态建设与环境保护体系视为重建工作重点。

3．保定市的《保定市低碳城市发展规划》

作为世界自然基金会的低碳试点城市，保定是中国第一个公布二氧化碳减排目标的城市，也是国内最早进行低碳城市规划的城市。早在2008年12月，保定市与清华大学合作，联合制定了《保定市低碳发展规划纲要（2008～2020）》（草稿）。有资料显示，《保定市低碳城市发展规划》有望在2010年下半年出台。[12]

4．德州市的《低碳德州发展规划》

2009年12月，德州提出实施太阳城战略，编制了《低碳德州发展规划》，将低碳经济发展纳入国民经济总体发展规划，并进一步研究制订和完善扶持政策体系，包括产业发展扶持、技术创新基金及奖励、土地及规划扶持等政策，加大对低碳经济发展的支持力度，在融资、人才、税收等方面给予更大的倾斜。2010年7月，德州市与眉山市、银川市和北京东城区成为中瑞合作低碳城市项目所确定的首批试点城市，中国社会科学院城

[12] 任晓宁、付兴民：《让低碳成为生活理念，中国城市低碳发展之路扫描》，人民日报海外版，2010.7.15。

市发展与环境研究所承担德州市低碳发展指数研究工作。

5．福建厦门的《厦门市低碳城市总体规划纲要》

2009年10月，厦门市开始委托国内外相关机构着手编制低碳城市总体规划。2010年1月，《厦门市低碳城市总体规划纲要》已完成编制，规划重点是研究与探索交通、建筑、生产低碳发展模式。2010年5月，《厦门低碳交通规划》已经出炉，规划思路是跨区以轨道交通为主，BRT可转换成轻轨，区内以公共交通为主导，自行车、步行与之相衔接。

6．江苏无锡的《无锡低碳城市发展战略规划》

2010年3月，《无锡低碳城市发展战略规划》获得由环保部、社科院等方面专家组成的评审团评审通过，成为国内首个获专家认可的低碳城市规划。规划确立了无锡市2015年和2020年打造低碳城市“两步走”的目标，到2015年，工业碳排放量较2005年降低30%，可再生能源占能源消费总量的比例达到15%。明确了低碳产业、低碳交通、低碳建筑、低碳消费等重点发展领域的工程任务。

7．北京等其它城市的低碳发展纲要或专项规划

北京市编制了低碳城市规划发展纲要，杭州市编制了《杭州市“十二五”低碳城市建设规划》以及《杭州市低碳交通运输“十二五”发展规划》和《杭州市新兴产业发展规划(2010~2015年)》等；济南市也正式启动了低碳经济战略规划编制；四川乐山市中区和四川大学低碳技术与经济工程研究中心共同完成的《乐山市中区低碳经济发展规划》。

表3-1　已立项开展低碳规划的部分城市一览表

城市	立项时间	结项时间	主要内容	规划单位
吉林	2007	2009	低碳经济路线图	中国社会科学院城市发展与环境研究所
广元	2009	2010	低碳城市发展规划	中国社会科学院城市发展与环境研究所
黄陂	2009	–	低碳园区发展规划	中国社会科学院城市发展与环境研究所
德州	2009	–	低碳发展指数	中国社会科学院城市发展与环境研究所
沈阳	2009	2010	低碳能源发展规划	国家发改委宏观经济研究院能源研究所
石家庄	2010	–	低碳园区发展规划	中国社会科学院城市发展与环境研究所
杭州	2009	2010	“十二五”低碳城市建设规划	不详
北京	2009	2010	低碳城市规划发展纲要	不详
眉山	2009	–	低碳发展指数	中国社会科学院城市发展与环境研究所
无锡	2009	2010	低碳城市发展战略规划	不详
厦门	2009	2010	低碳城市总体规划	不详
济南	–	–	低碳经济战略规划	不详
乐山	–	–	低碳经济战略规划	四川大学
株洲	2010	–	低碳城市创建总体实施方案	湖南工业大学长株潭两型社会研究院

第二节 中国城市低碳发展规划的特点

城市低碳发展规划，与城市规划和国民经济与社会发展规划有着紧密的联系，同时又有自己独特的特点。方法大致分为两类：一类是在既有城市，特别是注重在具有可持续发展理念的城市规划框架中，综合运用土地系统、交通系统、水系统、生态系统、废物回收系统等既有的技术与方法，实现包括温室气体排放在内的可持续发展目标；另一类则是以减少温室气体排放，甚至是零排放为目标的全新的实验性城市或地区建设规划。[13]

城市低碳发展规划既具有其它规划的共性，即规划体系的系统性和规划内容的基础性；又具有独特的差异性，即具有规划视角的前瞻性，规划影响的国际性、规划目标的清晰性以及规划实施的可核查可报告性。

一、规划体系的系统性

从一定意义上说，城市低碳发展规划是一个完整系统，即城市低碳发展规划是一个包括区域层次与部门层次的总体规划。从部门层次看包括低碳交通规划、低碳产业规划、低碳能源规划、低碳建筑规划等多个专项规划。例如，杭州市在编制《杭州市“十二五”低碳城市建设规划》总体规划的基础上，又编制了《杭州市低碳交通运输“十二五”发展规划》和《杭州市新兴产业发展规划(2010～2015年)》等专项规划。总体规划和专项规划之间高度联系，并构成一个有机的低碳规划体系。

从区域层次看，包括城市层次、产业园区层次、社区层次等等。[14] 城市层次，对应于总体规划。实现城市层次的低碳发展规划主要是从城市形态入手，提倡“紧凑城市”，树立公共交通导向，并从城市的整体形态构成、土地利用模式、综合交通体系、基础设施建设以及固碳措施等几个方面来考虑。[15]

社区层次，对应于详细规划。建设功能适度混合、密度适中的社区是实现“低碳”目标的关键。不同类型的社区在实现“低碳”目标时的工作侧重点和主要途径也会有所不同。第一，就城市中心区而言，城市低碳发展规划侧重于轨道交通；第二，生活居住区，则侧重低碳建筑的采用、雨水收集利用、中水利用、垃圾分类回收系统等基础设施建设；第三，以工业生产为主的产业园区，则侧重统一的能源供给系统、废水和废弃物的处理回用系统。

二、规划内容的基础性

城市低碳发展规划是在对区域低碳发展现状进行深入分析的基础上，围绕低碳产业、低碳能源、低碳建筑、低碳交通等领域进行系统的规划，其规划内容与涉及的领域，多是与城市发展，特别是与低碳城市建设密切相关的产业、交通、建筑、基础设施

---

[13] 顾朝林、谭纵波、刘志林等：《基于低碳理念的城市规划研究框架》，城市与区域规划研究，2010年第3期。

[14] 方　宸：《城市低碳规划策略研究》，学术研究，2010年第2期。

[15] 顾朝林：《低碳城市规划发展模式》，城乡建设，2009年第11期。

等领域。规划资料、数据、图件与文本等成果，是编制其它规划的基础性依据。

三、规划目标的清晰性

与以往城市规划目标的多元性相比，城市低碳发展规划的目标比较清晰，即节能、减碳、发展新能源。城市低碳发展规划是围绕节能、减碳、增加碳汇与发展新能源来编制各项专项规划的。

四、规划视角的前瞻性

规划视角的前瞻性是由规划目标的清晰性决定。情景分析是城市低碳发展规划的一大亮点。城市低碳发展规划要为未来确定一个合理的减碳目标，其科学方法就是严谨的情景分析。城市低碳发展规划情景分为基准情景、政策情景和技术情景等多种类型。情景分析是其低碳发展规划视角具有前瞻性的基础。

五、规划影响的国际性

低碳城市规划的国际影响，在于其目标是保护全球共同的气候利益。从目前来看，但凡编制了低碳发展规划的城市，都抢占了世界气候道德意识的制高点，吸引了世界人民的眼球。2010年7月《四川广元的低碳重建规划》成果发布，吸引了国内外学者、媒体以及政府的广泛关注。

六、规划的指导与控制性

低碳发展规划，对城乡规划和国民经济与社会发展规划等的编制与实施，具有指导与控制作用。原因在于，人类社会发展的全局原则、可持续原则要求城市利益要服从国家利益，国家利益要服从全球利益，短期利益兼顾长期利益。当今时代，减缓气候变化是全球利益。城乡规划、国民经济与社会发展规划的目标必须满足减缓气候变化的需要，必须满足与基于碳预算的城市低碳发展规划的要求。低碳发展规划中的节能减排指标，成为城乡规划、国民经济与社会发展规划中的约束指标。

七、可测量可核查可报告性

城乡规划在我国视为地方发展事务，地方政府有较大的调整与修改的自主权。由于缺乏国际监督机制，定量研究不足，缺乏可测量可核查可报告的指标体系，所以，严肃性与可操作性存在很大问题，常被国人戏称为：“规划规划，墙上挂挂”。但是，低碳发展规划，不再是纯地方事务，不再可以墙上挂挂，当作儿戏。国际社会可以通过量表、核查机制、制裁机制，强制地方政府履行其低碳发展规划中的承诺。这样，可报告可测量可核查，就成为低碳发展规划区别于其他规划的重要特点之一。

第三节 中国城市低碳发展规划框架

低碳发展规划框架是指导规划工作的理论、原则、方法体系，同时也是规划结构、内容与成果的具体表现形式。潘海啸教授等主要从“紧凑城市”、“公共交通导向”、“发展自行车和步行交通”和“土地混合使用”等方面进行低碳城市规划的探索，[16]较早地提出了中国“低碳城市”的空间规划策略。清华大学和发改委能源所等主要从“节能减排”、“发展新能源”等方面进行低碳城市规划研究，抓住了低碳城市规划的核心内容与重点。我们认为，对城市进行资源调查、科学设计城市低碳发展情景、目标、考核指标、以及落实这些目标与考核指标的原则与方法、路径等，也是低碳城市规划的核心内容与重点。结合当前城市低碳发展规划案例与实际操作经验，我们认为中国城市低碳发展规划框架主要包括以下几大部分。

图3-1 城市低碳发展规划框架

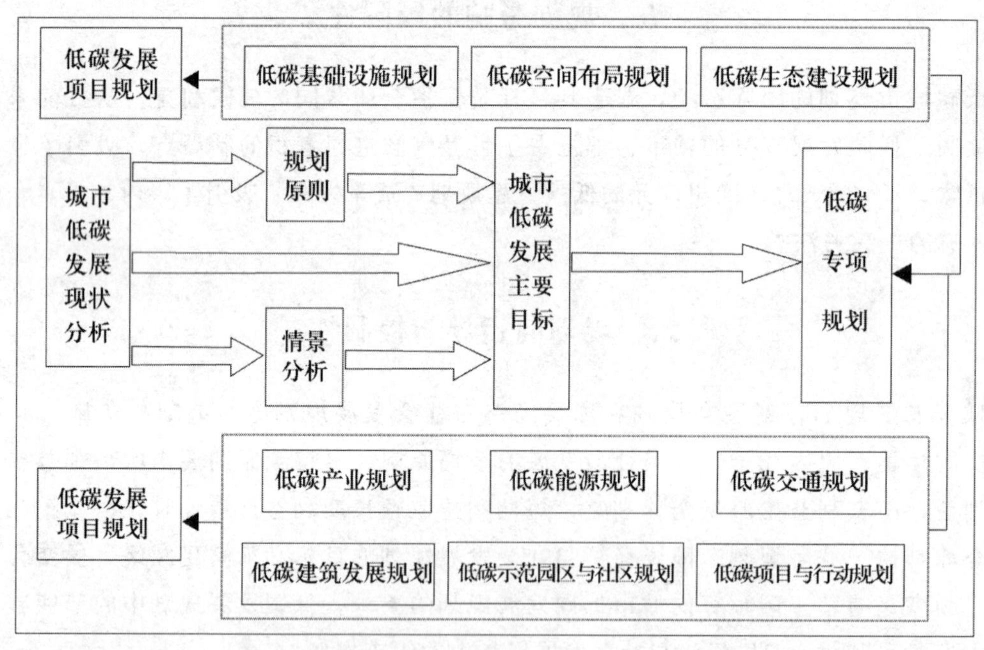

一、城市低碳发展现状分析

与以往城市规划多采用SWOT分析相不同的是，城市低碳发展规划除进行SWOT分析外，更侧重于对基准年的低碳发展现状进行定量分析。在这一领域，中国社会科学院城市发展与环境研究所建立的低碳城市发展现状评价指标体系，从低碳产出、低碳消费、低

[16] 潘海啸、汤锡、吴锦瑜：《中国“低碳城市”的空间规划策略》，城市规划学刊，2008年第6期。

碳资源和低碳政策四个层面对城市低碳发展现状进行评价，[17] 并收到了很好的效果。

1．低碳经济现状

主要从低碳生产和低碳消费两个方面来研究城市低碳经济发展现状。其中，单位碳排放的GDP产出可以有效反映低碳生产的核心指标。调研的重点在产业，包括产业发展现状、产业结构、产业技术特点、产业能耗特点、产业转型能力、产业节能减排潜力等等。

考核低碳消费的指标很多。理想指标是城市居民生活用能源消费，但数据收集十分困难。为此必须进行必要的社区居民消费调研。重点调研城市居民低碳消费支出结构与偏好，以提升对城市低碳消费评价与考核的层次与深度。消费转型对生产转型，具有拉动作用。城市居民低碳消费支出结构与偏好的变化，对城市低碳发展方向具有引导与指示功能。

2．低碳社会现状

主要从低碳人口、低碳就业和低碳社会组织等方面来衡量低碳社会发展现状。其中，用人均碳排放水平来反映低碳人口状况。人均碳排放水平，是一个可以进行全球对比的指标，层级较高。内涵是人均能源消费。该指标调研的重点在城市人口。由于我国城乡人口、东西部人口、全国人口大流动，一些沿海城市、中西部地区中心城市的暂住人口比例很高，个别城市暂住人口多于户籍人口。而西部中小城市、农村地区，人口流出，呈现机械负增长。人均碳排放水平计算，使用的是常住人口。

建设和谐社会，城市有责任提供更多就业岗位与机会。对城市低碳发展质量的考核，岗位产出是重要方面。低碳社会评价指标很多，但单位碳排放的岗位产出是当今中国社会劳动阶层最关注的民生问题。这里调研的重点是城市个体就业、企业岗位、有“三保一险”职工在城市整个就业体系中的比重。

3．低碳资源现状

低碳资源主要指低碳能源以及森林碳汇两个方面。地方城市能源结构， 在总体上取决于地方能源资源禀赋、国家的能源政策与区域能源供应系统的特点，但地方城市政府不是不可作为的。如小水电、风能、太阳能、地热等等，与地方的发展政策密切相关。对能源结构的考察是重点。其中，非化石能源占一次能源的比重，水电、风能、太阳能、地热、生物质能的发展潜力，是研究的重点。森林覆盖率和森林蓄积量可以衡量森林碳汇水平，是碳汇调研的重点。

4．低碳环境现状

低碳环境研究要从环境承载力、环境质量、有毒物质排放、绿色经济发展潜力等方面研究。全球碳减排，不能以牺牲地方其他环境治理目标为代价。二氧化碳减排行为与决策，必考虑地方其它环境目标的实现。

5．低碳设施现状

低碳设施可以从低碳建筑和低碳交通两个方面来衡量。对低碳建筑考核，可以是多层次多口径的。如是否包括建筑材料、建筑翻新与装璜、建筑物使用过程中的所有能

[17] 潘家华、庄贵阳：《低碳经济的概念辨识与综合评价指标体系》，中国社会科学院可持续发展研究中心研究报告，2009年。

耗，是否包括城市工业建筑、商业建筑、市政公用建筑、居民建筑，含义与结果是不同的。低碳交通可以从能源利用效率、公交车辆利用效率、人们使用公交出行偏好等指标来考核。

6．低碳政策现状

虽然国内目前还未出台相关低碳经济立法，但不少城市都陆续制定并出台了促进城市低碳转型的产业政策、意见、规划等。衡量低碳政策，可以从低碳经济发展规划的制定、碳排放监测、统计和监管机制的建立、公众对低碳经济的认知度以及其它对发展低碳经济的激励措施等方面来衡量。

二、城市低碳发展规划原则

城市低碳发展规划原则相对来说比较统一。中国社会科学院城市发展与环境研究所在广元等地进行低碳规划时总结的原则有：

第一，统筹协调，培育优势。统筹协调快速城市化、工业化与低碳发展的关系，使低碳经济成为城市发展的新增长点和创新优势。

第二，国际视野，前瞻意识。要大力吸引和整合国际国内应对气候变化的低碳发展资源，推动后发地区实现跨越发展，避免高碳投资锁定。

第三，挖潜增益，创新发展。深入挖掘前期投入相对较少、经济效益较高以及能够实现保就业、利增长、促转型的减碳增益的项目。同时在重点战略产业层面吸引国内外的技术、人才、产业和资金，逐步形成低碳先进产业的集聚效应。

第四，示范先行，社会参与。借鉴国内外城市低碳发展的成功经验，宣传低碳经济，开展低碳经济试点示范工作，全面提高政府、企业、公众的低碳发展意识和能力。

第五，政策支撑，创新引领。坚持政府主导与政策扶持相结合，财政投资与社会融资相结合，以科技创新、体制创新和文化创新为引领，大力推动低碳技术在产业和社会生活中的应用。

三、城市低碳发展情景分析

在进行情景分析时，一般使用IPAC－AIM技术模型。考虑到当前我国低碳经济建设的重点就是围绕2020年单位GDP碳排放比2005年下降40%～50%的目标展开。因此，在进行城市低碳发展情景分析中，可以设置2020年城市单位GDP碳排放量比2005年分别下降40%、45%和50%作为基准情景、政策情景和低碳情景。[18]

1．基准情景

该情景是以当前经济发展模式为基础，并包括当前针对单位GDP能耗以及其它关键领域的政策承诺。

2．政策情景

---

[18]《广元市低碳重建与发展项目》，中国社会科学院城市发展与环境研究所，2010。

通过该情景，我们能够看到节能措施、可再生能源的推广、以及污染的减少等（受政策、投资、能源支出等因素驱动）所产生的效应。分析在政策、投资、能源支出等进行较大努力（以实现单位GDP下降45%的目标）情况下，能够实现的节能、可再生能源以及低碳排放效果。

3．低碳情景

该情景包括所有可能的减碳政策情景方法。此外，它还要进一步讨论能源体系摆脱碳依赖的问题。例如，通过加快可再生能源以及核能技术的渗透等。该情景还包括了一些针对碳捕获和碳封存（CCS）推广速度的乐观假设。

四、城市低碳发展专项规划

1．低碳产业规划

政府要在低碳产业规划中担任规范排放标准，引导企业发展低消耗型的能耗产业，制定优惠政策支持企业形成环保产业链，引进与国际接轨的能源技术和装备，将节能环保产业放在新兴产业领域在国民经济中的战略地位。在规划上优化产业布局，发展生态低碳产业集群。提出具体的碳排放和碳产生率定量目标。

2．低碳能源规划

低碳能源是发展低碳经济的基础，也是“十二五”能源发展规划的重要目标。要发展低碳经济，就要不断提高对能源的利用效率，改善能源结构。发展低碳能源有助于提高能源安全，增加能源供应的多样性和清洁性。在能源使用方面，尽量地利用可再生能源与石化燃料替代品，进一步强化重点行业的节能技术开发和推广，有效降低高能耗行业的能源使用强度。制定能源结构转化发展战略，明确节能减排的具体要求，分期实施。

3．低碳建筑发展规划

低碳建筑的目标是用更少的化石能源但是比传统的建筑更符合人们对舒适生活的需求。直接减少了化石能源的投入，对于屋内照明，供暖和供电都有具体的节能标准，是未来建筑发展的方向。

4．低碳交通规划

低碳交通规划的核心是节能减碳，提高出行效率，利用新能源。它要求公共交通规划整体布局以尊重道路现状、尊重地形地貌、合理功能分区等综合环境因素和以人为本的理念为原则。设计高密度小街区，有利于非机动化的交通出行。通过城市设计、交通规划和土地的混合使用继续保持较高的非机动化出行的比例。在城市新区建设中必须充分考虑开发建设模式对绿色交通的作用，[19] 解决日益拥堵的交通状况，释放交通压力。引导城市布局优化，形成组团化混合用地模式。实施综合交通、区域交通、城乡交通三个一体化，推进港口、路网、物流三大建设，构建绿色交通网络。依据不同城市的具体情

[19] 潘海啸：《面向低碳的城市空间结构》，城市发展研究，2010第1期。

况，建立轨道交通，现代快速公交系统，倡导“慢行系统”，以步行—自行车—公共交通—私人小汽车为优先安排次序来重新设计和建造城市交通系统，这是一种交通工具安排的“倒模式”；在城市内部大幅度地减少机动车停车位和提高泊车费，或严格限制机动车进入的范围。[20]

规划发展低碳交通时要注意几个原则。首先是生态先行，不管采取什么样的交通方式，都要以维持良好的生态环境为立足点，不仅是出行的需要，也是兼具美化环境的功能，要结合市场的需求和生态环境的承受力建造公路，地铁等。第二是交通方式的先进性。例如快速公交系统，它结合了轨道交通和公交车的优势，建成期短，资金少，能很快投入使用，适合发展中国家。先进的交通系统在保证低能耗的同时，满足人们的出行需要。第三是不同交通系统彼此之间的联系，方便的换乘设计才能降低私家车的使用率。交通一体化，打破行政界线的限制，水路交通也要方便连接，统筹规划。第四是城市交通系统主次分明，条例脉络清楚。主干线，次干线，横断面组合，纵断面线性都要一一规划。

5．低碳基础设施规划

广义的基础设施可划分为经济基础设施、社会基础设施和制度基础设施等。按照世界银行的划分标准，城市的经济基础设施包括以下方面的服务：公共设施——电力、电信、自来水，卫生设施与排污，固体废弃物的收集处理，管道煤气等。公共工程：公路，大坝，灌溉及排水用的渠道工程；其他交通部门——城市和城市间铁路，城市交通，港口和水陆交通，机场等。[21]低碳基础设施规划就是从这些点入手，采用节能节材，保护环境的建筑材料构建，政府鼓励低碳建筑代替传统建筑，引导开发商规划实施。城市在自身的发展过程中，随着经济的发展和城市面积的增加，出现了交通堵塞，供水，垃圾处理基础设施跟不上需求，高楼大厦多为钢筋水泥建成等等不低碳的现象。对基础设施进行低碳规划，使之符合未来城市低碳发展的要求和方向，工作重点是：

在农村重点支持饮水安全、农村沼气、农村道路、农村电力等基础设施建设，建立生态防护林，杜绝砍柴砍树的破坏森林的行为，发展节水节能农业，提高灌溉水利用率。

对城市则要提高标准，完善停车场，道路建设，满足日益增长的交通流量需求。发展成熟的城市要引进垃圾无害化处理系统，污水处理系统。提高水网，电网覆盖率。将新核电，风能等新兴能源制造的电力输送至需要的地方。增加人均公共绿地面积。提高地面渗水率。采用雨水采集系统。倡导公交先行，方便出行的同时减低石油消耗。集中供暖，集中供冷，减少空调的使用，从而节能，减少氟利昂的排放。

6．低碳生态建设规划

在做生态环境规划时不仅要考虑自然和谐，还要计算生态城市的建设所需要的资金，后期的设备维护，能够产生的社会环境效益，综合起来就是宜居、环保、节能，以

---

[20]仇保兴：《中国城市交通模式的正确选择》，城市交通，2008年第2期。

[21]庄贵阳、张伟：《中国城市化：走好基础设施建设低碳排放之路》，环境经济，2004年第4期。

生态产业为支撑，低碳的生态指标为约束，建设生态城市为目标。城市要积极宣传低碳生活理念，使人们养成生态环保低碳的思想，自觉选择符合社会公益的生活方式。以自然资源和现有绿化条件为基础，构筑城市的生态控制线。

治理已经污染的环境，实行绿色生产，政府促成出台低碳标准，落实责任到企业或者个人。制定绿化指标，多植树造林，保证植物的多样性，道路设置绿化隔离带，多建设生态停车场，生态湖等美化环境。

养成低碳的消费方式，需要包括政府，居民和社会三方面的努力。政府建立节约型办公体制，采取绿色采购等方式，支持绿色低碳产业发展。居民在不降低生活水平的前提下，或在提高生活质量时，不盲目追求奢侈的生活，减少私家车的购买与使用，为低碳社会做贡献。

森林碳汇是最有效的固碳方式。通过造林和再造林、退化生态系统恢复、建立农林复合系统、加强森林管理以提高林地生产力、延长轮伐的时间增强森林碳汇。通过沼气替代薪柴、耐用木质林产品替代能源密集型材料、采伐剩余物的回收利用、进行木材产品的深加工、循环使用来实现碳替代，[22] 推广生物固碳。

推进城乡一体化进程，不仅是经济层面，人口层面，更重要的是生态环境和人居社会环境的生态环境和谐程度要统一。城市转变高耗能的发展方式，农村引进低碳农业，将大田种植–动物养殖–高附加经济作物生产耦合起来，实现生态系统的食物链与农业生产的产业链相结合的方法改善农村环境。制定城乡一体森林发展规划。以中心城区和城市郊区为重点，开展以改善生态和人居环境为核心的森林城市建设，坚持保护自然森林群落与建设绿地并重，吸收二氧化碳排放，增加碳汇。

7.低碳空间布局规划

低碳其实是一个系统工程，从空间布局来看，涉及新城建设，构筑城乡体系。在空间战略上，按照低碳的理念去规划城市，在城市空间布局中考虑低碳，首先应考虑人的因素，考虑城市的空间布局、功能定位，通过城市结构调整，使城市的区域在功能上发生转变。[23] 城市用地要大力推广节地紧凑的发展模式，以中心城区为核心，以交通网络为脉络集中性紧凑性布局。发挥政府的引导和示范作用，有条件的可以先设立示范点，再向周围地区推广，以点带面的发展。减少出行距离，就近工作与居住。以交通道路规划为基础，建筑规划，绿化带规划，公共设施规划等综合平衡下选取适合城市发展的定位。要开源、节流、循环。在城市开发建设过程中，使环境与现代化建设协调一致，走可持续发展之路的应对策略。

8．低碳示范园区与社区规划

因为低碳城市尚属于新兴的事物，在国内发展时间较短，缺乏权威的低碳指标，而通过打造低碳园区与社区，建立示范点，引进国内外先进的有代表性的低碳建筑技术，能源循环利用方式，垃圾回收利用的方式等一整套的低碳技术，看看效果和所需成本，

---

[22] 冯之浚、周荣：低碳经济：《中国实现绿色发展的根本途径》，中国人口资源与环境，2010年第2期。

[23] 连玉明：《浅谈如何规划低碳大都市》，2010。

在这个过程中找出存在的问题，升级示范技术。研发出来的新型低碳产品也可以在示范区内先行使用。

城市社区作为城市结构的关键组成部分，其紧凑化、密度化发展是低碳城市结构的必要支撑。借鉴国外低碳城市社区成功的低碳措施，在现有法定城市规划编制内容中完善社区空间层面的低碳规划设计，构建低碳城市社区的物质空间，如修建性详细规划中重视对社区内部交通设计与营造、社区居住建筑的低碳设计等，[24] 是社区低碳发展成为城市低碳发展的生长点的必要条件。

五、低碳项目与行动的设计

低碳建设靠项目与行动。低碳规划没有项目与行动做支撑，就不能落实。城市政府招商引资，需要低碳项目与行动作指引，而国际社会对低碳的核查，要以低碳项目与行动为依据。所以，完整的低碳发展规划，包括一系列的低碳项目与行动规划。其内容包括：项目与行动主题，实施地点、实施时间、实施的组织形式，技术与经济可行性分析，技术与经济不可行程度与风险分析，成本效益核算，资金来源，所需要的政策条件与政府支持，实施的责任主体、责任主体承诺承担实施责任的承诺声明等。低碳项目与行动的设计，是低碳城市发展规划与其他规划相区别的重要方面。

第四节 中国城市低碳发展规划展望

我国正处在经济快速增长、城市化加速、碳排放日益增加和向社会主义市场经济转型的时期。从总体上看，低碳城市研究刚刚开始且以低碳技术研究为主，而低碳导向的城市规划研究还处在孕育之中。[25] 城市低碳发展规划是最近城市规划师、官员、学者共同关注的问题。在今后30～50年中，低碳城市规划应该是城市规划的重点，我们应该在城市规划理论和实践过程中，探索中国追求低碳城市的方法和手段。[26]

一、建构规范

构建低碳城市要从低碳交通，低碳政策，低碳指标体系，低碳产业，低碳生活理念，循环经济等方面入手，全面涵盖城市的经济社会和环境发展方向。制定总体的节能减排任务和经济发展目标。对于万元GDP产生所需的能耗，电耗，污水处理率，固体废弃物处理，绿化面积等要确立一系列的评价指标，规范城市发展。

建设低碳城市的主要任务就是发展低碳节能技术，总结低碳发展模式，推广低碳

---

[24]黄文明，葛幼松，周权平：《低碳城市社区规划研究进展》，安徽农业科学，2010年第4期。

[25] 单晓刚：《从全球气候变化到低碳城市发展模式》，贵阳学院学报（自然科学版），2010年第1期。

[26] 李晖：《低碳城市与经济转型》，光明日报，2010-8。

生活方式，实验低碳新产品并进一步全面推广。寻求可再生能源和节能产品的制造与应用，在建筑节能等领域开发自己的技术标准，寻求低碳发展的解决方案，不断推广经验教训。

政府提供优惠政策引导企业向低碳化发展，强化环境监督和指标达标的考察工作。企业要积极配合政府的要求践行低碳生产，协调转变以前的高耗能或者存在浪费严重现象的不低碳办公方式。居民培养低碳消费方式，多宣传低碳行为。低碳城市内部还可以单独划分低碳示范区，从小处发展，大处推广。低碳城市构建不是短时期可以达到的事，必须要分期实施不同的目标，一步一步实现。

二、明确特点与优势

每个发展低碳的城市都要事先了解自己的优势，选择合适自身的特色低碳发展道路，不能千篇一律照搬其他地方的发展模式。低碳城市发展的基础与优势有产业、经济、交通、能源、技术、自然等多方面。上海的新能源设备制造业之所以发展得不错，是因为有产业基础。其他城市应该根据自己的城市特点，走自己的低碳发展道路。不能不论适合不适合，都走同一条道路，会给整个国家的发展带来问题。一个城市发展低碳一定要选择适合这个城市的产业和发展模式。低碳不等于新能源产业。新能源产业之外也有广阔的低碳之路，关键是要加强研究做好规划。[27]低碳城市不是简单的绿色城市和新产业模式，它对城市有多方面的要求，对碳排放和碳生产力的自主规划，对于碳封存和碳汇有高科技技术作为支撑的可持续发展模式。如何提升产业基础，完善评价标准，和怎样在低碳与经济发展之间寻求平衡点将是未来工作的重点。

三、完善指标评价体系

建立碳排放量化数据体系和监督体系对于进行低碳研究是重要的基础工作。现有的低碳城市评价指标不统一，要尽早出台有权威性统一的低碳发展评价标准才能有效评估城市的低碳进程，并随着城市的发展不断完善。现有指标体系包括面积、人口、GDP、就业、能源、交通、森林、环境、收入以及低碳政策等方面。《吉林市低碳发展计划》中所提出的低碳产出指标，低碳贡献指标，低碳消费指标，低碳政策指标，低碳资源指标，具备可操作性和可比较性，实际结果也能反映吉林市的低碳发展进程，是目前比较权威的评价指标，在日后不断发展中可以进一步完善，与国际接轨。

[27] 洪昌富，《建设低碳城市≠发展新能源产业》，中国建设报网，2010-8-31。

参考文献

1. 赵刚：《低碳城市建设须规划先行》，《经济》2010年第6期。

2. 张泉、叶兴平、陈国伟：《低碳城市规划——一个新的视野》，《城市规划》2010年第2期。

Progress on Urban Low-carbon Development Planning in China

LIANG Benfan, ZHOU Yueyun, ZHAO Xianchao, ZHANG Wang, LI Hao

Abstract: This paper briefly reviews the development of urban low-carbon planning in China and then summarizes some characteristics of Chinese urban low-carbon planning. It explains the direction of the planning and describes its framework, which includes an analysis of the data, the principles of planning, a scenario analysis, and specific planning and project composition. It also includes an outlook on the further development of low-carbon planning in China based on the problems to be solved.

Key words: Urban Low-carbon Development, Urban Low-carbon Planning, Framework for Low-carbon Planning

第四章 中国城市产业低碳化发展研究

黄 岱[28]

摘 要：城市产业低碳化是城市发展低碳产业、并对原有高碳产业的去碳改造与技术升级的进程，具体包括能源低碳化、工业低碳化、建筑低碳化、交通低碳化、环保低碳化、消费低碳化、服务低碳化。它与城市发展阶段、资源禀赋、消费模式和技术水平等驱动因素密切相关，是城市实现低碳转型的重要内容。

关键词：城市产业 低碳转型 产业低碳化

低碳城市是全面采取低能耗、低污染、低排放的低碳经济模式和低碳生活方式的城市。低碳经济的核心是能源技术和减排技术创新、产业结构和经济制度创新，以及人类生存发展观念的根本转变。通过技术创新、产业调整、制度完善、观念引导等措施，实现“降低碳排放”。这是控制全球气候变化、保持人类社会可持续发展的基础条件和关键环节。走生态文明之路，建设低碳城市，要求全面优化产业结构和能源结构，全面变革生产方式和生活方式。城市产业低碳化发展是城市实现低碳转型的重要内容。

第一节 城市产业低碳化的本质与内容

我们认为，城市低碳产业的发展与城市发展阶段、资源禀赋、消费模式和技术水平等驱动因素密切相关，并且通过低碳化（decarbonization）进程得以实现。

一、城市产业低碳化的本质

城市产业低碳化具有以下两个方面的本质含义：一是城市能源消费的碳排放的比重不断下降，即能源结构的低碳化。这取决于资源禀赋，也取决于资金和技术能力；二是单位产出所需要的能源消耗不断下降，即城市能源利用效率不断提高。从社会经济发展的长期趋势来看，由于技术进步、能源结构优化和采取节能措施，碳生产力也在不断提高。因此，城市产业低碳化的本质就是碳生产力不断提高的过程。

[28] 黄岱，男，经济学博士，中国社会科学院城市发展与环境研究所博士后，现供职于广东发展银行。

二、 城市产业低碳化的内容

城市产业低碳化强调以城市规划为先导，以城市低碳产业发展为支撑，以城市生态系统为依托，以科技创新和制度创新为动力，在保障城市经济发展和社会和谐的前提下，最大限度地减少温室气体的排放，以实现城市的可持续发展。（如下图）

图4-1 城市产业低碳化内容框架

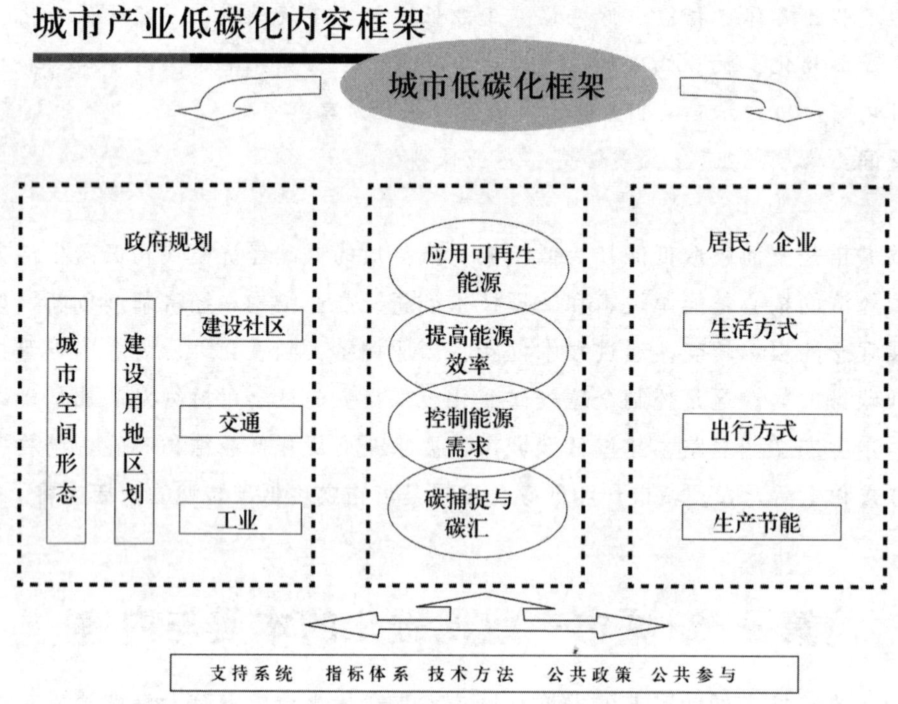

具体而言，城市产业低碳化包括以下内容：

1.低碳化的城市能源供给方式

该方式是指从源头上改变城市能源供给，加速从能源向“低碳能源”转变，彻底实现城市的低碳和零碳发展。其实现路径是大力发展水能、风能、太阳能、潮汐能等非碳基、清洁、可再生能源，逐步提高新能源在城市能源结构中的比例；同时，加强可再生能源及新能源等领域的技术研发，大力开发适用于电力、交通、建筑、冶金、化工、石化、汽车等部门的低碳能源。

2.低碳化的城市生产方式

在城市经济发展过程中实行低碳生产。低碳生产是一种可持续的生产模式，要实现低碳生产就必须实行循环经济和清洁生产。循环经济是一种与环境和谐的经济发展模式，要求把经济活动组织成一个“资源-产品-再生资源”的反馈式流程，其特征是低开采、高利用、低排放。所有的物质和能源在经济和社会活动的全过程中不断进行循环，并得到合理持久的利用，尽可能把经济活动对环境的影响降到最低程度，从而间接减少了温室气体的排放；清洁生产是从资源开采、产品生产、产品使用到废弃物处置的全过程中，最大限度地提高资源和能源的利用效率，减少消耗和污染物的产生，从而间接降低了温室气体的排放。

调整城市产业结构，控制高碳产业的发展速度。城市的产业结构决定城市的能源消费结构，在很大程度上也决定着温室气体的排放强度。第二产业的能耗强度远高于第一产业和第三产业，为第一产业的5倍多，为第三产业的4倍多。电力、交通、建筑、冶金、化工等行业的能源消费量占全部消费量的50%以上。可见，城市产业结构影响城市能源消耗总量和城市经济能耗强度。为了降低城市经济的能耗强度和碳排放强度，必须加快城市产业结构的优化升级，严格控制高能耗、高碳排放产业的发展，逐步从结构上实现经济的高效、低碳发展。（如下图）

图4-2　城市产业低碳化示意图

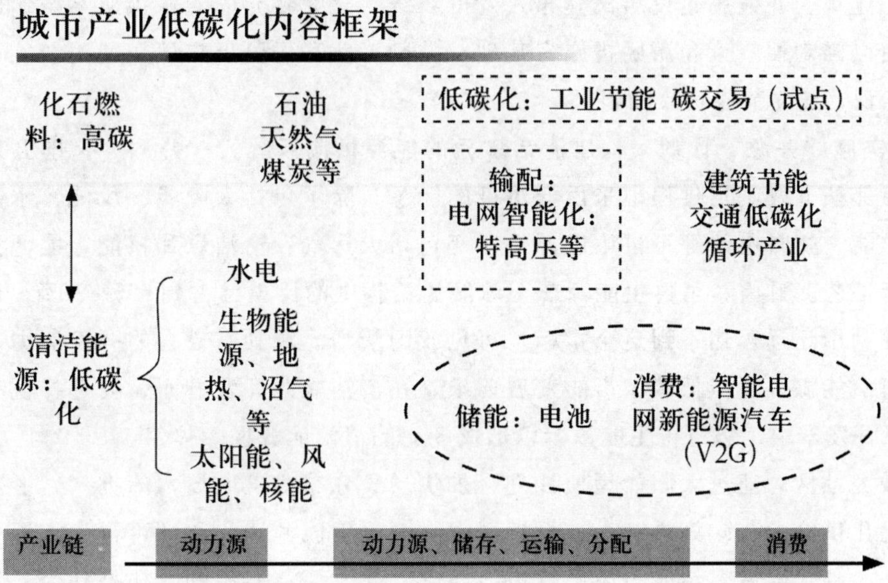

城市产业低碳化内容框架
化石燃料：高碳
石油
天然气
煤炭等
低碳化：工业节能 碳交易（试点）
输配：
电网智能化：
特高压等
建筑节能
交通低碳化
循环产业
清洁能源：低碳化
水电
生物能源、地热、沼气等
太阳能、风能、核能
储能：电池
消费：智能电网新能源汽车（V2G）
产业链
动力源
动力源、储存、运输、分配
消费

3．低碳化的城市生活消费方式

该方式主要是指改变城市居民以往的高消费、高浪费的生活方式，建立低碳生活理念和生活消费方式，降低城市的能源需求和实现城市居民消费的低碳发展。其实现路径是大力发展城市公共交通，严格限制小汽车使用的增长速度，推行紧凑型的城市布局，鼓励居民消费低碳产品，提倡居住低碳建筑和公共住宅。

4．保持城市土地的生态和碳汇功能

据科学测定，一亩茂密的城市绿地，一般每天可吸收二氧化碳67千克，放出氧气49千克，可供65人一天的需要。大力植树造林，重视培育城市绿地，在吸碳排污、改善生态的同时，能创造较好的社会效益。

第二节 中国城市产业低碳化的重点

一、能源产业低碳化

能源是城市经济系统中的输入环节，作为支撑城市经济社会运转的重要物质基础之一，城市的发展对其依赖性正逐渐增大，能源系统同时也是城市碳排放的主要贡献者。目前城市能源的主要来源仍是化石燃料，要实现能源低碳化目标，就必须从提高能源利用效率、优化能源利用方式，主要强调居民节能生活方式、调整能源结构，主要从充分利用风能、太阳能等可再生能源，合理开发核能、水电着手，以增大清洁能源在城市能源结构中的比例；同时积极倡导社区分布式发电系统，形成多元化的能源供给模式等方面着手，促进城市能源供应低碳化。

为了实现能源低碳化，城市在构建清洁能源系统时须重视“开源节流”。所谓“开源”是指以保障能源供需平衡为目标，积极使用清洁能源技术，提高新能源在能源供给构成中的比重，并鼓励建设居民分布式发电系统，建立多元的能源供应系统。所谓“节流”是指以强制性政策和激励措施为基础，鼓励工业和居民用户积极使用节能设备，强化节能意识，建立节能长效机制。

1. 实施“开源”计划，构建清洁多元的能源供应系统。“开源”，即开发清洁能源，是指那些开发利用过程中采用低污染的能源，除了包括太阳能、风能、水能、生物能、海洋能、燃料电池等可再生能源外，还包括天然气、清洁煤和核能等能源开发利用新技术新工艺。目前，可再生能源在全球能源结构中的比重已占到15%~20%，而我国可再生能源利用还远远达不到这个指标，可见我国清洁能源具有极大的开发潜力，必须大力发展清洁能源以适应低碳城市的发展要求。在清洁能源开发方面，要选择现有成熟技术，重点开发本地优势可再生能源，以形成多元的清洁能源保障体系。

在城乡社区，通过太阳能屋顶计划，加快居民分布式发电技术的推广，形成城市能源的多元化供给。在政策机制上，根据国家《可再生能源法》和《可再生能源中长期发展规划》，制定发展清洁能源激励政策。同时，建立清洁能源开发扶持基金，为可再生能源发展提供强有力的资金支持，对技术研发、项目建设、产品销售和最终用户提供补贴。许多国家还采取了产品补贴和用户补助方式扩大可再生能源市场，引导社会资金投向可再生能源，有力地推动了可再生能源的规模化发展。

2. 实施“节流”策略，建立节约能源的长效机制。“节流”，即节约能源。能源是城市的基础性保障设施，要逐步从传统的“以需定供”向“以供定需”转变，考虑需求侧的减排潜力，实现对需求增长的控制。要依据《节约能源法》等相关法律制定相应的节约能源激励机制，如使用节能器具补偿等，实现节能的长效机制。通过出台分时电价政策，对用户侧实施需求侧管理（DSM），激励公众使用蓄能设备以减缓或减小社会能源需求增长；通过能源综合资源规划和大力发展可再生能源来促进城市能源低碳化。

3. 加快智能电网建设，实现城市电网运行的可靠、安全、经济、高效、环境友好和使用安全。智能电网不管用户在何时何地，都能提供可靠的电力供应。它对电网可能出现的问题提出充分的告警，并能忍受大多数的电网扰动而不会断电。它在用户受到断电影响之前就能采取有效的校正措施，以使电网用户免受供电中断的影响。智能电网更加安全，能够经受物理的和网络的攻击而不会出现大面积停电或者不会付出高昂的恢复费用。它更不容易受到自然灾害的影响。智能电网更加经济，运行在供求平衡的基本规律之下，价格公平且供应充足。智能电网更加高效，减少电力输送和分配的损耗，电力生产和资源利用更加高效。智能电网更加环境友好，通过在发电、输电、配电、储能和消费过程中的创新来减少对环境的影响。进一步扩大可再生能源的接入。在可能的情况下，在未来的设计中，智能电网的资产将占用更少的土地，减少对景观的实际影响。

二、工业低碳化

工业低碳化是城市产业低碳化发展体系的主要内容。工业低碳化主要是发展节能工业，重视工业生产领域运用循环经济理念推动绿色制造。

节能工业包括工业结构节能、工业技术节能和工业管理节能三个方向。通过调整产业结构，促使工业结构朝着节能降碳的方向发展。着力加强管理，提高能源利用效率，减少污染排放。主攻技术节能，研发节能材料，改造和淘汰落后产能，快速有效地实现工业节能减排目标。

绿色制造是综合考虑环境影响和资源效益的现代化制造模式，其目标是使产品从设计、制造、包装、运输、使用到报废处理的整个产品生命周期中，对环境的影响最小，资源利用率最高，从而使企业经济效益和社会效益协调优化。

工业低碳化必须发展循环经济。工业循环经济，一要在生产过程中，物质和能量在各个生产企业和环节之间进行循环、多级利用，减少资源浪费，做到污染“零排放”。二要进行“废料”的再利用。充分利用每一个生产环节的废料，把它作为下一个生产环节的或另一部门的原料，以实现物质的循环使用和再利用。三要使产品与服务非物质化。产品与服务的非物质化是指用同样的物质或更少的物质获得更多的产品与服务，提高资源的利用率。

三、 建筑低碳化

建筑是城市活动的主要载体，也是居民生活方式的集中体现，对城市碳排放影响较大。要实现城市低碳目标，规划还需要从建筑设计角度入手，倡导节能、节水、节材的环保理念。

在建筑节能方面，要重视提高节能设备普及率，推广太阳能利用工程，降低建筑电耗；在建筑节水方面，要重视水循环利用，提高水利用效率，减少水耗；在建筑节材方面，要选用隔热保温的建筑材料，合理设计通风和采光系统，选用节能型取暖和制冷系统。其主要的引导性指标有节能（节水）器具普及率、单位建筑面积电耗、日人均生活耗水量、太阳能普及率等等。

图4-3　建筑低碳化领域与技术

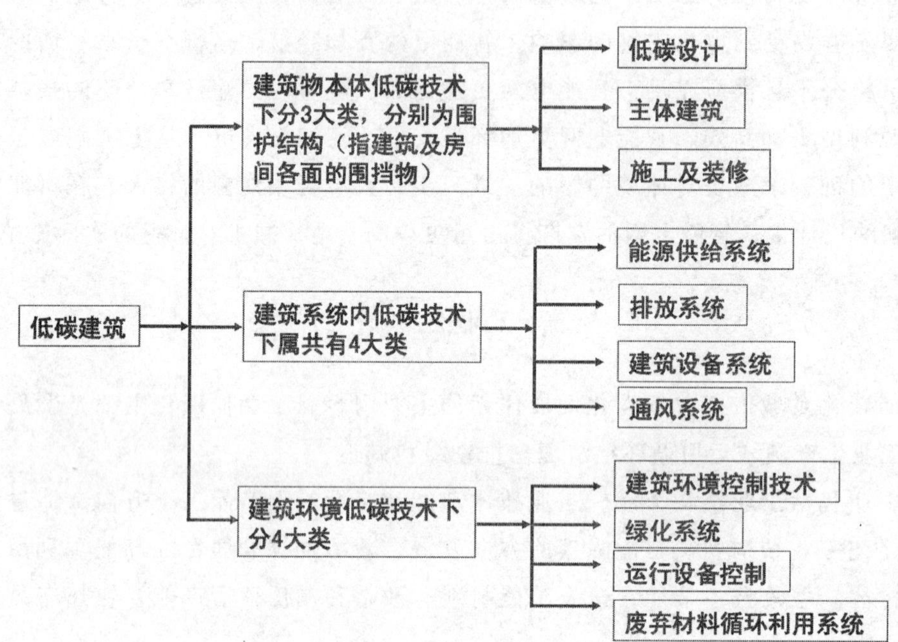

太阳能建筑主要是利用太阳能代替常规能源，通过太阳能热水器和光伏阳光屋顶等途径，为建筑物和居民提供采暖、热水、空调、照明、通风、动力等一系列功能。太阳能建筑的设计思想是利用太阳能实现“零能耗”，建筑物所需的全部能源供应均来自太阳能，常规能源消耗为零。绿色设计理念对太阳能建筑来说尤为重要，建筑应该从设计开始就将太阳能系统考虑为建筑不可分割的一个组成部分，将太阳能外露部件与建筑立面进行有机结合，实现太阳能与建筑材料一体化。

四、交通低碳化

交通是城市经济社会中物流和客流的纽带，也是石化能源的消费和碳排大户。一般来说，城市空间结构需要有相应的交通体系支撑，低碳城市空间结构的形成同样需要低碳绿色交通体系的支撑。因此，低碳交通是未来城市的发展方向。

低碳交通战略可从两个方面实现：一个方面是控制私人交通出行的数量。如果这个数量是下降的，那么在单位排放为一定的情况下，城市交通的碳排放就降低；另一个方面是降低单位私人交通工具的碳排放。如果私人交通出行的数量是一定的，那么只要持续降低单位汽车的碳强度，就可以降低整个城市交通的碳排放。以上两个方面说明，低碳城市需要倡导和实施公共交通为主导的综合交通模式。（如下图）

图4-4 城市综合低碳交通体系

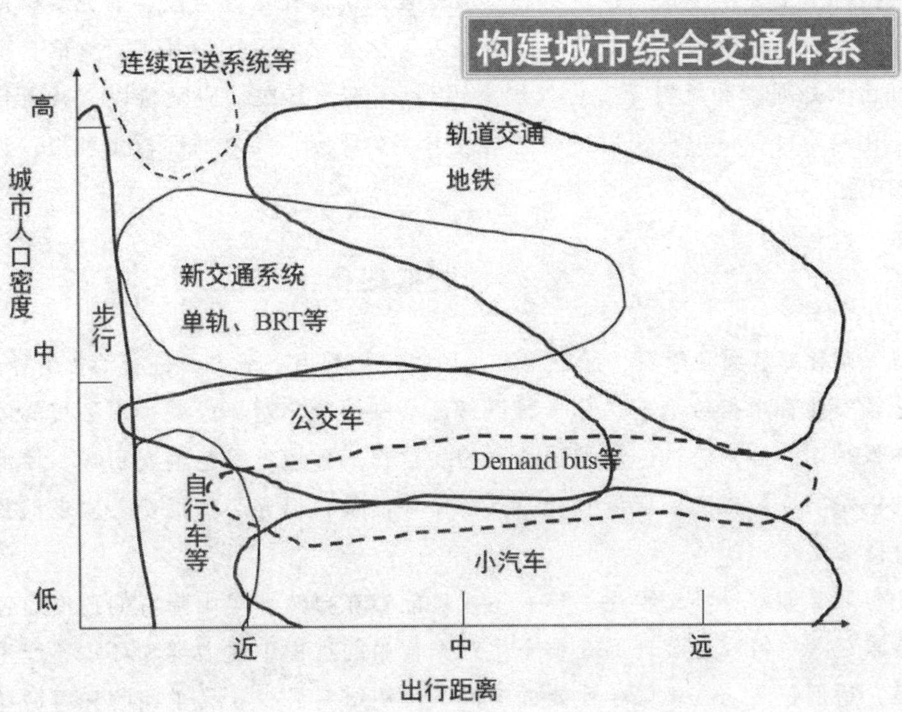

据研究，在所有的交通工具中，公共交通是最为节能的方式，以小汽车每百公里的平均能耗为100% 计算，公共汽车是8.4%，无轨电车为4.4%，有轨电车为3.4%，地铁为5%。此外，一些发达国家城市客流量的50%~60%由公共交通承担，东京达90%。由此可见，市政规划中须确立公共交通为主导的交通体系，相应的指标有公共交通客运比例、万人拥有公共汽车数、清洁公交投运量等。

另外，研究普遍认为，可持续发展交通规划一般法则是：减少出行需求和出行距离。即在公交引导（TOD）的基础上，实施紧凑型城市的空间布局。这样，需要引入的考核指标还有TOD 公交承担的客运量比例、到达轨道交通（BRT）站点的平均步行距离等。

中国交通运输部正在进行低碳交通体系研究，初步提出了城市交通可以实施技术性减碳、结构性减碳、制度性减碳、消费者减碳等基本途径。

技术性减碳主要是利用先进的节能环保技术；

结构性减碳主要是加强网络的建设，如推动断头路的建设，将公路连接成网，来提高运输效率。

制度性减碳主要是在市场准入和退出机制上下功夫，比如说制定了道路运营车辆燃油消耗的限制标准，计划在2013年，使道路运营车辆全部达到标准的要求；

消费者减碳，是指引导消费者理性选择出行方式，鼓励乘坐公共交通工具等。

五、 环保低碳化

环保是城市市政系统的碳输出阶段，同时也是城市碳排放最为密集的环节之一。城市碳输出环节主要集中在城市污水和垃圾处理系统。在这一阶段，首先要保证其“输出无害化”目标，即通过污水处理厂、垃圾无害化处理厂等环境基础设施的合理规划布局，保证污水处理率和垃圾无害化处理率达到100%。其次，应坚持以“减量化、资源化、循环化”为目标，积极使用循环利用技术，实现废弃物的循环再生利用，进一步实现环保低碳化。

六、 消费低碳化

消费低碳化要从绿色消费、绿色包装、回收与再利用三个方面进行消费引导。

绿色消费也称可持续消费，是一种以适度节制消费，避免或减少对环境的破坏，崇尚自然和保护生态等为特征的新型消费行为和过程。要通过绿色消费引导，使消费者形成良好的消费习惯，接受消费低碳化，支持循环消费，倡导节约消费，实现消费方式的转型与可持续发展。

绿色包装是能够循环、再生、再利用或者能够在自然环境中降解的适度的包装。绿色包装要求包装材料和包装产品在整个生产和使用的过程中对人类和环境不产生危害，主要包括：适度包装，在不影响性能的情况下所用材料最少；易于回收和再循环；包装废弃物的处理不对环境和人类造成危害。

消费环节必须注重回收利用。在消费过程中应当选用可回收、可再利用、对环境友好的产品，包括可降解塑料、再生纸以及采用循环使用零部件的机器等。对消费使用过可回收利用的产品，如汽车、家用电器等，要修旧利废，重复使用和再生利用。

七、服务低碳化

中国城市服务业的发展必须走低碳化道路，着力发展绿色服务、低碳物流和智能信息化。绿色服务，是有利于保护生态环境，节约资源和能源的无污、无害、无毒的有益于人类健康的服务。绿色服务要求企业在经营管理中根据可持续发展战略的要求，充分考虑自然环境的保护和人类的身心健康，从服务流程的服务设计、服务耗材、服务产品、服务营销、服务消费等各个环节着手节约资源和能源，防污、降排和减污，以达到企业的经济效益和环保效益的有机统一。

物流业是现代服务业的重要组成部分，同时也是碳排放的大户。低碳物流要实现物流业与低碳经济的互动支持，通过整合资源、优化流程、施行标准化等实现节能减排，先进的物流方式可以支持低碳经济下的生产方式，低碳经济需要现代物流的支撑。

智能信息化是发展现代服务业的必然要求，同时也是服务低碳化的有效途径。通过服务智能信息化，可以降低服务过程中对有形资源的依赖，将部分有形服务产品，采用智能信息化手段转变为软件等形式，进一步减少服务对生态环境的影响。

第三节 中国城市产业低碳化发展途径

一、综合运用法律、经济、技术及行政手段淘汰落后产能

我国政府自20世纪80年代初就开始进行淘汰落后产能的工作。但是因为长期积累的产业结构性矛盾突出，仍有较大比例的落后产能没能被淘汰。例如，钢铁行业需淘汰的400立方米及以下落后炼铁高炉产能仍有约1.25亿吨，占总产能的近20%；水泥行业落后产能约 5 亿吨，占总产能20%以上。

2010年1月20日，国务院总理温家宝主持召开国务院常务会议，研究部署加强淘汰落后产能工作。会议指出，必须采取更加有力的措施，综合运用法律、经济、技术及必要的行政手段，加快淘汰落后产能。我国淘汰落后产能、促进产业结构的优化升级又迈出重要一步。

5月4日国务院下发《国务院关于进一步加大工作力度，确保实现“十一五”节能减排目标的通知》，在强调问责制及加大淘汰落后抑制两高产业的同时，特别指出各地区要将节能减排指标落实到具体项目，节能减排专项资金要向能直接形成节能减排能力的项目倾斜，尽早下达资金，尽快形成节能减排能力。

工业和信息化部5月27日向各地下达2010年18个行业淘汰落后产能的目标任务，其中炼铁、炼钢、水泥、电解铝等6大重点行业的淘汰任务大幅超过国务院通知要求。18个行业淘汰落后产能的任务是：炼铁3000万吨，炼钢825万吨，水泥9155万吨，电解铝33．9万吨，玻璃648万重量箱，造纸432万吨，焦炭2127万吨，铁合金144万吨，酒精67.7万吨，铜冶炼11.7万吨，锌冶炼11.3万吨，铅冶炼24．3万吨，电石71.8万吨，味精18.9吨，柠檬酸1.7万吨，皮革1200 万标张，印染31.3亿米，化纤55.8万吨。

其中，对炼铁、炼钢、水泥、电解铝、玻璃、造纸6大行业下达的淘汰指标，与5月初国务院《关于进一步加大工作力度确保实现“十一五”节能减排目标的通知》要求相比大幅提高。其中，增幅最高的是造纸行业，下达的淘汰任务是432万吨，比通知要求的53万吨增加715%。

落后产能，是高耗、高排、低效产能。淘汰这部分产能，腾出资源、市场与资金，发展低耗、低排、高效低碳产业，是城市产业低碳化发展的有效途径。

二、构建合同能源管理机制培育节能服务产业

合同能源管理(ENERGY MANAGEMENT CONTRACT，简称EMC)起源于20世纪70年代的市场经济国家。在美国、加拿大，EMC已发展成为一新兴的节能产业。其实质就是以减少的能源费用来支付节能项目全部成本的节能业务方式。这种节能投资方式允许客户用未来的节能收益为工厂和设备升级，以降低企业目前的运行成本；或者节能服务公司以承诺节能项目的节能效益或承包整体能源费用的方式为客户提供节能服务。能源管理合同在实施节能项目的企业（用户）与节能服务公司之间签订，它有助于

推动节能项目的实施。依照具体的业务方式，可以分为分享型合同能源管理业务、承诺型合同能源管理业务、能源费用托管型合同能源管理业务。

节能服务项目分布在工业、建筑、交通等各个领域，涵盖钢铁、石化、建材、交通、电力、建筑、水泥等各行各业。工业节能和建筑节能是合同能源管理模式主要应用领域。在工业高低压变频器、工业余热回收利用、工业锅炉，建筑HVAC、配电系统、LED 路灯系统等领域，都是合同能源管理推广的重点领域。我国已有的节能机构和潜在的投资者已经结合我国的实际情况，通过合同能源管理新机制实施节能项目，并从中获得很好的赢利和发展。

国务院《关于加快推行合同能源管理促进节能服务产业发展的意见》已经下发，实施细则的相关工作也在积极推进。有关部门要在2010年6月中旬前出台加快推行合同能源管理，促进节能服务产业发展的相关配套政策，对节能服务公司为企业实施节能改造给予支持。

三、通过低碳城市建设打造低碳产业与新能源发展基地

上海市在打造“低碳城市”的过程中，着重对建筑的能源消耗情况进行调查、统计，从办公楼、宾馆、商场等大型商业建筑中选择试点，公开能源消耗情况，进行能源审计，提高大型建筑能效。同时还将对公共建筑的物业管理人员进行培训，提高其节能运行的能力。为了减少碳排放量以实现可持续发展，上海市已着手在南汇区临港新城、崇明岛等地建立“低碳经济实践区”，推动低碳经济发展。上海充分利用南汇区临港新城和崇明岛的后发优势建立和完善实现低碳发展的政策框架，在两地建设若干低碳社区、低碳商业区和低碳产业园区等低碳发展综合实践区，以促进低碳技术的集成应用，带动两地低碳经济的发展。

保定市2008年开始推进低碳城市建设，依托保定国家高新区能源和能源设备产业基地，以可再生能源产业打造低碳产业结构。2008年12月，保定市政府公布了《关于建设低碳城市的意见（试行）》，制定了《保定市低碳城市发展规划纲要（2008~2020年）》（草案）。这是中国首个以政府文件形式提出的促进低碳城市发展的文件。保定市低碳城市建设“路线图”，可以概括为一个理念、二个阶段性目标、三个主要任务和六项重点工程。树立一个理念，即探索一条城市经济以低碳产业为主导、市民以低碳生活为理念和行为特征、政府以低碳社会为建设蓝图的符合保定实际，节能环保、绿色低碳的生态文明发展之路。锁定二个阶段性目标，一是提出了2010年、2020年降低二氧化碳排放强度，提高新能源产业增加值占规模以上工业增加值比重的阶段性目标。2010年，万元GDP二氧化碳排放量比2005年下降25%以上；新能源产业增加值占规模以上工业增加值的比重达到18%。到2020年，万元GDP二氧化碳排放量比2010年下降35%；新能源产业增加值占规模以上工业增加值的比重达到25%。锁定新能源产业增加值占规模以上工业增加值的比重指标，体现了保定市发展低碳经济的特色。三个主要任务，即加快新能源和能源设备制造业发展，进一步完善太阳能光伏发电、风力发电、高效节电、

新型储能、输变电和电力自动化等六大产业体系，打造“中国电谷”，构建低碳城市的产业支撑体系；通过各种活动，在各级部门和广大市民中树立低碳意识和理念，推进生活方式低碳化和城市建设低碳化；强化工业企业节能减排、抓好农村节能、推进建筑节能、强化城市交通运输节能减排和推进商贸流通业节能减排。六项重点工程，分别为“中国电谷”建设工程、“太阳能之城”建设工程、城市生态环境建设工程、办公楼低碳化运行示范工程、低碳化社区示范工程和低碳化城市交通体系整合工程。

保定市低碳城市实践得到了中央政府的认可，先后被科技部、国家发改委等认定为全国唯一的“可再生能源产业化基地”、“新能源产业高技术产业基地”、“国家综合利用太阳能示范城市”。“低碳城市”如今已成为保定的一张名片，并为其赢得了国际声誉。“Baoding”一词总是与“low-carbon city”联系在一块儿，频繁出现在包括《美联社》、《金融时报》、《环球邮报》在内的众多西方主流媒体之上，西方记者的笔下对这个城市不乏溢美之词。与此同时，保定还可能是世界上第一个“碳益”城市——全世界因为使用保定制造的设备所形成的碳减排，要高于这个城市自身的碳排放。

2009年5月21日，保定市低碳城市研究会正式成立，该研究会是全国第一个从事低碳研究的专门机构。保定市低碳城市研究会的成立是建设低碳城市的又一具体行动。低碳城市研究会由对低碳研究有较强意识的企业、低碳学术专家、与低碳密切相关的其他社会组织和个人自愿组成，旨在深入宣传低碳理念，提高全社会的低碳意识，协助企业正确实施低碳战略，努力形成节约资源能源和保护生态环境的产业结构、发展方式和消费模式，广泛开展低碳领域的交流与合作，发挥低碳产品在市场经济中的积极作用，增强城市和企业的综合竞争能力。

四、开展低碳城市规划力促城市产业向低碳转型

2010年3月，《无锡低碳城市发展战略规划》获得由环保部、社科院等方面专家组成的评审团通过，得到国内专家认可。“分别从低碳法规、低碳产业、低碳城市建设、低碳交通与物流、低碳生活与文化和碳汇吸收与利用六个方面推进无锡低碳城市建设”。作为“苏南模式”的典型代表，无锡的低碳转型代表了中国一大批东南沿海二、三线城市的发展理想。建材、纺织、钢铁、化工等制造业和工业在多年以高耗能高污染的模式迅速发展至今，已然走到了十字路口。无锡的想法是，“新能源、新材料、环保产业、生物、工业设计和文化创意、软件及服务外包等六大战略性新兴产业”。

2010年7月，厦门市已在全国率先编制出台《低碳城市总体规划纲要》，将重点从占碳排放总量90%以上的交通、建筑、生产等三大领域探索低碳发展模式。根据规划，预计到2020年，厦门的单位GDP能耗在2005年的基础上下降40%，达到0.39吨标准煤/万元GDP，二氧化碳排放总量将控制在6864万吨。该规划的编制完成标志着厦门建设低碳城市已经从抽象的概念走向了具体的实施阶段。

表4-1 我国城市产业低碳化发展探索

城市或示范区	理念与发展愿景	行动措施或规划	城市或示范区	理念与发展愿景	行动措施或规划
南昌	低碳经济先行区	围绕太阳能、LED、服务外包、新能源汽车等低碳产业定位：打造三大经济示范区	保定	绿色、低碳、新能源基地	“中国电谷”、“太阳能之城”、打造以电力技术为基础的产业和企业群
上海崇明东滩	碳中和地区	新能源、氢能电网、环保建筑、燃料电池公交	德州	低碳产业	风电装备开发、生物质发电、“中国太阳谷”
珠海	低碳经济示范区	新能源发展战略	无锡	低碳城市	低碳城市发展研究中心
重庆	低碳产业园	地热能利用、建设低碳研究院	杭州	低碳产业、低碳城市	公共自行车项目、低碳科技馆
天津	中新天津生态城	绿色建筑、绿色交通、新能源开发利用	厦门	低碳城市	LED照明、太阳能建筑、能源博物馆
国家科技部	低碳经济科技示范区	开展低碳技术集成、技术推动和完善推广试点	贵阳	生态城市	生态低碳避暑社区
苏州	低碳示范产业园	以节能环保的产业升级	吉林	低碳示范区	探索重工业城市的结构调整战略
北京CBD东扩	低碳商务区	绿色能源利用、建筑实行低碳标准、发展环行有轨电车、打造国际金融文化传媒中心	四川	低碳重建	彭州“低碳生态乡村”

参考文献：

1、庄贵阳；《低碳经济引领世界经济发展方向》，《世界环境》 2008 (3) : 35–38。

2、李文虎；《英国的绿色能源战略》，《世界环境》2004 (5) : 60–63。

3、张春华：《低碳经济：气候变化背景下的发展之路》，《WTO 经济导刊》 2009 (1)：52–55。

4、王 毅：《中国低碳道路的战略取向与政策保障》，《绿叶》2009 (5)：28–32。

5、冯之浚，金涌，牛文元，徐锭明：《关于推行低碳经济促进科学发展的若干思考》，《光明日报》理论版2009–04–21。

6、崔大鹏：《发展低碳经济大有可为》，《人民日报》海外版 2008–07–05。

7、夏堃堡：《发展低碳经济实现城市可持续发展》，《环境保护》2008 (7A)：33–35。

8、蒋益民：《推行低碳经济促进环境友好》，《新湘评论》2008(6)：20–22。

9、陈晓春，谭娟，陈文婕：《论低碳消费方式》，《光明日报》理论版2009–04–21。

10、陈晓春，张喜辉：《浅谈低碳经济下的消费引导》，《消费经济》2009(4)：71–74。

11、吴晓青：《关于中国发展低碳经济的若干建议》，《环境保护》2008 (3A)：22–24。

12、任卫峰：《低碳经济与环境金融创新》，《上海经济研究》2008(3) 38。

13、辛章平，张银太：《低碳经济与低碳城市》，《城市发展研究》2008 (4) 98。

14、吴晓青等：《将加快研究制定国家低碳经济发展战略》．《创新科技》2008(5)。

15、吴昌华：《城市引领中国低碳经济转型》，《中国投资》2009(2)。

Research on the Industrial Decarbonization Development of Chinese Cities

Huang Dai

Abstract: Industrial decarbonization development is an important part of cities' low-carbon transition, which is closely related to urban development stage, resource endowments, consumption patterns, technology level and the other factors. Generally speaking, it is combined at least with the upgrading of traditional industries to clean technology and development of new energy industries. In detail, it includes energy decarbonization, industry decarbonization, architecture decarbonization, traffic decarbonization, environmental protection decarbonization, consumption decarbonization and service carbonization.

Key words: Urban Industry, Industrial Decarbonization, Low-carbon Transition

第五章 中国城市低碳交通建设

张陶新 芦鹏 张昉仝娟[29]

摘 要：随着中国城市的不断扩张，中国城市交通能源消耗和二氧化碳排放总量急剧增加；中国城市交通碳减排形势不容乐观；公共交通是各类交通工具中碳排放强度最低的；中国城市低碳交通建设面临着公共交通发展速度滞后于城市扩张速度、居民出行结构机动化程度大幅提高、城市交通管理体制与城市低碳交通建设不相适应、缺乏有效的需求管理、节能减排意识淡薄等六大主要问题。为此，中国城市低碳交通建设应实施三大战略和四项主要措施。

关键词：城市低碳交通　交通排放问题　碳减排战略　碳减排措施

气候变化问题越来越受到国际社会的重视，中国作为发展中大国，已经制定了一系列的应对全球气候变化的政策措施，并且承诺到2020年实现单位GDP二氧化碳排放量比2005年下降40%~45%的目标。已有的研究表明，全球气候变暖的主要原因之一是由于人类大量消费化石能源使得大气中二氧化碳的浓度不断增加所造成的。过去10年全球二氧化碳排放总量增加了13%，而源自交通工具的二氧化碳排放增加了25%。就2006年来说，世界各国运输部门能源消费产生的二氧化碳排放量约占能源消费产生的二氧化碳排放总量的23%。根据国际能源署（IEA）的测算，在全球范围内，2005～2030年期间，交通运输石油消费量预计年均将会增长1.7%，交通部门已成为世界上第二大能耗部门，交通领域已成为温室气体排放的主要来源。最近几年，中国交通运输部门能耗年均增长率为10.8%，比全社会总能耗年均增长率高出1.06%，已经成为能耗增长最快的部门之一，而且还将逐渐成为中国未来能源需求和碳排放增长的主要贡献者。据气候组织（The Climate Group）预测，按现有的发展势头，到2020年中国汽车保有量将是2007年的2.9倍，2030年中国汽车二氧化碳排放量将占全球排放总量的20%，因此，要实现中国对国际社会的郑重承诺，交通运输业是需要重点关注的行业之一。

从交通运输业的能源消耗结构来看，2007年中国交通运输业能源消费总量中，城市内的客货运输部门的能耗就占了交通运输总能耗的40%，城市交通所消耗的汽油和

[29]张陶新，全球低碳城市联合研究中心，湖南工业大学长株潭两型社会研究院研究员；芦鹏，湖南工业大学长株潭两型社会研究院讲师。

柴油占了交通运输业所消耗总量的80%，这一比例还将会随着机动车保有量的快速增长而增加。[30] 中国的石油能源主要依赖进口，在2006年中国的石油对外依存度为47%，据美国EIA估计，中国2020年石油进口的依赖度将高达70%。因此中国城市交通走低碳化的发展道路不仅是减缓全球气候变暖的重要途径，而且也是应对中国未来能源安全的挑战、实现中国城市交通可持续发展的新选择。

第一节　中国城市低碳交通的界定

经过30多年的改革开放，中国经济社会发展已经取得了举世瞩目的成就。中国城镇化率由1987年的25.32%提高到2009年的46.6%，人民生活水平整体得到了显著提高，但总体上中国才进入工业化中期，而且地区差别较大，距离中等发达国家水平也还有很大的差距。中国的道路密度不到发达国家的40%，人均道路长度也不足发达国家的50%，中国千人汽车保有量还不到发达国家（或地区）最低水平的10%。总体来看，中国除个别城市外绝大部分城市的人文发展水平较低，实现经济社会可持续发展仍然是未来50年中国的第一要务。根据中国经济社会发展的实际，参考交通可持续发展的有关概念，我们认为，中国城市低碳交通可以界定为：在最大限度地满足社会经济发展对城市交通运输需求的基础上，以尽可能少的化石能源消耗和尽可能减少温室气体排放，为人流和物流提供安全、便捷、舒适和公平的服务。城市低碳交通的内涵可以从以下四个方面来理解：

一、城市低碳交通是一种新的发展理念

城市低碳交通不是一种新的交通方式而是一种新的发展理念。其核心在于提高交通运输的能源效率，改善交通运输的用能结构，优化交通运输的发展方式，引导人们合理出行。其目的是在降低能耗和碳排放量减少的同时，增加运载能力，为人流和物流提供安全、便捷、舒适和公平的服务，不断满足人们的生产和生活对城市交通运输的需求。

二、城市低碳交通建设是一项系统性工程

规划、建设、维护、运输、交通工具的生产、使用、相关制度、技术保障措施、人们的出行方式和运输消费模式等等都需要用“低碳化”的理念予以改造和优化，实现交通领域的全周期全产业链的低碳发展。

[30]本文中如无特别说明，能源均指化石能源，能源消耗或能耗均指化石能源消耗。

三、城市低碳交通建设是实现城市可持续发展的一种有效途径

随着中国城镇化的加速和人们生活品质的提升，居民对出行方式追求越来越高，低碳交通建设要与当地的人文发展水平相适应。在加快城市交通建设的过程中，需要转变主要依靠土地、化石能源等高投入高碳排放的粗放型发展方式，现阶段尤其需要加大节能减排力度，实现城市交通可持续发展。

四、城市低碳交通建设要与资源环境相互协调发展

在城市交通基础设施建设和交通方式选择上鼓励采取低能耗的交通工具和方式，尽可能减少能源消耗并尽可能地减少温室气体排放，实现尽可能多的人和物的流动，使得社会经济、城市低碳交通建设与资源环境相互协调发展。

城市低碳交通体现在陆路低碳交通、水上低碳交通和空中低碳交通三种形式上。其中陆路交通是城市交通的主要形式，城市陆路低碳交通建设主要从城市道路系统、城市（客货）运输系统和交通管理系统三个方面来进行。

城市低碳陆路交通从地域上来看，体现在对外低碳交通和内部低碳交通上，前者以城市为单元，泛指一个城市与其它城市或地区之间的陆路交通联系低碳化，后者指城市内部各交通产生点和吸引点之间的陆路交通联系低碳化。城市内部交通总体上可分为市内客运交通和货运交通，市内客运交通方式主要有步行、自行车、摩托车、小汽车、常规公交、出租车、大运量快速公交和轨道交通。客运交通是城市交通中最复杂多变、面临的矛盾和问题最突出的部分，是城市低碳交通建设的主体。

本文仅就城市陆路特别是城市客运低碳交通建设中的有关问题进行分析研究，而且下面涉及到的城市除了特别说明之外，是指以非农业产业和非农业人口集聚为主体的居民点，不包括按国家行政建制设立的市行政区域内所辖各农业县（市）、区。

第二节 中国城市交通碳排放定量分析

一、中国城市交通能耗分析[31]

1. 中国城市发展与城市公路客货流量变化

从2000年到2008年，中国城镇化率由36.22%增加到45.68%，8年间城镇化率平均每年增长约1.2个百分点，每年有相当于一个北京市的总人口由农村向城市转移。2000～2008年，中国城市建成区面积由22439.3平方公里增加到36295.3 平方公里，

[31]限于数据资料的难以获得，本部分所指城市包括按国家行政建制设立的市行政区域内所辖各农业县（市）、区。

平均每年增长6.2%，相当于每年有北京市的建成区面积1.6倍还要多的城市规模在增加。随着城市人口和城市空间的急剧膨胀，居民出行需求总量以及货物流动量迅速增长，2000～2008年，城市公路客运总量就从128.85亿人增加到213.51亿人，增长了65.7%；城市公路货运总量从91.62亿吨增加到177.99亿吨，增长了94.27%。城市客货流量的快速增长，导致了城市交通能源消耗量的快速上升。

2．中国城市交通能源消耗

城市交通主要消耗汽油和柴油，本部分城市交通含城市所属县（市）、区的交通，因此将公路运输纳入到城市交通中，那么中国城市交通运输所消耗的汽油大约占交通运输部门消耗汽油量的80%左右，消耗的柴油占一半以上。2004年城市交通运输柴油消费量占交通运输柴油消费量的52%，2007年占58%，年均增长2个百分点。城市交通汽油消耗占交通运输部门消耗量的比例我们按80%进行估算，柴油以2004年为基准，按每年增加2个百分点估算其余各年的消耗量，从而可以得到2002～2007年城市交通汽油与柴油的消耗量如表5-1。由表5-1可知，2002～2007年，中国城市交通汽油消耗量增长了96.17%，年均增长14.43%；柴油消耗量增长了173%，年均增长22.25%。因此，面对中国城市交通汽油和柴油急剧增长的趋势，降低城市交通化石燃料消耗是中国实现碳减排的重要手段之一。

表5-1　2002～2007年城市交通汽油与柴油消耗情况

	2002	2003	2004	2005	2006	2007
汽油（万吨）	1110.22	1202.80	1489.31	1846.77	1976.04	2177.88
柴油（万吨）	1221.03	1482.41	1812.30	2258.41	2810.87	3333.45

资料来源：根据《中国能源统计年鉴》（2008）的有关数据整理。

3．城市交通系统中各类交通工具能源单耗

在城市交通系统中，不同的交通工具其能源单耗（每人公里或每吨公里的能源消耗量）是不同的。如图5-1所示，小汽车是各种交通工具中单耗最大的，而轻轨、地铁、有轨电车等大运量交通工具的单耗几乎只相当于小汽车的6%，公共汽车单耗也只相当于小汽车的12%左右。

图5-1　不同交通工具能源消耗比较（以公共汽车为基准）

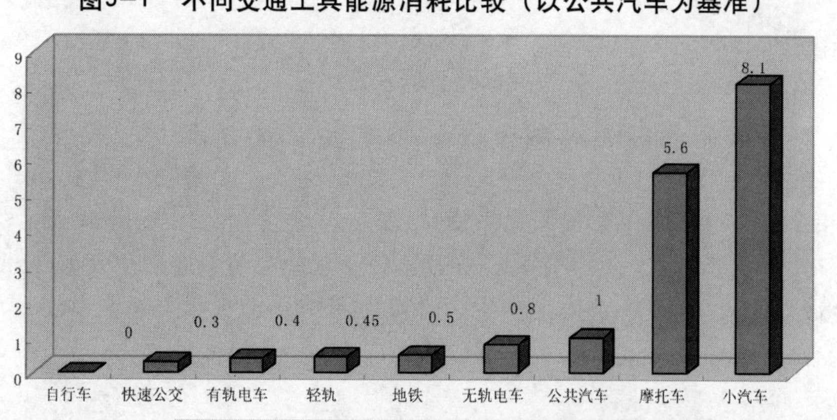

4．交通工具燃油能耗特征

从表5-2可以看出，从全生命周期来看，比欧Ⅱ汽油车能耗高的有甲醇（M10、M85）、二甲醚（DME），其余类型的燃料车都可以比欧Ⅱ汽油车节约不同程度的能源，其中柴油车可以节约1/5的能耗，混合动力车（使用欧Ⅱ汽油）的能耗最低，大约可以节约1/4的能耗。

表5-2　2005年不同替代燃料车全生命周期能耗（以欧Ⅱ汽油为基准）

替代燃料车类型	汽油(欧Ⅱ)	乙醇(E10)	双燃料(CNG)	单燃料(CNG)	LPG
能源消耗	100%	-2.2%	-11.2%	-11.6%	-13.7%
替代燃料车类型	甲醇(M10)	甲醇(M85)	柴油	二甲醚DME	混合动力：欧Ⅱ汽油
能源消耗	9.5%	120.9%	-19.8%	148.7%	-24.8%

5．城市交通系统中不同交通方式能源消耗比例

根据国家发改委能源所测算，2000年和2005年，上海市小汽车汽油消费量约占了整个上海市车用汽油消费量的80%左右。据估算，现在的能源消耗构成中占主导地位的是小汽车，约占总能源消耗的86%，远远高于其他三种交通方式的能源消耗量。

图5-2　北京2005年城市客运交通不同交通方式能源消耗所占比例

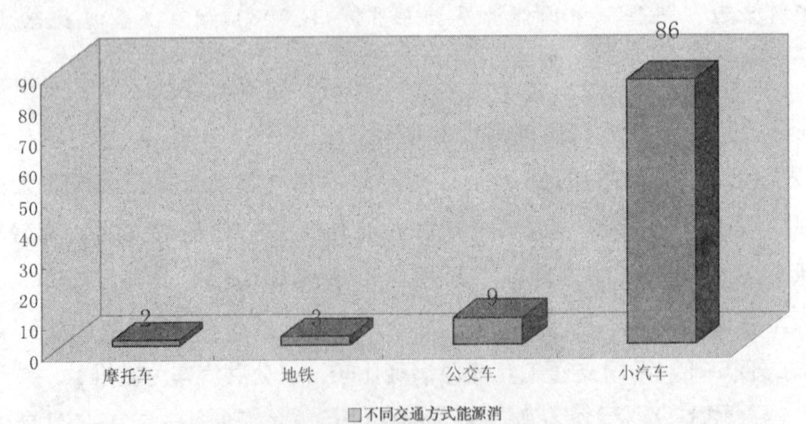

二、中国城市交通碳排放现状分析[32]

1．城市交通二氧化碳排放量变化趋势

我们采用公式$C=\sum E_i * \eta_i$计算城市交通二氧化碳的排放总量，其中E_i为第i种能源消费量，按万吨标准煤计，η_i为第i种能源的二氧化碳排放系数（万吨二氧化碳/万吨标准

[32]限于数据资料的难以获得，本部分所指城市包括按国家行政建制设立的市行政区域内所辖各农业县（市）、区。

煤）。由于城市交通能源统计体系很不健全，无法获得城市交通能源消费的准确数据，我们仅考虑城市交通消耗汽油和柴油所产生的二氧化碳排放。按IPCC的测算，汽油排放系数为2.0284、柴油排放系数为2.1681。又因为我们主要是对城市交通二氧化碳排放量的变化趋势进行分析，因此以城市交通所消耗的汽油和柴油量作为城市交通能源消耗的估计值，不影响我们的分析结果。由表5-1的有关数据，运用上式计算出交通部门二氧化碳排放总量，然后计算出城市交通部门二氧化碳排放量历年增加的百分比。由表5-3可知，2002～2007年城市交通部门二氧化碳排放量总体约增长113%，年均约增加16.47%，快于GDP年均增长速度。

表5-3　2002～2007年城市交通部门二氧化碳排放情况（单位：万吨）

项目 \ 年份		2002	2003	2004	2005	2006	2007
消费汽油产生的二氧化碳		3313.60	3589.88	4445.03	5511.89	5897.70	6500.14
消费柴油产生的二氧化碳		4419.99	5151.49	6055.67	7266.81	8721.47	9986.22
总计二氧化碳	总量	7733.58	8741.38	10500.70	12778.71	14619.17	16486.36
	比上年增长(%)		13.03	20.13	21.69	14.40	12.77

2．典型城市二氧化碳排放情况

我们用公式估算城市交通二氧化碳排放量：　$C=(\sum P_i * R_i+ \sum Q_i *T_i)*10-6$（万吨)，其中C表示城市交通二氧化碳排放量（万吨），P_i 和Q_i 分别表示第i种客运工具和货运工具的能源单耗，R_i和Q_i分别表示第i种客运工具的城市客运周转量（万人公里）与第i种货运工具的城市货运周转量（万吨公里）。由于各种交通工具运输周转量的数据难以获得，我们只能进行大体估算。就城市客运工具来说，杭州市人均每公里二氧化碳排放量为54.9克，北京和上海市人均每公里二氧化碳排放量分别约为63克和58克　，本文对各城市客运二氧化碳排放量的估算就以这三个城市的平均值58.63克/人公里来测算，城市货运二氧化碳排放量按照150克/吨公里测算，计算结果如图5-3。

从二氧化碳总体增长率来看，如图5-3所示，南宁最高为74.15%，其次是上海为65.33%；最低的是南昌为9.77%，其次是淮南为11.01%。从人均二氧化碳总体增长率来看，如图5-4所示，人均最高的是东莞为77.65%，其次是南宁和上海，分别为72.89%和64.54%；人均最低的是北京为4.85%，其次是南昌和银川，分别为6.05%和6.61%。因此，无论是从二氧化碳排放总量的增长率还是人均值的增长率来看，虽然各城市增长速度快慢不一，但总体上，中国城市交通碳排放量的增加很快，碳减排形势不容乐观。

图5－3　2005～2008年典型城市二氧化碳排放量增长率

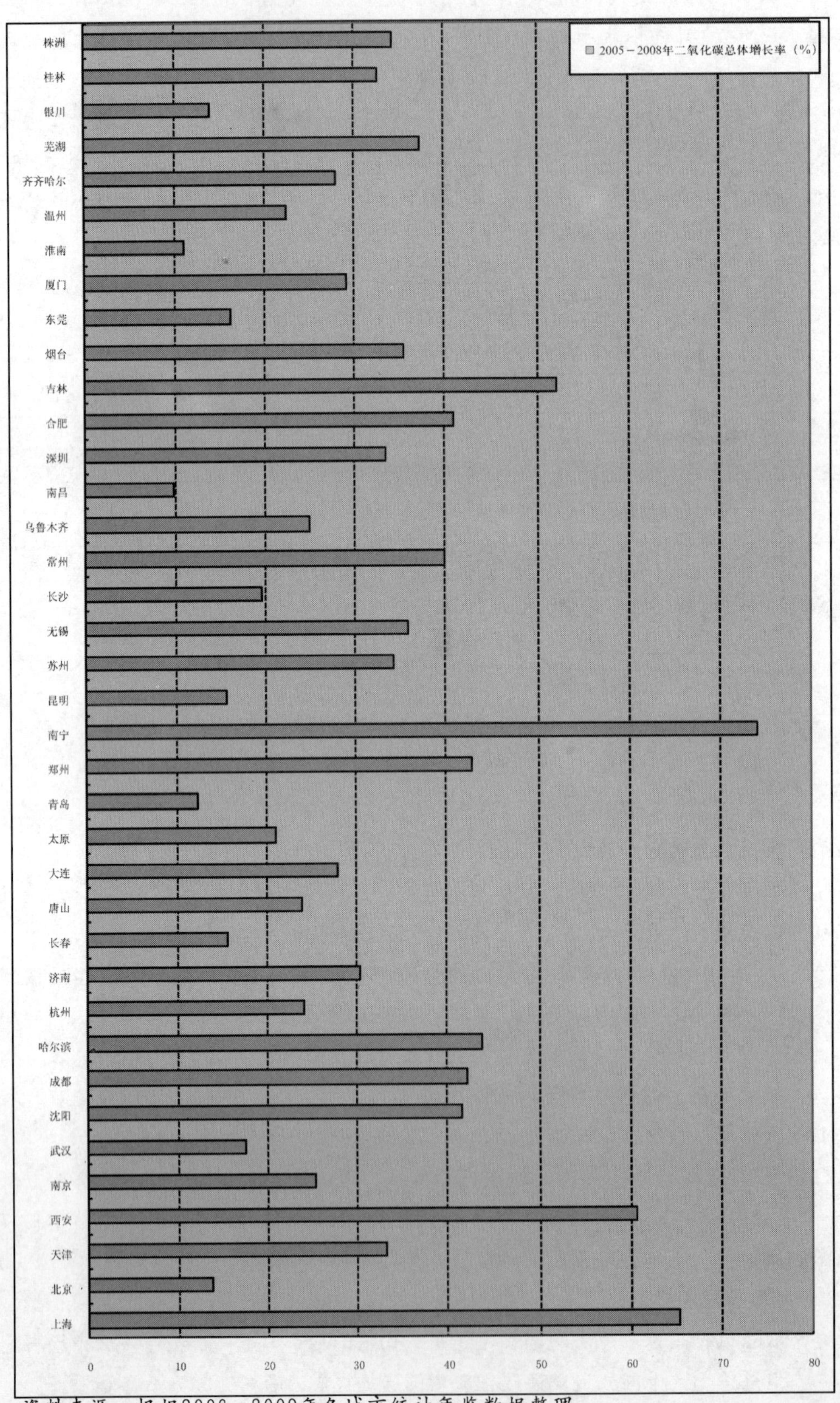

资料来源：根据2006～2009年各城市统计年鉴数据整理。

图5-4　2005～2008年典型城市人均二氧化碳排放量增长率

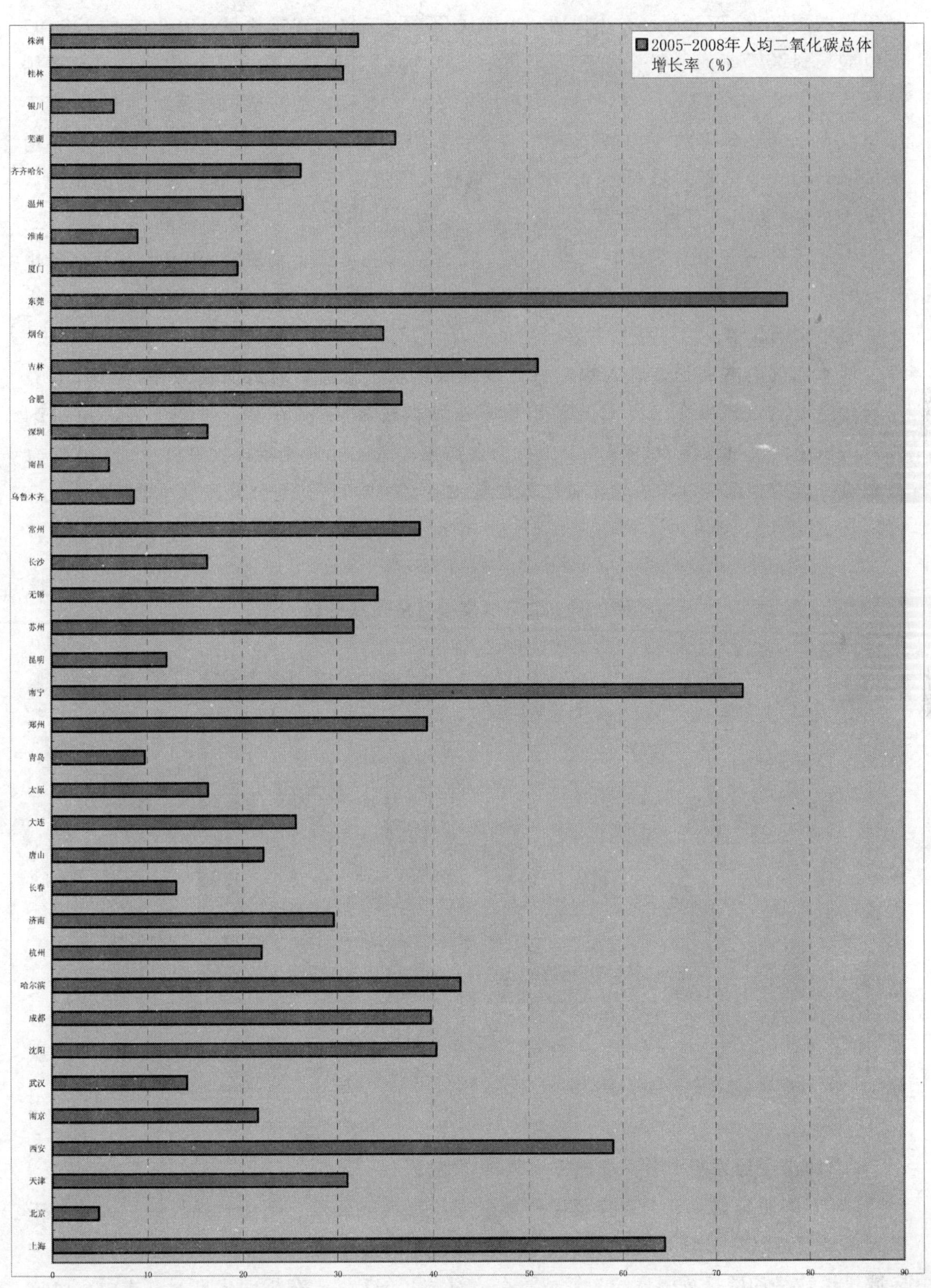

资料来源：根据2006～2009年各城市统计年鉴数据整理。

3．城市民用交通与公共交通二氧化碳排放

以上海市为例，由图5-5可以得出，上海市2000～2007年全市交通二氧化碳排放量年均增长率为17.35%。不计货运，上海民用交通二氧化碳排放量从2000年的229.02万吨增长到2007年的581.43万吨，年均增长率为14.23%，其中私人小汽车二氧化碳排放量从2000年的54.74万吨增长到2007年的222.17万吨，年均增长率为22.16%，高于民用汽车二氧化碳排放年均增长率7.93个百分点，并高于全市交通二氧化碳排放年均增长率4.81个百分点。私人小汽车交通二氧化碳排放占民用交通二氧化碳排放的比例从2000年的23.88%提高到2007年的38.21%，平均每年提高了2.05个百分点。

上海市公共交通（包括公共汽电车、轨道交通及出租车交通）2000年二氧化碳排放量为178.95万吨，2007年为264.71万吨，年均增长5.75%，大大低于私人小汽车排放量的年均增长率。

从不同的公共交通方式人均二氧化碳排放比较上来看，轨道交通为每人次0.63克二氧化碳，公共汽电车为0.35克，出租车按每辆载客1.7人计算，平均每人次为1.24克，民用小汽车每人次为1.36克。因此公共汽电车人均二氧化碳排放量最少，其次是轨道交通。民用小汽车人均二氧化碳排放量是轨道交通的2倍，是公共汽电车的4倍。

图5-5　上海市交通二氧化碳排放

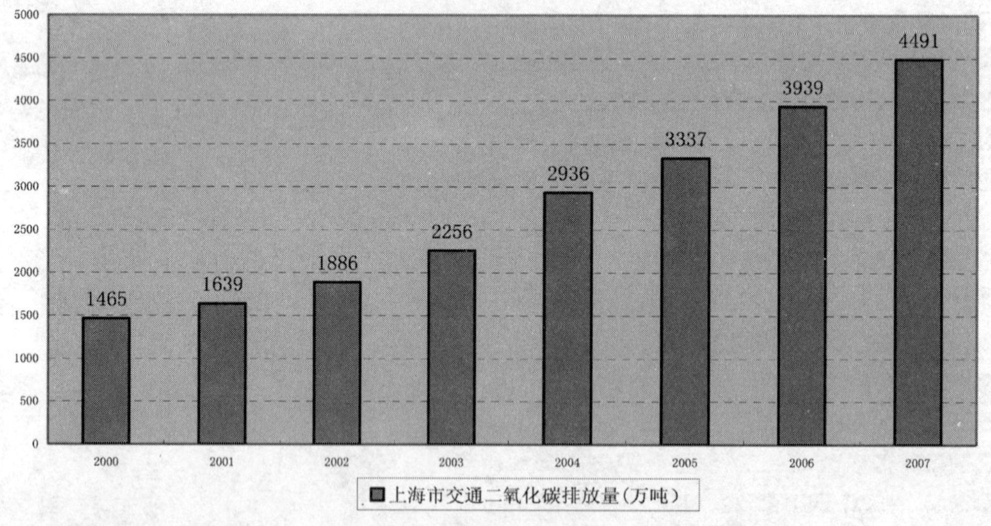

资料来源：上海统计年鉴2001～2008年

4．城市交通系统中各种交通方式碳排放强度

IPCC的研究显示，公共交通碳排放强度（每乘客公里二氧化碳排放量）大大低于私人车辆交通（见图5-6）。公共汽车碳排放强度约为轻型汽车（汽油）的1/3,地铁和区域快速铁路的碳排放强度约为轻型汽车（汽油）的1/2。在机动化出行方式中，轨道交通和公共汽车的能耗强度和碳排放强度最小。

图5-6　各种交通方式平均实载率与（每人公里）二氧化碳的排放关系

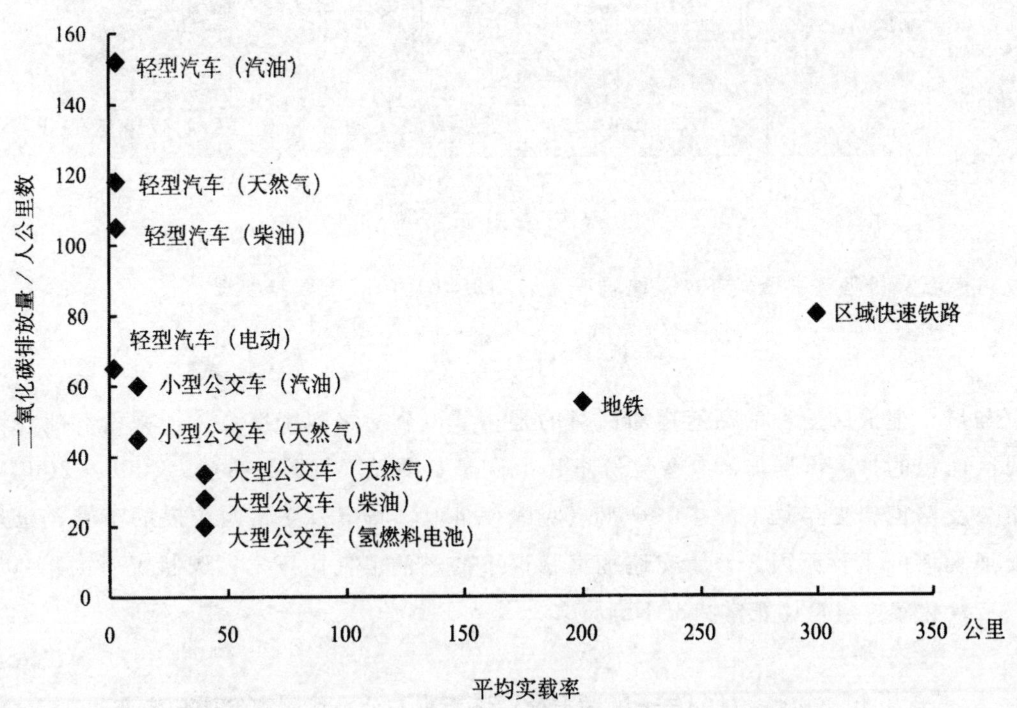

资料来源：政府间气候变化专门委员会第三工作组项目组数据，2008年。

三、中国城市低碳交通建设面临的主要问题

1．城市快速扩张，公共交通发展缓慢

中国城市越来越大，城市道路越建越宽，交通越来越拥堵，与此形成鲜明对比的是相对低碳的城市公共交通的发展步履维艰。

（1）建成区面积迅速增加，公交路网密度整体下降。随着城镇化率的提高，城市人口向外围不断扩张。城市建成区面积的快速增加，一方面使城市空间距离不断增大，另一方面城市开发方式造成土地利用的单一化，而城市区域密度较低，造成通勤距离和时间相应增加，机动车交通依赖性增强，从而使交通碳排放量不断上升。由图5-7可知，我国城市建成区面积从2000年的22439.3平方公里，增加到2008年的36295.3平方公里，9年间总体增长了61.75%，年平均增长6.2%。

图5-7 2000～2008年全国城市建成区面积变化

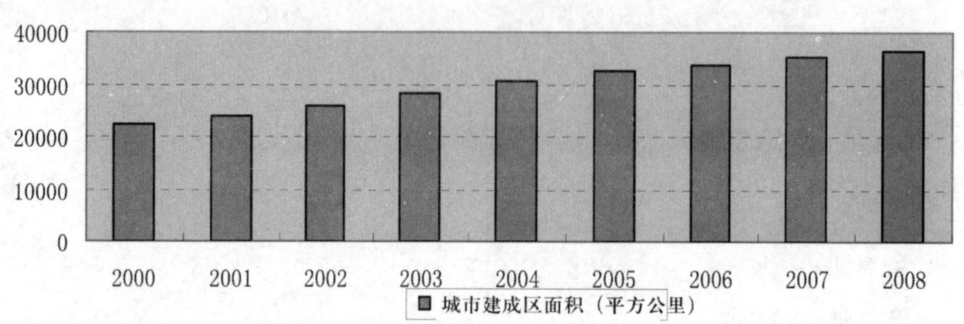

数据来源：根据《中国城市建设统计年鉴》（2008）的有关数据整理。

与城市建成区面积的高速增加相对的是，城市公交路网密度总体上并没有随着城市建成区面积的扩大而增加，有些年份里还出现了负增长（见图5-8）。2000～2008年，城市公交路网密度年均下降了0.66%（见表5-4）。城市公交路网密度的不够，也是造成交通拥堵的重要原因之一。交通拥堵状况下的燃油消耗比正常行驶状况下高出10%左右，二氧化碳排放量比正常状况下高得多。

图5-8 2000～2008年全国城市建成区面积与公交线网密度增长率变化

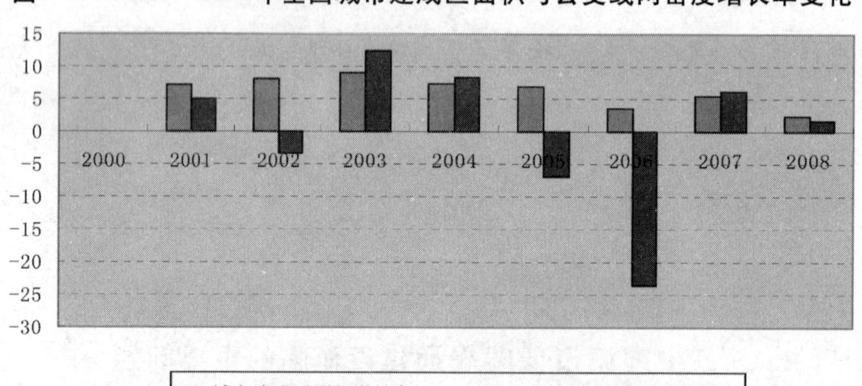

数据来源：根据《中国城市建设统计年鉴》（2008）的有关数据整理。

表5-4 2000～2008年城市建成区面积与公交线网密度

年份	2000	2001	2002	2003	2004	2005	2006	2007	2008	平均年增长率
城市建成区面积（万平方公里）	22.24	2.40	2.60	2.83	3.04	3.25	3.37	3.55	3.63	6.2%
公交线网密度（千米/平方公里）	4.26	4.47	4.32	4.85	5.25	4.89	3.74	3.97	4.04	−0.66%

（2）城市公共交通投资严重不足。由图5-9可以得知，2000年全国城市交通投资占城市固定资产投资的47.25%，2008年占62.72%，上升了15.5个百分点。总体来看，2000～2008年城市交通投资呈稳步增长态势。由图5-10可知，城市交通投资结构明显偏重于城市道路桥梁。2006年以前城市公共交通投资比重都未能超出城市交通总投资的20%，只是在2006年以后，随着优先发展公共交通政策的逐渐重视，城市公共交通投资比重才超出城市交通总投资的22%。大量快速公共交通系统起步晚发展慢，全国120个100万以上人口规模的城市中，建有轨道交通的仅10个城市，快速公交系统（BRT）也才起步，城市交通投资依然以城市道路桥梁为主。因此，从投资结构上来看，城市公共交通投资严重不足，公交发展缓慢，制约了公共交通设施水平和服务水平的改善，使得公共交通出行这种相对低碳的方式分担率难以提高。

图5-9　2000～2008年全国城市交通投资占城市固定资产投资比例变化

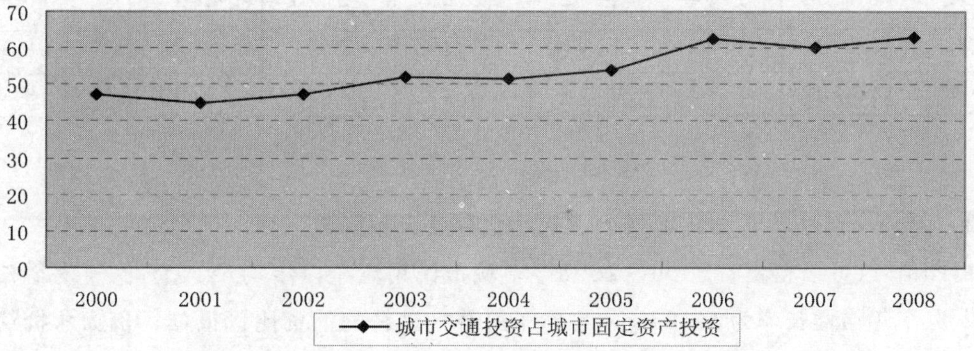

城市交通投资占城市固定资产投资

数据来源：根据《中国城市建设统计年鉴》（2008）的有关数据整理。

图5-10　2000～2008年城市公交投资占城市道路投资比例与道路桥梁投资占城市交通投资比例变化

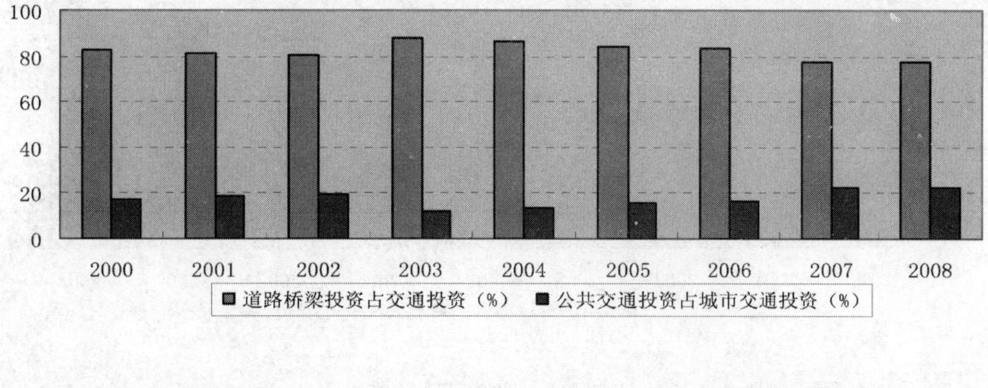

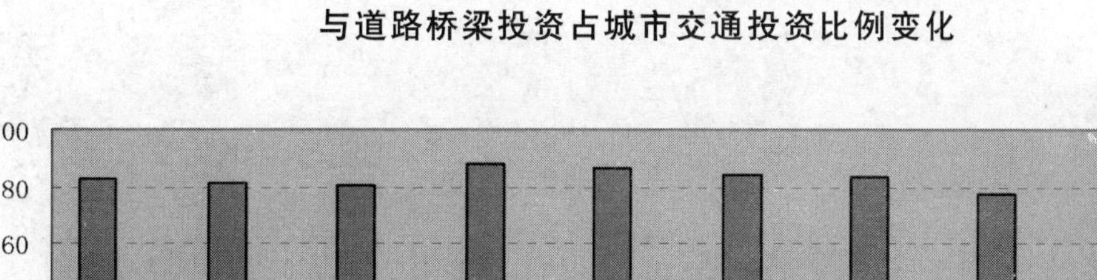

数据来源：根据《中国城市建设统计年鉴》（2008）的有关数据整理。

（3）人均人行道面积不断压缩。人均人行道面积的变化反映出不同城市对步行空间的关注程度。由表5-5可知，城市人均人行道面积与城市规模成反比，城市规模越大，人均人行道面积越小。这表明在道路建设中，很少做专项步行系统规划，甚至为应对机动车交通压力，牺牲了人行道空间，靠挤占人行道与自行车空间来满足机动车交通需要，使步行这种零碳出行方式受到严重影响，人们越来越借助于机动车出行，造成城市交通拥堵、能源消耗加速上涨以及碳排放量的显著增加。例如2001～2006年，北京、成都、合肥等城市步行出行比例都有所降低（见图5-12）。

表5-5　2001～2006年各城市人均人行道面积（单位：平方米/人）

年份	2001	2002	2003	2004	2005	2006	平均年增长率
全国	1.43	1.61	1.84	2.06	2.10	2.45	11.4%
超大城市	1.45	1.58	1.76	2.07	1.56	2.11	7.79%
特大城市	1.50	1.62	1.57	1.57	1.89	2.40	9.86%
大城市	1.53	1.54	1.72	2.03	2.20	2.48	10.14%
中等城市	1.21	1.49	1.91	2.19	2.41	2.78	18.10%
小城市	1.55	1.83	2.18	2.29	2.39	3.00	14.12%

2．城市交通结构机动化增强、非机动化程度大幅降低

由图5-11可以得出，2000～2008年，城市民用汽车以年均15.51%的速度增长，城市私人汽车年均增长率为24.03%。另外车用替代燃料的消费比例很低，例如从机动车的组成结构来看，2008年天然气汽车、电动车仅占民用车辆的千分之一。这种情形还将会持续下去，使城市交通碳减排面临严峻的形势。

图5-11　2000～2008年全国城市汽车拥有量变化

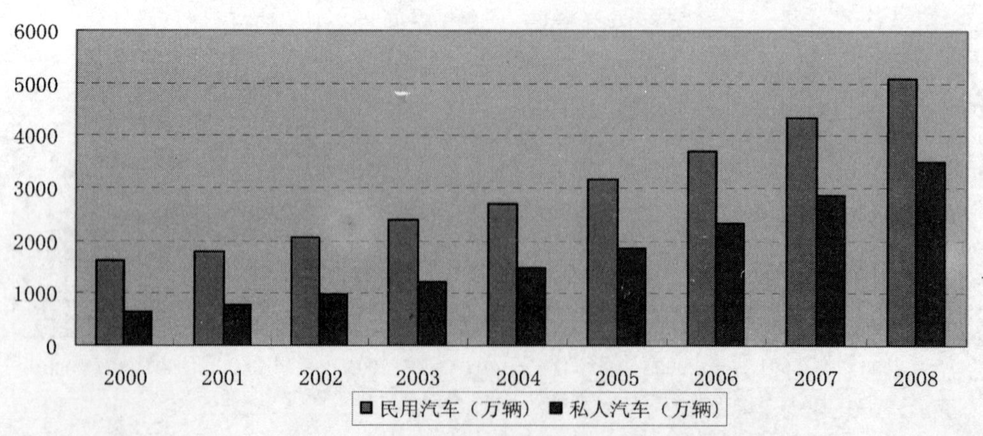

数据来源：根据《中国城市建设统计年鉴》（2008）的有关数据整理。

随着我国汽车拥有量的不断上升，私人汽车快速进入家庭，我国城市居民的出行结构也发生了显著的变化。同样的出行总量，不同的出行方式对城市交通二氧化碳排放量的影响程度存在着非常大的差别。合理的出行结构可以节约能源并减少二氧化碳排放，不合理的出行结构只会给城市低碳交通建设带来巨大的压力。假设如果采用小汽车出行的人有1%转乘公共交通，那么仅此一项全国每年节省燃油将达到0.8亿升，大约相当于减少二氧化碳排放17.9万吨。从部分典型城市居民的出行结构调研可以看出（见图5-12），这些城市的出行结构有下列共同点：

（1）小汽车的出行比例快速增长，在部分大城市中机动化出行已经占据主要地位。2000年～2005年，北京市小汽车的出行比例增长了12.5%，成都小汽车、出租车、摩托车的出行比例上升了111.84%；2002年～2006年，合肥、南京的小汽车出行比例分别上升了18.5%和96.2%；2002年～2007年，长沙的小汽车出行比例上升了279.49%。统计表明，运送相同数量的乘客，小汽车占用道路面积是公共汽车的23倍多。小汽车出行比例的大幅增长，有限的道路资源被低效且高碳排放的小汽车占用，使得交通拥堵问题日益突出。在一些城市，主干道网的平均饱和度甚至已经达到0.8～0.9，大大增加了城市交通能源消耗和二氧化碳排放。

（2）公共交通出行比例过低。2002年～2005年，北京市公共交通出行比例没有超过30%，成都没有超过15%；2002年～2006年，合肥公共交通出行比例没有超过20%，南京的公共交通出行比例没有超过25%，并且在2002年～2006年出行比例还下降了22.03%；2002年～2007年，长沙的公共交通出行比例没有超过26%，并且在2002年～2007年还下降了5.48%。总体来说，我国公共交通出行的比例比欧洲、日本、南美等国家大城市的比例低大约3～4倍。

（3）自行车等低碳或零碳交通出行比例大幅下滑，逐步失去优势地位。2002年～2005年，北京自行车出行比例下降了27.1%，成都下降了40.87%；长沙在2002年～2007年下降了97.85%，合肥和南京也有不同程度的下降。

由此可知，城市交通结构机动化增强、非机动化程度降低的趋势十分明显，照这样的发展趋势，一旦小汽车在城市得到充分普及，则城市交通就可能会被高碳发展模式锁定。如何加快公共交通的发展，使小汽车出行者转向公共交通，使居民出行结构趋于合理，是摆在我们面前的严峻课题。

图5-12 部分城市出行结构图

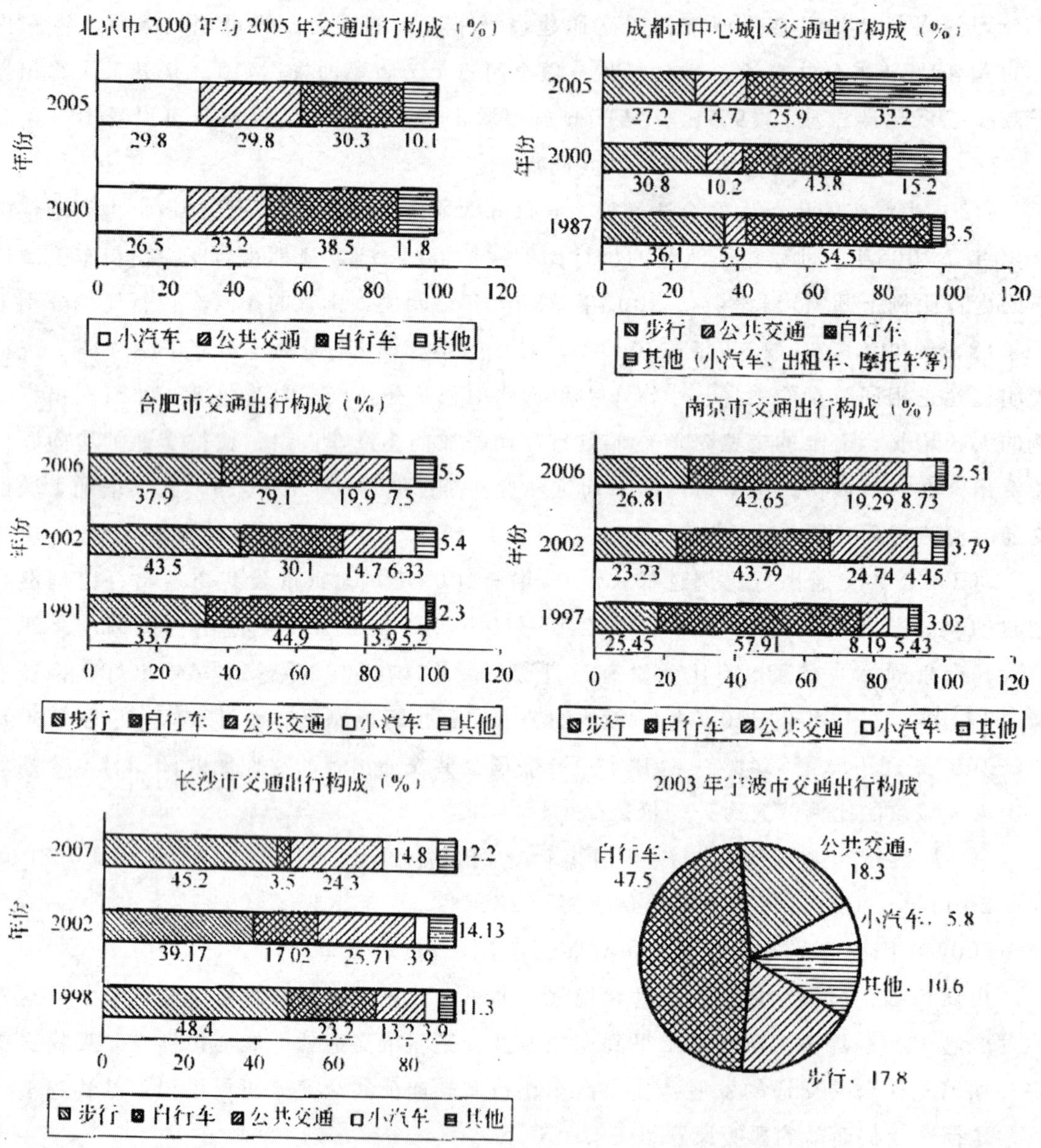

3．城市交通管理体制与城市低碳交通建设不相适应

（1）城市交通管理体制不健全。城市道路交通管理通常以交通部门为单一主体，没有建立由城市规划、建设、交通管理、公用事业、环境保护等多部门组成的协调机构，导致政出多门，协调效应差。几乎所有的城市都没有开展城市交通节能减排的管理与服务工作，开展交通碳排放的监测与统计的基础十分薄弱。政府进行管理体制改革的进程缓慢，尚未建立起较为完备的交通能源管理体系，缺乏城市交通节能减排的监督激励机制。

（2）城市交通规划与城市规划、土地利用规划不协调。城市交通规划作为城市规划的一个专项规划，与城市规划、城市土地利用规划联系不紧。在土地利用上，基本上是“先用地规划，后交通规划”。随着城市规模的不断扩大和机动化的快速发展，城市交通规划没有及时跟进，交通基础设施建设滞后，已经导致了严重的能源浪费现象，使得城市交通碳排放量急剧上升。另外，缺乏城市综合交通体系规划，不同交通方式自成体系，各交通方式之间换乘不便，严重影响了城市交通系统整体效益的发挥，造成不必要的能源消耗和碳排放量的增加。总的来说，由于公共交通引导城市发展的指导思想不明，不仅城市交通拥堵越来越严重，而且碳排放量上升得越来越快。

（3）交通需求缺乏有效调控。长期以来，中国城市政府将城市交通建设的重点放在道路桥梁建设、增加供给方面，而忽略了对城市交通系统管理的力度。交通发展引导政策体系不完善，比如没有建立起保障城市公共交通优先发展的法律法规体系，使得公共交通缺乏有效的政策支持；公共交通服务水平较低，缺乏对公众的吸引力；缺乏合理的停车设施，停车收费体系不完善，导致静态交通干扰动态交通，加剧了城市交通拥堵，加长了机动车不必要的行驶距离，浪费了能源并加大了碳排放量。

4.城市交通节能减排的科技创新和技术推广力度不够

中国新能源汽车应用技术、汽油车、柴油车的节油技术与国际先进水平相比差距较大，新能源大面积推广和使用都面临很多瓶颈。交通部门的单位能耗、能源使用效率等指标等与国外先进水平也有很大的差距，比如机动车燃油经济性水平比欧洲低25%，比日本低20%。交通管理技术水平也较低，国际上城市交通领域普遍使用的信息化、智能化技术在我国仍然处于起步阶段。在机动车单耗方面以及公路设施节能减排方面的先进技术还没有得到普遍推广应用等等。

5. 城市交通节能减排的意识淡薄

目前人们对城市交通节能减排的认识还没有达到应有的高度，使城市低碳交通建设不能发挥人们的主观能动性。现有的城市交通规划没有将城市交通的节能减排目标纳入其中，“车本位”的城市交通规划指导思想以及部分官员以政绩形象工程为导向已经严重制约了城市交通能源效率的提高和碳减排的实现。与欧洲国家如丹麦用多年时间培养国民步行和骑自行车的习惯相反，现在自行车在一些人的眼里，一定程度上成了落伍的代名词，小汽车消费对一部分人来说是一种“面子工程”和事业成功的荣耀。

第三节　中国城市低碳交通发展战略思考

随着城镇化率和人民生活水平的提高，城市交通需求的总量迅速增长，交通需求的层次不断提高，从而导致交通能源需求和碳排放量保持较快增长。中国的能源短缺和土地与环境容量对城市交通发展的现实约束，以及国际社会关于减缓气候变化的要求，决定了中国的城市交通运输应当避免高能耗高碳排放的高碳发展方式，采用低碳城市交通发展是遵从人类共同利益、符合中国基本国情的交通可持续发展模式。城市低碳交通建设是一个复杂的系统工程，既要最大限度地满足城市经济社会发展对交通的需求，又要通过交通基础设施的科学规划与建设、土地利用形态的调整、交通科技和管理的创新、交通方式的选择、交通政策与制度的制定实施，最大限度地降低化石能源消耗，减少二氧化碳排放量。与发达国家低碳交通建设的战略取向是主要致力于交通工具和燃料的创新不同，当前中国城市低碳交通建设的重点应放在城市交通领域的节能减排上，其体现主要在以下三个方面。

一、倡导低碳交通理念，引领城市交通可持续发展

城市交通特别是机动车消耗燃料所排放的二氧化碳造成地球变暖，加剧了全球的气候变化，并非人们每天都能体验得到和感觉得到，而是通过各种媒介传播的信息，通过有关部门组织的学习了解到的。人们采取节能减排的交通行为，减少使用化石燃料，改变出行结构，在上班或购物时尽量骑自行车或乘坐公交车，减少驾驶机动车出行，都是对城市低碳交通建设的贡献。因此，城市低碳交通建设必须充分调动人们的积极性，提高人们的道德素质、交通专业技能等等，将低碳交通的思想渗透到城市交通建设的方方面面，成为城市交通建设的基本指导思想，以引领城市交通可持续发展。

二、加大交通低碳技术创新与推广力度，构建低碳城市综合交通体系

城市低碳交通发展离不开科技创新，需要在城市交通规划设计、交通设施建设与维护、综合交通系统与安全、节能与新能源汽车、公共交通营运管理与装备等各个领域进行科技创新与技术推广。对城市道路交通网、机动车辆以及为交通服务的交通附属设施、管理设施等按照系统工程的思想，依托科技进步，构建以公共交通为骨干、以自行车和步行为接驳补充的低碳城市综合交通体系，达到多种交通要素的相互匹配，多种交通方式的无缝衔接、交通资源的充分共享，以实现交通化石能源消耗降低与二氧化碳排放量减少。

三、科学规划城市及其交通，塑造低碳城市形态结构

近10年来，中国城市正处于快速扩展的时期，虽然城市形态结构和城市交通结构都处于塑形阶段，但已经暴露出土地资源利用不经济、交通拥堵等问题，为了避免由于城市空间结构的锁定作用而导致城市交通所需要的能源及二氧化碳排放量增长迅速难以控制的情形出现，需要改变城市交通规划作为城市规划的一个专项规划的现状，整合城市规划与交通规划，科学规划城市及其交通，对城市交通发展和城市土地开发进行必要的控制和调节，形成用地紧凑、低碳发展的城市空间结构和形态。

第四节　中国城市低碳交通建设的主要措施

一、实施以公共交通为导向的城市发展策略

城市快速扩张加上公共交通发展滞后、城市交通结构机动化增强而非机动化程度降低以及交通规划、城市规划、土地利用规划不协调所带来的碳排放量日益增加等一系列现实问题，需要我们改变城市发展方式，实施以公共交通为导向的城市发展策略（TOD）。TOD策略指的是城市沿公交线路走廊的节点推动开发，将公交系统的车站与城市发展的核心相结合的新城市规划概念，其目的在于高密度开发公交沿线的土地，通过缩短交通距离，发展公共交通而有效地控制私人小汽车的使用，减少能源浪费，极大地促进城市交通部门的碳减排。研究表明TOD将会减少22.5%的单独驾车交通量，增加公交或其他非机动车出行27%，减少拥堵18%，从而有效减少城市交通二氧化碳的排放量。虽然明确的TOD规划理念最早由美国的Peter Calthorpe提出，主要是为了解决以小汽车为主导的城市交通模式在美国所产生的各种问题，但现在已经在很多国家进行了成功的实践，在中国香港、新加坡、普林斯顿、马里兰和安纳波里以及哥本哈根等城市取得了良好的效果。这些城市采用TOD策略后，既满足了交通需求又减少了碳排放。例如，香港采用“地铁+物业”的TOD策略，即地铁公司统筹所有轨道及房地产规划、建设、管理及协调，自负盈亏，承担建设及营运成本，无需政府投入资金、补贴营运成本或担保贷款。从1980年开始，香港公共交通一直担负着全港80%以上的客流量，仅有大约6%的居民使用私人交通工具，整个城市交通顺畅，交通碳排放量也得到有效控制。又如，库里蒂巴是巴西的第三大城市，也曾是巴西小汽车拥有量最高的城市。20世纪60年代，为了应对城市人口和经济发展对城市土地急剧增长的需要，库里蒂巴在规划中大力推行TOD发展模式，于1973年开发建设了世界上第一条快速巴士公交线路(BRT)，BRT走廊采用“三分道路系统”的设计，中间为双向公交专用车道，两侧为单向机动车道，公交出行分担率达到75%以上。1991年的调查数据显示出28%的小汽车出行者转而选择了快速公交出行，人均汽油消耗量比巴西平均水平低30%。

中国城市人口密集度普遍较高，长期维持着单中心的密集发展，小汽车出行还没有成为城市客运交通的主导方式。因此，从某种意义上来说，中国城市比欧美国家更具有先天的TOD优势。

在城市低碳交通建设中，实施TOD策略时，应注意遵循发展理念的系统性、规划的科学性、建设实施的可行性三个原则。发展理念的系统性要求将TOD作为指导城市发展的基础理念，将交通容量作为城市规划决策主要依据之一，对不同层次的规划予以指导，并通过规划审批管理对TOD理念的应用予以促进。规划的科学性体现在实施TOD模式要求在规划技术层面对标准、设计形式和建筑法规进行合理的突破，优化整合各类交通资源并对各类交通方式流线进行科学设计，实现城市轨道交通、常规公交、小汽车等

交通方式与其他长途运输方式之间的无缝换乘，满足TOD高密度、混合开发以及公众高品质出行的需求。建设实施的可行性是指TOD不仅要技术上可行，更要注重项目开发时间的统筹、建设资金的平衡、各方利益的协调，还必须有完善的配套政策和措施。

在TOD的具体规划中，按照Peter Calthorpe提出的指导性建议应注意以下几点：

1.TOD开发区原则上必须位于大容量公交系统的走廊上，以车站为其核心，也可以远离大容量公交系统的廊道，但以可连接于走廊的地面公交车站为其核心，接驳的车站原则上以10分钟以内车程为其范围。

2.紧凑和混合的土地使用形态。一般的TOD开发区的规划设计应适当提高用地强度，减少用地规模，避免单一功能的大面积土地开发。组团的空间范围是以步行的距离为界，合理的步行距离，一般认为应该是5～15分钟的步行时间，或者400～600米的距离。通过土地的合理利用，居民的工作、购物、上学和娱乐等不同的活动都沿着公交线路展开，由此提高公交的出行效率，强化使用公交的方便性，在与私人小汽车的竞争中获得优势。

3.和谐的人性空间设计。注重道路设施建设的绿化，构建一个安全、舒适的步行环境来连接车站、公共建筑、公园与广场等重要的地点与空间，形成多样化的公共空间。这其中要注意道路的空间化拓展，建立合适的空中步行系统与商业建筑、公交站点等有机的结合，大大提高人们的步行质量。

4.停车管理。具体的做法包括采取较低的停车场供应比例，鼓励共享停车的方式等。采取措施鼓励短距离自行车的使用，并在轨道运输的端点或重要的交汇站提供换乘设施。

实施TOD策略的比较成熟的模式目前主要是轨道交通和快速公交系统（BRT）。轨道交通具有容量大、运行速度快、稳定性好等优点，但其建设成本高、建设周期长、运营维护成本高。BRT是建立在现代客车制造技术和智能交通管理技术基础上，运营在专有道路上的。BRT整合了车辆、车站、线路、公交车道和公交智能系统等多个因素，具有容量大、服务标准高、投资成本低、见效快等特点，是既保持轨道交通运营特性又具有普通公交灵活性的一种快捷的公共交通方式。

不同规模的城市都应该建立长期的发展规划，用以控制、指导城市的发展，根据其用地布局形态和出行分布状况选择不同的公共交通模式。大城市可以建立以大容量公交(轨道交通和快速公交系统)为骨架，常规公交等其他公交模式为补充的多层次的整合的公共交通体系。中等城市可以以快速公交和常规公交为主体构建公交系统，在部分客流较大的走廊实施公交专用道。对于大城市和中等城市中客流量小的走廊，以及小城市，通过改善当地的步行条件，建设完善的自行车专用设施，建立起一个以人为本而不是以车为本的出行环境。

实施TOD策略，整合城市规划和交通规划，将交通与土地合理利用、不同的交通方式、交通网络与交通枢纽、交通规划与运营管理高度整为一体，可以构建出以公共交通为主体，多种交通方式协调发展的城市低碳交通综合体系，实现城市的有序扩张。

二、因地制宜实施交通需求管理措施

城市交通管理体制与城市低碳交通建设不相适应，特别是城市交通需求缺乏有效调控、小汽车出行大幅增加而非机动车出行急剧减少等等，要求我们改变城市交通管理理念和思路，从供、求两个方面采取有效措施来应对城市低碳交通建设所面临的现实挑战，以需求管理的思想来建设城市低碳交通。实施城市交通需求管理（TDM），运用土地利用规划、经济杠杆、政策、法规和信息发布以及宣传教育等各种交通行为控制方法，对人们交通行为方式和消费观念进行有效引导和调节，减少不合理的高能耗高碳排放的交通需求，在化石能源消耗减少和二氧化碳排放量降低的条件下使交通供需达到相对平衡，实现城市交通的可持续发展。TDM在美国、日本、新加坡已经得到了很好的实施。例如，1991年美国国会通过的“综合地面运输效率方案（ISTEA）”将TDM作为重要交通对策纳入其中；日本建设省在其纲领性文件《道路建设的长期构想》中，将TDM置于重要地位；新加坡政府1996年颁布的《交通发展白皮书——建设世界一流的陆路交通系统》，将TDM作为四项基本策略之一。实践表明，TDM可以很好地解决城市交通拥堵问题，降低机动车辆出行，促进城市交通结构向节能降耗方面转化，有利于城市交通二氧化碳排放量的减少。国家发改委能源研究所课题组的研究也表明，合理规划、引导交通需求对减缓2020年中国能源需求的贡献率可以达到11%，降低私车保有量增速及出行距离的贡献率为7%。典型的交通需求管理措施有合理利用土地、变更交通手段、变更交通方式、限制机动车拥有和使用、调整机动车时空分布等。

1．土地合理利用

统筹城市用地布局和交通系统建设，从源头上优化交通需求生成，减少交通总量；合理规划和布局城市用地，均衡交通出行在空间上的分布，减少居民出行距离，避免或减少无效交通及绕行交通，提高交通设施的利用效率，实现在有限的城市空间内形成最大效能的交通设施能力。

2．交通方式选择

从碳排放的角度来看，由前面的分析可以得出交通方式的选择优先顺序如图5-13所示，最优先的是步行，随后依次是自行车、公共交通、企事业单位通勤车、出租车、小汽车。

图5-12　城市低碳交通方式优先图

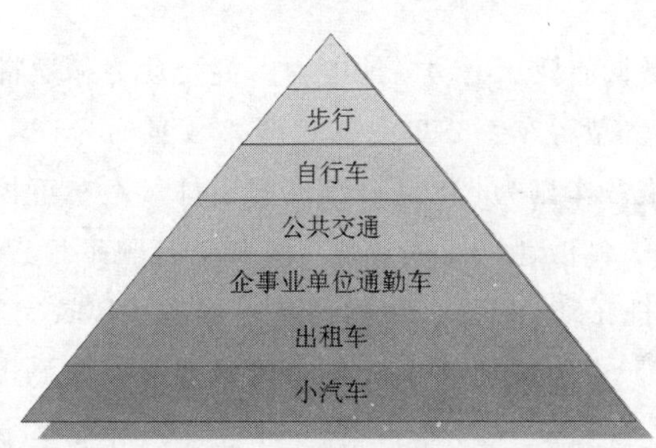

（1）鼓励步行和骑车。自行车在欧洲各国被定位为积极的城市交通工具，并为此制定了确保相应环保分担率的目标。日本也将自行车作为取代机动车的交通手段，积极推进自行车路网和存车场等有利环境的建设，建立了用后归还原出租地和留在下一个出租点的城市自行车出租系统，将自行车的发展作为重要的城市交通战略。自行车在中国一度是交通环境整治的主要对象，上海在经过多年对机动车交通"提速"的策略失效后，人们又开始关注自行车交通。政府应当通过制定有效的制度和政策，纠正随意减少和压缩城市自行车道和步行道的错误做法，转变城市和城市交通规划中"车本位"的指导思想，以人为本。通过拓宽步行道、设置步行者专用道或专线等各种方式改善步行空间，开发安全快捷的步行环境和自行车使用环境，发展自行车租赁业，并与改善公共交通的措施配合，使步行和骑车作为公共交通系统的重要补充。

（2）改善公共交通服务。国家尽快出台《城市公共交通条例》，规范城市公共交通秩序，改善城市交通投资结构，拓宽投资渠道，提高公共交通投资比例，依法促进城市低碳交通建设。改善公共交通服务的措施主要有：提高公交覆盖率，增加服务频率，延长服务时间；路权与信号优先（专用公交车道、公交优先的交通信号、专有转弯许可等等）；道路资源优先分配给公共交通和步行；更低更方便的车票付费方式；建立并完善综合交通智能信息网络，改进搭乘信息，创建多模式交通向导等，以此增加人们选择公共交通出行方式的吸引力。

3．机动车拥有和使用限制

（1）停车收费与供给调整。停车收费是指对使用停车设施的机动车收取费用，停车供给调整则通过避免提高过多的停车位等措施调整车位的供给来平衡供需矛盾。适度的有差别停车收费能够影响车辆出行，从而降低城市交通碳排放量，如美国采取停车收费后，自驾车通勤出行就减少了25%。

（2）燃油税。通过提高机动车燃油税或将一般的道路使用税转变为燃油税等措施来增加燃油税。增加燃油税将导致车辆出行的减少和燃油效率的提高，也可以适时开征二氧化碳排放税，从而节约能源、减少碳排放。

（3）道路或区域拥堵收费。对某条道路或某个地区行驶的机动车辆收取费用，用作改善交通设施的资金来源，也是最有效的减少拥堵的措施之一，可以减少总的车辆出行。例如伦敦市中心的拥堵收费使得总车英里数下降了12%、小汽车交通量下降了30%。

4．鼓励小排量低能耗、电动（纯电力、混合动力和燃料电池）汽车的使用

数据显示，经济型轿车每公里二氧化碳排放量约为134克，中档和高档分别为148克和161克，高档豪华车则为198克，而目前小排量汽车可控制在107～120克；电动发动机能降低汽车的燃料消耗10%～50%；按每年行驶里程1万公里计，每辆电动汽车比传统燃油汽车碳减排在50%以上，中国已基本形成了比较完整的电动汽车产业链配套体系，具有先发优势。中国应加快小汽车的技术升级，鼓励电动汽车的使用，以节约能源、减少汽车总的碳排放量。

5．低碳手段替代出行

鼓励网络办公、电子政府、电子商务、网上银行、电话购物（网上购物）、远程学习等各种方式来减少工作地交通和出行频率。

三、推进城市交通管理体制改革

通过推进城市交通管理改革，改变城市交通管理体制与城市低碳交通建设不相适应的状况。

1．城市政府应结合自身特点进行交通管理体制改革，并加快改革的进程

深圳将交通局、公路局、城市交通综合治理领导小组办公室、轨道交通建设指挥部办公室的职责，以及规划局、城市管理局、城市管理行政执法局、公安局交通警察局的有关职责整合起来，组建交通运输委员会，统筹负责特区内外交通规划、建设、管养、执法及运输管理，在城市交通管理体制改革方面取得了突破。对于目前还处在分部门管理的城市，城市政府应牵头成立跨部门的、统一的、常设的交通管理机构，赋予其足够的组织、协调和管理权限。对于已经实施“大交通委”改革的城市应尽快总结前期经验，进一步完善优化管理体制，提高城市交通管理效率。

完善相关协调机制，由市长或分管副市长负责，建立由交通、规划、国土、财政、公安宣传教育等交通相关职能部门组成的城市交通综合协调机构，综合协调城市交通的建设、公交发展、规划、用地、资金和对市民的宣传教育等工作。

将城市低碳交通建设作为市政府最高领导的工作业绩评估的指标，以引起城市政府的高度重视。具体评估指标可以包括：公交线网的覆盖度、便捷性、准时性、公交出行的分担率、非机动交通出行的分担率、油耗、二氧化碳及其他污染物的排放因子等。

2．改革交通规划制度

加快综合交通规划和公共交通专项规划的法定化进程，强化土地利用规划、城市整体规划、城市综合交通规划与公共交通专项规划的整合。进一步完善现有的土地管理、城乡规划、汽车产业、节能减排、公共交通、交通管理、科技创新等政策法规。

3．建立财税激励政策体系，鼓励清洁能源汽车的消费

清洁能源汽车已经成为各国尤其是发达国家二氧化碳减排战略的重要组成部分。发达国家制定了各种优惠性政策，以推动清洁能源汽车技术的研发和应用。中国应继续支持清洁能源汽车产品的开发和市场投入，颁布税收抵免、财政补助等优惠政策，为提前报废非政府鼓励类汽车，转而购买清洁能源机动车的用户提供各种税费奖励。同时可以对传统汽车征收碳税，并提取一定比例作为清洁能源机动车产业发展基金，用于支持清洁能源机动车企业起步阶段的发展。支持建设必要的配套设施，如充电站、制氢厂、加氢站，以及氢气运输管道等。为清洁能源车辆提供停车的便利、免收或减收高速公路通行费、对电动汽车充电的电价给予折扣、对新能源汽车的保险金额给予优惠等。

4．建立并完善城市交通节能减排效益的激励机制

完善相关交通能耗规范、制度和标准体系，建立健全有关交通节能减排方面的统计指标体系以及城市运输车辆准入与退出机制。在综合交通行政管理机构中，设立以交通部门为核心，多部门相互协作，职责明确的节能减排管理机构，负责城市交通能源管理与碳排放的统计，对相关节能政策、法规和标准的执行进行监督；建立城市交通的节能碳排放监测机制，强化对相关活动的监控、监测手段，对城市交通领域的节能效果与碳排放开展定期的定量监测与动态评估。落实节能减排责任制，建立城市交通的节能激励机制。

5．加强宣传教育

向社会普及节约能源、减少碳排放及低碳健康生活的观念，通过媒体及行业协会的力量，借助各种渠道和各种活动进行低碳交通理念的宣传教育，培养全民减少化石能源消耗、减少二氧化碳排放量的整体意识。引导人们正确认识交通行为和方式，尤其应当对各级政府部门、规划设计部门进行系统的宣传教育，增强人们创造低碳、健康的生活环境的责任感和使命感。促使人们积极参与城市低碳交通建设，平时工作生活中尽量多走路、多骑自行车、多使用低碳交通工具等。

四、依靠技术进步减少城市交通碳排放

技术进步可以降低城市交通领域的能耗水平减少二氧化碳排放量，是中国城市交通节能减排的重要依靠手段，我们必须采取各种措施改变城市交通节能减排的科技创新和技术推广力度不够的现状，支持重点低碳技术的研发与应用。

1．依靠先进技术降低机动车单耗、减少二氧化碳排放量

在车辆技术方面，应从提高车辆行驶效率、发动机高性能化、能源合理化等方面着手进行科技创新和技术改造，推动车辆综合节能、电气化节能和替代燃料使用等低碳车辆技术的开发应用。在公路设施方面，主要是通过技术进步提高公路的通行能力。

2．开发新的方式方法降低机动车运行能耗、减少二氧化碳排放量

应从改良线路结构、交通流最佳化、改善驾驶、改进维修方式等方面着手创新汽车运用方法，降低机动车运行过程中的能源消耗，减少碳排放。

3．加大现代化交通管理技术推广应用的力度

提高城市交通科学管理水平。通过发展城市交通信息化、智能化技术，提高道路交通效率，实现城市交通资源集约利用，减少二氧化碳排放，实现低碳交通。

参考文献

1、国家发改委能源所课题组：《中国2050年低碳发展之路：能源需求暨碳排放情景分析》，科学出版社2010版。

2、耿勤，佘湘耘等：《中国交通运输能源消耗的初步分析与探讨》，《中国能源》2009(10):28—34。

3、周伟，Joseph S.Szyliowicz：《中国交通能源与环境政策研究》，人民交通出版社2005版。

4、石油和化学工业规划院：《中国车用能源与道路车辆可持续发展战略研究》2006年。

5、中国中心城市交通改革与发展研讨会学术委员会，交通部科学研究院中国城市可持续发展研究中心：《中国中心城市可持续交通发展年度报告（2008）》，人民交通出版社2008版。

6、陈洁行，吕剑等：《杭州交通与低碳环境研究》，《杭州科技》2010(2),53—55。

7、朱松丽：《北京上海城市交通能耗和温室气体排放比较》，《城市交通》2010(3):58—63。

8、陈飞，诸大建，许琨：《城市低碳交通发展模型、现状问题及目标策略》，《城市规划学刊》2009(6):39—46。

9、刘卫东，陆大道，张雷等：《我国低碳经济发展框架与科学基础》，商务印书馆2010版。

10、住房和城乡建设部城市交通工程技术中心，中国城市规划设计研究院：《中国城市交通发展报告》，中国建筑工业出版社2009版。

11、中国中心城市交通改革与发展研讨会学术委员会，交通部科学研究院中国城市可持续发展研究中心：《中国中心城市可持续交通发展年度报告（2007）》，人民交通出版社2007版。

12、中国城市科学研究会：《中国低碳生态城市发展战略》，中国城市出版社2009版。

13、陈艳艳，刘小明，陈金川：《城市交通需求管理及应用》，人民交通出版社2009版。

14、刘志君：《汽车节能减排可实行方法分析》，《中国新技术产品》2009(12)。

15、辛 华：《低碳经济与电动汽车发展：趋势与对策》，《开放导报》2009(5):31—35。

16、IPCC： Revised 1996 IPCC Guidelines for National Greenhouse Gas Inventories, IPCC/OECD/IEA, UK Meteorological Office, Bracknell, England, 1996.

Construction of China's Urban Low-carbon Transport

ZHANG Taoxin, LU Peng, ZHANG Fang, TONG Juan

Abstract: With the expansion of cities, energy consumption and CO2 emissions of China's urban transport is rapidly growing, although the share of the carbon emission from public transportation is declining. China s urban low-carbon transportation faces major problems. For example, the speed of public transportation construction lags behind the speed of city expansion, there have been obvious changes of the preferred modes of transportation, the current urban transportation management system is not suitable for the development of urban low-carbon transportation, and there is a lack of effective demand management and public awareness of energy-saving and carbon emission reduction. This paper suggests three strategies and four main measures that should be taken to solve these problems for Chinese cities.

Key words: Urban Low-carbon Transport, Carbon Emission Problem, Low-carbon Transport Strategies

第六章 中国城市低碳建筑发展

黄春华[33] 张陶新 胡召 刘建龙 李静

摘　要：本文阐述了中国城市低碳建筑概念、内涵及其设计理念，分析了2000年以来中国城市建筑能源消耗与碳排放的现状与问题。随着城镇化水平的提高，城市建筑面积的增加，人均住宅建筑面积和公共建筑的增长，加上建筑质量不高、节能意识不强与管理体制薄弱等因素，我国城市建筑材料能耗持续增长，建筑材料和建筑使用所产生的二氧化碳排放占城市建筑二氧化碳排放的大部分，中国城市建筑全生命周期能源消耗和二氧化碳排放量急剧增长。最后，为加快我国低碳建筑发展的步伐，本文提出了我国发展低碳建筑的策略与路径。

关键词：低碳建筑 全生命周期 碳排放 发展路径

随着经济的高速增长，中国城市建筑规模持续以5%～8%的速度增长。每年新增10多亿平方米的新建筑，不仅使得建筑运行总能耗持续增长，还间接推动了水泥、钢材、玻璃、陶瓷等高耗能建材业的快速发展。2003～2007年，中国城市建筑运行总能耗增加了57.42%，年均增长12.01%，远高于城市建筑规模增长速度。虽然目前中国的城市建筑单位面积平均运行能耗仅为美国的1/3，但近几年来，贪大求洋、高标准的住宅和办公建筑不断涌现，其能耗水平已与发达国家水平相当，并且以不足中国城市建筑面积5%的比例，消耗了10%以上的城市建筑能耗。一旦这种情形蔓延开来，未来中国城市建筑单位面积用电量达到美国目前的水平，则2020年300亿平方米的城市建筑每年要消耗3万亿度电，相当于中国目前全国发电总量的1.5倍。据测算，中国城市建筑二氧化碳排放量占全国二氧化碳排放总量的20%～30%，城市建筑二氧化碳排放已经成为中国二氧化碳排放的主要来源之一。因此，建筑业低碳化发展和城市建筑低碳化是建设低碳城市的重要环节。

[33]黄春华，湖南工业大学教授，中南大学土木建筑学院在读博士。

第一节 中国城市低碳建筑的界定

一、低碳建筑的内涵

低碳建筑是指在建筑的全生命周期过程中，尽可能节约资源与能源，最大限度减少温室气体排放，为人们提供健康、舒适和高效的生活空间，实现建筑的可持续发展。低碳建筑的内涵可以从以下几个方面来理解：

第一，低碳建筑是一种新的建筑理念。低碳建筑与节能建筑理念既有区别，又有联系。节能建筑的理念是侧重通过前瞻性的情景设计实现增量节能，低碳建筑的理念是侧重采用节能与非化石能替代化石能等方式实现存量减排。情景基准线与历史基准线是区别低碳建筑与节能建筑的分水岭。

低碳建筑与生态建筑、绿色建筑也不一样。生态建筑侧重从整体和生态的角度，强调利用生态学原理和方法解决生态与环境的问题。绿色建筑侧重从环保和健康的角度，强调利用一切可能的手段来达到保护生态与环境的目的。低碳建筑侧重从减少温室气体排放的角度，强调利用一切可能的技术、方法和行为来减缓全球气候变暖的趋势。生态建筑、绿色建筑、低碳建筑都是可持续建筑的组成部分，可持续建筑的关注点和着眼点更加广泛而完整。

第二，低碳建筑要求从建筑的全生命周期或寿命全程引入低碳理念，通过合理的土地利用、材料选择、能源系统配置等来节约资源和减少碳排放，以实现建筑和人居产业的可持续发展。低碳建筑强调在规划设计中充分考虑碳排放因素，对建筑在全生命周期内的能源与资源消耗提出合理的解决措施；在施工过程中节约能源并减少碳排放；在运行阶段为人们提供健康、舒适和低能耗与低碳排放的生活空间；在拆除以及处置的过程中减少碳排放。

第三，低碳建筑要因地制宜，与当地的气候条件、地理环境、自然资源和人文发展水平相适应。随着中国城镇化的加速和人们生活品质的提升，人们对建筑质量的要求越来越高，需要通过合理的规划设计和先进的低碳建筑技术来协调，以满足不断增长的建筑需求。

二、低碳建筑的设计理念

我国的低碳建筑正处于起步阶段。近年来，国家颁布的建筑节能设计标准对推动低碳建筑的发展具有积极的作用，但是真正的低碳建筑设计应从建筑师的观念入手，在关注建筑形象的同时，切实将生态环保策略应用到建筑中，处理好建筑、环境与生态的关系，实现人工环境要素与自然环境要素的良性循环。

1．节约能源

节约能源不等于不使用能源，而是要充分利用太阳光能，减少对化石能源的使用。采用节能的建筑围护结构。根据自然通风的原理设置风冷系统，使建筑能够有效地利用夏季的主导风向。建筑采用适应当地气候条件的平面形式及总体布局，减少采暖和空调的使用。

低碳建筑是基于政府和业界对于低碳建筑评价标准之上的，是最能够体现现在政府提出低碳经济、循环经济的一种手段。据住建部统计，我国现有建筑430亿平方米，另外每年新增建筑16到20亿平方米左右，建筑相关能耗占全社会能耗的46.7%，其中包括建筑的能耗(包括建造能耗、生活能耗、采暖空调等)约30%，以及建材生产过程中的能耗16.7%。如何降低我国建筑能耗的比重，也是低碳建筑的理念之一。

2．节约资源

在建筑设计、建造和建筑材料的选择中，均考虑资源的合理使用和处置。人工建筑材料的制造需要消耗能源，减少资源的使用，力求使资源可再生利用，就能节约能源，减少排放。

低碳建筑是一个广泛的概念，并不意味着高价和高成本。比如延安窑洞冬暖夏凉，把它改造成中国式的低碳建筑，造价并不高；新疆有一种具有当地特色的建筑，它的墙壁由当地的石膏和透气性好的秸秆组合而成，保温性很高，再加上非常当地化的屋顶，就是一种典型的乡村低碳建筑，其造价只有800元/平方米，可谓价廉物美。

在引进低碳建筑标准和技术时，应充分考虑房价和房屋成本这些问题，规定低碳建筑所采用的技术、产品和设施，成本要低，要对整个房地产的价格影响不大。值得一提的是，一旦应用了这些技术和设备后，投资回报率是很高的，因为住户可以最大限度地减少电费和其他能源费的开支，一般5年到8年之内，就可以把成本收回来。

3．回归自然

低碳建筑外部要强调与周边环境相融合，和谐一致，做到对自然生态环境的保护与利用。低碳建筑致力于创造舒适和健康的生活环境：室内空气清新，温度和湿度适当，居住者感觉良好，身心健康。建筑内部不使用对人体有害的建筑材料和装修材料。

低碳建筑的建造特点包括：对建筑的地理条件有明确的要求，土壤中不存在有毒、有害物质，地温适宜，地下水纯净，地质适中。低碳建筑应尽量采用天然材料。建筑中采用的木材、树皮、竹材、石块、石灰、油漆等，要经过检验处理，确保对人体无害。低碳绿色建筑还要根据地理条件，设置太阳能采暖、热水、发电及风力发电装置，以充分利用环境提供的天然可再生能源。

随着全球气候的变暖，世界各国对建筑节能的关注程度正日益增加。人们越来越认识到，建筑使用能源所产生的二氧化碳是造成气候变暖的主要来源。低碳建筑成为建筑发展的必然趋势。

本文下面涉及到的城市范围与数据，除了特别说明之外，都包含城市行政区域内所辖各城镇。

第二节　中国城市建筑碳排放分析

一、中国城市建筑能耗分析

1．城市建筑面积

随着经济的高速增长，中国城市总建筑面积不断增长。由表6-1可知，2000～2007年的7年间，城市建筑面积总体增长了1.44倍，年均增长率为21.31%。城市人均住宅面积几乎每年增加1平方米。按照这个速度，到2020年，中国城市人均住宅面积将达到41平方米，与2004年世界其他国家人均住宅面积比较，将比西欧国家33平方米的平均水平高8平方米，接近日本的2倍，香港的2.3倍，比2004年美国的平均水平低15平方米。

表6-1　2000～2008年中国城市建筑总面积与住宅面积情况

年份	2000	2001	2002	2003	2004	2005	2006	2007
总面积（亿m2）	76.6	110.1	131.8	140.9	149.1	164.5	174.5	186
人均住宅面积（m2）	20.3	20.8	22.8	23.7	25.0	26.1	27.1	28

资料来源：《中国统计年鉴》（2001～2008）

表6-2　2001～2007年中国城市建筑面积占全国总建筑面积比例（%）

年份	2001	2002	2003	2004	2005	2006	2007
比例	89.1	88.21	83.49	82.83	60.63	64.94	60.53

资料来源：根据《中国统计年鉴》（2001～2008）的数据整理

2．中国城市建筑能源消耗构成

从全生命周期的观点来看，如图6-1所示，不仅建筑中采暖、空调、照明、家用电器、炊事用具等用能设备消耗着大量能源，而且在新建建筑的建造过程中还要消耗大量的钢铁、有色金属、水泥、玻璃、塑料等建筑材料，在这些材料的生产过程中也消耗着大量的能源。另外在建筑设备和建筑机械的制造、材料运输、能源生产及加工等为建筑服务的相关环节也消耗着大量能源，这部分能耗并没有直接消耗在建筑业和建筑中，而是消耗在建筑业和建筑全生命周期的各个阶段，这部分能耗称为建筑间接能耗。由于难以判断间接能耗具体发生在建筑生命周期的哪一个阶段，因此，在后面的计算中，将间接能耗单独列出。

图6-1 建筑全生命周期各阶段能耗情况

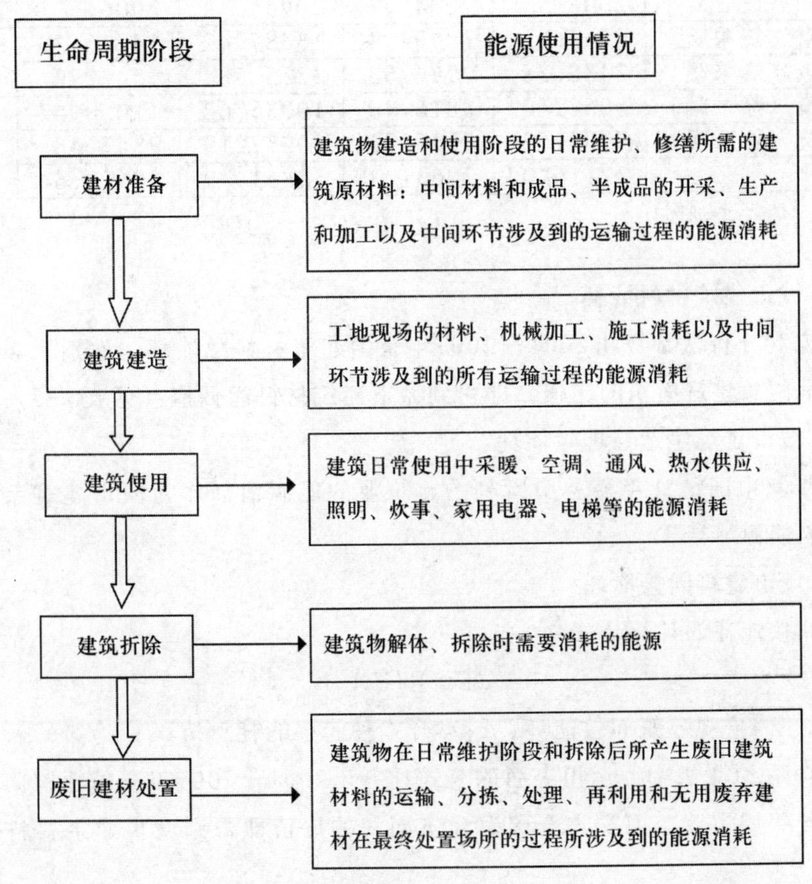

全生命周期建筑能耗（即建筑的能源消耗）与国家住建部对建筑能耗的定义不同。国家住建部所定义的建筑能耗是狭义的，指建筑运行使用过程中的能源消耗，包括采暖、通风、照明、动力、空调、炊事燃料、家用电器和热水供应等所产生的能耗，其中以采暖和空调能耗为主。本文下面除了特别说明之外，建筑能耗（或建筑能源消耗）均指全生命周期建筑能耗。

3．中国城市建筑能耗分析

（1）城市建筑使用能耗

中国幅员辽阔、气候复杂，城市建筑运行使用过程中的能源消耗主要集中在采暖、和非采暖两个方面。建筑采暖和非采暖能耗可从《中国能源统计年鉴》中的有关数据计算得出。由表6-3可知，北方城市建筑采暖能耗最高，其次是除采暖外的住宅建筑能耗，2003～2007年，城市建筑运行使用过程中的能源消耗普遍上升，北方城市建筑采暖、长江流域建筑采暖、除采暖外住宅建筑能耗、除采暖外公共建筑的能耗分别增加了59.01%、59.28%、55.07%、59.61%；除采暖外公共建筑的能耗增加幅度最大，其次是长江流域建筑采暖能耗，它们是带动建筑能耗加快上升的主要因素之一。

表6-3　2003～2007年中国城市各类建筑运行使用过程中的能源消耗情况

（单位：万吨标准煤）

年份	2003	2004	2005	2006	2007
北方城市建筑采暖	9565.02	10994.40	13487.42	14215.33	15208.95
长江流域建筑采暖	2488.38	2974.68	3255.58	3500.22	3963.48
住宅建筑（除采暖）	8054.10	8816.70	10085.62	11050.62	12328.61
公共建筑（除采暖）	7008.52	7845.72	9023.21	9847.48	11186.00
小计	27116.03	30631.49	35851.79	38613.64	42687.06

资料来源：参考文献[4]

（2）城市建筑材料能耗

运用宏观分析法计算出2001～2007年全国建筑材料总能耗，然后乘以各年城市建筑面积占全国总建筑面积的比值，即得到城市建筑材料能耗值（见表6-5）。

（3）城市建筑建造与拆除能耗

将历年《中国统计年鉴》中所列的建筑业的能源消耗作为城市建筑系统在建造和拆除阶段的能源消耗。

（4）城市建筑间接能耗

建筑间接能耗的计算公式为

$$E=\sum(Y_iE_i)$$

式中，E为宏观建筑间接能耗；E_i为第Y_i种间接能耗总值；Y_i为第Y_i种间接能耗在建筑中的消耗比(见表4)。运用上面的公式计算出2001～2007年全国建筑间接总能耗，然后乘以各年城市建筑面积占全国总建筑面积的比值即得到城市建筑材料能耗值（见表6-5）。

表6-4　各种行业在建筑中的消耗比

能耗阶段	行业	建筑消耗比（%）
间接能耗	交通运输	30
	能耗消耗	45.5
	机械制造	70

资料来源：参考文献[3]

（5）城市建筑总能耗

城市建筑总能耗计算公式为：

城市建筑总能耗=城市建筑材料能耗+城市建筑建造与拆除能耗+城市建筑使用能耗+城市建筑间接能耗。

2001～2007年中国城市建筑建筑总能耗计算结果，见表6-5。

表6-5　2001～2007年中国城市全生命周期建筑能源消耗情况

（单位：万吨标准煤）

	2001	2002	2003	2004	2005	2006	2007
未摊派的间接能耗	11147.93	12068.98	12834.27	14892.18	11566.94	13102.49	12877.96
全国总能耗	143199	151797	174990	203277	224682	246270	265583
全国建筑能耗	62439.7	68865.45	80241.2	96715.31	105492.75	—	—
建筑使用能耗	19360.7	22737.9	27116.03	30631.49	35851.79	38613.64	42687.06
建筑建造与拆除能耗	1432.96	1452.8	1610.1	1771.9	3259.0	3409.3	4031.4
建筑拆除后的能耗	—	—	—	—	—	—	—
建筑材料能耗	17031.2	18378.91	21183.33	27837.92	22713.76	27734.06	28952.77
城市建筑能耗占全国能耗比例（%）	34.2	35.99	35.86	36.96	32.66	33.65	33.34
城市建筑能耗占全国建筑能耗比例（%）	78.43	79.34	78.19	77.69	69.57	—	—
城市建筑能耗	48972.79	54638.59	62743.73	75133.49	73391.49	82859.48	88549.19

资料来源：根据《中国统计年鉴》（2001～2008）的数据整理。

由图6-2可知，城市建筑运行过程中的能耗以及建筑材料能耗占城市建筑总能耗的比例较大。2001～2007年，建筑材料能耗占建筑总能耗比例增加了4.84个百分点，建筑运行过程中的能耗占城市建筑总能耗的比例最大。

图6-2　城市建筑全生命周期中的能耗占城市建筑总能耗的比例

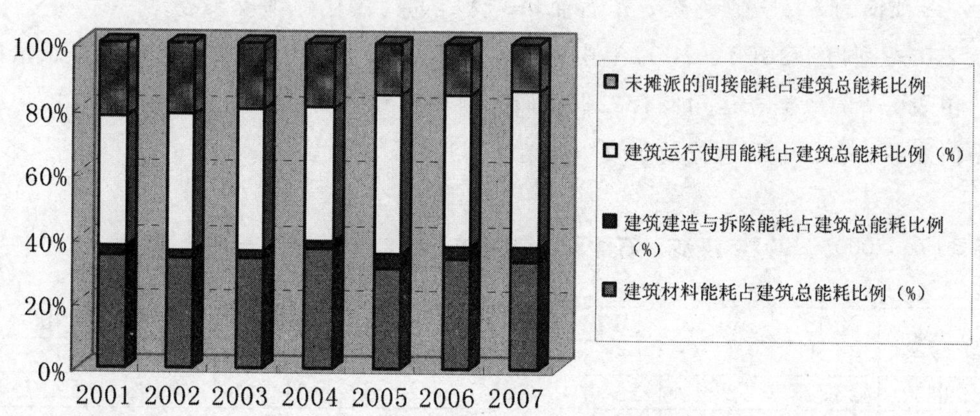

（6）单位面积能耗

由表6-6可知，建筑材料的单位面积能耗最大，其次是建造使用的单位面积能耗。

表6-6　2001～2007年中国城市全生命周期建筑各阶段能耗强度

（单位：kgce／m2）

	2001	2002	2003	2004	2005	2006	2007
建筑材料	15.47	13.94	15.03	18.67	13.81	15.89	15.57
建筑建造与拆除	1.3	1.1	1.14	1.19	1.98	1.95	2.17
建筑使用	10.13	9.16	9.11	9.99	7.03	7.51	6.92
城市建筑全生命周期	44.48	41.46	44.53	50.39	44.61	47.48	47.61

二、中国城市建筑碳排放现状分析

1．城市建筑全生命周期二氧化碳排放

图6-3　建筑全生命周期碳排放

材料准备阶段	建造阶段	使用阶段	拆除阶段	处置阶段	回收阶段
碳排放					
建筑物的各种资源和设备在生产、制造、加工、搬运过程中的碳排放	建筑物建造过程中消耗资源所产生的碳排放	建筑运行与建筑物的维修管理中的碳排放	建筑物陈旧破损在拆除过程中的碳排放	废弃建筑垃圾在焚烧、掩埋等处置时的碳排放	建筑物拆除后的资源再利用时产生的碳排放

2．中国能源综合二氧化碳排放强度

综合二氧化碳排放强度p的计算公式为：$p=(2.7412x+2.1465y+1.6423z)/(x+y+z)$，其中x、y、z分别为当年煤炭、石油和天然气占一次能源消费总量的比重；x、y、z前面的系数分别为煤炭、石油和天然气的二氧化碳排放系数。

表6-7列出了2000～2007年中国煤炭、石油和天然气占一次能源消费总量的比重。由表6-7的数据，运用综合二氧化碳排放强度计算公式，可以计算出2000～2007年中国能源综合二氧化碳排放强度（见表6-8）。

表6-7　2000～2007年煤炭、石油和天然气占一次能源消费总量的比重(%)

	2000	2001	2002	2003	2004	2005	2006	2007
煤炭	67.8	66.7	66.3	68.4	68.0	69.1	69.4	69.5
石油	23.2	22.9	23.4	22.2	22.3	21.0	20.4	19.7
天然气	2.4	2.6	2.6	2.6	2.6	2.8	3.0	3.5

资料来源：《中国统计年鉴》（2008）

表6-8　2000～2007年综合二氧化碳排放强度

	2000	2001	2002	2003	2004	2005	2006	2007
二氧化碳排放强度	2.5652	2.5625	2.5595	2.5689	2.5677	2.5736	2.5749	2.5734

3．城市建筑全生命周期二氧化碳排放量

城市建筑二氧化碳排放量计算公式为：W=p × n，其中p为二氧化碳排放强度，n为城市建筑能耗量。将表6-4中的有关数据代入城市建筑二氧化碳排放量计算公式可以得到2000～2007年城市建筑全生命周期二氧化碳排放情况（见表6-9），以及城市建筑全生命周期各阶段二氧化碳排放情况（如表6-10）。由表6-9可知，从2000年到2007年，城市建筑二氧化碳排放量总体增长了73.87%，年均增长8.22%。由表6-10可知，在建筑全生命周期各阶段中，以建筑运行使用中的二氧化碳排放量最大，其次是建筑材料制造。

建筑使用中排放的二氧化碳60%以上，是由暖通空调所排放。减少暖通空调能耗是减少建筑运行碳排放的关键。在建筑材料排放的二氧化碳中，非金属建材和钢铁材料所占比例最大，建筑建造与拆除中的二氧化碳排放量占建筑总二氧化碳排放量的比例较小。

表6-9 2000～2007年城市建筑全生命周期二氧化碳排放量

	2001	2002	2003	2004	2005	2006	2007
城市建筑二氧化碳排放量（万吨）	125492.8	139847.5	161182.4	192920.3	188880.3	213354.9	227872.5

4．中国城市全生命周期建筑各阶段单位建筑二氧化碳排放量

中国城市建筑全生命周期各阶段单位面积二氧化碳排放量见表6-10。建筑全生命周期各阶段单位面积二氧化碳排放量来看，建筑运行阶段>建筑材料阶段>建筑建造与拆除阶段（2004年除外）。这从侧面说明了中国城市低碳建筑的发展重点在于低碳建筑材料的选取以及建筑的低碳化运行。

表6-10 2001～2007年中国城市建筑全生命周期各阶段单位面积二氧化碳排放量

单位（kg二氧化碳/m^2）

	2001	2002	2003	2004	2005	2006	2007
建筑材料	39.64	35.69	38.62	47.94	35.54	40.92	40.06
建筑建造与拆除	3.34	2.82	2.94	3.05	5.1	5.03	5.58
建筑运行使用	45.06	45.06	45.06	45.06	45.06	45.06	45.06
城市建筑全生命周期	113.98	106.11	114.39	129.39	114.82	122.27	122.51

三、中国城市低碳建筑面临的主要问题

1．城市住宅建筑需求增长迅速

（1）高速城镇化带来城市住宅需求高速增长

随着城镇化率的提高，城市人口不断膨胀。2000年全国城市人口有45906万人，城镇化率为36.22%；2007年，全国城市人口达到60667万人，城镇化率为45.68%。在2000年到2008年的8年时间里，城镇化率平均每年增长约1.2个百分点，每年有超过1577万的农村人口向城市转移。按照国家统计局公布的2007年人均27.1平方米的城镇居住面

积计算，每年中国城市因为农业人口转入而产生的住房需求将增加4.27亿平方米，相当于每年大约增加0.523亿吨二氧化碳排放量（按2007年的二氧化碳排放强度计算）。

（2）居民生活水平提高，使得城市住宅建筑数量和质量不断提高

由表6-1可知，2000年中国城市人均居住面积为20平方米，至2007年底为28平方米，而一些城市如上海2006年的人均居住面积已经达到33平方米。如果人均居住面积要达到30平方米的小康水平，按2008年城市人口6.0667亿计算，将会产生182亿平方米的住宅建筑需求，相当于产生22.297亿吨二氧化碳排放量（按2007年的二氧化碳排放强度计算）。

2．公共建筑快速增长

公共建筑包括办公楼、学校、商店、旅馆、医院、文化体育设施和交通枢纽等非住宅类民用建筑。由表6-11 可知，2000～2006年，公共建筑面积增长了93.75%，年均增长11.65%。

大型公共建筑目前虽然仅占城镇总建筑面积的5%～6% ，但其用电量达到100～300 kWhP(m^2·a) ，为住宅建筑用电量的10倍以上(不包括供暖)。因此，大型公共建筑节能是我国建筑节能的重点，必须加大公共建筑改造力度，把它列入低碳建筑的发展和节能减排议事日程当中。

表6-11　2000～2006年中国城市公共建筑面积与住宅面积情况

年份	2000	2001	2002	2003	2004	2005	2006
公共建筑（亿m^2）	32	44	50	52	53	57	62
城市住宅（亿m^2）	44	67	82	89	96	108	113

资料来源：《中国统计年鉴》（2001～2008）。

3．建筑材料能耗持续增长使得二氧化碳排放量不断增加

在建筑中使用的钢、水泥、玻璃等建筑材料都是高能耗工业产品，它们在生产过程中排放的温室气体在全社会范围内占据着相当高的比例。目前，中国每年因建筑消耗的钢材、水泥、玻璃分别占全球的35%、40%、45%。2001～2007年，建筑材料能耗总体增加了70%，年均增长9.25%；二氧化碳排放量总体增长了70.72%，年均增长9.32%。

4．既有建筑能耗高，新建建筑二氧化碳排放量迅速增长

至2007年底，中国已有186亿平方米的城市建筑，其中大部分在实施建筑节能标准前完成建设。据估算，至少有三分之一既有建筑需要进行节能改造。从全生命周期来看，2001～2007年，由表6-6可知，单位面积建筑能耗增加了3.13公斤标准煤/平方米，年均增长1.14%；又由表6-8可知，单位面积建筑二氧化碳排放量增加了8.53公斤二氧化碳/平方米，年均增长1.21%。

5．建筑质量不高

中国轻质混凝土砌块仅占墙体总量的4.48%，发达国家一般为30%以上；中国建筑轻板只占墙体3%，发达国家达到40%～60%。中国城市建筑围护结构保温隔热性能差，隔热轻质墙体材料应用范围小，能源消耗大，二氧化碳排放量难以减少。

6．建筑节能意识不强，管理体制薄弱

建设部2006年的专项调查显示，新建建筑只有20%达到检验设计标准。建筑节能设计与施工、质量监督、竣工验收之间衔接不够，监督机制缺位。近年来，中国很多属于正常使用年限的建筑被强行拆除，使得中国建筑平均寿命不到30年，而欧洲建筑平均寿命则超过80年。

第三节　中国城市低碳建筑发展途径

低碳建筑是一项复杂的系统工程，低碳建筑的发展应当统筹考虑建筑的节能、碳减排、经济性与环保性，而不能简单化、表面化、标签化和模式化，应选择与中国各城市的人文发展水平相适应的路子。国家发改委能源研究所课题组分析节能和低碳情境，采取引导需求、优化结构、提高技术效率和改善能源供应等不同途径后所带来的能源需求和碳排放结果的变化，描绘了中国至2050年可持续能源与低碳发展的路线图。本文参考已有的研究成果，提出中国城市低碳建筑的发展路径（见图6-4）。

图6-4　低碳建筑发展路径

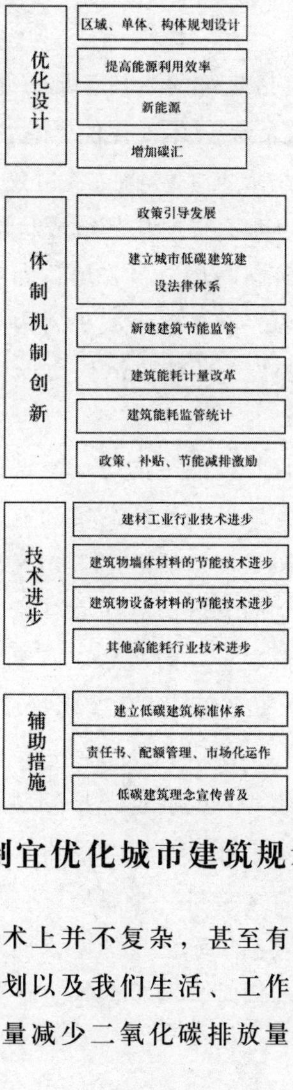

优化设计	区域、单体、构体规划设计
	提高能源利用效率
	新能源
	增加碳汇
体制机制创新	政策引导发展
	建立城市低碳建筑建设法律体系
	新建建筑节能监管
	建筑能耗计量改革
	建筑能耗监管统计
	政策、补贴、节能减排激励
技术进步	建材工业行业技术进步
	建筑物墙体材料的节能技术进步
	建筑物设备材料的节能技术进步
	其他高能耗行业技术进步
辅助措施	建立低碳建筑标准体系
	责任书、配额管理、市场化运作
	低碳建筑理念宣传普及

一、因地制宜优化城市建筑规划设计

营造“低碳”的建筑环境在技术上并不复杂，甚至有些技术更为简单易行，但它的前提是需要对我们常规的设计和规划以及我们生活、工作、娱乐的方式稍做改变。低碳建筑设计的宗旨是通过建筑设计尽量减少二氧化碳排放量，这就需要设计时充分考虑低

碳建筑材料的循环利用、能源的高效使用、健康生态的室内外环境以及土地与空间的利用等各种低碳因素，从建筑的全生命周期出发，减少能源消耗二氧化碳排放。例如威尔士建筑学院为威尔士格瓦列住宅委员会设计的概念住宅，就是将达到近乎于“零碳”的排放量、建造方式和材料使用上的改革、使用可替代和可再生的能源作为低碳建筑设计出发点的成功范例。

1．创造良好的建筑室内微气候

经粗略估算，采取周密、有效的建筑技术措施可以降低2/3～3/4的建筑能耗。[9]因此在建筑规划设计时，应从整体综合设计概念出发，针对中国各个城市的气候条件、各种用能系统的技术特点，以及具体建筑特点和建筑使用特点、进行模拟分析和综合优化设计。充分利用自然环境(如外界气流、雨水、绿化、地形等)合理选择建筑的地址、采取合理的外部环境设计(如在建筑周围布置树木、植被、水面、假山、围墙等)、合理设计建筑形体(包括建筑整体体量和建筑朝向的确定)。精心设计建筑各个部件的结构构造和建筑内部空间的合理分隔，引入自然通风，以满足室内换气和夏季通风散热的要求。另一方面，保证建筑物密闭性，避免空气渗透造成热损失，从而改善既有的微气候，创造良好的建筑室内微气候，尽量减少对建筑设备的依赖，达到降低二氧化碳排放的目的。

2．围护结构设计

建筑围护结构组成部件(包括建筑的屋顶、墙、地基、隔热材料、密封材料、门和窗、遮阳设施等)的设计对建筑能耗、环境性能、室内空气质量与用户所处的视觉和热舒适环境有根本的影响。一般增大围护结构的费用仅为总投资的3%～6%，而节能却可达20%～40%。通过改善建筑物围护结构及其组成材料的热工性能，提高围护结构各组成部件的热工性能。如欧盟新研制的热二极管墙体和热工性能随季节动态变化的玻璃，在夏季可减少室外热量传入室内，在冬季可减少室内热量的流失，从而减少建筑的冷、热消耗，进而减少采暖、空调等设备的能量消耗减少二氧化碳排放。

3．提高终端用户用能效率

根据建筑的特点和功能，设计高能效的暖通空调设备系统，在使用中采用能源管理和监控系统监督和调控室内的舒适度、空气品质和能耗情况。如欧洲国家通过传感器测量周边环境的温度、湿度和日照强度，然后基于建筑动态模型预测采暖和空调负荷，控制暖通空调系统的运行。在其它的家电产品和办公设备方面，应尽量使用节能认证的产品，如美国一般鼓励采用“能源之星”的产品，而澳大利亚对耗能大的家电产品实施最低能效标准(MEPS)，通过能效来减少二氧化碳的排放。

4．提高总的能源利用效率

在建筑设计时，应考虑建筑材料的就近选择，减少材料的运输距离和运输过程中因消耗燃料所产生的碳排放。建筑设计时也应考虑材料的低碳性，一方面选择低碳建筑材料，另一方面，采用钢结构、竹木材料、金属墙板、石膏砌块等可回收建筑材料，以提高建筑寿命期结束后资源的回收利用率。设计中水回用系统，将灌溉、冲厕等用水与饮用水系统分离，在节约水资源的同时，减少污水过度处理过程中的能源消耗，达到间接减少二氧化碳排放的目的。

5．利用新能源

新能源包括有太阳能、地热能、风能、生物质能等可再生能源。太阳热水器、太阳能干燥机和太阳灶、太阳能吸收式制冷技术、被动式太阳能建筑、太阳能建筑一体化建设等已经得到了初步应用。另外地热能、风能等也得到了不同程度的应用。中国各城市应根据自身环境条件和建筑的使用特点，在建筑设计时选择合理的可再生能源类型和利用方式。

6．增加碳汇

建筑结合绿化，加强建筑绿化的功能性设计，可以增加碳汇，减少二氧化碳总排量。

二、创新城市低碳建筑发展的管理机制

1．政策引导城市低碳建筑发展

运用经济、行政等手段，制定相应政策，形成政府-行政体制、企业-市场机制、社会公众-社会机制，通过政府行政机制自上而下的努力、市场机制发挥营利性组织横向的努力和社会机制促进非政府组织自下而上的努力，促进城市低碳建筑发展。通过建立节能建筑及产品的能效标识及认证制度、税收优惠以及贴息贷款等倾斜政策，开展低碳建筑评定活动，引导建筑企业积极开发节能建筑，使其自觉承担起企业的社会责任，走低碳发展道路。另外通过对使用节能建筑及其产品的用户进行补贴，如在采暖费或电费方面实行价格优惠措施，使用户因使用节能建筑或节能产品的外部性在经济上得以体现，从而提高用户使用节能建筑的积极性，培育建筑节能需求市场。贯彻既有建筑节能改造办法和新建建筑能效标准，使得新建建筑物施工阶段执行强制性标准的比例达到90%以上；推动有条件的城市执行新建建筑物65%的节能标准。

2．建立城市低碳建筑建设法律体系

通过编制有关建筑节能管理的条例、技术规范、标准、建筑能耗统计办法等方面的法律、法规；同时制定针对城市低碳建筑的城市规划和土地供给政策，颁布低碳建筑设计规范、低碳建筑施工及验收规范、低碳建筑评价标准等法规，明确建筑节能以及低碳建筑建设中各方主体的法律地位，规范政府、市场、企业、个人在城市低碳建筑建设中的行为，将低碳建筑建设纳入法制化的轨道。建立完整的建筑节能监管体系，按照“谁审批、谁监管、谁负责”的原则，要把设计阶段中的低碳建筑设计落到实处。对不按规划设计进行建筑施工的，依法追究相关人员责任。设立切实可行的低碳建筑实施效能目标，立法制定低碳建筑的碳预算方案，建立低碳考核制度，按照低碳建筑评价标准中的指标来落实政府部门的职责，并且设立低碳建筑管理部门的社会监督和举报制度。

3．建立城市建筑碳排放监测系统

成立专门的职能机构展开建筑能耗统计、审查和监测等工作，建立相应的规范、统计制度和管理体系，逐步建立建筑能耗与碳排放数据库，对各种不同建筑材料如钢材、水泥、玻璃、铝制品和内部装修材料，以及建筑设备（热水器、空调等）等在生产过程中的能耗量做出全面统计和分析。同时，对不同地区厂家生产的各种建筑材料的单位能耗进行标识和追踪。逐步建立建筑运行使用过程的能耗监测系统，观察和控制大型公共

建筑能耗及碳排放的情况，通过实现建筑内各能耗环节分项计量、成立专业建筑节能服务公司等措施努力降低建筑运行使用能耗，减少二氧化碳排放。

4．创新城市建筑发展投融资模式

实施积极的财政政策对城市低碳建筑发展予以扶持，发挥政府投资的引导作用并充分调动民间投资的积极性，筹措开发建筑节能的资金，加大对建筑节能资金的投入。

三、推进技术进步、发展低碳技术

设计、研发和建立适合国内市场需求和经济成本上可行的建筑技术体系。通过这种体系，更有效地降低二氧化碳排放量，使之成为切实降低建筑物碳排放量的建筑结构体系。

要把建筑节能的新技术、新产品、新工艺及先进适用成套技术的研究、生产和推广应用摆上重要议程。加强学科和部门之间的横向联合，积极开展组织设计和攻关工作。组织科研机构、建筑设计、环境保护、新建材开发的专家和生产厂家积极开展建筑节能的研究、设计、攻关工作。积极引导生产企业主动提高产品能效，加快节能技术进步。重点发展适用于不同气候条件的各种节能墙体、屋顶以及门窗，特别是外墙保温技术和高效节能窗技术，建筑围护结构节能成套技术，开发各种新型高效节能墙体材料、保温隔热材料和高性能建筑玻璃及其应用技术。此外，要积极研发建筑节能发展迫切需要的检测评价技术、节能运行管理技术、计量控制技术等。

关键技术研发：要对低碳建筑设计技术、建筑节能技术与设备、可再生能源装置与建筑一体化应用技术、低碳建筑施工技术与装备、节能建材与绿色建材、建筑节能技术标准、低碳建筑技术标准等进行研发。

适宜性技术研发：低碳建筑的许多关键技术在西方比较成熟，但建筑造价较高。因此在引进西方技术的基础上，更重要的是选择与发展本土化的适应性低碳技术。

四、宣传普及低碳建筑理念

加大气候变化危害教育和发展低碳经济宣传的力度，使人们充分认识全球气候变暖对生态环境、生存条件的严重威胁，使人们高度重视环境与气候变化带来的挑战，增强全社会低碳经济发展意识，加快形成全民低碳绿色生活方式和消费模式，使之在日常办公、休闲以及生活等方面为低碳建筑发展作出贡献，共同推动低碳建筑的发展。例如日本环境省从2005 年起提出民众夏天穿便装，秋冬两季加穿毛衣的倡议，夏天要求男士不打领带，将空调温度由以前的26℃调到28℃，秋冬可调到20℃。据统计，仅夏天空调温度调高2℃，即可节能17%，如果换算成石油，日本全国每年可节约原油155万桶。

发展低碳建筑应充分发挥政府、企业和社会公众三大主体的作用，提高作为低碳建筑参与主体的房地产开发企业、建筑设计师、建造师、物业管理、材料供应商和社会公众等对低碳建筑的认识，深刻理解低碳建筑发展的意义。让人们认识到节约资源、降低能耗和减少碳排放等需要每个组织和个人的自觉行动。

有关部门及相关媒体应加大对节能建筑的宣传力度，增强房地产开发、设计、施工和监理企业的责任意识，不能单纯追求利润，应严格执行国家相关法律法规和标准规范，诚信经商，普及建筑节能知识，提高公众的建筑节能意识，培育节能建筑的市场需求，推进市场机制发挥作用。

参考文献：

1、刘卫东,陆大道,张雷等：《我国低碳经济发展框架与科学基础》，商务印书馆2010版。

2、中国城市科学研究会：《中国低碳生态城市发展战略》，中国城市出版社2009版。

3、李兆坚,江亿：《我国广义建筑能耗状况的分析和思考》，《建筑学报》2006(7)：30～33。

4、俞允凯：《中国城镇建筑能耗现状、趋势与节能对策研究》，长春大学,2009年。

5、IPCC：Revised 1996 IPCC Guidelines for National Greenhouse Gas Inventories,IPCC/OECD/IEA, UK Meteorological Office, Bracknell, England, 1996.

6、陈伟珂,罗方：《基于全生命周期理论的建筑能耗问题研究》，《建筑科学》2008(10)：23–27。

7、中国城市科学研究会：《绿色建筑》，中国建筑工业出版社2008版。

8、陈超：《日本的建筑节能概念与政策》，《暖通空调》2002 (6)：40–43。

9、孙洪波：《微气候建筑设计方法综述》，《沈阳建筑工程学院学报》2000(3)：171–175。

10、西安建筑科技大学绿色建筑研究中心：《绿色建筑》，中国计划出版社1999版。

11、刘显法：《借鉴外国成功经验加快建立我国适应市场经济要求的节能新机制》，《中国能源》2002 (8)：10–15。

Development of Urban Low-carbon Architecture in China

Huang Chunhua, Zhang Taoxin, Hu Zhao, LiuJianlong, Li Jing

Abstract: This paper first discusses the concept, content and design idea of urban low-carbon architecture in China, and analyses the energy consumption of buildings and their carbon emissions. The result shows that CO2 emissions from materials and operations constitute the main CO2 emissions of architecture during the life cycle of architecture. With the urbanization rate rising, the energy consumption and the carbon emissions in the whole life cycle of architecture increases sharply. Finally, in order to develop low-carbon architecture in urban areas, some suggestions are put foreward for the municipal governments to construct low-carbon architecture.

Keywords: Low-carbon Architecture, Whole Life Cycle, Low-carbon Emission,Development of Route

第七章　中国城市低碳技术研究及应用

李晓勇[34] 刘建文[35] 寇广孝 曾红元 朱凡瑾

摘　要：低碳技术发展和创新是低碳经济发展的决定因子，也是城市低碳发展的关键。当前人们对低碳技术的认识还处于初步阶段，特别是对城市低碳技术缺乏了解。本章在现有研究成果基础上，介绍了城市低碳技术的内涵，主要类型，探讨了低碳技术在中国城市的应用前景。

关键词：　城市低碳技术　低碳技术类型低碳技术应用　低碳技术发展

在全球气候变化的大背景下，发展低碳经济是世界经济发展的大势所趋。低碳城市建设是节能减排和发展低碳经济的重要载体。低碳技术进步是低碳经济发展的决定因子之一。[36] 因此，研究低碳技术，尤其是适应城市低碳经济发展的低碳技术，对支撑城市发展低碳经济非常重要。本章将根据现有研究成果和气候组织相关研究报告，探讨中国城市低碳技术及应用。

第一节　城市低碳技术概念界定

一、低碳技术

以化石（煤、石油、天然气等）为基础的能源在推动世界经济发展的同时，也改变了大气的结构。全球气候变暖大大增加了极端气候发生的可能性，给人类的安全构成了巨大的挑战。“低碳经济”、“低碳技术”、“低碳城市”等一系列新概念纷纷而生，一个以低能耗、低污染、低排放为基础的经济发展新模式已成为世界各国共同努力追求的目标。但什么是低碳技术？各国专家意见不一。一般认为，低碳技术是涉及电力、交通、建筑、冶金、化工、石化等部门以及在可再生能源及新能源、煤的清洁高效利用、油气资源和煤层气的勘探开发、二氧化碳捕获与埋存等领域开发的有效控制温室气体排放的新技术。它可分为3个类型：第一类是减碳技术，是指高能耗、高排放领域的节能减

34 李晓勇，全球低碳城市联合研究中心，湖南工业大学长株潭两型社会研究院副教授。

35 刘建文，全球低碳城市联合研究中心，湖南工业大学长株潭两型社会研究院教授。

36 潘家华：低碳发展左右城市未来竞争力，《佛山日报》 2010年1月5日。

排技术。煤的清洁高效利用、油气资源和煤层气的勘探开发技术等就属于这一类。第二类是无碳技术，比如核能、太阳能、风能、生物质能等可再生能源开发技术。第三类就是去碳技术，典型的是二氧化碳捕获与埋存(CCS)。

我国众多专家、学者从不同层面研究低碳技术，取得了一些成果。徐大丰[37]从低碳经济出发认为低碳技术是指为实现低碳经济而采取的技术，主要包括清洁能源技术、节能技术和碳排放降低技术。黄栋[38]认为低碳技术以零排放或者较低排放的可再生能源技术(包括风能、太阳能)为主体，还包括提高能效的碳排放减少技术以及碳捕获与存储技术。邓线平[39]认为低碳技术是相对于高碳技术而言的，是指更低的温室气体排放的技术。付允等[40]从低碳城市出发认为低碳技术是指有效控制温室气体排放的新技术，包括在节能、煤的清洁高效利用、油气资源和煤层气的勘探开发、可再生能源及新能源、二氧化碳捕获与埋存等领域。石敏俊[41]等认为低碳技术既包括能源技术进步，促进能源利用效率提高的技术，也包括发展低碳能源，促进能源结构转换，降低碳排放强度，控制碳排放增长的技术。谢克昌在“科技创新与城市未来”主题论坛上发言指出，“低碳技术是有助于降低经济发展对生态系统碳循环的影响，而实现碳中性的技术。从广义上讲，所有可以减少能源消费和碳排放的技术都可以称为低碳技术。”

中国城市目前适用的低碳技术有：能源供应行业的能源供应改进技术、交通运输行业的节能技术、建筑行业的节能技术、工业节能技术、林业部门的植树造林技术、使用林产品获得生物能以替代化石燃料技术、废弃物回收行业的废弃物利用技术等，具体见表7-1。

表7-1 中国城市目前适用的低碳技术和措施

行业	当前中国城市适用的关键技术及做法
能源供应	改进能源供应和配送效率；燃煤改燃天然气；核电；可再生能源（水电、风电、太阳能、地热能、生物能）
交通运输	城市布局及路桥结构的优化；节约燃料的机动车；混合动力车 低碳燃料替代；公共交通优先；非机动化运输（自行车、步行等）
建筑	建筑节能标准；高效照明和采光；高效电器 高效供热和制冷装置；节能墙体材料和建筑物护围结构 节水技术；智能化楼宇
工业	限制高耗能产业发展；能源合理配置和利用；高能效终端设备使用 余热和可燃气体回收；材料回收利用；控制非二氧化碳气体排放热电联产；使用CCS
林业	植树造林和再造林；减小毁林；木材替代；森林管理 使用林产品获得生物能以替代化石燃料
废弃物	填埋甲烷气回收；废弃物回收利用；核废弃物回收利用和最小化 废水处理和利用

资料来源：气候组织《中国低碳领导力：城市》报告和杨海霞：低碳技术:并非越昂贵越好，《中国投资》 2010年第2期

[37] 徐大丰：低碳技术选择的国际经验对我国低碳技术路线的启示，《科技与经济》2010年第2期。

[38] 黄栋：低碳技术创新与政策支持，《中国科技论坛》 2010年第2期。

[39] 邓线平：低碳技术及其创新研究，《自然辩证法研究》 2010年第6期。

[40] 付允、汪云、林李丁：低碳城市的发展路径研究，《科学对社会的影响》 2008年第2期。

[41] 石敏俊、周晟吕：低碳技术发展对中国实现减排目标的作用，《低碳经济与中国发展》 2010年第3期

二、城市低碳技术

为了准确把握城市低碳技术的概念，我们先分析未来城市在低碳循环经济情景下城市区域物质流、碳循环关系(见图7-1)。从图中可以看出，对城市而言，增加可再生能源的供应、提高传统能源供电效率、加大清洁能源的供应与实施资源循环利用、提高能源效率等技术措施，均能大幅减小温室气体排放；实施二氧化碳与非二氧化碳资源回收、采用CCS技术和增加森林碳汇，即可实现碳中和。

图7-1 城市区域物质流与碳循环关系

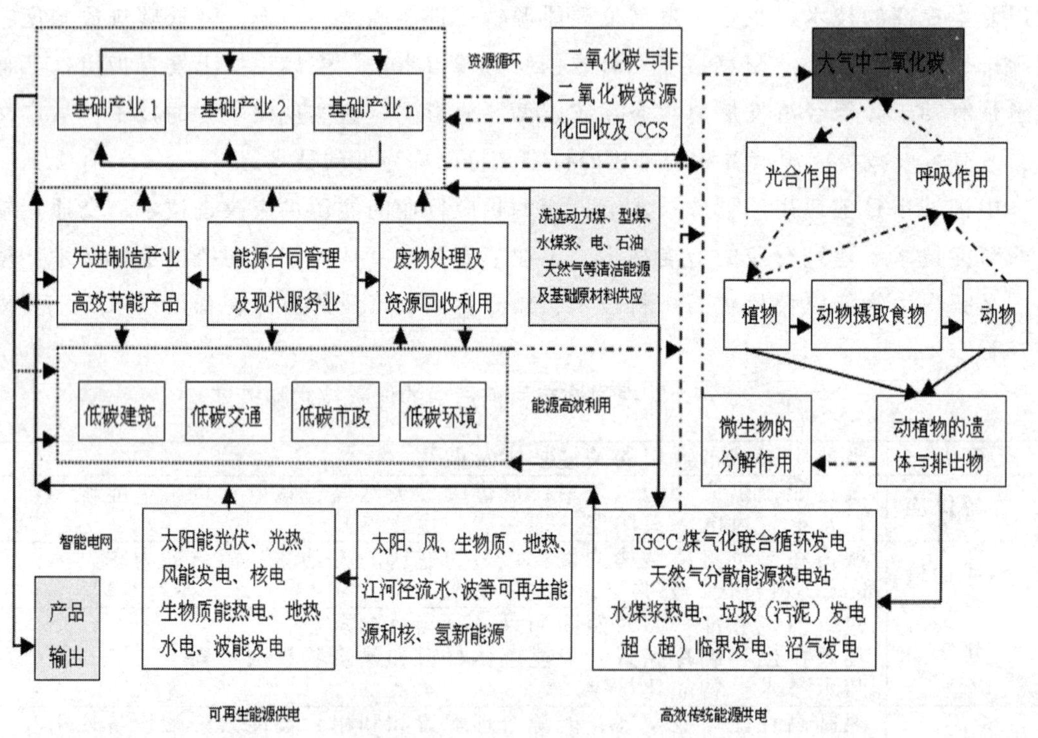

根据上述分析，我们对城市低碳技术进行如下概念界定：城市低碳技术是指支撑城市低碳经济发展，控制或减少温室气体排放的技术。它涵盖三个方面：城市能源供应技术、城市能源（资源）使用技术和二氧化碳捕获与埋存技术（CCS）等，具体来说，涉及新能源与可再生能源供应技术（电、热、燃料和热电）、非再生能源供应技术（电、热、燃料和热电），供能监控技术，二氧化碳捕获与埋存技术（CCS），建筑、交通、市政、环境和产业等部门的能源使用技术、资源节约及废物处理回收利用技术、高效用能节能技术、用能监控技术。

由于自然环境、生活和生产方式的不同，我国城市和农村的能源结构和能耗水平大不相同，城市低碳技术与农村低碳技术有不同的内涵。生物质能和太阳能资源在我国农村总量十分丰富，具有可再生性，低污染性，在我国农村地区用能结构中占据重要地位。如沼气技术，可以为粮食生产提供优质肥料，增加清洁能源供给，减少农民的生活与生产成本，从而实现经济效益、生态效益、能源效益的统一。仙居县积极推广农牧结合型“三沼”（沼气，沼液，沼渣）综合利用模式，实现了“排泄物无害化处理、零排放、资源化利用”的合理目标。

城市作为人口经济的聚集地，能源和资源消耗相对集中。城市生活用能集中于建筑和交通，这种能源结构和能耗方式决定了我国城市低碳技术是涉及能源供应、工业、建筑和交通、废物处理等方面的新技术。我国城市低碳关键技术包括能源供应(太阳能，水电，整体煤气化联合循环技术等)、交通节能技术(新能源汽车等)、建筑节能(技术地源热泵和LED照明技术等)、工业节能技术(清洁煤技术等)和去碳技术（CCS等）。

第二节　我国城市低碳技术的主要类型

一、城市低碳技术类型框架

城市低碳技术的界定源自于在哲学层面上对技术与低碳城市本质内涵的思考，从低碳城市的概念推导城市低碳技术的本质，从技术的一般规律推导技术的具体特征。这种理论认识是分类的依据与标准。城市低碳技术可以划分为城市能源供应低碳技术、城市能源（资源）消费的低碳技术和二氧化碳捕获与埋存技术（CCS）三大部分。

1．城市能源供应低碳技术

城市能源供应低碳技术从理论上可以分三个大类。按过程分，能源供应低碳技术可分为再生能源技术、高效供能技术和供能监控技术。按形式分，有供电技术、供热技术、燃料技术和热电技术四个主要类型。按来源分，在可再生能源中，可以设定太阳能、水能、风能、生物能、地热能五类；在非再生能源中，可以设定传统能源和废物能。传统能源是指煤、石油和天然气，虽然三类技术的原理和工艺存在很大的差别，但从节能的角度，三者都是利用天然矿物的燃烧，通过提高燃烧的能量转化效率来实现节能，节能的基本原理是一致的。废物能是指能源使用过程中剩余的废热、废气，以及城市废物中可用作能源的有机废物等所有可回收利用的剩余能量。城市能源供应低碳技术类型框架见表7-2。

从我国资源禀赋、现实能源生产与供应结构来看，节能减排降碳前景较好、效率较高、应用性较强的城市能源供低碳技术主要有以下几类：

(1) 整体煤气化联合循环技术

整体煤气化联合循环技术（以下简称IGCC）是一种十分有商业应用前景的洁净煤发电方式，也是未来二氧化碳近零排放煤基发电核心技术之一。与其他的清洁煤发电方式(如超超临界、CFB锅炉)相比较，IGCC效率更高，污染物排放量更小，耗水量更低，建设周期更短，较易于实现商业化、大型化生产。IGCC最显著的特点就是在煤气化的基础上，更易实现二氧化碳的分离和处理。IGCC发电技术不仅可以适用于燃油、燃天然气机组的燃料替代，而且适用于传统蒸汽轮机电厂的更新改造，对于那些环保要求高，电源支撑作用强的大中型城市老电厂改造是很好的选择。因此，积极发展IGCC技术是迎接二氧化碳减排挑战，建设资源节约型、环境友好型社会的较好选择。

(2) 超超临界燃煤发电技术

超超临界燃煤发电技术是一种先进、高效的发电技术，目前蒸汽温度为600℃的超超临界机组热效率可达44%~45%，比超临界机组的热效率高出约4%，与常规燃煤发电机组相比优势就更加明显。

表7-2　城市能源供应低碳技术类型框架

城市能源供应低碳技术			
生态目标	技术目标	技术类型和技术对象	
新能源及可再生能源供能	新能源及可再生能源供电技术	太阳能供电	太阳能光伏发电和太阳能抛物面集光器发电等
		水能供电	航电枢纽防洪发电和抽水蓄能发电等
		风能供电	海上风力供电系统和陆上风力供电系统等
		生物能供电	生物质水煤浆燃烧发电和生物质燃料电池等
		地热能供电	高温地热发电系统和岩热能发电
		核能供电	核聚变发电
		氢能供电	制氢技术等
	新能源及可再生能源供热技术	太阳能供热	太阳能热电站和高效热能回收系统等
		水能空调	低温热交换网空调和废热水热泵供暖/制冷等
		生物能空调	生物质、水煤浆联合区域供热制冷网等
		地热能空调	地源热泵供热系统和地下藕合热泵系统
	再生能源燃料	太阳能燃料	太阳能电解制氢等
		生物燃料	生物柴油和生物质固体废物与煤混合成型等
	再生能源热电	太阳能热电联产	太阳能热电系统和水煤浆太阳能热电板联合系统
		风能热电冷联产	风能热泵热电/制冷系统统
		生物能热电冷气联产	生物燃气热电站，生物气发电/供热/制冷三项联产
		地热能热电联产	地热热电联产
非再生能源高效供能技术	非再生能源供电	传统能源高效供电	高效锅炉设备，高效率通风、通气制冷系统等
		废能高效供电	煤炭与塑料及纸品废物中高效燃料的联合燃烧等
	非再生能源供热	传统能源高效供热	节能热泵，HVAC系统，热质能量储存等
		废能高效供热	垃圾填埋制气燃烧供热系统等
	非再生能源燃料	传统能源制燃料	大型化水煤浆气化技术等
		废能制燃料	有机废水浓缩回收发酵制氢等
	再生能源热电	传统能源高效热电	超临界蒸汽气涡轮热电联产等
		废能高效热电	固体生物和废物混合燃料热电厂等
供能监控技术	供电监控	传统能源	燃煤发电中提高燃烧效率的测量和控制技术等
		组合能源	自动电力供应系统(负荷管理和指示)
	总体能量监控	组合能源	公共能源管理系统等

（3）智能电网技术

智能电网，即Smart Grid，原意是建立新的电力客户服务信息管理体系，其核心是推动电力调度体系优化，有限度地加强电网的可靠性，提高能源效率。智能电网技术以特高压电网为骨干网架、各级电网协调发展为基础，利用先进的通信、信息和控制技术，构建以信息化、自动化、互动化为特征的统一坚强智能化电网，实现智能化电网运行的可靠、安全、经济、高效、环境友好和使用安全。

（4）太阳能技术

太阳能技术主要有两类：一是太阳能光伏电池技术。太阳能光伏系统是直接将太阳能转换成电能。光伏发电系统，可并网或离网；二是聚光太阳能发电(简称CSP）技术。聚光太阳能发电继风能、光电池之后，有望成为解决能源匮乏、应对气候变暖的有效技术手段。聚光太阳能发电与太阳能电池不同，一般只能够在阳光充足、天气晴朗的地方进行。聚光太阳能发电技术按照聚光方式的不同，可以分为槽式技术、塔式技术、碟式技术和菲涅耳式技术。

（5）风电技术

风能发电技术主要可分为陆地发电技术和海上发电技术，陆地发电技术目前占主要地位，海上发电技术近些年发展很快。风能资源具有可再生、永不枯竭、无污染等特点，综合社会效益高，而且风电技术开发最成熟、成本最低廉，因此成为中国市场最热的可再生能源。据估算，全世界的风能总量约1300亿千瓦，中国的风能总量约16亿千瓦。

（6）地源热泵技术

主要采取直接利用地热能的方式，包括热水直接利用和水源热泵。地源热泵优点是：高效节能，稳定可靠，无环境污染，一机多用，维护费用低，使用寿命长，节省空间。

（7）水电技术

水电技术主要有大型水电和小水电技术。我国小水电工程建设技术已相当成熟，装机容量达3050万千瓦。大型水电设计制造技术处于世界先进水平。

2．二氧化碳捕获与埋存技术（CCS）

按照上一节确定的分类方法与标准，二氧化碳捕获与埋存技术（CCS）从理论上可以分为脱除二氧化碳、固定二氧化碳和非二氧化碳温室气体减排三个大类，见表7-3。

二氧化碳捕获和埋存技术在具体实践中同样分为“碳捕获”和“碳埋存”两个步骤进行。对于碳捕获而言，人们现今已掌握了三种最主要的安全可行的技术路径：燃烧后捕获、燃烧前捕获和富氧燃烧捕获。碳埋存技术的现实应用则需要首先寻找到适宜封存二氧化碳并使其与大气完全隔绝的地质层。而从地质学角度看，实际上有三类地质层均能用来埋存二氧化碳，其中最具吸引力的当属现有的油田和气田。还有不含碳氢化合物的圈闭地质层(一种能阻止油气继续运移并能在其中聚集的场所)和底水-深度蓄水盐层。

表7-3　二氧化碳捕获与埋存技术（CCS）类型框架

<table>
<tr><td colspan="10">二氧化碳捕获与埋存技术（CCS）</td></tr>
<tr><td rowspan="2">生态目标</td><td rowspan="2">技术目标</td><td colspan="8">技术类型和技术对象</td></tr>
<tr><td>化石燃料发电行业</td><td>钢铁行业</td><td>水泥行业</td><td>炼油行业</td><td>化工行业</td><td>垃圾填埋场沼气与煤层气</td><td>种植与养殖业</td><td>交通</td></tr>
<tr><td></td><td></td><td>I1</td><td>I2</td><td>I3</td><td>I4</td><td>I5</td><td>I6</td><td>I7</td><td>I8</td></tr>
<tr><td>脱除二氧化碳</td><td>工业分离（化学循环燃烧）
燃烧前系统（富氢燃气）
燃烧后系统（烟气分离）
富氧燃烧</td><td colspan="8">吸附精馏法回收二氧化碳新工艺，二氧化碳的干洗技术等
化学溶剂吸收法等
空气分离方法等</td></tr>
<tr><td>固定二氧化碳</td><td>碳汇
埋存</td><td colspan="8">生物二氧化碳固定法(I7)
物理二氧化碳固定法(I1，I4)</td></tr>
<tr><td>减小非二氧化碳温室气体</td><td>甲烷减排
氧化亚氮（N_2O）减排
工业烟气污染物减排</td><td colspan="8">填埋场气体利用技术等(I6)
氧化亚氮减排系统(I5，I7)
大型燃煤电站SCR烟气脱硝技术和烟气循环流化床干法脱硫技术等</td></tr>
</table>

3．城市能源资源消费低碳技术

如表7-4所示，城市能源资源消费低碳技术分类可以在不同层级上进行。如可以设定生态目标为第一级分类标准，技术目标为第二级分类标准。

按照第一级分类标准，能源资源消费低碳技术可以分为再生能源使用技术（结构节能技术）、资源节约及废物处理回收利用技术（两型技术）、高效用能节能技术（技术节能技术）、和用能监控技术（管理节能技术）四个类型。

按照第二级分类标准，与四个一级分类对应的二级分类分别是再生能源电力使用技术、再生能源热力使用技术、再生能源照明使用技术、再生能源动力使用技术；资源节约技术、废物处理回收利用；高效用电节能技术、高效用热节能技术、高效照明节能技术、高效动力节能技术；用电监控、用热监控、照明监控、动力监控、总体能量监控、综合用能监控。

表7-4 城市能源资源使用低碳技术

城市能源(资源)使用低碳技术			
生态目标	技术目标	技术类型和技术对象	
新能源及再生能源使用技术-结构节能技术	新能源及再生能源电力使用技术	再生能源建筑用电	太阳能电池外墙/屋顶和聚合体太阳能电池等
		再生能源交通用电	可逆燃料电池
		再生能源环境用电	温室建筑一体化太阳能光伏发电系统等
		再生能源产业用电	冰蓄冷空调技术等
		再生能源市政用电	风光互补型LED路灯等
	新能源及再生能源热力使用技术	再生能源建筑用热	太阳能中温集热空调系统等
		再生能源交通用热	温拌沥青在道路建设与养护中的应用技术等
		再生能源环境用热	新型空心节能砖等
		再生能源产业用热	常减压煤焦油除硫术等
	再生能源动力使用技术	再生能源建筑动力	
		再生能源交通动力	汽车混合动力技术和混合动力公交车等
		再生能源产业动力	全氧燃烧技术等
资源节约及废物处理回收利用技术-两型技术	资源节约技术	建筑资源节约	楼宇中水回用等
		交通资源节约	汽车零配件再制造技术等
		环境资源节约	屋顶雨水收集与利用系统等
		产业资源节约	螺杆膨胀动力驱动节能技术等
	废物处理回收利用	建筑废物回收利用	废建筑材料回收再生利用技术等
		交通废物回收利用	汽车废机油回收净化再生技术等
		环境废物回收利用	垃圾分类与回收利用技术等
		产业废物回收利用	制革废水处理技术等
		市政废物回收利用	生活污水回用膜处理技术等
高效用能节能技术（传统能源及废能的使用）	高效用电用热节能技术	建筑高效节能	水循环加热/制冷的辐射天花板/墙
		交通高效节能	LED交通信号灯和高杆节能灯等
		环境高效节能	高强度气体放电灯和LED景观照明等
		产业高效节能	电能回馈节能技术和强化传热技术等
		市政高效节能	城市污水处理厂污泥干化焚烧技术等
		交通高效动力节能	汽油发动机缸内直喷技术等发动机节能技术
		环境高效动力节能	电动垃圾清运车等
		产业高效动力节能	子母炉层-悬浮燃烧水煤浆锅炉等
		市政高效用电节能	电动垃圾清扫车等
用能监控技术-管理节能技术	用电监控	建筑用电监控	建筑能量监控系统等
		交通用电监控	采用集卡全场智能调控系统等
	用热监控	建筑用热监控	路灯三遥监控及节能控制系统等
	动力监控	建筑动力监控	给水管网爆管监测等
	综合用能监控	产业用能监控	智能能源技术等

从实用的角度来看，比较重要的城市能源资源消费低碳技术有：

（1）大型循环流化床锅炉（CFB）燃烧技术

循环流化床锅炉（CFB）燃烧技术是一项近20年来发展起来的燃煤技术。它具有燃料适应性广、燃烧效率高、氮氧化物排放低、负荷调节比大和负荷调节快等突出优点。

（2） 钢铁工业节能减排技术

钢铁工业节能减排关键技术有：干法熄焦技术（CDQ）、高炉炉顶煤气压差发电技术（TRT）、转炉负能炼钢技术、冶金炉窑高效燃烧技术、烧结矿余热回收技术等。

（3）有色金属产业节能减排技术

有色金属工业节能减排的重点技术有：氧气底吹熔炼技术、冶炼烟气余热回收—余热发电技术、电解铝优化控制技术等。

（4）石油化工节能减排技术

乙烯的技术节能减排主要有裂解炉的高参数技术，烟气余热和低温热能回收技术，加热炉与燃气轮机热电联产技术，装备点火的自动控制技术；合成氨的技术节能减排主要有装置的大型化和集成化设计制造技术等；烧碱技术节能减排主要有离子膜技术，先进大型装置设计制造技术。石化行业共有的关键节能技术是夹（窄）点技术、污水资源化利用技术、工艺流程系统信息应用技术。

（5）建材工业节能减排技术

水泥综合节能技术措施主要有：余热发电技术，干法水泥技术，低发热量矿物燃料和具有一定发热量的城市垃圾、工业废弃物等做燃料的资源综合利用技术，煤矸石、粉煤灰、高炉渣、硫酸渣等工业废渣做生产水泥的原料的资源综合利用技术，生产线烟气排放的在线监测信息技术等。

（6）建筑节能减排技术

我国对低碳建筑节能的研究主要集中在建筑围护新结构与新材料、采暖空调系统节能新技术、可再生能源应用等方面。

我国外墙节能技术主要采用夹心保温做法的较多，对冬季供暖和夏季空调具有良好的节能效果。门窗节能技术采用中空玻璃，镀膜玻璃(包括反射玻璃、吸热玻璃)以及特别的智能玻璃，可以有效降低能量损失。

采暖、制冷和照明则采用地(水)源热泵系统、置换式新风系统、地面辐射等。地源热泵系统主要采取直接利用地热能的方式，研究重点在地热梯级利用技术、回灌技术、地下换热器传热性能与低温平衡等。

建筑用可再生能源技术主要包括太阳能热水器、光电屋面板、光电外墙板、光电遮阳板、光电窗间墙、光电天窗以及光电玻璃幕墙等。

建筑设备节能主要以用电设备为主：包括节能热水器、节能空调和LED等。

（7）新能源汽车技术

新能源汽车产业发展主要集中在纯电动汽车和油电混合动力汽车上。

混合动力汽车结合了汽车的效率优势和部分时间通过发电机提供能量的混合优势。电动汽车没有内燃机，依赖发电设备的能源埋存或电池组提供能量。电动和混合动力汽车在2020年能够减少0.04Gt二氧化碳，占运输部门减排潜力的3.6%。

我国目前已初步建立了完整的天然气汽车产业发展的技术链和产业链，CNG加气站设备、发动机和汽车配套零部件的国产化，正在成为亚太地区，乃至全球极为重要的天然气汽车市场。

燃料电池车是基于氢转化为电能。氢燃料电池汽车的成本非常高，预计到2020年，氢燃料电池汽车仍然不能商业化。

（8）废物处理回收利用技术

废物处理回收利用技术主要包括垃圾回收利用及资源化技术、废水回收利用技术以及工业固体废物回收利用技术等。

二、城市低碳技术体系

将上述低碳技术三个类型框架进行综合集成，并用框图表示得到城市低碳技术体系框架示意图（见图7-2）。

图7-2　城市低碳技术体系框架示意图

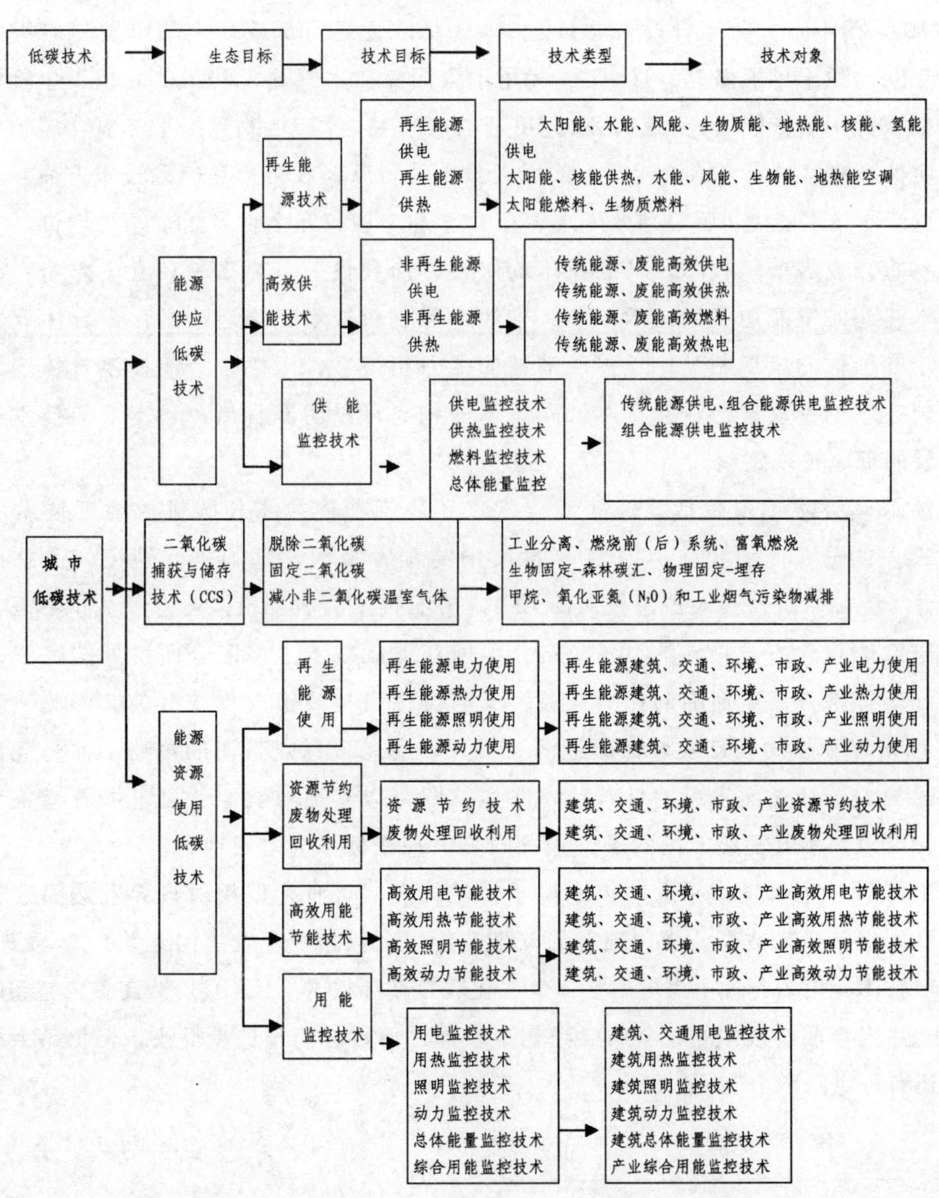

第三节　中国城市低碳技术发展道路

低碳经济是一种以低能耗、低污染、低排放为基础的经济模式，被认为是继工业革命、信息革命之后的又一次重大的社会变革。当今低碳技术的开发应用，将颠覆以化石能源为基石的工业文明发展模式，带来能源利用方式的全新革命，这便是新能源和可再生能源逐步应用并最终取代化石能源的新时代。发达国家和地区对低碳技术的发展都是根据自身的资源特点、发展水平和抢占战略性新兴产业制高点战略意图，其低碳技术发展侧重点各不相同。

欧盟对低碳技术的选择侧重点在清洁能源技术方面。[42] 为了发展低碳经济，欧盟成立了“欧洲能源研究联盟”和“联合欧洲能源研究院”，执行发展低碳经济的“欧洲风力计划”、“欧洲太阳能计划”等6项计划，其中与清洁能源技术直接有关的就有4个。2010年到2020年10年内，欧盟将投入总量达到530亿欧元进行低碳技术的研发与应用研究，其中60亿欧元用于风能研究，160亿欧元用于太阳能技术研发，90亿欧元用于生物质能研究，70亿欧元用于核能研究，20亿欧元用于电网研究，130亿欧元用于二氧化碳捕捉和储藏示范项目。欧盟国家在清洁能源上的巨大投入使得欧盟在可再生能源技术方面、技术开发水准和产业技术能力方面，水平明显高于日本和美国，在全世界居于领先地位。

日本重点发展节能技术。低碳技术的研发方向和投入主要集中在五个方面：超燃烧系统技术、超时空能源利用技术、信息生活空间创新技术、交通技术、半导体元器件技术。由于半导体的应用相当广泛，所消耗的电力相当大，因此，节能型半导体技术成为日本低碳技术的主攻方向。从日本低碳技术的构成可以明显看出，日本节能技术走的是重点发展的低碳技术路线。

美国低碳技术不仅包括清洁能源技术，还包括节能技术和碳排放处理技术。从美国研发投入的分布上看出，以2010年度美国的预算为例，基础研究的投入占总投入的23%，清洁能源的研发投入占总投入的30%，节能技术的研发投入占总投入的17%，碳回收技术研发的投入占总投入的30%左右。美国在低碳技术上采取全面发展的路线，既与美国在低碳经济方面所面临的压力有关，又与美国科技政策的传统有关。因此，美国自2006年以来以积极的姿态发展低碳经济，但并没有采取以点带面的策略，而是凭借雄厚的综合国力，选择全面发展的低碳技术路线，既可以实现与欧盟、日本展开错位竞争的意图，又可以展示其超级大国的形象，巩固美国在全世界的主导地位。

我国低碳技术研发水平近些年取得了长足的发展进步，但相对世界发达国家还相对落后，低碳经济尚未成型，中国现有的碳生产能力，只相当于发达国家的1/4 或1/5。

煤电技术：电力行业中煤电的整体煤气化联合循环技术（IGCC）、高参数超超临界机组技术、热电多联产技术等，我国已经初步掌握，而且这两年进步很快，但仍不太成熟，产业化还有一定问题。

---

[42] 徐大丰：低碳技术选择的国际经验对我国低碳技术路线的启示，《科技与经济》2010年第2期。

能源技术：可再生能源和新能源方面，大型风力发电设备、高性价比太阳能光伏电池技术、燃料电池技术、生物质能技术及氢能技术等，与欧洲、美国、日本等发达国家相比，也还有不小差距；重大核心技术领域，如光伏电池的核心制造装备仍然依赖进口，尽管产业规模很大，但存在技术和市场两头在外的问题。氢能、生物质能、核能与新材料技术与国外相比，差距还很大。

交通领域：汽车的燃油经济性问题、混合动力汽车的相关技术等，我们虽然掌握一些，但短时间无法达到产业化的水平。

建筑领域：国内对低碳建筑节能的研究主要集中在建筑能耗统计与行为节能控制、建筑围护新结构与新材料、采暖空调系统节能新技术、可再生能源应用等方面。我国在建筑设计节能技术方面就相对落后，与发达国家利用计算机和利用自然环境进行建筑节能方案优化设计还有相当的差距。

一、我国城市低碳技术创新的实现途径

根据我国能源现状和技术发展情况，我国城市低碳技术的开发和创新，主要通过以下三个途径来实现。

1．强化自主创新

根据国际能源机构估算，2001~2030年，中国能源部门需要投资2.3万亿美元，其中80%用于电力投资，约为1.84万亿美元。能源基础设施建设对长期温室气体排放具有较大影响。我国利用非低碳技术进行的基础设施建设消耗了大量的能源，并造成了高污染高排放的后果，因此，我国最紧迫的任务是调整产业结构，开发煤的清洁高效利用机制，开发可再生的清洁能源，改变以煤为主的能源消费结构，而这些都离不开低碳技术的开发。中国在低碳技术自主创新方面，第一，要充分利用各研究机构，大学的人才优势，积极进行低碳技术的理论研究；第二，要充分利用市场的驱动力量来刺激研究活动的开展；第三，中国政府已经提出了可持续发展战略，具备良好的政策法制环境，进行低碳技术的研究与开发，不会存在政策风险。

2．加强国际合作

目前我国的低碳技术与发达国家先进水平有着不小的差距，要在短时间内提高，除了要依靠国内的自主创新之外，还要加强国际之间的交往与合作。加强国际间技术的合作和转让，能使全球共享技术发展，大大减缓气候变化带来的问题。全球变暖是全人类共同的话题， 加强国际间的合作是一个长期的过程，而且，自主创新与国际合作是相互促进的，自主创新程度在一定程度上决定着我们在国际合作中的紧密程度。

3．加强政策支持

发挥政府作用，综合运用相关政策工具。政府在技术创新体系中的作用不仅仅是资金、人力、技术平台等的投入，而且担当着社会资源开发与优化配置、要素与价格机制的完善、技术市场竞争格局的建立等任务。政府是低碳技术创新的推动者，在促进低碳技术创新方面具有不可替代的作用。政府要在国家低碳技术创新体系的建设上充分发挥

宏观调控作用，促进与低碳技术创新有关的制度建设、文化建设。从技术推动和需求拉动两个方面并结合技术的生命周期搭配政策工具，深入研究这些政策工具的传递机制与实际绩效，进而建立起适应中国社会主义市场经济体制的低碳技术创新政策体系。

二、我国城市低碳相关技术路线图

低碳技术发展的路线图是当前国内外研究机构的关注点之一，相关研究主要采用两种思路：[43] 以模型情景分析为核心和以技术预见为核心。以模型情景分析为核心的低碳技术路线图是在对低碳技术特性详细分析的基础上，通过模拟政策和技术发展情景对未来温室气体排放所产生的影响，认清其中的关键问题，从而对技术发展路径提出建议。代表性的研究包括IEA提出的全球能源科技发展路线，国际能源署（IEA）和OECD核能署（NEA）联合发布的2050年技术路线图系列报告中的核能技术路线图，姜克隽等发布的中国中长期能源与温室气体排放情景和技术路线图等。以技术预见为核心的技术路线图则是在综合考虑保障能源安全的需求和实现社会经济可持续发展要求的前提下，以技术预见结果为主要依据，得到的关键技术发展目标和实现路径。

我国在进行低碳技术的选择时，既要结合当今世界低碳技术的变化趋势，又要结合我国经济发展的状况、能源结构和技术传统，注意发挥我国的比较优势，制定适合我国国情的低碳技术路线。我国科技路线图的相关研究多以技术预见为基础。我国国家层面完成了《中国至2050年能源科技发展路线图》（中科院能源领域战略研究组编制）和《我国节能减排关键技术和路线图》（国家技术前瞻课题组绘制）。其中《中国至2050年能源科技发展路线图》[44] 指出，我国近期低碳经济与新能源产业领域最重要的发展领域为：清洁煤技术、新能源汽车、智能电网、新能源规模发电等。大力发展新能源汽车是低碳能源供应、交通运输节能的重要举措，对缓解能源供需矛盾，改善环境都有着重要的推动作用。各地方政府为指导节能减排工作，也相继启动或完成区域行业节能减排技术路线图，如河北省科技厅启动了光伏发电产业技术路线图、风电产业技术路线图、钢铁产业节能减排技术路线图、水泥产业节能减排路线图、农业水资源高效利用技术路线图的编制工作，广东省启动制糖产业节能减排技术路线图、造纸产业节能减排技术路线图。这些节能减排技术路线图的制定为国家整体低碳经济的发展和区域低碳经济的推进明确了发展方向。

综合气候组织《中国低碳领导力：城市》中中国城市目前适用的低碳技术、措施和专家见解，我国城市低碳技术发展路线可大概分近期和中长期发展阶段(表7-5)：

---

[43] 吴昌华：低碳创新的技术发展路线图，《绿色经济与创新》 2010年第2期。

[44] 中国科学院能源领域战略研究组：中国至2050年能源科技发展路线图，科学出版社，2009。

表7-5 中国城市低碳技术路线

领域 \ 时间	近期阶段	中长期阶段
能源供应	水力发电 超超临界发电 IGCC 非晶硅光伏电池 太阳能热发电	风力发电 电场CCS 薄膜光伏电池 天然气水合物发电 智能电网 核能发电 海洋能
工业	清洁煤技术 热电联产 生产工艺节能技术 工业余热、余能再利用	工业CCS 核聚变技术
交通	燃油汽车节能技术 混合动力车技术 新型轨道交通 城市交通管理技术	高能动力电池 电力汽车 生物燃料汽车
建筑	地源热泵技术 节能墙体材料 围护结构保湿 太阳能利用 区域热电联用 LED照明技术 供暖、 通风和采光系统节能	新型建筑材料 新概念建筑
废弃物处理	废塑料、 废橡胶的处理 生活垃圾处理技术 废水处理和利用 垃圾焚烧发电 垃圾热解气化技术	污水热能技术 垃圾处理资源化和产业化

资料来源：中国科学院能源领域战略研究组，2009；中国发展低碳经济途径研究课题组，2009；吴昌华：低碳创新的技术发展路线图，《绿色经济与创新》 2010年第2期

第四节 中国城市低碳关键技术发展展望

走节能减排为重点的低碳技术路线是我国城市低碳经济发展最现实的抉择。而具体的关键技术发展抉择，取决于技术本身的适用性、应用成本、经济效益、减排潜力与市场需求等因素。

一、新能源及可再生能源技术

新能源及可再生能源主要包括可再生能源和核能，其中可再生能源又以水电、生物能源、风电、太阳能为主。据相关研究，按照适度低碳情景，到2020年我国非化石能源占一次能源的比例约低于15%（14.8%）；按照强化低碳情景，新能源及可再生能源占一次能源的比例可达到18.7%。新能源及可再生能源对我国2020年二氧化碳减排的贡献率在10%左右。

1．太阳能

我国的太阳能建筑应用研究始于上世纪70年代末， 到90年代末，已建成多座利用太阳能光热、光电转换技术的公共建筑和住宅。目前，我国太阳能产业规模已位居世界第一，是全球太阳能热水器生产量和使用量最大的国家和重要的太阳能光伏电池生产国。

① 太阳能光伏电池技术

太阳能光伏发电减排潜力巨大，2020年之前，光伏发电可以减少减排0.33Gt二氧化碳（大约占电力部门的减排量的10%）。2050年，太阳能光伏减排量可以达到1.32Gt二氧化碳（约占电力行业减排量的7%）。在过去15年里，我国太阳能光伏市场急剧增长，已形成了完整的太阳能光伏产业链，无锡尚德、江西赛维LDK等太阳能光伏龙头企业迅速崛起，成为全球光伏产业发展的生力军。随着光伏产业的篷勃发展，光伏技术发展迅猛。宁夏银星多晶硅公司生产的单晶硅太阳能电池，光电转换效率平均达到16%以上；浙江正泰采用欧瑞康公司一揽子生产线生产的第二代薄膜太阳能电池，转换效率达到9%，尚德电力Pluto技术目前可实现单晶硅太阳能电池转换效率19%、多晶硅太阳能电池转换效率超过17%的水平。这必将进一步降低光伏发电成本，从而实现光伏发电的大面积推广应用。

② 聚光太阳能发电(简称CSP)

聚光太阳能发电有望成为解决能源匮乏、应对气候变暖的有效技术手段。可以分为槽式技术、塔式技术、碟式技术和菲涅耳式技术。目前，槽式太阳能发电技术是商业化进展最快的一项技术，在全球范围内有广泛的应用。近日我国在怀柔区桥梓镇产业基地投产“太阳能碟式热发电”项目，拥有自主知识产权，在世界处于领先地位。而亚洲首座塔式太阳能热发电站正在北京延庆兴建。该电站由中科院、皇明太阳能股份有限公司和华电集团联合开发建设，总投资1.2亿元，是中国首个自主知识产权高温热发电项目，也是亚洲第一座塔式太阳能热发电站。目前，发电站已进入调试阶段，年底可实现并网发电。菲涅尔式聚光发电是常规抛物面型集热器的3倍，建造费用可以降低50%。目前，采用菲涅耳式聚光发电的项目，主要是一些示范性工程，还没有大规模商业化。

作为“太阳城”的德州以太阳能产业为载体，以“皇明模式”为借鉴，把“低碳经济”作为经济发展的新动力，在促进低碳产业快速崛起过程中，优先发展绿色能源、绿色产业、绿色建筑这三大重点，加快创建生态低碳德州步伐。经过10多年的发展，以太阳能利用为代表的德州绿色能源产业，坚持商业化模式，依靠创新，从无到有，建立了一整套具有自主知识产权的体系，其自动化、模具化、规模化、产业化均走在了世界前列。而保定市作为我国低碳城市的领跑者，几年前就提出建设“中国电谷”的概念。目前已形成光电、风电、节电、储电、输变电和电力自动化六大产业，同时推动新能源技术的应用和创新，获得“太阳能之城”美誉。到2009年底，保定市已经在道路交通、建筑工程、居民社区、园林景区等领域进行了太阳能改造，并建立世界上首座光伏发电酒店建筑-电谷锦江国际酒店。上海世博会设计应用的太阳能发电项目：光伏建筑一体化，是世博历史上太阳能发电技术的最大规模应用。在整个世博园区，世博中心、中国馆、主题馆等都安装了太阳能电池组件等设施，发电能力总计达5兆瓦。按上海市目前标准的光照条件来计算，仅主题馆和中国馆就可年均利用其光伏组件发电284万度，相当于每年节约标准煤约1000吨，减排二氧化碳约2500吨、二氧化硫约84吨等。

当前太阳能技术存在分散性、不稳定性、效率低和成本高的缺点，总的来说，经济性还不能与常规能源相竞争。然而我国蕴藏着丰富的太阳能资源，太阳能利用前景广阔。我国《可再生能源法》的颁布和实施，为太阳能利用产业的发展提供了政策保障；

低碳经济的发展和对国际节能的承诺，给太阳能利用产业带来机遇；中国能源战略的调整，国家财政对太阳能产业的补贴力度增强。这些都为中国太阳能利用产业的发展带来广阔的发展空间；并且随着技术的提升，太阳能光伏产业链各个环节成本的持续下降，以及其他传统能源形式的逐渐饱和，太阳能可能将在2030年以后成为主流的能源形式之一。针对目前中国光伏产业存在的问题，我国加强基础研究、技术改造和产业发展，并加大政策指导和扶持力度，以此来发展和壮大太阳能产业市场。

据研究，适度低碳情景下，2015年我国太阳能光伏发电规模将达到374万千瓦，节约230万吨标准煤，太阳能热水器2.27亿平方米，节约4086万吨标准煤；2020年我国太阳能光伏发电规模将达到874万千瓦，节约538万吨标准煤，太阳能热水器3亿平方米，节约5400万吨标准煤。强化低碳情景下，2015年我国太阳能光伏发电规模将达到514万千瓦，节约316万吨标准煤，太阳能热水器3.67亿平方米，节约6606万吨标准煤；2020年我国太阳能光伏发电规模将达到1246万千瓦，节约767万吨标准煤，太阳能热水器5.4亿平方米，节约9720万吨标准煤。

2．风电

当前，发达国家都把发展风能、太阳能等可再生能源作为抢占未来产业制高点的重要手段，列入国家战略，优先发展。到2012年，全球风电装机容量将达到2.4亿千瓦，年发电5000亿千瓦时，约占全球电力供应的3%。

我国风电装机容量发展迅猛，2009年底，全国共建设423个风电场，总容量达2268万千瓦，约占全国发电装机的2.6%。我国风电累计发电量约为516亿千瓦时，按照发电标煤煤耗每千瓦时350克计算，可节约标煤1806万吨，减少二氧化碳排放5562万吨，减少二氧化硫排放28万吨。2010年后，中国将成为世界上最大的风电市场和风能设备制造中心。中国正逢发风电的大好时机。按“十一五”规划，到2010年，我国风电装机容量将达到500万千瓦，2015年达到1000万千瓦，2020年达到3000万千瓦。中国风电市场将越来越大，成为世界最大的风电市场指日可待。

我国风电设备制造技术与发达国家相比仍存在较大差距，亿兆级以上风电机组的整体设计能力薄弱，国际先进水平的自主研发能力和自主知识产权技术较弱，关键零部件还依赖技术跟踪和设备进口，扮演国际成熟机型制造商角色。为抢抓新一轮国际产业发展机遇，我国大力发展风电节能新兴产业，重点支持自主研发2.5兆瓦以上的风电设备关键零部件，力争到2012使我国风电设备制造能力达到1000~1500万千瓦，除满足国内市场需求外，还具备供应国际市场的能力。

3．水电

我国水电工程建设技术已相当成熟，2008年装机容量达17681万千瓦，发电量达5633亿千瓦时，占发电总量的16.3%，可满足大约7%的一次能源需求。到2010年底，全国水电发电装机容量在2.1亿千瓦，占整个发电装机容量的22%。

国家《可再生能源发展“十一五”规划》确定了2020年我国水电装机容量将在2008年底基础上增长100%，未来十余年仍将是水电快速发展时期。通过深化体制改革，加强科学管理，运用合理的行政、政策、技术、资金等手段，促进水电工程的发展，水电开发更加注意与治理洪水灾害、干旱缺水、水土流失和水资源保护等功能结合起来，注重水电站的调峰能力，并加强对老水电站进行扩机和增容改造，提高整体运行效益。

4．生物质能

我国作为一个世界上最大的农业大国，具有极为丰富的生物质资源，主要包括农业生物质、畜禽粪便、林业生物质、生活污水与工业有机废水、城市固体废物，目前主要生物质资源可以转化能源的潜力合计约为每年8~10亿吨标准煤。生物质能利用来源广泛、形式多样，为我国农村能源乃至国家能源安全提供保障，将是未来我国生物质能发展的重要内容。目前，我国生物质能利用技术主要包括：沼气技术、直接燃烧技术、气化技术、固体成型技术、生物液体燃料、垃圾发电技术、生物质与煤混合燃烧技术、生物质与水煤浆混合燃烧技术、高浓度有机废水厌氧发酵回收能源技术等。

全国人大相继出台了许多与生物质能相关的法律、法规，国务院有关部门也发布了涉及生物质能的政策文件和中长期发展规划，可以说，我国生物质能政策框架已经基本形成。目前全国农村沼气已发展到2200万户，年总产气量85亿立方米，替代薪柴相当于1330万吨标准煤。生物质能发电装电量达到200万千瓦，全国燃料乙醇生产能力达到102万吨。

我国生物能源的开发利用仍处于起步阶段，在整个能源结构中所占的比重很小，生物质能工业体系尚未建立，研发能力弱，技术产业化基础薄弱，生产成本高，而且生物质能在我国目前主要应用于农村地区，在城市中应用少，这些因素制约生物质能的发展。我国应该加强生物质能技术的研究与开发，推广该技术在城市中的使用，促进城市低碳经济的发展。

二、工业节能减排技术

据统计，工业占我国终端能源消费的一半左右，而且我国高能耗工业部门的能耗水平与国际先进水平仍有20%~30%的差距。因此，加强工业节能技术推广，提高工业部门能源利用效率，是降低我国碳排放强度的途径之一。根据能耗总量、节能减排潜力分析，电力、供热产业，钢铁工业，有色金属产业，石化工业和建材工业是工业节能技术减排的重点。2020年工业技术节能可实现减排目标的12%~14%。

1．电力、供热产业节能减排技术

①煤电的整体煤气化联合循环技术

国内电力设计院已基本具备IGCC项目总体设计能力；西安热工研究院负责完成了国家“九五”科技攻关项目“IGCC关键技术研究”，开发出300兆瓦以上容量IGCC电厂的自主设计技术，具备为示范电厂设计提供技术支撑的能力。我国现已具有配300兆瓦级容量IGCC机组的气化炉设计及建设经验，已了解并基本掌握了Texaco、Shell 等气化技术。国内气化技术开发已取得重大进展，具备包括气化炉本体等主要气化设备可以在国内加工制造，设备国产化率可达90%以上的能力。

② 超超临界机组技术

2003年起，我国发电设备制造企业与国外制造商合作，引进大容量超超临界火电机组技术。2006年，采用引进技术生产的1000兆瓦超超临界火电机组分别在玉环电厂、邹县电厂成功投运，标志着我国电力设备的制造水平跨上了一个新的高度。中国华能集团公司和国家电站燃烧工程技术研究中心等23家单位的多名研究人员通力合作，首次提出了我国发展超超临界火电机组的技术选型方案，形成了我国完整的超超临界电站开发基础。到2007年底，国产60万千瓦超超临界机组的订货量达到90多台，100万千瓦的订货数也有将近50台。预计到2010年，我国投产的百万千瓦超超临界机组将占全世界的一半以上。作为示范工程的华能玉环电厂是世界上超超临界百万千瓦级容量最大的火电厂，比2006年全国平均供电煤耗366克/千瓦时低82.8克/千瓦时，每年可少排放二氧化碳50多万吨、二氧化硫2800多吨、氮氧化物约2000吨，企业经济效益和社会环境效益前景巨大。但是我国超超临界机组技术仍存在以下不足：超超临界机组用高温高强度材料国产化研究工作薄弱；目前超超临界机组仍须由国外厂商进行性能设计，国内制造企业按图生产；超超临界机组的辅机及配套阀门的国产化方面还有较大缺口。

③ 智能电网

目前我国超导技术还处于起步阶段，高压直流输电是国家、南方电网目前的唯一选择。2009年2月，华北电网稳态、动态、暂态三位一体安全防御及全过程发电控制系统成功建立，实现对电网综合运行情况的全景监视并获取辅助决策支持，能有效提升调度部门对并网电厂管理的标准化和流程化水平。

智能电网的主要技术发展方向为：分布式发电系统规划和运行；控制和保护方面；电力电子方面；微小电网技术；分布式发电系统的数学模型和仿真技术；分布式电源的并网规程和导则；环保问题以及清洁能源、可再生能源技术。

④ 绿色煤电技术

所谓“绿色煤电”，就是以整体煤气化联合循环(IGCC)和碳捕集与封存(CCS)技术为基础，以联合循环发电为主，并对污染物进行回收，对二氧化碳进行分离、利用或封存的新型煤炭发电技术。IGCC与煤基多联产集成形成IGCC全面多联产，可以方便地实现电能和清洁燃料、氢、化工品、钢铁等能源及材料产品的联合生产，完成煤炭的高效、洁净、经济的综合利用。在带动电力、化工、钢铁、煤炭等行业的节能减排和优化升级的过程中，IGCC将会促进不同产业间的融合，形成持续竞争力。

⑤ 热电多联产技术

热电联产有多种应用类型，其中包括：(1)大型热电厂；(2)区域性热电厂，一个热电厂向几十户以上的企业供热；(3)企业建设的自备热电厂，为本企业或同时向周围其他企业供热；(4)多功能热电厂，即热电厂供热、供电、供煤气、供冷的同时，还利用炉渣生产建筑材料和化肥，用循环水的余热养鱼、养鳖等，进一步提高热电厂的综合经济效益，让热电厂变得更清洁。目前，我国热电装机总容量为2494万千瓦，仅占火电装机总容量的12.24%。而欧洲特别是部分北欧国家的热电装机超过了总装机容量的30%～40%。与之相比中国的热电联产还有较大的发展空间。

近几年来，我国热电联产企业从无到有、从小到大，得到了迅速发展。由于其显著的节能效应、环保效应和优异的供热质量，得到了社会的普遍认同和欢迎，热电联产企业也得到了丰厚的回报。但也存在一些问题：由于热负荷调查的不真实性，导致部分新建热电厂投产后很长时间内供热负荷远达不到规定容量，极少数热电厂投产后出现无热可供局面。国家制定了可持续发展战略，十分重视热电联产，展望发展方向，热电厂应围绕更好地发挥节能和环保效果方面大力推广使用硫化床技术，采用脱硫除尘新技术，大力发展垃圾发电和开发热用户，提高城市集中供热热化率，同时最大限度地开发集中供热市场，提高自己的效益，为改善环境和人民生活质量作出贡献。

⑥水煤浆技术

水煤浆是由大约65%的煤、34%的水和1%的添加剂通过物理加工得到的一种低污染、高效率、可管道输送的代油煤基流体燃料。它改变了煤的传统燃烧方式，显示出了巨大的环保节能优势。尤其是近几年来，采用废物资源化的技术路线后，研制成功的生物质（环保）水煤浆，可以在不增加费用的前提下，大大提高水煤浆的环保效益。水煤浆已成为替代油、气等能源的最基础、最经济的洁净能源。

长期制约我国水煤浆技术规模化应用的主要因素是水煤浆燃烧理论、技术及专用水煤浆锅炉及产业链的不协调和不完善。

目前，水煤浆制浆技术已非常成熟，子母炉层-悬浮燃烧水煤浆锅炉具有多项自主创新知识产权，经10年的工程运行和不断创新，给水煤浆产业的快速发展提供了技术支撑。“十二五”期间，水煤浆将大幅度取代城市燃煤，发展生物质水煤浆技术，水煤浆与固体生物质、污泥共燃技术，水煤浆与垃圾共燃发电技术，水煤浆热电联供技术；依托有机废水制浆、污泥共燃的专用水煤浆锅炉，构建生态工业园能源环境一体化专家系统。

⑦大型循环流化床锅炉（CFB）燃烧技术

循环流化床锅炉（CFB）燃烧技术是一项近20年来发展起来的燃煤技术。它具有燃料适应性广、燃烧效率高、氮氧化物排放低、负荷调节比大和负荷调节快等突出优点。国际上这项技术在电站锅炉、工业锅炉和废弃物处理利用等领域已得到广泛的商业应用，并向几十万千瓦级规模的大型循环流化床锅炉发展；国内在这方面的研究、开发和应用也逐渐兴起，已有上百台循环流化床锅炉投入运行或正在制造之中。未来的几年将是循环流化床飞速发展的一个重要时期。

针对循环流化床锅炉，还可以进一步采用加装燃油装置、安装冷凝型燃气锅炉节能器、采用冷凝式余热回收锅炉技术和锅炉尾部采用热管余热回收技术，提高其节能环保效果。

目前各循环流化床锅炉制造厂家和研究机构都十分重视循环流化床锅炉的大型化，方形分离器在大型化方面具有很大的优势。清华大学改进了方形分离器的入口段设计，研究成果得到国际同行的充分肯定和高度评价，采用第三代技术的循环流化床锅炉除了具有常规循环流化床锅炉的优点外，还具有结构紧凑、占地面积小、钢耗量小、制造成本低、分离器内无磨损等突出优点，因此第三代循环流化床锅炉将成为燃烧技术发展的主流，并且在大型化方面将发挥其优势。

2.钢铁工业节能减排技术

钢铁工业是国民经济的基础产业，也是我国能源资源消耗和污染排放的重点行业。据统计，2009年，全国粗钢产量突破5.6亿吨，占全球的46%，能源消耗约占全国总能耗的16.1%、工业总能耗的23%；新水消耗、废水、二氧化硫、固体废物排放量分别占工业的3%、8%、8%和16%左右。

据资料，我国钢铁工业以提高产业能力集中度而产生的节能减排潜力，到2015年可达到2140万吨标准煤，合减排碳1358万吨；到2020年可达到1300万吨标准煤，合减排碳825万吨。工艺、流程技术节能减排潜力，到2015年可达到4279万吨标准煤，合减排碳2716万吨；到2020年可达到2600万吨标准煤，合减排碳1650万吨。

3.有色金属产业节能减排技术

据统计，有色金属工业占我国工业能源消费的比重并不高，但这个行业的单位产出电耗非常高。其中，铝、铜两大品种的能耗占有色金属行业能耗的90%以上。目前，单位综合能源消耗水平与世界先进水平的差距已经缩小到不超过10%。

技术节能减排主要是淘汰落后的产能和资源综合利用，如淘汰反射炉及鼓风炉炼铜产能、烧结锅炼铅产能、落后的锌冶炼产能、落后的小预焙槽电解铝产能，扩大拜耳法、烧结法等生产工艺，实施炼短流程工艺、共伴生矿高效利用、尾矿和赤泥综合利用等资源综合利用的工艺技术。以2005年为基准，有色金属工业的技术节能潜力在25%～30%。

4.石油化工节能减排技术

我国石化工业中的炼油、乙烯加工、合成氨制造和烧碱制造是最大的能源消耗与碳排放行业。据资料，该行业的节能总潜力，到2015年可达到1456万吨标准煤，合减排924万吨二氧化碳；到2020年，可达到2354万吨标准煤，合1494万吨二氧化碳。

乙烯的技术节能减排主要有裂解炉的高参数技术，烟气余热和低温热能回收技术，加热炉与燃气轮机热电联产技术，装备点火的自动控制技术；合成氨的技术节能减排主要有装置的大型化和集成化设计制造技术等；烧碱技术节能减排主要有离子膜技术，先进大型装置设计制造技术。石化行业共有的关键节能技术是夹（窄）点技术、污水资源化利用技术、工艺流程系统信息应用技术。

5.建材工业

据资料，以水泥、平板玻璃、玻璃纤维、建筑与卫生陶瓷、混凝土及水泥制品、非金属矿及制品、玻璃钢复合材料及新型墙体材料等为主的建材工业，水泥占该行业能源消耗的70%。以2005年为基准，我国建材工业能源中消耗比国外先进水平高20%～50%，其中水泥综合能源节能潜力在30%左右。

水泥综合节能技术措施主要有：余热发电技术，干法水泥技术，低发热量矿物燃料和具有一定发热量的城市垃圾、工业废弃物等作燃料的资源综合利用技术，电石渣、煤矸石、粉煤灰、高炉渣、硫酸渣等工业废渣作生产水泥的原料的资源综合利用技术，生产线烟气排放的在线监测信息技术等。

水泥工业的水泥窑协同处理城市垃圾与固体废物是我国未来发展的重要趋势，水泥窑具有天然的稳定高温环境，便于二恶英的消除；水泥窑具有天然的碱性环境，可以中和酸性气体、固化重金属；垃圾和灰渣的组分与水泥原料类似，可以将垃圾资源化利用；水泥窑协同处理城市生活垃圾的投资和处理成本最低；用水泥窑协同处理城市生活垃圾技术手段灵活；用水泥窑协同处理城市生活垃圾无需太多监督成本。

三、建筑节能减排技术

1．建筑能耗统计与评价体系及行为节能控制技术

能耗统计与节能潜力分析是建筑节能的基础。自20世纪80年代开始，中国研究人员持续开展了建筑能耗调查及节能潜力研究工作，统计获得建筑物在不同的使用方式、空间规模状况下的能源消耗；推广实施了“中国生态住宅技术评估手册”和“绿色奥运建筑评估体系”；建议了行为节能的指导性原则，提高其对建筑低碳化的贡献。

2．建筑围护新结构与材料

我国建筑能耗的主要构成为：采暖空调65%，热水供应15%，电力14%，炊事6%。我国外墙节能技术主要采用夹心保温做法的较多，对冬季供暖和夏季空调具有良好的节能效果，在我国节能建筑中有较高的推广和应用价值，是我国今后建筑业的发展方向。

门窗节能技术采用中空玻璃，镀膜玻璃(包括反射玻璃、吸热玻璃)、采用磁控真空溅射方法镀制含金属银层的玻璃以及最特别的智能玻璃，可以有效地降低能量损失。

3．采暖空调系统节能新技术

采暖、制冷和照明则采用地(水)源热泵系统、置换式新风系统、地面辐射等。

地源热泵系统主要采取直接利用地热能的方式，其优点是高效节能，稳定可靠，无环境污染，一机多用，维护费用低，使用寿命长，节省空间。地源热泵系统的研究重点在地热梯级利用技术、回灌技术、地下换热器传热性能与低温平衡等。

地源热泵在北美和欧洲的许多国家已得到广泛的应用，是一种成熟的技术，但我国在地源热泵的应用方面还刚刚起步。据最新调查成果显示，应用浅层地热能进行供暖和制冷的地源热泵项目在我国已经超过2000个，建筑面积近8000万平方米。据预计，2020年全国利用浅层地热能的供暖和制冷面积将达到2亿平方米。2030年为4亿平方米，2050年将达到10亿平方米。

目前约有1/3的地源热泵项目存在这样或那样的问题，部分地源热泵工程不能正常运转、效率低下。一些地区对已建工程的水热均衡研究及其对环境的影响缺乏监控，造成地源热泵工程不能长期有效运行。造成地源热泵运行产生各种问题的根本原因是一些地区没有进行浅层地热能的勘查评价，没有制定科学的开发方案，在浅层地热能不适宜地区盲目开发。

上海世博会的世博轴及地下综合体工程、演艺中心、世博中心、城市最佳实践区等采用江水源热泵和地源热泵等分散式能源设备，在夏季将建筑物中的热量转移到水源中，而在冬季则从水源中获取能量。通过利用江水源和地源系统，在冬季预计可节约能源费用30%左右，在夏季，则使制冷效率提高7%，从而使得整个世博园区内的空调运行费用降低20%。

4．可再生能源技术应用

可再生能源技术主要包括太阳能热水器、光电屋面板、光电外墙板、光电遮阳板、光电窗间墙、光电天窗以及光电玻璃幕墙等。

5．节能建筑设备的应用

建筑设备节能主要以用电设备为主。据统计，各节能电器设备节能效率如表 7-6所示。

表 7-6 我国当前节能建筑设备的节能效率和节能潜力[45](2005年基准)

节能建筑设备		节能效率	2020年节能潜力(万吨标煤)
照明设备	LED等	70%~80%	1537.31
节能用电设备	节能空调	25%~50%	3416.96
	节能冰箱	30%~50%	
	节能热水器	30%~75%	

6.智能建筑

指通过将建筑物的结构、设备、服务和管理根据用户的需求进行最优化组合，从而为用户提供一个高效、舒适、便利的人性化建筑环境。智能建筑是集现代科学技术之大成的产物。其技术基础主要由现代建筑技术、现代电脑技术、现代通讯技术和现代控制技术所组成。

建筑智能化结构是由三大系统组成：楼宇自动化系统(BAS)、办公自动化系统(OAS)和通信自动化系统(CAS)。楼宇自动化系统(BAS)对整个建筑的所有公用机电设备，包括建筑的中央空调系统、给排水系统、供配电系统、照明系统、电梯系统，进行集中监测和遥控来提高建筑的管理水平，降低设备故障率，减少维护及营运成本。设计楼宇自动化系统的主要目的在于将建筑内各种机电设备的信息进行分析、归类、处理、判断，采用最优化的控制手段,对各系统设备进行集中监控和管理，使各子系统设备始终处于有条不紊、协同一致和高效、有序的状态下运行，在创造出一个高效、舒适、安全的工作环境中，降低各系统造价，尽量节省能耗和日常管理的各项费用，保证系统充分运行，从而提高了智能建筑的高水平的现代化管理和服务。随着太阳能利用科技水平的不断提高，可以集成太阳能光电、太阳能热水、太阳能吸收式制冷、太阳能通风降温、可控自然采光等新技术的太阳能建筑一体化将会规模化推广应用，并成为智能建筑的发展趋势。

四、交通节能减排技术

据统计，我国2007年交通运输部门能耗占社会能耗的7.77%，二氧化碳排放占全社会的7.5%，其中道路交通运输占51.6%，铁路运输占17.2%，水路运输占17.3%，航空运输占9.7%。交通运输行业是国务院确定的节能减排的重点行业之一，国务院明确要求加快建设以低碳排放为特征的交通体系，同时，在国际海运和民航运输领域，中国应对发达国家和国际组织限排规定的压力也很大。因此，交通运输行业做好节能减排工作责无旁贷。

1.新能源汽车技术

我国新能源汽车战略已逐渐走向清晰，而混合动力车将成为下一步开发重点。插电式混合动力车是混合动力向纯电动的过渡技术，将成为混合动力汽车的重点。新能源汽车产业发展主要集中在纯电动汽车和油/电混合动力汽车上。因这两种汽车在节能与环保

[45]刘卫东，陆大道，张雷等：我国低碳经济发展框架与科学基础，商务印书馆，2010年。

方面的较高可行性，有望成为下一阶段新能源汽车的主流。届时世界汽车将摆脱依靠石油能源的时代，进入单一的新能源汽车时代（见图7-3）。

2、电动和混合动力汽车技术

我国混合动力汽车的自主创新取得了重大进展：形成了具有完全自主知识产权的动力系统技术平台，建立了混合动力汽车技术开发体系；掌握了关键零部件核心技术，自主开发出系列化产品，关键零部件产业化全面跟进。在世界上首次规模应用于城市公交大客车；掌握了电动汽车整车开发关键技术，形成了各类电动汽车的开发能力。

图7-3　中国新能源汽车产业发展路线全景图

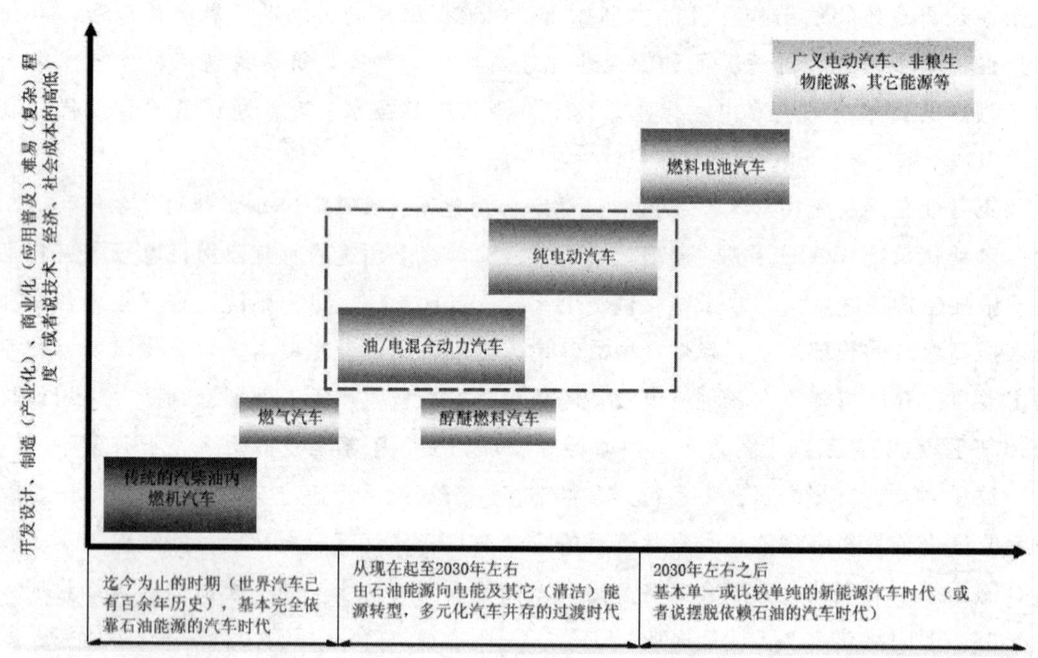

3.天然气汽车

2006年，国家启动“节能与新能源汽车”高科技计划，继续强力推进天然气汽车发展的进程，中国的天然气汽车进入了快速发展期。截至2009年底，我国正式确定的清洁汽车重点推广应用城市（地区）有19个，其中包括北京市、上海市等。截止目前，我国30多个省市天然气汽车保有量已经超过30万辆，加气站数量已经上千座。目前我国大多数CNG加气站都是选用国产设备，国产设备的总体市场份额在90%以上。上柴股份、东风汽车、上汽依维柯等开发的天然气电喷发动机已成功地在内蒙古鄂尔多斯运煤专线、城市客车上应用。东风爱丽舍、一汽捷达、奇瑞、夏利等双燃料CNG轿车已在很多城市行驶。总体来看，经过几十年的发展，我国已初步建立了完整的天然气汽车产业发展的技术链和产业链，CNG加气站设备、发动机和汽车配套零部件的国产化，大幅度降低了天然气汽车发展成本。根据国家相关规划，到2012年，中国的天然气汽车保有量将达到100万辆，中国正在成为亚太地区乃至全球极为重要的天然气汽车市场。

4.燃料电池汽车

这项技术减排量的56%将在经合组织国家，44%将在发展中国家，包括中国和印度。需要在能源存储附件上加倍努力研发、示范和推广。

参考文献：

1、潘家华：《低碳发展左右城市未来竞争力》，《佛山日报》2010年1月5日。

2、徐大丰：《低碳技术选择的国际经验对我国低碳技术路线的启示》，《科技与经济》2010年第2期。

3、黄栋：《低碳技术创新与政策支持》，《中国科技论坛》2010年第2期。

4、邓线平：《低碳技术及其创新研究》，《自然辩证法研究》2010年第6期。

5、付允，汪云，林李丁：《低碳城市的发展路径研究》，《科学对社会的影响》2008年第2期。

6、石敏俊，周晟吕：《低碳技术发展对中国实现减排目标的作用》，《低碳经济与中国发展》 2010年第3期。

7、气候组织：《中国低碳领导力：城市》，2009年1月。

8、杨海霞：《低碳技术：并非越昂贵越好》，《中国投资》2010年第2期。

9、中国交通运输部：《公路水路交通节能中长期规划》，交规划发〔2008〕331号，2008年9月23日。

10、吴昌华：《低碳创新的技术发展路线图》，《绿色经济与创新》2010年第2期。

11、中国科学院能源领域战略研究组：《中国至2050年能源科技发展路线图》，科学出版社2009版

12、刘卫东，陆大道，张雷等：《我国低碳经济发展框架与科学基础》，商务印书馆2010年版。

Low-carbon Urban Technology and Its Applications in China

Li Xiaoyong, Liu Jianwen, KOU Guangxiao, ZENG Hongyuan, ZHU Fanjin

Abstract: Development and innovation of low-carbon technology is one of the key factors in developing a low-carbon economy. The knowledge of low-carbon technology is still nascient, especially lacking general understanding in the area of low carbon urban technology. Thus, this paper gives a definition and describes the concept of low-carbon urban technology for Chinese cities. It depictes main categories and their implications for low-carbon development, and further discusses the expectations for low-carbon urban technology in Chinese cities.

Keywords: Low-carbon Technology, Low-carbon Urban Technology,Main Types and Applications.

第八章 中国城市低碳发展的能源支撑体系

林琳 李河新

摘 要：随着城市经济的持续快速发展，我国面临着能源结构不尽合理，能源利用效率低下，能源与资源短缺，环境和城市问题严重，高碳能源制约经济与城市发展等问题。因此，能源结构低碳化与构建低碳能源支撑体系，是城市经济发展的必然趋势。

关键词：城市低碳发展 能源结构低碳化 能源支撑体系

以工业化为主要特征的城市现代化发展深深地依赖于廉价的化石燃料（煤炭、石油和天然气等）。以化石燃料为主的能源被作为城市经济和社会发展的关键物质基础。许多城市的能源战略仅在于确保充足的能源供应，而较少考虑能源开发利用对环境和气候的负面影响。在此能源经济模式下，全球气候变化、生态安全、水资源安全等环境问题日益受到国际社会的广泛关注。在应对全球气候与环境问题的挑战中，人们逐渐认识到，气候问题的根本出路在于切断经济增长和温室气体排放之间的联系，建立一种低碳型能源的生产、供应与消费模式。

第一节 中国能源生产与消费特点与问题

能源是城市经济发展和社会进步的重要资源。在城市发展的历史长河中，能源深刻地影响着城市生产和生活的各个层面。能源不仅提高了资本、劳动力和其它生产要素的生产率，而且成为城市经济发展的命脉，维持着城市经济的高速增长。世界上没有哪一个城市能够在能源供应不足的情况下维持城市实力的稳定上升。中国是世界上城市人口最多的发展中国家，同时也是世界第二大城市能源消费国。随着我国城市经济的持续快速发展，我国城市面临着能源结构不尽合理，能源利用效率低下，能源安全保障程度较差等问题，并已经成为制约城市发展的“瓶颈”之一。

一、中国能源生产与消费特点

我国有丰富的煤炭资源，但油、气资源相对短缺。正是这种“富煤、贫油、少气”的资源禀赋特点，决定了我国城市能源消费结构长期以煤为主，严重偏离了以油、气为主的世界能源消费结构的主流。发达国家城市能源结构早于几十年前就完成了由煤向石油的转换，现在正朝着高效、清洁、低碳或无碳的天然气、核能、太阳能、风能方向发展。相比之下，我国城市能源结构却层次低下，属于“高碳”能源结构。

据统计，当前中国煤炭储量占世界总储量的70.4%，天然气占3.3%，石油储量占19.7%。2007年，我国原煤产量已超过26.9亿吨，占一次能源的比重超过70.4%，对煤的依赖远大于其他国家，并且在相当长的时期内难以改变（见表8-1）。[46] 2008年开始，我国由煤炭净出口国转变为净进口国。估计，2010年全国一次能源消费高达32亿吨标准煤左右，其中煤炭的消费量也达到32亿吨左右。 这种能源生产与消费结构既不符合国家节能减排的政策要求，也不利于城市经济可持续发展。寻找可再生能源，优化能源结构，已经成为我国城市能源战略的重点。

表8-1 2007年世界主要国家和地区一次性能源消费量及结构

（BP，2008；UN，2008；IMF，2008）

国家和地区	美国	中国	俄罗斯	日本	印度
总消费量（亿吨标准煤）	33.73	26.62	9.86	7.39	5.78
占世界比例（%）	21.3	16.8	6.2	4.7	3.6
煤炭比重（%）	24.3	70.4	13.4	24.2	51.4
石油比重（%）	39.9	19.7	18.2	44.2	31.8
天然气比重（%）	25.2	3.3	57	15.7	9
水电比重（%）	2.4	5.9	5.9	3.7	6.8
核电比重（%）	8.1	0.8	5.2	1.2	1
人均能耗（千克标准煤/人）	11204	1992	6971	5798	511
单位GDP能耗（吨标准煤/百万美元）	244	811	764	169	526

注：核电和水电按火电站转换效率38%换算热当量；GDP数据位IMF估计数

2007年，中国发电装机容量突破7亿千瓦，达7.1329亿千瓦，居世界第二，仅次于美国。发电量达到32559亿千瓦时，连续7年平均增长超过13.2%。然而，中国城市电力产业结构仍待调整。中国城市电力产业结构的不合理主要表现在两个方面：一是城市电源结构不合理。从电源结构来看，主要是水电开发速度不快，核电和新能源发展缓慢，小火电所占的比例仍然较大。2007年，在中国的电力装机中，火电装机5.54亿千瓦，占77.70%，水电装机1.48亿千瓦，占20.40%，核电装机906.8万千瓦，占1.3%，风电及其他新能源600多万千瓦，仅占0.8%。火电装机比重过大造成对煤炭的需求越来越大，同时电力用煤需求不断增加直接导致电力行业对煤炭供应和铁路运输的依赖度越来越高，对节能减排造成巨大压力；二是城市电源布局不合理。主要是中国东、中、西部地区城市能源资源分布不均，东部沿海地区城市煤电装机过多、过密，造成环保压力加大。

二、中国能源生产与消费中的突出问题

近年来中国城市能源需求迅速增长，供需矛盾尖锐，能源面临严重安全威胁。中国城市能源供需缺口不断扩大，能源供应紧张，燃煤造成了严重的大气污染，保护生态刻不容缓。中国城市面临能源和环境双重巨大压力，保证清洁、经济、充足、安全的能源供应是中国城市经济发展长期需要面对的重要问题，见下表8-2。

---

[46]中国科学院可持续发展战略研究组，2009中国可持续发展战略报告，科学出版社，2009，P111。

表8-2 能源生产总量　　单位：百万吨标准油（million toe）

国家和地区	2002	2003	2004	2005	2006	2007
世界	10294.74	10611.98	11145.52	11507.20	11742.01	11939.53
OECD合计	3847.23	3806.93	3858.86	3833.94	3842.31	3832.42
美国	1666.04	1634.52	1647.02	1629.89	1654.23	1674.06
澳大利亚	254.49	253.89	259.02	268.19	267.79	287.73
非OECD合计	6447.51	6805.05	7287.85	7673.26	7906.03	8106.66
中国（大陆）	1202.31	1331.34	1511.72	1643.92	1718.43	1813.98
印度	436.45	394.22	407.41	420.29	435.64	450.92

资料来源：IEA STATISTICS—ENERGY BALANCES OF OECD COUNTRIES (2008), ENERGY BALANCES OF NON—OECD COUNTRIES(2008)

表8-3 能源最终消费量　　单位：百万吨标准油（million toe）

年份	2002	2003	2004	2005	2006	2007
世界	6110.96	6426.07	7731.12	7909.50	8068.43	8286.07
OECD合计	3569.52	3636.13	3702.41	3835.09	3824.38	–
非OECD合计	2541.44	2643.09	3745.29	3818.09	3997.14	4184.05
中国（大陆）	619.13	683.55	1025.16	1085.38	1167.49	1248.23

资料来源：Source:IEA STATISTICS—ENERGY BALANCES OF OECD COUNTRIES (2008), ENERGY BALANCES OF NON—OECD COUNTRIES(2008)

我国是能源生产和消费第二大国。能源消费主要靠化石能源煤炭和石油的供应来满足。化石能源资源一旦枯竭，会影响到我国城市国民经济的安全运行。我国能源消费问题主要表现为粗放式的增长、消费总量增加、能源强度上升、能源结构调整缓慢。

1．供需矛盾突出，能源约束明显

我国能源资源蕴藏量虽丰富，但相对不足，人均能源可采储量远低于世界平均水平。随着城市进入现代化和人均收入水平的提高，未来20～40年，中国城市能源消费在数量面临倍增的同时，对洁净优质能源的需求增长迅速，与之相对应的是优质能源供应不足和以煤为主的一次能源生产结构难以改变。煤炭作为城市主要能源，不仅影响整个城市技术的选择与生产效率，而且引起严重的环境污染。以煤为主的能源结构是我国城市能源战略的核心问题之一，又是迫不得已与世界潮流相悖的能源选择，这意味着我国城市将比其他国家城市发展付出更大的代价。

2．能源利用效率低

目前，我国城市经济的快速发展在很大程度上是依靠大量资源与能源消耗来实现的，其单位产值的资源消耗与能耗水平明显高于国际平均水平。据统计，我国能源利用总效率约为32%，比国际平均水平低10个百分点以上。能源利用效率低下所导致的能源浪费是影响我国城市经济可持续发展的重大问题。现实的能源危机，使开发利用新能源成为我国城市建立可持续能源体系、实现能源永续利用的根本出路。

3．二氧化碳排放增长快，环境问题多

解决好能源问题，不仅要注重供求平衡，也要关注由此带来的生态环境问题。世界城市能源消费迅速增长所带来的环境后果是二氧化碳排放量增长与全球气候变暖。2030

年二氧化碳排放量将比目前高出60%多，其中增加部分的2/3以上将来自于发展中国家。因为这些国家是煤炭的最大消费者，而煤炭是碳密度最高的能源。我国是以煤炭消费为主的国家。以煤炭为主的城市能源消费结构，决定了我国燃煤机组在总体电源构成以及火电中的主体地位。燃煤发电在我国煤炭终端消费中占56%，是煤炭能源转换的主要环节。燃煤发电厂的二氧化硫排放占到全国总排放量的50%以上，是造成酸雨污染的主要原因之一。据有关部门统计，我国二氧化硫的年总排放量已超过2500万吨，造成1/3的国土遭受酸雨污染，每年经济损失达1000亿元以上，直接威胁13亿人口和16亿亩耕地的安全。据有关专家估计，每开采1吨煤就会破坏2.5吨地下水，对我国这样一个水资源严重短缺的国家来说，形势十分严峻。煤炭开采后还会造成地表塌陷，废水、废气和废渣以及矽肺病等。我国粉尘、二氧化碳和氮氧化物排放量的70%，二氧化硫排放量的90%来自于燃煤；其中，二氧化硫和二氧化碳排放量已分别居世界第1位和第2位。因此，中国城市能源发展如何千方百计减少燃煤数量，以缓解资源短缺和减少相应的环境污染，已成为当务之急。

4．石油进口继续增长，供应安全存在隐患

我国贫油少气的能源结构需要更多地利用境外石油资源已是不争的事实。自1993年成为石油净进口国以来，我国石油进口量继续增长，2008年以后对外依存度超过60%，2020年预计将超过80%。过于依赖进口，不仅涉及供求格局和价格变化等问题，而且还与国际经济、政治、外交和军事等问题有关，若处理不好或出现难以控制的世界动荡局面，将会危及国家石油安全。

第二节　中国城市能源消费的碳排放特征

2009年，我国能源消费总量为31亿吨标准煤。据测算，到2020年，能源需求总量可能高达48亿吨标煤，二氧化碳排放高达100亿吨。依国家能源局的评估，为实现低碳能源达到15%的目标，2020年核电应达到8000万千瓦左右，生物质发电应达到3000万千瓦，太阳能发电应达到2000万千瓦，水电应达到3.5亿千瓦，风电应达到1.5亿千瓦。从目前来看，新能源各领域的发展都有很大距离。有关部门按照对2010年、2020年中国能源经济增长速度的预测，得出所需能源消费总量，并模拟不同情景下的能源结构，从而测算中国未来各主要年份的能源需求与碳排放总量。

中国110城市能源消费与碳排放特征数据，见本书的附件。这里重点对几个直辖市能源消费与碳排放特征做一简要分析。2007年，上海单位GDP能耗为0.833标准煤/万元，2008年则下降为0.79标准煤/万元。上海碳排放总量增长率在1995年至2005年为6.09%；在2005年至2007年为10.02%；2007年至2008年则降至4.6%。在金融危机之下，上海被动地“减排”了。但由于人口密度大、经济增长较快，上海碳排放总量高，同时也是人均能源资源拥有量最少的地区之一。社会经济的迅猛发展使上海自然环境承受的压力越来越大，具有很大的气候变化敏感性和脆弱性。因此，上海应该考虑碳排放总量的控制，完善政策。上海应借鉴东京、悉尼、曼谷等城市在低碳排放方面的政策和执行方式。此外，上海在制定政策时，还应权衡应对低碳排放的短期性和长期性效应，妥善应对社会、经济和环境效应，积极建立政府、企业、公众等多元化的管理体系来提高能源效率。

表8-4 2008年中国4个直辖市能耗总量一览表 单位：万吨标准煤

	能耗总量	煤炭	石油	天然气	非化石
北京	6350.5	10329.77	3964.601833	104.702	2.00
天津	5380.9	9507.957	2678.994833	369.572	8.71
上海	10297.3	12520.5	9041.591833	640.114	11.10
重庆	5767.4	11632.29	1643.912833	1118.073	2.36

表8-5 2008年中国3个直辖市碳排放概况一览表

碳排放 / 城市	二氧化碳（万吨）	碳能源强度(吨二氧化碳/吨标煤)	GDP（亿元）	碳生产力（万元/吨 二氧化碳）	人口（万人）	人均碳排放（吨/人）
北京	15236.9	2.399	9592.9	0.63	1695	8.9
天津	12463.1	2.316	5682.1	0.456	1176	10.6
上海	22107.9	2.147	12855.5	0.581	1888	11.7

由于能源短缺和环境污染成为世界关注的焦点问题，转变传统高能耗、高污染的经济增长方式，大力推进节能减排，发展以低能耗、低排放为标志的低碳经济，实现可持续发展，正在成为世界各国城市经济发展的共同选择。只有发展清洁能源和新型能源，提高一次能源的利用效率，积极优化能源结构，才能确保低碳发展。

第三节 中国城市低碳能源支撑体系的构建

以尽可能低的能源弹性系数保障经济的持续较快速增长，充分提高能源利用效率。在能源构成上尽量降低化石能源的比例，提高低碳能源比例。以多样化和创新型的融资模式带动低碳能源领域的投资，加快提高低碳能源科技水平，推进传统能源低碳化发展。

一、构建低碳能源支撑体系的必要性

中国能源体系包含能源资源体系，生产体系，加工转换体系，运输体系，消费体系五方面。而中国城市侧重于能源消费体系。中国城市经济结构、产业结构变动，技术发展、贸易及国内外市场、人文环境政策等因素都构成中国城市能源需求的重要影响因素，直接支配能源生产与消费的多目标决策。由于人文环境对能源的依存性，加上中国城市能源的严峻供给形势，我国城市能源低碳化发展是十分必要的。

我国在“十一五”规划中明确提出降低单位GDP能耗20%的目标，表明政府已将能效问题上升为国策，着手进行统一规划管理和约束。能源利用技术的进步，对实现建设资源节约型社会有至关重要的作用。能源效率应从能源消费总量、能源消费结构、能源消费强度三个方面进行评价。 1997年~2006年的10年间我国能源效率总体都呈现出先上

升、后下降、再上升的趋势，东部、中部、西部能源效率水平依次递减。在影响我国城市能源效率的诸多因素中，城市的经济发展水平、产业结构、能源消费结构及资源区域性对能源效率的影响很重要，因此，我国城市应走以提高能源效率为核心，以城市能源体系低碳化发展的经济发展方式，调整产业经济结构，加快技术进步，并加强区域性能源合作，构筑能源资源节约型社会发展方式和消费模式，使我国城市在低能耗高效率的可持续发展中健康前进。

二、构建低碳能源支撑体系的可行性

《中国统计年鉴》将我国能源结构分为四大类：原煤、原油、天然气、水电。在这四大类中，煤的含碳量最高，油次之，天然气的单位热值碳密集只有煤炭的60%。其他形式的能源如核能、风能、太阳能、水能等属于无碳能源。从保证能源安全和保护环境的角度看，发展低碳和无碳能源，是减少煤炭消费降低对进口石油依赖度的必然选择。尽管能源结构的调整可以减少二氧化碳排放量，但能源结构调整由于受到资源禀赋和技术条件的限制，短期内不可能实现。因此必须处理好常规能源与新能源开发的关系。实施清洁生产，将煤炭转化为较高效和清洁的能源是我国城市目前最直接可行的碳减排途径。同时立足于现有能源体系内资源供需关系的主动配合，使能源消费低碳化。低碳能源的供给，关键是有低碳技术的支撑，我国对低碳产业、技术发展实施了积极的财税和金融信贷政策，最大限度地发展“零排放”的低碳能源，并加强节能减排的立法监管。

三、构建低碳能源支撑体系的措施

为创建低碳能源体系，我国城市必须改变以煤为主的能源结构，大力发展核能、风能、太阳能等新能源、可再生能源，实现能源结构多元化。2007年12月，中国政府发布了《中国的能源状况与政策》白皮书，明确提出实现能源多元化的发展战略，将大力发展可再生能源作为国家能源发展战略的重要组成部分。

能源供应体系的低碳发展转变，使得生产方式和生活方式跟随转变，这样方能支撑城市经济社会的可持续发展。推进节能减排和提高能效的活动，优化能源结构，推进能源科技发展，积极研发新能源和可再生能源，在满足当代人的能源需求同时，计划和建设可持续发展的新能源体系，加强对能源战略、能源结构、能源布局、能源政策、能源价格，以及国际能源合作等一系列重大能源供应体系问题的研究，确定城市能源可持续性的发展目标。科学地制定能源供应体系战略、政策、法规来具体指导本国城市能源体系的低碳有序发展。完善新能源发展的资金保障制度，通过国家补偿机制有效规避新能源发展中的政策风险和市场风险。对符合条件的新能源项目进行融资建设，尽快构建可持续发展的能源供应体系。

中国城市电力产业发展中，降低煤电的比重是节能减排和保护生态环境的迫切需要。因此，推进节能减排，发展中国城市电力产业，必须调整城市电源生产结构，优化城市电源布局体系，构建以优化发展煤电为重点，大力发展水电，积极发展核电，加快发展新能源，合理布局东、中、西部电源结构的城市电力产业发展模式。

把水电、风能、太阳能、地热能等的开发放到中国能源结构调整的重要地位。这是由中国城市能源发展的国情决定的。积极开发水电、风能、太阳能、地热能等是从根本上改变中国城市能源的消费结构，减轻对煤炭和石油的依赖，也将更有利于保护生态和环境的有效途径。

综上所述，构建中国城市低碳能源支撑体系是我国城市能源与环境经济协调发展的客观需要和战略要求，是事关城市前途命运的大事，直接关系着城市的可持续发展。

参考文献：

1、毛如柏，冯之俊主编：《论循环经济》，经济科学出版社2003版。

2、张凯：《循环经济理论与实践研究》，中国环境出版社2004版。

3、李传统：《新能源与可再生能源技术》，东南大学出版社2005版

4、朱亚杰，孙兴文：《能源世界之窗》，清华大学出版社2001版。

5、世界能源理事会：《新的可再生能源未来发展指南》，海洋出版社1998版。

6、芮雪琴：《基于循环经济的能源产业技术评价与选择研究》，吉林大学管理学院，2008年。

7、胡鞍钢，吕永龙：《能源与发展——全球化条件下的能源与环境政策》，中国计划出版社2001年版。

8、吕学都，刘德顺等：《清洁发展机制在中国》，清华大学出版社2005版。

9、张坤民，张世秋等：《可持续发展论》，中国环境科学出版社1997版。

10、岳杰等：《期权理论视角下的企业内部碳交易机制定价策略研究》，《第四届(2009)中国管理学年会——会计与财务分会场论文集》，2009年。

11、刘铮、陈波：《清洁发展机制的局限性和系统风险提示》，《广东社会科学》2009(6)。

12、廖玫、戴嘉：《国际碳排放贸易的市场格局及其准入条件研究》，《财贸研究》2008 (1)。

13、British Petroleum (BP), “Statistical Review of World Energy 2009”, Http://www.bp.com.

14、Wara M., “Is the global carbon market working?”, Nature, 2007.

15、中国科学院能源领域战略研究组：《中国至2050年能源科技发展路线图》，科学出版社2009版。

16、国家发展和改革委员会能源研究所课题组：《中国2050年低碳发展之路》，科学出版社2009版。

Low-carbon Energy Supply Systems for China's Urban Development

Lin Lin, Li Hexin

Abstract: With the sustained and rapid development of urban economies, China is facing problems having to do with its irrational energy structure including low efficiency energy utilization, and energy supply shortages. High carbon energy has become a "bottleneck," constraining economic and urban development. Therefore, the low-carbonization of energy supply systems is vital to urban low-carbon development.

Keyword: Urban Low-carbon Development; Low-carbonization of Energy Structure; Energy Supply System

第九章 自主减排下中国低碳金融发展

黄 岱

摘要：我国已经对外宣布了自主减排目标：到2020年，中国单位GDP二氧化碳排放比2005年下降40%～45%。中国政府一贯“言必信、行必果”，定当严格落实这一庄严承诺。国内金融机构如何适应这一政策目标，大力发展低碳金融，推进我国节能减排，走出一条符合我国国情的低碳发展道路，实现经济结构的成功转型，值得我们进行深入研究。

关键词：自主减排 碳金融 中国

作为应对全球气候变暖的应对之策，低碳经济发展变得如火如荼，而与“低碳经济”直接相关的新型金融—碳金融（Carbon Finance）也因此应运而生。哥本哈根会议前夕，我国对外宣布了自主减排目标：到2020年，中国单位GDP二氧化碳排放比2005年下降40%~45%。国内金融机构如何适应这一宏观经济目标，大力发展低碳金融，推进我国节能减排，走出一条符合我国国情的低碳发展道路，实现经济结构的成功转型，任重而道远。

第一节 碳金融理论

所谓碳金融，是指由《京都议定书》而兴起的低碳经济投融资活动，即服务于限制温室气体排放等技术和项目的直接投融资、碳权交易和银行贷款等金融活动。

一、碳金融起源

碳金融起源于两个国际法的生效。一是于1994年3月生效的《联合国气候变化框架公约》（UNFCCC）。这是世界上第一个为全面控制二氧化碳等温室气体的排放、以应对全球气候变化给人类经济和社会带来不利影响的国际公约，也是国际社会在对付全球气候变化问题上进行国际合作的一个基本框架。二是1997年签署，2005年生效的《京都议定书》。它为有效应对气候变化设计了以市场为基础的三种灵活合作机制，即国际排放贸易机制（IET）、清洁发展机制（CDM）和联合履行机制（JI），使得市场化手段开始在全球范围内为提高“气候公共物品”的配置效率而发挥作用。

基于温室气体减排而产生的信用统称为碳信用。随着碳信用的产生，碳市场和碳交易开始发展。自《京都议定书》生效以来，碳交易规模显著增长，2005年，碳交易和交易额分别为7.1亿吨和108.6亿美元，到2008年，碳交易和交易额分别上升到48.1亿吨和1263.5亿美元，平均年分别增长率为89.2%和126.6%。碳市场发展成为全球最具发展潜力商品交易市场，世行报告称，2012年全球碳交易市场将达到1500亿美元，有望超过石油市场成为世界第一大市场。与碳交易相关的贷款、保险、投资等金融产品相应产生。

二、碳市场

碳交易市场简称为碳市场。碳减排涉及到经济学里面对基础的外部性的定价问题。经济学原理告诉我们，外部性会导致市场失灵问题，政府必须要制定相关政策加以解决。主要手段有二：征税和许可权交易。减少碳排放的重要方法，一是征收碳税，二是进行碳交易。

碳税属于财税政策的范畴。我们的研究表明：不同的碳税政策对GDP的影响差别较大。如果在征收环节或在税收利用环节都不考虑对生产部门的保护，碳税政策会带来较为明显的GDP损失。因此我国在今后的碳税政策制定中要考虑对生产部门进行适当的税收减免或补贴，以减缓碳税对征收总体经济冲击，以及对能源密集型贸易部门的生产活动和国际竞争力的负面影响。

碳交易与碳市场是随着《京都议定书》生效后，快速发展起来的。由于欧盟各国有强制减排义务，在政府的推动下，从强制减排的角度先行了一步。欧盟有关国家政府为其管辖区设定一个排放的限额，把配额在不同的企业之间进行分配，并不断扩展到更多的行业。企业根据需要，来购买排放权配额或减排单位，以确保达到监管要求，避免遭到处罚。如果配额使用企业对配额之外的减排单位有额外的需求，这种需求就会推动项目交易市场（CDM市场）的发展，并吸引了不同国家的企业和机构的参与。

目前，国际上碳交易市场的框架如图9-1所示。[47]

碳交易市场的基本机理为：配额交易开始，有了配额交易，排放权本身有了价值，并有了经济处罚，二级市场价格就形成了。企业就想到一级市场上开发相关的产品，开发相关的排放权的动力。

这个过程和有价证券市场的发行过程非常相近。某种意义上，排放权就类似于二级市场流通的股票，排放许可证的开发类似于IPO的过程，投资者投资到某一个项目，产生低于标准的排放，排放经过一个机构[48]（这个委员会与我国证监会类似）的审核。该机构接收到了项目申请材料后，对涉及到的项目具体情况、减排额进行审核，进行登记核实，最后经过注册，排放许可证所代表的减排额就可以到市场上进行流通了。

根据上述机理，碳金融的顺利发展离不开严格的政府监管。政府监管部门要负责规定碳减排总量控制，地区配额、行业配额、企业配额的分配计划；建立并维护碳交易市场的正常运行；要负责制定减排单位的认证标准和程序，并对所申报的项目进行审核；指定的

---

[47]曾刚，《国际碳交易市场上的金融机构》，载《当代金融家》2009年第9期。

[48]如CDM 中CER审定单位EB委员会。

图9-1 碳交易市场的框架

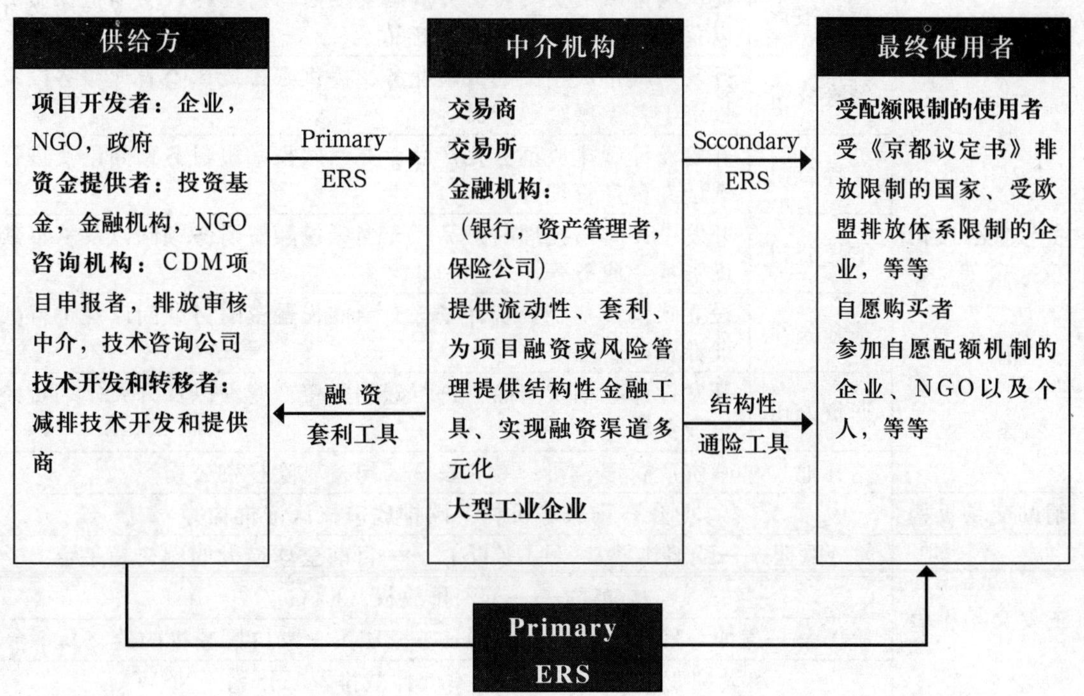

特殊中介机构则负责项目的申报，并对项目的实际排放情况进行定期核实，等等。

碳市场，根据排放权交易类型，分为项目市场（project-based markets）和配额市场（allowance-based markets）两类。目前我国碳排放权交易的主要类型是基于项目的交易。即在我国，碳交易更多的是指依托清洁发展机制（CDM）产生的交易。概括地说，就是发达国家通过提供资金和技术的方式，与我国合作，在我国实施具有温室气体减排效果的项目，项目所产生的温室气体减排量用于发达国家履行《京都议定书》的承诺，即以“资金＋技术”换取我国的温室气体排放权。

碳市场从资本的层面入手，通过划分环境容量，对温室气体排放权进行定义，延伸出碳资产这一新型的资本类型。碳交易把原本一直游离在资产负债表外的气候变化因素纳入了企业的资产负债表，改变了企业的收支结构。碳交易市场的存在为碳资产的定价和流通创造了条件。本质上，碳交易是一种金融活动，但与一般的金融活动相比，它更紧密地连接了金融资本与基于绿色技术的实体经济：一方面金融资本直接或间接投资于创造碳资产的项目与企业；另一方面来自不同项目和企业产生的减排量进入碳金融市场进行交易，被开发成标准的金融工具。碳交易将金融资本和实体经济联通起来，通过金

表9-1 全球碳金融体系

<table>
<tr><th>组成要素</th><th colspan="2">要素功能</th></tr>
<tr><td rowspan="2">主要金融产品</td><td>基础产品</td><td>碳排放权</td></tr>
<tr><td>衍生产品</td><td>碳掉期、碳期货、碳保理、碳债券、碳证券、碳基金等</td></tr>
<tr><td rowspan="2">计价结算货币</td><td>主要货币</td><td>欧元</td></tr>
<tr><td>其他货币</td><td>美元、澳元、日元、加元等</td></tr>
<tr><td rowspan="7">参与金融机构</td><td>商业银行</td><td>提供碳排放信贷支持、开展碳交易账户管理与碳交易担保服务以及开发碳金融银行理财产品</td></tr>
<tr><td>保险公司</td><td>开发与碳排放相关的保险业务、提供碳排放风险管理服务以及投资于各类碳金融产品等</td></tr>
<tr><td>证券公司</td><td>开发设计碳排放证券化产品、充当碳投融资财务顾问以及进行碳证券资产管理等</td></tr>
<tr><td>信托公司</td><td>开发设计碳信托理财产品、充当碳投融资财务顾问以及从事碳投资基金业务等。</td></tr>
<tr><td>基金公司</td><td>设立碳投资基金投资计划、充当碳投融资财务顾问以及进行碳证券资产管理等</td></tr>
<tr><td>期货公司</td><td>开发设计碳期货产品、进行碳期货资产管理以及开展碳期货经纪业务等</td></tr>
<tr><td>其他</td><td>碳资产管理公司、专业投资公司、风险投资公司</td></tr>
<tr><td>辅助交易机构</td><td colspan="2">中介咨询服务机构、碳排放审核认证机构等</td></tr>
<tr><td rowspan="4">主要交易平台</td><td colspan="2">欧盟——欧盟排放权（EUETS）——目前全球最大的碳交易平台</td></tr>
<tr><td colspan="2">英国——英国排放权（ETG）</td></tr>
<tr><td colspan="2">美国——芝加哥气候交易所(CCX)——全球第一家自愿减排的碳交易平台</td></tr>
<tr><td colspan="2">澳大利亚——新威尔士温室气体减排贸易体系（NSW）</td></tr>
</table>

资料来源：根据各种公开资料整理

融资本的力量引导实体经济的发展。这是虚拟经济与实体经济的有机结合，代表了未来世界经济的发展方向。

三、碳金融

随着各国政府对全球变暖问题重视程度的日益提高，尤其是欧盟国家的大力推动，全球碳交易规模呈现爆发式增长，碳排放权逐渐演变为具有投资价值和流动性的金融资产，并初步形成了以碳排放权交易为基础产品、以欧元为主要交易货币、以各类金融机构为主要推动力量、以欧盟排放权交易制为核心交易平台的碳金融体系。

碳金融包含了市场、机构、产品和服务等要素，是金融体系应对气候变化的重要环节，其主要功能有：

1．减排的成本收益转化功能

碳排放具有外部性，其影响不易直接在市场交易的成本和价格上体现。碳交易发挥了市场机制应对气候变化的基础作用，使碳价格能够反映资源稀缺程度和治理污染成本。在碳交易机制下，碳排放权具有商品属性，其价格信号功能引导经济主体把碳排放成本作为投资决策的一个重要因素，促使环境外部成本内部化。随着碳市场交易规模扩大，碳货币化程度提高，碳排放权进一步衍生为具有流动性的金融资产。积极有效的碳资产管理已经成为促进经济发展的碳成本向碳收益转化的有效手段。

2．能源链转型的资金融通功能

不同经济发展阶段的国家能源链差异很大，对减排目标约束的适应能力也不同。而要从根本上改变一国经济发展对碳素能源的过度依赖，一个重要途径是加快清洁能源、减排技术的研发和产业化。

项目融资、风险投资和私募基金等多元化融资方式具有动员金融资源、促进可持续能源发展的能力，有利于改变能源消费对化石燃料的依赖惯性，使能源链从高碳环节向低碳环节转移。

四、各金融机构在碳金融中的角色

随着碳市场交易规模扩大，流动性增加，市场透明度提高，各金融机构在碳金融中扮演着不同角色。

1．商业银行承担信贷资金配置的碳约束责任。银行业根据环保标准来筛选项目，使资金配置向低碳产业倾斜。

2．保险业承担规避和转移风险的责任。保险业一方面通过为绿色建筑设计、节能和可再生能源、环保汽车等项目提供新险种来规避气候风险。另一方面适应清洁发展机制对碳信用交割担保的需求，开发碳交易保险，以转移项目违约风险。

3．碳基金承担碳市场交易主体的责任。碳基金是碳市场的主要资金来源，其发起人主要是国际和区域金融组织、政府和私人部门。世界银行成立了碳金融业务部门和10个碳基金，动员OECD国家的政府和民间资金，以公私合作的方式参与碳减排项目，是最大的碳排放信用买家。随着碳基金的数量和规模不断扩大，其业务范围从适应性购买扩展到中介和项目开发整个价值链，对碳市场的稳定作用也越来越大。

五、碳金融的主要业务类别

碳金融的参与者可以分为供给者、最终使用者和中介等三大类，涉及受排放约束的企业、减排项目的开发者、咨询机构以及金融机构等。主要金融业务主要有：

1．一级市场业务

从金融的角度看，碳交易与一般的大宗商品交易类似，其特殊与关键之处在于排碳额度的获取。目前采取的形式是组建碳源筹措载体（Carbon procurement vehicles），即采用旨在获取排碳额度的特殊投资实体。当今市场，碳源筹措载体大致可以分为三类：碳基金、项目基金和政府筹措计划。[49] 前两种形式都对一般市场投资者开

[49] 碳基金是通过一次清偿、股权投资、远期交割等形式为温室气体减排项目融资，投资者的回报为碳排放额度或 资本利得。项目基金与碳基金类似，不同之处在其积极参与了温室气体减排项目的具体操作过程。

放。而政府筹措计划采取不对大众投资者开放，其目的是帮助发展中国家实现减排。三类载体中，碳基金为主要形式。主要业务品种有：

——在碳排放权产生过程中，金融机构通过运用结构性工具进行项目融资，或对冲项目所涉及的风险。比如，商业银行向项目开发企业提供项目贷款、银团贷款等；

——金融机构（投资银行）为项目开发企业提供必要的咨询服务（包括项目规划以及相关材料的准备和报送等）；

——为碳排放权的开发提供担保服务，如商业银行开具保函业务；

——节能减排技术开发或转让融资；

——产业投资基金或直接投资于某个具体项目，或购买某个项目的原始排放单位；[50]

——私募基金股权融资、风险投资等。

2．二级市场业务

二级市场上排碳额度的价格与其它大宗商品一样，由供给需求所决定。而且在交易的过程中，各种金融工具、金融创新不断涌现。

——金融机构（商业银行、资产管理者以及保险公司等）为促进市场流动性的提高，提供结构性产品来满足最终使用者的风险管理需要；

——对远期减排单位提供担保（信用增级）来降低最终使用者可能面临的风险。项目交易中存在许多风险，价格波动、不能按时交付以及不能通过监管部门的认证，等等，都可能给投资者或贷款人带来损失。因此需要保险或担保机构的介入，进行必要的风险分散；

——在二级市场上充当做市商，为碳交易提供必要的流动性；

——金融机构为投资者提供新的结构性投资工具，如商业银行发行与碳排放权挂钩的理财产品等。[51]

第二节　国外碳金融实践

一、国外碳交易市场发展特点

2005年2月16日《京都议定书》正式生效后，全球碳交易发展势头迅猛，碳交易规模持续扩大，交易平台不断增多，参与主体日益增加，市场体系逐渐完善。

全球碳交易量从2005年的7.1亿吨上升到2008年的48.1亿吨，年均增长率达到89.2%；碳交易额从2005年的108.6亿美元上升到2008年的1263.5亿美元，年均增长

[50] 目前，在碳金融领域最为活跃的基金以政府基金和非政府机构（主要是世界银行）基金为主，其中，世界银行Prototype Carbon Fund 是世界第一个针对CDM 交易而成立的基金。

[51] 这些结构性投资产品，有些挂钩的是现货价格（无交付风险），有些挂钩的是原始减排单位价格（包含交付风险），有的则与特定项目的交付量挂钩。

表9-2 2005～2008年碳交易量和交易额一览表

	2005		2006		2007		2008	
	交易量	交易额	交易量	交易额	交易量	交易额	交易量	交易额
基于项目的市场								
CDM一级市场	341	2,417	450	4,813	552	7,433	389	6,519
JI	11	68	16	141	41	499	20	294
自愿型市场	20	187	17	79	43	263	54	397
小计	382	2,894	508	5,477	636	8,195	463	7,210
CDM二级市场								
小计	10	221	25	444	240	5,451	1,072	26,277
基于配额的市场								
欧盟ETS	321	7,908	1,104	24,436	2,060	49,065	3,093	91,910
新南威尔士(NSW)	6	59	20	225	25	224	31	183
芝加哥气候交易所(CCX)	1	3	10	38	23	72	69	309
英国ETS	0	1	Na	Na	Na	Na	Na	na
RGGI	Na	Na	Na	Na	Na	Na	65	246
AAUS	Na	Na	Na	Na	Na	na	18	211
小计	328	7,970	1,134	24,699	2108	49,361	3,276	92,859
总计	720	11,085	1,667	30,620	2,984	63,007	4,811	126,346

注：交易量单位为百万吨二氧化碳，交易额单位为百万美元

资料来源：World Bank State and Trends of the Carbon Market 2006，2007,2008,2009。

率高达126.6%。根据2008年联合国和世界银行的预测，2012年全球碳交易市场将达到1500亿美元；而国际知名的商业调查机构SBI于2009年4月的研究报告预测，全球碳交易量到2013年将达到6690亿美元。

图9-2 全球碳交易规模的发展趋势

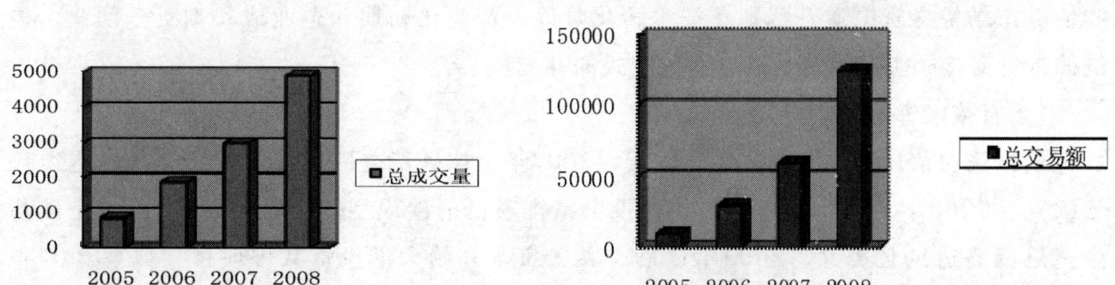

注：总交易量单位为百万吨，总交易额单位为百万美元

资料来源：World Bank State and Trends of the Carbon Market 2007,2008,2009

碳交易现货、期货和其他衍生产品的交易平台陆续出现。2005年1月，欧盟正式启动了欧盟排放交易体系(EU ETS)；2007年全球最大的碳排放权现货交易平台BlueNext交易所开始运行，紧接着该交易平台又推出了期货市场。其他交易市场发展也比较快速，如英国排放交易体系市场（UK ETS）、澳洲新南威尔士体系（NSW）和美国芝加哥气候交易所(CCX)。2008年9月25日，我国第一家综合性排放权交易机构——天津排放权交易所在天津滨海新区挂牌成立，这标志着我国参与碳交易业务的开始。

世界各国的金融机构，包括商业银行、投资银行、保险机构、风险投资、基金等纷纷涉足碳金融领域。目前全球已有40多家国际大型商业银行加入了“赤道原则”，旨在推动环境保护。同时有60多家金融机构宣布采纳该原则，在全球范围内积极开展碳金融业务。碳基金方面，包括世界银行生物碳基金、社区发展碳基金以及各国绿色碳基金等多种基金陆续推出，规模不断壮大。

目前基于配额的交易规模远大于基于项目的交易。2008年，基于配额的市场交易额为928亿美元，占全部碳金融交易总额的74%左右；基于项目的交易成交金额为72亿美元。但是，除基于配额和基于项目的交易外，以CDM为基础从事CERs现货、远期和期货交易的二级交易市场发展迅速。2008年，该二级市场的交易金额为260亿美元，是2007年的5倍，占全部碳交易总额的21%。

基于配额的市场中，欧盟的交易平台ETS占据绝对主要地位，市场占有率约98%。基于项目的市场中，2008年原始CDM市场（交易对象为Primary CERs，简称pCERs）交易额为65亿美元，占全部基于项目的交易的90%；发达国家之间的JI项目交易金额为2.9亿美元；自愿市场的项目交易额为3.97亿美元。

此外，从市场供需来看，欧洲是主要的需求方。2008年欧洲购买者的市场份额超过了80%，其中90%由私人部门购买，这主要与欧盟的严格配额管理有关。

二、国外碳金融的主要业务类型

国外碳金融的主要业务类型有：直接融资，碳指标交易，银行贷款等。从国际经验来看，碳融资主要依靠风险投资、NGO等非盈利组织、企业内部融资、创业板股票市场和债券市场等融资渠道，特别在技术转化阶段、产业化初期和企业成长期更是如此，传统的银行间接融资模式多是上述融资方式的补充。

1. 直接融资

根据法国信托局气候金融部的数据，2007年全球碳基金已达58只，资金规模达到70亿欧元。2000年，世界银行发行首只投资减排项目的碳原型基金，目前已设立8个碳基金，总额高达10亿美元。2004年以后，私人资本开始大举投资减排项目，截至2007年末，私募资本主导的基金数量超过政府机构或组织主导的基金，如挪威碳点公司、欧洲碳基金等。纽约—泛欧交易所2008年推出低碳100欧洲指数，是确认有低碳排放记录的欧洲公司碳指数；标准普尔等指数部门也建立了自己的低碳环保指数；一些金融机构在这些指数基础上创建了ETF（Exchange Traded Fund ）基金。截至2007年末，在美国上市的12家最大太阳能公司总市值为200亿美元，11家多晶硅和太阳能电池公司总市值为580亿美元。2001年，英国成立碳信托有限公司，目前已累计投入3.8亿英镑，主要用于促进研究开发、加速技术商业化和投资孵化器。通过基金、股市和信托等直接融资，为节能减排项目建设筹集大量资金，能够直接支持低碳经济的发展。

2. 碳指标交易

目前，欧盟排放交易体系已经成为世界最大的区域碳交易市场，涉及欧盟27个成员国以及列支敦士登和挪威共29个国家，近1.2万个工业温室气体排放实体。有巴黎Bluenext碳交易市场、荷兰Climex交易所、奥地利能源交易所(EXAA)、欧洲气候交易所（ECX）、欧洲能源交易所（EEX）、意大利电力交易所(IPEX)、伦敦能源经纪协会（LEBA）和北欧电力交易所（Nordpool）等8个交易中心。2003年，美国建立全球第一个由企业发起的碳交易所——芝加哥气候交易所（CCX），作为以温室气体减排为目标和贸易内容的专业市场平台。美国、加拿大和墨西哥44个州或省政府都已经建立了温室气体减排目标或可再生能源组合标准目标，并且正在积极参与3个新兴的北美温室气体排放交易体系。澳大利亚于2003年建立了新南威尔士温室气体减排体系（NSW GGAS），针对该地区电力行业的减排市场。日本环境省也表示正在制定一个类似欧盟排放交易体系的总量管制与配额交易制度。通过建立完善的碳交易市场，把碳排放权转化成可以直接交易的商品，而金融机构据此研发出碳排放掉期、期权期货、碳排放信用、碳排放证券等金融衍生工具，降低节能减排项目建设不确定性带来的经营风险。另外，金融机构还发挥自己的专业特长为碳交易提供技术咨询、信用评估等中介服务。如荷兰银行凭借其广泛的全球性客户基础，为碳交易各方牵线搭桥、提供代理服务，获取中间业务收入。随着代理交易业务的增长和交易经验的积累，该银行利润额大幅提高，实现了实体经济与虚拟经济的双赢。

3. 银行贷款

为发展低碳经济，巴西国家经济社会开发银行推出各种信贷优惠政策，为生物柴油企业提供融资；巴西中央银行设立了专项信贷资金，鼓励小农庄种植甘蔗、大豆、向日葵、油棕榈等，以满足生物柴油的原料需求。渣打银行、美国银行、汇丰银行等欧美金融机构也做出了一些有益的尝试，通过发展“绿色信贷”来应对全球气候变化问题。韩国光州银行在地方政府支持下推出了“碳银行”计划，尝试将居民节约下来的能源折合成积分，居民可以用积分进行日常消费，以提高全民参与的积极性。

第三节　中国碳金融发展现状与问题

根据《京都议定书》的规定，我国在2012年之前不需承担温室气体的减排任务，但可以发展中国家的身份参与清洁发展机制（CDM）项目的开发。因此我国目前的碳交易业务主要就是CDM项目的投融资、经核证的减排量（CERs）的交易以及相关的金融中介服务。

一、我国碳金融发展现状

中国作为发展中国家，在2012年以前不需要承担减排义务，在我国境内所有减少的温室气体排放量，都可以按照《京都议定书》中的CDM机制转变成有价商品，向发达国家出售。我国“十一五”规划明确提出，到2010年单位GDP能源消耗比2005年降低20%，主要污染物排放总量要减少10%。在努力实现这一目标的过程中，通过大力推广节能减排技术，努力提高资源使用效率，必将有大批项目可被开发为CDM项目。

我国已成为世界上最具有潜力的碳减排市场和最大的清洁发展机制项目供应方，是全球CDM项目注册认证最多的国家。截至2010年3月10日，共有752个CDM项目成功注册，获得了联合国执行理事会核查认证的减排量证书（CER），占全球获认证项目总数的36.3%，预期可产生的年均减排量可达到1.88亿吨二氧化碳当量，占项目总量的48.4%。而据有关专家测算，2012年以前我国通过CDM项目减排额的转让收益可达数十亿美元。碳交易市场在我国发展空间非常广阔。

随着国内越来越多的企业积极参与碳交易，我国的金融机构也在过去几年中为支持节能减排项目积极尝试金融创新，并获得了有益的经验和成果。兴业银行、北京银行和上海浦东发展银行等几家股份制商业银行从2006年起陆续与国际金融公司合作，推出了节能减排项目贷款的信贷产品和衍生产品。其中，截至2009年11月，兴业银行累计发放节能减排项目贷款187笔，累放金额137.37亿元，实现在我国境内每年减排二氧化碳2685.34万吨。浦发银行则在国内银行界率先以财务顾问方式，成功为陕西两个装机容量合计近7万千瓦的水电项目引进CDM开发和交易专业机构。国有大型商业银行也纷纷提出打造“绿色信贷”银行的长期发展战略，工、农、中、建等国有商业银行在信贷审批中均实行了环保政策的“一票否决制”，并制定了“双高”、产能过剩及潜在产能过剩行业的信贷退出计划。2008年，工商银行在对“两高”行业152户企业实现清退的同时，实现节能环保项目贷款同比增长69.17%；农业银行否决“不环保”贷款项目167个，支持“节能减排”项目金额711亿元；截至2008年12月31日，建设银行实际退出的贷款达644.59亿元，完成既定计划的121.86%，同时绿色信贷项目贷款余额大幅增长至1541.43亿元。

虽然如此，但与国外低碳金融的发展速度和水平相比，中国碳金融业务的发展还落后很多，金融机构对碳交易介入较少，开展的业务模式也相对单一，目前仅在“绿色信贷”方面有所进展，不仅缺乏成熟的碳交易制度、交易场所和交易平台，更没有证券、期货、基金等各种碳金融衍生品的金融创新产品。低碳金融的不发达，使中国处在了世界整个碳交易产业链的最底端。中国创造的减排量被发达国家以低廉的价格购买后，通过他们的金融机构包装、开发成为价格更高的金融产品、衍生产品及担保产品进行交易。这就像中国为发达国家提供众多原材料与初级产品，发达国家再出售给中国高端产品，赚取 “剪刀差”利润一样。为此，政府部门和金融界都应该正视和认真分析低碳金融在我国发展的障碍问题。

表9-3 中国金融机构在碳金融业务方面的相关进展

时间	机构名称	行动概况
2006-05	兴业银行	宣布成为国内首家赤道银行。 与世界银行下属的金融机构（IFC）合作，推出国内首批“能效贷款”产品。 与北京环境交易所合作发行了我国第一张低碳信用卡。
2007-06	北京银行	与IFC签订能效贷款合作协议，为国内节能服务企业实施节能项目提供贷款融资服务。
2007-07	浦发银行	首单中国CDM项目财务顾问获得成功——以独家财务顾问方式，为陕西两个装机容量合计近7万千瓦的水电项目业主带来每年约160万欧元的售碳收入。
2007-08	深圳发展银行	聚财宝飞跃计划07年6号（二氧化碳挂钩型）人民币理财产品，期限12个月，到期年均收益率为7.345%。
2008-08	中油资产管理公司	与天津产权交易中心、芝加哥气候交易所共同出资成立天津排放权交易所，其中中油资产管理公司出资比例为53%，该交易所是国内首家综合性排放权交易所。
2009-01	中国银行	推出汇聚宝081L-美元“绿色环保”二氧化碳挂钩产品，期限18个月，到期年化收益率为10%。
2009-08	天平车险	以27.26万元人民币的价格购得奥运会期间北京绿色出行活动产生的8026吨碳减排指标，成为首家通过购买自愿碳减排实现“碳中和”的国内企业。

二、中国碳金融发展面临的主要问题

我国资本市场对低碳经济（特别是新能源）的关注，是从2009年上半年才开始的。2009年下半年，各大券商开始纷纷将低碳经济相关研究作为未来的投研重点。如，中信建投建议关注智能电网、节能环保和核电板块。国金证券更是推出了自己的低碳经济五大组合：工业节能、节能建筑、电器照明、环保设备、新能源。总体来说，也处于起步阶段。

近几年中，我国一些商业银行（主要是中型银行，如兴业银行、上海浦东发展银行和北京银行等）也尝试性地参与到了碳交易市场中，并取得了相当的进展，而且在实践中，探索出了针对清洁技术开发和应用项目的各种创新融资方案，有效地降低了项目开发的成本和风险。有些商业银行（如上海浦东发展银行、兴业银行）信贷还开始按照投资银行结构化融资模式的思路，甚至评估也参照了投行的评估模式，将资金配置到低碳经济。不过，如果从国际碳交易整体来看，我国商业银行所从事的碳金融业务仍然相对单一，而且集中在相对下游和附加值较低的环节。对于项目咨询、二级市场交易以及相关衍生金融产品开发等领域，则涉足较少。

国际碳市场上中国作为“卖碳翁”，并没有碳定价权。中国目前是全世界核证减排量(核证的温室气体减排量CER)一级市场上最大供应国，但处于国际碳市场及碳价值链的低端位置，并没有话语权，不得不接受外国碳交易机构设定的较低的碳价格。

我国国内碳金融制度和产品都处于缺失状态。不仅缺乏成熟的碳交易制度、碳交易场所和碳交易平台以及科学合理的利益补偿机制，而且没有碳掉期交易、碳证券、碳期货等各种碳金融衍生品的金融创新产品。如，当前我国参与CDM机制交易过程中，使用的核心法律文件大量为欧洲标准，遵循其游戏规则，处于市场价格被动接受者的不利地位。再如，在2008年全球经济危机的冲击下，国际碳市场价格大幅下滑，中国企业在CDM项目建设周期中承担着极大的违约风险。另外，国内CDM项目企业还无法参与二氧化碳减排量期货或期权交易，不能进行套期保值，主动地对碳价格进行风险控制。

政府部门和金融机构对碳金融业务的认识了解不足。碳交易和碳金融是随着国际碳交易市场的兴起而走入我国的，在我国发展传播的时间有限，国内许多企业还没有认识到其中蕴藏着巨大商机，金融机构对其利润空间、运作模式、风险管理、操作方法以及交易规则等方面也不熟悉。在对碳金融业务没有较为充分把握的情况下，很多金融机构不敢贸然介入其中。

中介市场发育不完全。CDM交易规则十分严格，开发程序也比较复杂，销售合同涉及境外客户，合同期限很长，非专业机构难以具备此类项目的开发和执行能力。在国外，CDM项目的评估及排放权的购买大多数是由中介机构完成，而我国本土的中介机构尚处于起步阶段，难以开发或者消化大量的项目。另外，也缺乏专业的技术咨询体系来帮助金融机构分析、评估、规避项目风险和交易风险。

碳金融业务的风险较大。金融机构开展相关业务，除了面临基本的市场风险、信用风险和操作风险以外，还存在较大的政策风险和法律风险。以CDM项目为例，需要经历较为复杂的审批程序，开发周期比较长，带来额外的交易成本。工程建设风险和监测、核实风险，都会增加不确定性，也会影响金融机构的金融服务支持。

外部的政策激励措施不足。发展低碳经济实质上是对经济发展方式的重大调整，但由于欠缺有效的风险补偿、担保和税收减免等综合配套政策，往往导致转型企业经营成本大幅上升，缺乏经济效益，直接导致银行信贷风险的上升。由于绿色信贷的概念还并不明确，缺少具体的绿色信贷指导目录，当前在统计银行贷款规模时，也并未对“绿色贷款”单独统计，未能使绿色信贷获得信贷政策的倾斜，没有激发金融机构参与的积极性。

最后，全球金融危机引发了碳交易的衰退。碳交易市场非常依赖于金融业的支持，而美国次贷危机引发全球金融危机爆发，已经影响了作为国际主要碳买家来源的发达国家，这些国家生产和消费量在金融危机中下降，能源消耗降低，从而碳排放量减少，导致缩减在我国等发展中国家的购买量。大量金融机构因危机退出市场或者缩减投资，使我国碳交易市场也受到负面影响。

第四节　中国加快碳金融发展的战略思考

中国要走出一条有中国特色的自主减排道路，应该立足于基本国情并且顺应世界发展趋势，结合我国产业结构特点和各个行业部门的自身特征，确定优先发展的低碳重点领域，提供强有力的金融支持，渐进式推进，以尽可能低的经济技术成本，获取最大的共同利益，逐步实现整个国民经济的“低碳化”。

一、我国自主减排政策的内涵

我国政府承诺的自主减排目标单位GDP排放下降40%～45%，是一种碳强度下降的“相对减排”。本质含义应为：通过实施针对性的节能减排政策，使得未来的温室气体排放量能够相对BAU情景[52]有所下降，相对原发展轨迹的温室气体排放量的减少，而并不是相对基准年排放量的减少，实现经济增长与碳减排的逐步脱钩。

碳强度指标是由GDP总量与二氧化碳排放排放量两个变量共同决定的。在经济发展较快时，由于分母GDP在增加，因此，碳强度的降低相对更容易；而在经济增长为零时，碳强度控制等同于总量控制。我国权威研究机构从我国国情出发，以“十五”为基础作为BAU情景，[53]按照增加、减少和不变三种可能性进行测算表明，无论采用哪一种BAU情景，我国单位GDP排放下降40%～45%的难度很大。

碳强度实际上综合了经济发展、节能降耗、技术创新等多个因素。当前对于我国来说，最困难的问题是如何在成本效率最优的情况下实现减排目标。如果假设GDP增速为8%，那么到2020年中国的GDP将为2005年的3倍多。从这个角度来看，中国完成碳强度降低的一个关键在于分母，即在经济增量上做文章。

因此，如果我国经济不出现大滑坡，能够保持8%以上的年经济增速，那么我国要完成碳强度减排指标还是有希望的。

二、落实自主减排的主要困难

当前我国要落实自主减排政策，发展低碳经济存在很多必须克服的困难和障碍。其中主要的问题就是技术和资金问题，最核心的问题是资金的使用效率问题。集中表现在：

一是低碳技术的大规模运用需要相当高昂的成本。目前我国还难以估算发展低碳经济需要付出的全部成本；

二是多数低碳产品市场的创建、发展也需要时间。企业、居民对低碳技术和产品的需求难以在短期内激发出来。如果单纯运用行政手段或广泛宣传寄希望于企业、居民的社会责任，显然都将会是效果欠佳的；

---

[52] “BAU情景”，可理解为“按原轨道发展”、“一切照旧”或“照常”情景。总的来说，BAU情景是指：从某个时间点起，在不再附加任何针对性政策的情况下，按照原有轨道和趋势发展的经济社会路径。具体讲温室气体排放的BAU情景是指，在照常经济社会发展趋势下所排放的温室气体。

[53] 由于自“十五”计划实施以来，我国经历了加入WTO及工业化、城镇化加速发展的阶段，从经济规模扩大和周期走向、产业结构调整以及能源消费及其结构等因素来看，我国经济社会发展的轨迹具备了现代工业化发展的典型特征，以“十五”为基础进行测算，是完全符合我国实际的。

三是碳交易市场的发展方向待定。从国际上来讲各国特别是美国、欧盟、澳大利亚、印度、巴西等国以何种方式加入国际碳市场也是非常关键的因素，在当前国际气候谈判前景不明的情况下，更须谨慎对待。

四是碳金融发展尚处于起步阶段。目前我国碳排放权交易的主要类型是基于项目的交易，因此，在我国，“碳金融”更多的是指依托清洁发展机制（CDM）的金融活动。随着今后国际气候谈判的深入，预计CDM的政策风险将会加大，我国仅依靠CDM机制实现低碳融资，推动低碳经济发展，已经不能满足需要。

三、自主减排目标下的优先发展领域

低碳经济所涵盖的领域十分广泛，主要包括：

——常规能源：清洁煤、绿色燃气、石油、核能；

——清洁能源：风能、太阳能、生物质能、生物燃料、地热、水电、潮汐能；

——能源基础设施：智能电网、电网储能、电网管理、输电；

——绿色建筑：建筑材料、消费设备、显示设备、需求侧管理、照明设备；

——洁净水：资源保护、海水淡化、淡水处理、废水处理、废水利用；

——绿色工业：先进包装、绿色设计、材料（生物、化学、纳米）、监测和生产、高效能引擎；

——交通运输：公共交通、储能（汽车）、燃料电池、混合动力系统、物流、车辆结构；

——林业：人工造林；

——管理创新：核算“碳足迹”，建立科学合理的“碳预算”制度，实行“碳交易”模式。

由于低碳经济涵盖的领域广泛，全面推进发展存在一定困难，因此我国必须要有所选择，突出重点，加大金融支持力度，推动自主减排。

根据2009年11月25日的国务院常务会议决定，我国为应对气候变化，发展低碳经济，采取以下四大措施：

一是积极推进经济和产业结构调整、优化能源结构、实施鼓励节能、提高能效等。根据会议决定，国家将大力发展可再生能源、积极推进核电建设，到2020年我国非化石能源占一次能源消费的比重达到15%左右；

二是通过植树造林和加强森林管理，森林面积比2005年增加4000万公顷，森林蓄积量比2005年增加13亿立方米；

三是加强对节能、提高能效、洁净煤、可再生能源、先进核能、碳捕集利用与封存等低碳和零碳技术的研发和产业化投入；

四是加快建设以低碳为特征的工业、建筑和交通体系。

根据上述精神，我们收集了大量资料，经过认真分析，认为应该关注在2020 年前有望取得突破和规模化应用的技术，主要有太阳能，风能，核能，混合动力和纯电动汽车，清洁煤炭技术，以及远距离超高压交/直流输电网技术。

另外，从社会成本的角度来看，[54] 相比传统能源，不同的低碳技术在应用过程中有可能造成社会使用成本的提高。比如说推行风能的成本要高于传统的煤炭发电。这些技术可以成为CDM的项目标的。如果按照每降低一吨二氧化碳所造成的额外社会成本来算的话，可以将不同的低碳技术进行排序，成本自高到低进行排列为：

混合动力车技术→火电厂应用碳捕捉技术进行改造→工业领域应用碳捕捉技术→居民建筑（供暖，通风，空调）节能设备→太阳能聚热→新建应用碳捕捉技术的火电厂→商业建筑（供暖，通风，空调）节能设备→退耕还林→生物质能源燃烧→太阳能光伏→陆地风能→草原森林化→主动森林管理→天然气和石油发电系统管理→新建核电→商业建筑控制系统→煤层气→居民热水器→发电厂能源转换效率提高→工业领域热电结合→工业流程改进→纤维素乙醇→商业建筑外壳改造→节能轻卡→居民住宅外壳改造→商业建筑紧凑型荧光灯→节能汽车（轻质材料等）→商业建筑LED 照明→居民建筑照明→民用节能电器→商用节能电器。

其中，从“商业建筑控制系统”开始至“商用节能电器”技术的运用可以带来额外收益。

图9-3 我国各项减排技术经济成本序列图

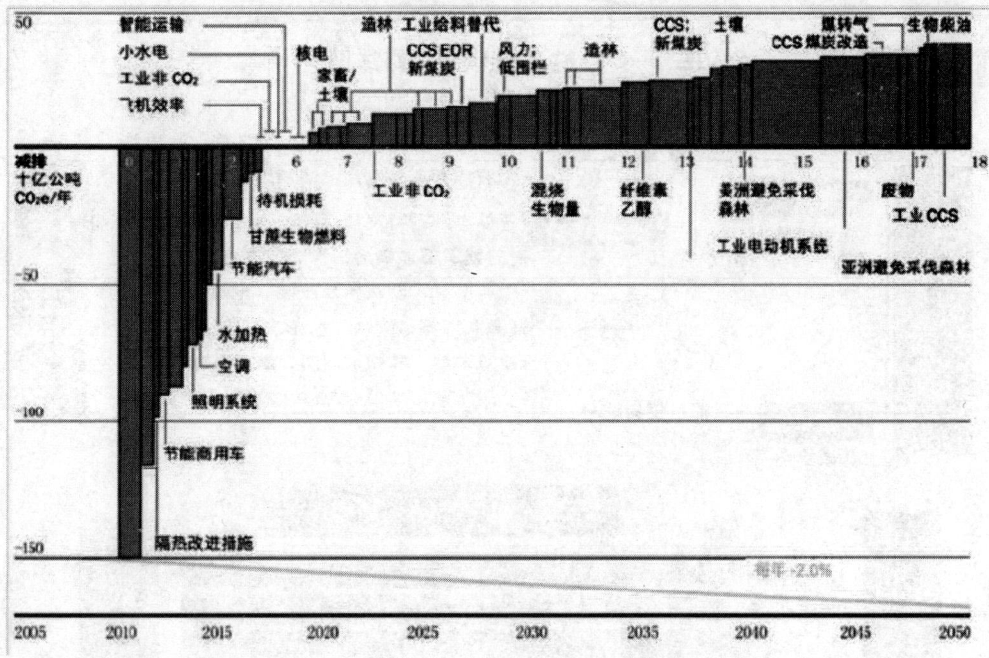

资料来源：麦肯锡研究资料

[54] 与传统能源相比，推广低碳技术短期内会增加社会使用成本。因此，社会成本较低的技术在普及上占有一定优势。

结合我国实际综合考虑技术成熟度、社会综合成本及减排效率等原因，我们认为我国应强调节能优先，从节能与减少二氧化碳排放的一致性上，强调低排放发展，以下三大领域属于我国低碳重点发展领域：

（1）节能领域。节能包括工业节能（余热回收、工艺改进、节能材料）、建筑节能（智能建筑、节能家电、节能建材、节能照明等）、汽车节能（混合动力汽车）三大领域；

（2）减排领域。包括大气、污水和固废的减少排放和污染治理，传统能源的效率提升和碳减排（清洁燃煤、IGCC、CCS、农业减排增汇、城际铁路交通）；

（3）清洁能源。包括清洁的能源生产方式（风能、太阳能、水能、核能、沼气、地热、生物质能）、清洁的能源传输方式（智能电网、储能电池）和清洁的能源使用方式（电动汽车）。

上述三大领域是我国当前碳金融要重点支持的领域。

四、自主减排目标下的碳金融创新

围绕低碳经济发展的碳金融创新主要集中在两个方面：一是在现有市场环境下对节能减排项目的资金支持；二是在排放权交易基础上的各种金融创新。

图 9-4 中国低碳经济路线图

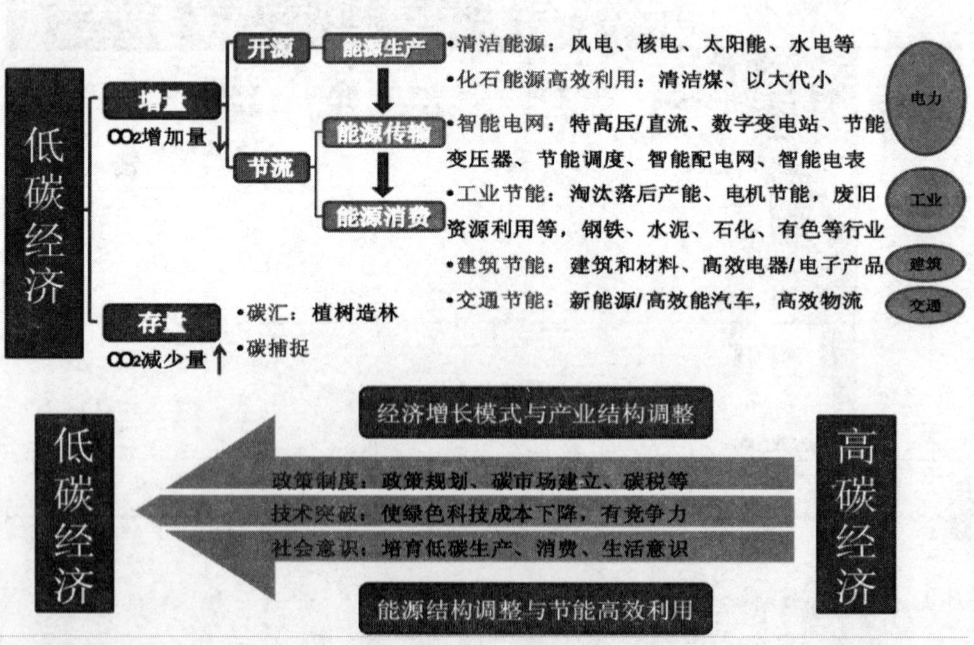

资料来源：中信证券研究部

1．商业银行碳金融创新

我国金融体系呈现出银行主导的显著特征。商业银行应该承担起为低碳经济融资主渠道作用。当前商业银行碳金融创新需重点关注企业能效技术评估，大力支持本文前述的三大重点领域发展。在信贷客户的选择上，逐渐由单纯的信用评级选择向信用评级选择与环保评价选择并重转变。通过借助信用评级和企业投资环保评价，重点识别和挖掘那些成长性很高、环保执行力强的优质企业，将它们培育成为支撑其未来发展的核心客户。

（1）能效融资[55]

——技改项目融资。企业为提高能源使用效率或减少温室气体排放，自身发起实施节能减排技改项目，对现有设备及工艺进行更新和改造，或引进高效节能的生产线，从而产生资金需求。商业银行直接与客户建立融资合作关系，通过对项目技术和企业综合实力的审核，设计融资方案、提供融资服务。

——EMC（节能服务商）融资。节能服务商作为融资主体，节能服务商对终端用户进行能源审计并向商业银行提出融资申请，商业银行通过对项目技术和企业综合实力的审核，设计融资方案、提供融资服务。节能服务商为项目企业提供节能技术改造服务，包括节能减排设备的选择和采购，项目企业无需出资金，只需将合同期内的部分节能效益与节能服务商进行分享。

——节能减排设备供应商买方信贷融资。节能设备的采购方作为融资主体，节能减排设备供应商与买方客户签订买卖合同后，买方向商业银行提出融资申请，经由商业银行对项目技术和企业综合实力审核后，为客户设计融资方案、提供融资服务。

——节能减排设备制造商增产融资。节能减排设备制造商作为融资主体，向商业银行申请项目贷款用于生产专业节能设备，经由商业银行对项目技术和企业综合实力审核后，设计融资方案、提供融资服务，用于支持在我国境内实施的节能减排项目。

——公用事业服务商融资。公用事业服务商下游终端用户作为融资主体，由终端用户向商业银行申请节能减排项目贷款，用于向公用事业服务商支付相关设施建设费用以使用清洁能源。该融资模式的应用有利于清洁能源的推广应用。

——融资租赁。融资租赁公司作为融资主体，融资租赁公司与节能服务商合作，为项目业主或节能服务商提供节能设备的融资租赁服务，并根据实施的项目向商业银行申请项目贷款，商业银行在对项目技术和实施能力审核后，设计融资方案，提供融资服务。在我国的CDM项目建设开发的过程中，需要购买昂贵的动力设备，如风力发电机、水力发电机和太阳能光伏发电机等。通过融资租赁的方式，由银行或租赁公司等金融机构为项目企业购买这些设备。在项目建成后，金融机构将设备出租给项目企业使用，企业从出售CERs的收入中支付租金。

——CDM项下融资。商业银行通过引入专业的合作伙伴，促进项目的开发、注册、交易。项目开发单位可以向商业银行提出融资需求，商业银行审核后，以CDM项下的碳

[55] 参见兴业银行网站。

减排指标销售收入作为融资的重要考量因素，设计融资方案、提供融资服务。

（2）“碳银行”服务

商业银行还可以尝试为我国正在研究、积极推动的自愿减排市场提供“碳银行”服务，即着手碳信用的登记、托管、结算和清算，尝试碳信用的借贷业务，促进自愿减排市场的发展。

（3）设立与碳市场相关的投资基金

对碳减排项目进行直接或间接投资。如，直接投资于未上市但从事降低碳排放和提高能效的公司，或设计、出售碳交易市场挂钩的理财产品。

（4）银行类碳基金理财产品

银行类碳基金理财产品正是一种面向普通客户的理财产品。它将客户闲散的资金聚集起来形成专门的碳基金，用于为具有CDM项目开发潜质和良好信用记录的企业提供CDM项目融资，客户从企业出售二氧化碳减排指标的利润中获取收益。

（5）以CERs收益权作为质押的贷款

具有CDM项目开发潜质和良好信用记录的企业以CERs收益权作为质押向银行申请贷款就属于权利质押的一种创新形式。由于CERs收益权是一种未来的收益权，具有很大的不确定性。因此，银行在为企业提供这种质押贷款时，需要高度关注企业CERs收益权实现的风险。

（6）保理业务

保理业务核心在于应收账款转让。获得CERs签发的风电、水电和太阳能企业在开发CDM的过程中，需要从设备生产厂家购买设备形成应收账款。如果银行或其他金融机构能够为卖方企业(设备生产厂家)提供一笔有追索权的保理融资，买方企业(风电、水电和太阳能项目企业)在出售CERs后就能够向银行分期支付应收账款。

（7）信托类碳金融产品

这是一种专门针对企业设计的信托产品。它的设计理念是为那些具有环保意识和碳金融知识的企业设立碳信托投资基金，将这笔资金投资于具有CDM开发潜力的项目中，通过这些项目的开发获得相应的CERs指标。对于CERs指标，信托公司可以根据企业不同的需求来进行处理。

（8）私募基金的引入

相对公募基金而言，私募基金一般起点较高，追求的回报也很高，是资本市场的重要参与者。考虑到这些因素，商业银行可以在开发潜力非常好的CDM项目中引入私募基金，并且设定灵活的退出机制，如在获得CERs收益的几年内允许私募基金随时退出等。

上述业务，商业银行可以运用的主要金融工具有：项目贷款、[56]银团贷款、[57]流动资金贷款、保理、[58]买方信贷、知识产权质押融资、汇票承兑、财务顾问、[59]保函等。

商业银行开展碳金融业务，除了面临基本的市场风险、信用风险和操作风险以外，还存在较大的政策风险和法律风险，须采取相关措施进行规避。政策风险，商业银行可以通过创新相关的合同条款，尽量将不可承受的风险转移给国外投资者；对于法律风险，在制定合同过程中，可以通过咨询或聘任擅长国际法律的律师事务所，实现对商业银行有利的法律适用和法律管辖。此外，商业银行还可以探索诸如责任保险等商业保险，转移碳金融业务中的操作风险。

为了鼓励商业银行更加深入参与碳金融，银行监管当局、央行及相关部门要制定激励机制，推动碳金融发展。如，税收上，可以通过降低减排项目的有关税率、适当延长免税期以提高项目的经济效益，对商业银行开展碳金融业务的收入进行税收优惠等措施来提高商业银行参与碳金融的积极性；在银行监管上，可以采取在减排项目贷款额度内存款准备金要求的适当减免，加大项目贷款利率的浮动范围，降低减排项目贷款资本金要求等差异化的监管措施以促使商业银行的业务向碳金融领域倾斜。并通过财政拨款成立专项基金，为商业银行CDM项目贷款提供必要的利息补贴也是可以采取的措施之一。

2．产业投资基金

随着我国资本市场的迅速发展，产业投资基金作为一种新型的投资形态逐步为人们所了解和重视，它适合对节能减排技术的利用和对具有稳定投资收益、但资金需求量大的项目工程的资金支持。对于市场潜力巨大、投资效益高的新兴产品如太阳能、风能、地热等新兴能源，水煤浆、煤炭液化、低热值燃料及伴生资源综合开发、煤洁净燃烧技术电站、废气（液、渣）综合利用、汽车尾气净化剂和催化剂等，则应通过创业投资机制、设立环保产业基金或发行债券等方式，鼓励和推动节能减排创新成果的市场化与产业化。

从事节能减排的中小企业尤其是民营企业在我国难以获得与国有大中型企业平等的金融支持。因此，创业投资基金作为创业投资体系中的核心手段，借助社会资本，可以不断为企业的研究和开发提供后续资金支持，增强其创新能力。产业投资基金将成为低碳经济时代最有前途的投融资工具。

---

[56] 项目贷款，也被称为项目融资，或项目筹资，是以项目本身具有比较高的投资回报可行性或者第三者的抵押为担保的一种融资方式。主要抵押形式包括：项目经营权，项目产权和政府特别支持（具备文件）等。项目融资与一般贷款最大的区别是归还贷款的资金来自于项目本身，而不是其他来源。

[57] 根据我国法律规定，银团贷款是指由两家或两家以上银行基于相同贷款条件，依据同一贷款协议，按约定时间和比例，通过代理行向借款人提供的本外币贷款或授信业务。

[58] 所谓保理业务，是指银行等保理商通过应收账款进行核准和购买，向卖方在基于买方信用条件下，提供短期并可循环使用的贸易融资、账款催收、坏账担保等服务。像订单不断但资金不足的企业，是银行保理业务的最佳客户。保理业务可为这样的中小企业带来以下便利：保理业务将应收账款变为现金流通常来说，企业可以通过自有资金和银行贷款来保证资金顺利的运转，但是对于那些规模小、销售业务少的中小企业来说，向银行贷款将会受到很大的限制，而自身的原始积累又不能支撑企业的高速发展，通过保理业务则可迅速、廉价地获得资金。中小企业还可借此优化财务指标。由于应收账款和银行贷款在财务报表上都表现为负债，而通过保理融资不但不增加负债，反而表现为应收账款减少现金流增加，使得资产负债的比例有很大的改善，对于中小企业吸引风险投资或者获得银行贷款等活动都有莫大帮助。增加买卖双方的交易机会和扩大营业额。企业可消除对市场、国外贸易规章、客户资信等的后顾之忧，扩大出口额。优惠的结算条件则可使进口商加快资金流动，扩大购买力。免除商业信用风险。企业可以减少坏账风险。而买方则凭自身良好的信誉和财务表现获得信用额度，无需抵押。

[59] 与CDM市场各类服务商、交易对手谈判协调；协助CDM项目业主选择具有良好的交易记录和履约能力的买家，降低企业交易风险；为CDM项目业主提供并锁定合理的CER报价，帮助企业实现最佳收益；资金结算优势，确保交易资金快速到帐；使CDM项目业主不仅实现CER交易，而且获得联合国认证“绿色标签”。

3．企业债券

目前企业债券融资极度萎缩，市场发展停滞不前。由于债券融资条件较为严格，发行成本较高，发行时间较长，符合债券融资条件的企业更愿意选择银行贷款；加之管理体制不顺导致企业债券市场发展缓慢，这种融资途径亟待进行改革。当前创新的方向是为中小型科技企业提供政策性担保，发行集合债券。

4．环境信托基金

环境项目带有很强的公益性，运用信托方式设立环境公益基金是国际通行的做法之一。设立环境信托基金，可借鉴社会保障基金的归集方式，由财政、企业和居民共同出资，以信托方式设立环境信托基金，交由专门的信托投资机构加以管理和应用。

对于能够落实项目回报，得到地方政府支持的项目，可直接针对具体环境项目设立集合资金信托计划，也可设立包括环境整治在内的综合市政基础设施资金信托计划。

5．构建碳交易平台

搭建排放权交易平台，一方面为现有企业参与国际碳排放交易提供便利，并谋求议价权利；另一方面，也为建立本土排放权交易体系进行初期的尝试。

参考国际标准组织的原则和方法，制定碳强度标准。拟制定的标准应该主要包括四个部分：第一是核算二氧化碳排放量的方法学；第二是二氧化碳排放与削减的核算；第三是碳排放强度的核算、报告和认证；第四是行业标准，建立主要碳排放行业的碳排放强度数据库。

积极推动自愿减排市场的发展（VER，voluntary emission reduction）。自愿减排市场最先起源于一些团体或个人为自愿抵消其温室气体排放，而向减排项目购买减排指标的行为。VER的对象为《京都议定书》非缔约国的发达国家，各政府决策者、私募投资者、传媒和著名大公司，由于它们对于温室气体和全球气候变化的关注与日俱增，并愿意积极地为解决气候变化问题做出贡献，自发地参与CDM、并认购CDM项目产生的VERs。

自愿减排的买方一般为：企业、非政府组织、自愿减排量的零售商。自愿减排的动力有企业社会责任、品牌声誉、管制预期、投资再售等。对项目业主而言，自愿减排市场为那些前期成本过高、或其它原因而无法进入CDM开发的碳减排项目提供了途径。

五、相关配套措施

一是把碳金融发展纳入到国家气候变化、减灾和可持续发展政策框架，使碳金融成为节能减排的主要政策工具。在粗放型经济发展模式条件下，碳排放原本是经济发展的一项成本，但在碳交易机制下，碳排放权具有资产价值。由于我国的CDM项目分散、中介程序复杂、审核周期长，使国内碳价格远低于国际市场价格，从整体上降低了碳资产的价值转化效率。国家、各省市区要尽快建立自己的碳排放“账户”，要建立和完善气候变化的数据库和碳风险评价标准，健全碳交易监管和法律框架，为碳金融发展创造稳定的政策环境。

二是建立碳交易市场，发挥市场机制在碳减排上的基础作用。利用证券交易所、期货交易所、产权交易所在专业服务能力、市场基础设施、交易结算系统上的互补性，先选择特定区域或行业，探索性地开展碳排放交易和气候衍生品交易，降低交易成本，提高交易的透明度和流动性，实现交易的规模效应。

三是加强金融服务业应对气候变化的能力建设。鼓励金融机构设立专门的碳金融业务部门，缓解碳交易中的信息不对称问题，提高金融服务业的气候风险管理能力。

四是将我国碳排放权交易资源进行一定战略储备，随行就市，灵活买卖，用资源来直接掌握一定的市场话语权。目前，一些发展中国家比如印度，就把大量的碳减排项目拿到IPCC(联合国政府间气候变化专门委员会)进行认证，并自己保留部分项目进行战略储备。我国也应考虑进行碳排放权交易资源的战略储备，国家出钱收购碳排放权交易资源，同时成立有关部门进行碳排放权交易资源的战略投资。

五是形成促进低碳经济发展的长效投融资机制。建立为碳管理服务和低碳技术投资的碳基金，支持节能减排企业和环保项目发行债券，建立清洁能源、生态环保等产业投资基金，开发绿色建筑、节能和可再生能源、环保汽车等信贷业务和保险产品。加强金融服务业与能源、农业等战略性产业合作，推进天气衍生品创新，实现战略协同效应。

六是探索开展低碳产品认证。通过向产品授予低碳标志，探索低碳产品的采购和消费模式，以公众的消费选择来引导和鼓励企业开发低碳产品和低碳技术，吸引全社会参与到低碳经济中来，促进形成低碳生产模式和消费模式。

七是加强节能减排工作。加强节能减排统计管理体系基础能力建设，严格节能减排统计审核责任制度，切实提高环境统计数据质量，加强统计数据的管理分析，提高统计工作的服务能力和水平。

八是金融机构要加强专业人才储备工作。认真研究节能减排的技术特点、分析行业特点，找出其盈利模式，主要风险点，设计出合理的融资方案。形成“边干边学”的良好团队学习氛围，不断提高业务人员的专业化水平。

参考文献：

1、潘家华：《国家利益的科学论争与国际政治妥协——联合国政府间气候变化专门委员会关于减缓气候变化社会经济分析评估报告述评》，《世界经济与政治》2002(2)。

2、庄贵阳：《中国经济低碳发展的途径与潜力分析》，《国际技术经济研究》2005(3)：57－60。

3、庄贵阳：《低碳经济引领世界经济发展方向》，《世界环境》2008(3)：35－38。

4、庄贵阳：《节能减排与中国经济的低碳发展》，《气候变化研究进展》2008(5)。

5、朱四海：《低碳经济发展模式与中国的选择》，《发展研究》2009（5）。

6、宋德勇，卢忠宝：《我国发展低碳经济的政策工具创新》，《华中科技大学学报（社会科学版）》2009（3）。

7、宗和：《气候交易拓展了市场新边界》，《上海证券报》2006－08－15。

8、陈永昌：《应对气候变化，发展低碳经济》，《北方经贸》2009(9)。

9、王军：《气候变化经济学的文献综述》，《世界经济》2008(8)。

10、国务院发展研究中心应对气候变化课题组：《当前发展低碳经济的重点和政策建议》，《中国发展观察》2009（8）。

11、鲍健强，苗阳，陈锋：《低碳经济：人类经济发展方式的新变革》，《中国工业经济》2008(4)：15－17。

12、王文军：《低碳经济发展的技术经济范式与路径思考》，《云南社会科学》2009(4)：46－49。

13、任力：《国外发展低碳经济的政策和启示》，《发展研究》2009（2）。

Development of Low-carbon Finance in China

Abstract: China has announced its own carbon emissions reduction targets: By 2020, China will decrease its carbon dioxide emissions per unit of GDP by 40-45 percent, based on 2005 levels. In this regard, the Chinese government's commitment has always been resolute and their intention is to strictly implement strategies to achieve carbon emission reduction goals. This in-depth study analyzes how Chinese domestic financial institutions will adapt to these objectives and develop low-carbon finance to promote energy reduction.

Key words: Voluntary Emission Reduction Commitments, Low-carbon Finance Development, China.

第十章 中国城市低碳产业园区建设

张 旺[60] 刘建文[61] 陈科华 陈益元

摘 要：低碳产业园区是继经济技术开发区、高新技术产业开发区、生态产业园区之后的第四代产业园区，其建设对于园区的生存和发展、所在区域的可持续发展、国家的产业低碳化转型等方面都有着重要的现实意义。根据已有基础、企业关系、产业结构等标准，我国低碳产业园区可以分为：新能源低碳产业园区、循环经济低碳产业园区、高碳生产力产业园区三大类型。在当前发展低碳经济、建设低碳城市的形势下，中国的产业园区面临着低碳化转型的必要性和紧迫性。我国既有的产业园区低碳化发展主要有跨越转型和升级换代两种方式。新设低碳产业园区则有全新规划和虚拟建设两种形式。中国低碳产业园区的发展趋势是：系统全生命周期的减碳化、动态发展的柔性结构、园区和市区的有机融合。发展我国低碳产业园区的建议有：建立一套定量测算和评价的标准；打造低碳产业集群；均衡布局，因地制宜，分类指导。

关键词：低碳产业园区 产业园区低碳化 低碳产业园区发展方向

在温室气体排放和气候变暖引起各国政府和公众高度重视的今天，在我国经济社会发展越来越受到能源和环境的约束面前，作为城市碳排放较为密集且总量占比较大的产业园区，向低碳产业园区转型，加快能源和资源的综合利用和集约节约，减少污染物和温室气体的产生和排放，是园区应当承担的社会责任。

第一节 低碳产业园区建设的意义

据不完全统计，我国已建的各级、各类产业园区数量多达近7000个。其类型主要有：经济技术开发区、高新技术产业开发区、保税区、边境经济合作区、出口加工区、旅游度假区、保税物流园区、保税港区、互市贸易区、投资区、科技工业园和各种省级、地市级、县区级开发区等。迄今为止，国家级开发区共有275个，省级开发区有

---

[60] 张旺，在读博士，湖南工业大学长株潭两型社会研究院项目部负责人，全球低碳城市联合研究中心助理研究员，主要从事资源、环境与可持续发展研究。

[61] 刘建文，博士，教授，湖南工业大学机械工程学院装备与控制工程系主任，全球低碳城市联合研究中心研究员，主要从事能源利用、环境工程研究。

1328个。一方面，产业园区的兴起和发展，有力地带动和促进了我国区域经济的发展；另一方面，不少园区在产业结构和能源结构方面普遍存在重化工业比重过高、传统化石能源耗费过大、可再生能源和新能源利用不足等问题。因此，建设低碳产业园区是未来我国园区发展的必由之路。

一、低碳产业园区的界定

低碳产业园区是以追求低能耗、低排放和高产出为目标，通过发展低碳制造类和服务类产业、建立减碳化、生态化、共生化、网络化的产业关联，实现经济低碳化以及经济、社会和环境协调发展的产业社区。

低碳产业园区以低碳经济学、循环经济学及产业生态学等作为理论指导，从园区的区位选择、规划设计、物流采购、营建施工、物业运营、配套设施、管理体系、企业评估体系、监测机制等各个环节的建立，到各企业内外部之间共生化、网络化和复杂化的产业关联的建立，都体现绿色环保、低碳减排、清洁生产、污染预防、能源减量、有效使用可再生能源及生态化管理等思想，最终达到物质、能量利用的最大化和二氧化碳、废物排放的最小化，实现园区经济、社会和环境三大效益协调发展的目标。

在低碳产业园区内，各类企业相互合作，并与当地区域合作，通过对包括能源、水、原材料等基本要素在内的资源与环境方面的合作和管理，促进生态、环境、经济与社会的多重优化和协调发展；采取低碳生态集成技术手段，以实现园区内的污水处理、热电联产、中水回收利用、能源梯级利用、新能源开发、企业内部及企业间物质、能量等要素的交换与利用；各成员单位通过共同承担降碳责任、推动节能减排、提高碳生产力、管理生态环境和促进经济发展来获取更大的社会产出；以设施低碳（交通、建筑等方面）、工艺低碳、管理低碳、废物回收利用以及产业结构调整等手段，使得整个产业园区所获得的综合效益大于单个企业通过个体行为的最优化所能获得的综合效益之和；通过清洁生产、环境设计及生态化管理等手段实现资源能源的利用最大化、温室气体和废物的减量化，形成一个相互依存、合作共生、类似于自然生态系统食物链循环过程的工业生态系统，并使该系统和谐地纳入自然生态系统物资循环和能量循环的大系统之中。

而生态产业园区是在生态学、产业生态学、生态经济学和系统工程理论的指导下，将一定区域内多种具有不同生产目的的产业，按物质循环、生物和产业共生原理组织起来，模拟自然生态系统中的“食物链”和“食物网”关系，在园区内构建纵向闭合产业循环链、横向耦合产业循环链或区域整合产业循环链，以最大限度地减少资源消耗和实现废物“零”排放，从而求得多种产业综合发展的产业集团。[62] 生态产业园区是继传统经济开发区、高新技术开发区之后的第三代产业园区。

生态产业园区的主要特征是：园区中各组成单元间尽量相互利用废物作为生产原材

[62] 童昕，王缉慈，李天宏：《论可持续发展与生态工业革命》，科技导报，2000年第4期。

料，最终实现园区内资源利用最大化和环境污染的最小化。所以低碳产业园区与生态产业园区的相同点在于：相互合作与整体利益、生产过程的生态化和环境友好性、可持续性。

现实的生态产业园区并非严格意义上的可持续经济，因为园区的能源结构主要仍是传统的化石能源。因而园区在能源方面升级换代的核心目标是降低化石能源的使用、充分利用可再生能源和新能源以减少温室气体的排放，提高碳生产力。

生态产业园区的发展方向是能源的高效利用和结构优化，通过在园区内实现低碳能源技术创新和集成、制度创新和人类消费发展观念的根本性转变，提高能源利用效率和采用清洁能源，达到整体上减碳的目的。只有当园区的能源供给全部是可再生性能源(如太阳能、水电、风能等)，不再依赖化石能源，这才是真正的可持续发展经济，这时的产业园区就是名副其实的“零碳园区”。和生态产业园区相比，低碳产业园区更加强调园区要在温室气体排放总量和排放强度上均体现低碳；园区系统在减碳的同时，必须满足园区必要的运行；园区碳排放量的最小化与社会产出的最大化；低碳园区必须实现其社会价值的最大化。[63] 因此，低碳产业园区是生态产业园区向零碳产业园区的过渡形式，是比生态产业园区更高级的园区形式，可以说是第四代产业园区。

二、建设低碳产业园区的重要意义

1．有利于我国城市工业整体上的低碳化转型

由于我国正处于工业化的中期阶段，自1980年代以来，工业能源消费占我国能源总消费的比例为70%，工业能源消费的增长对全国能源消费增长的贡献率也在70%以上，而且我国高耗能工业部门的能耗水平与国际先进水平相比仍有20%～30%的差距。[64] 再加之重点用能行业的中小企业能源利用效率又比全国平均水平高出20%以上，另外以煤炭为主的能源结构决定了工业低碳化的任重道远。因此，作为我国城市工业主要载体和中小企业众多的产业园区，引导其进行低碳转型，对履行中国政府在哥本哈根会议上的庄严承诺，顺利完成减少碳排放有着至关重要的作用。

2．有利于产业园区自身的生存和发展

一方面，园区能耗低，就可以降低生产成本，这本身就是一种效益，也提高了竞争力；另一方面，区内企业自觉承担社会责任，节能减排措施落实到位，注重清洁生产，从源头上减少包括温室气体在内等废气、废渣、污水的排放，不仅能避免背上耗煤大户、污染环境的骂名，而且还能享受治理污染费返还、低息贷款以及综合利用产品的减免税等优惠政策。所以，切实落实节能减排、建设低碳产业园区，既有利于产业园区的生存与发展，也有利于增强园区和企业的竞争力，真正实现经济、社会和环境效益的

[63] 陈国谦等：《中国低碳园区的系统测算技术与评估体系》，北京高端低碳园区研究中心（内部讨论稿），2009年12月。

[64] 刘卫东，陆大道，张雷等：《我国低碳经济发展框架与科学基础——实现2020年单位GDP碳排放降低40%～45%的路径研究》，商务印书馆，2010。

“多赢”。

3．有利于产业园区和所在区域的可持续发展

当前，大多数地区经济社会已由粗放式发展向集约式发展转变，开发区建设也进入了由“数量”扩张向“质量”提升的关键时期。在新的发展阶段，产业园区承受更重的三重（经济、社会和环境）压力和三重责任。这样坚持一手抓社会产出的最大化，一手抓低碳化转型的“两手抓、两手都要硬”的方略，是实现产业园区可持续发展的唯一选择。产业园区的可持续发展强调园区内经济、资源、环境、社会和技术等方面的协调统一和平衡发展。经济效益的提高和环境效益的改善，又能吸引更多的生产者(企业)进入园区，并通过园区作为增长极的辐射带动和示范效应，推动其所在区域的可持续发展。

4．有利于改善广大群众的人居环境质量

无论经济社会发达与否，人民群众都有着追求绿色、健康和幸福生活的强烈愿望和应有权利，也就是既要“金山银山”，更要“绿水青山”。他们在追求富裕生活的同时，也会追求“蓝天、碧水、绿色、洁净”的人居环境。因而推进低碳产业园区的开发建设，减轻城市的“热岛效应”，改善局部地区小气候环境，不仅能提升当地居民的生活质量、利于身心健康、实现宜居宜业，也能打造低碳品牌、美化城市形象，吸引更多人才前来本地安居乐业。

第二节　低碳产业园区类型和发展模式

虽然我国尚未有真正意义上的低碳产业园区，但也有一批产业园区正在向低碳化发展转型，初具低碳产业园区的雏形，逐渐形成可示范和推广的模式。以下就从现有基础、企业关系、产业结构和相对位置四个角度对其进行分类，并介绍其可借鉴的模式。

一、低碳产业园区的类型

1．特色低碳产业园区

根据产业特色划分，可将低碳产业园区分为农业类、工业类、资源回收类、服务类与混合类等多种特色低碳产业园区。

（1）农业低碳产业园区

该类园区以低碳高效农业企业为主导产业，因地制宜，其建设和运行保障在低碳的前提下，包括采取减少农药和化肥用量，增加有机肥，建立沼气工程等能源环保设施等措施，实现园区经济、能源、环境等多维度的可持续发展。

典型的当属陕西杨凌农业高新技术产业示范区，经过10多年的发展，杨凌以农业资源为原料的农资、良种、食品、制药、新材料等循环农业链正在形成，以此为依托兴起的环保农资、农牧良种、绿色食品、生物制药等特色产业初具规模，园区正逐步朝着标准化、专业化和生态循环的低碳园区发展。又如合肥市一系列农业园区(安徽绿之源生态农业园、合肥富安生态农业示范基地和合肥丰乐生态观光园等)，选择立体农业、有机农业、生态养殖、立体种养和休闲农业等循环经济模式，重点发展花卉苗木、畜禽养殖、秸秆利用、观光旅游等项目，使园区达到基础设施完善、科技应用领先、产品质量安全和生态环境良好的建设目标。[65]

（2）工业低碳产业园区

该类园区比较多见，一般考虑到园区内各类别工业企业的产业关联度以及实现园区内原材料、能源的最优循环与利用，来建立和完善工业生态链。

以山东鲁北国家生态工业园区为例，它是我国第一个纯工业企业类型的国家级生态工业园，由山东鲁北企业集团建设而来。他们以石膏制硫酸联产水泥等关键粘结技术的研发产业化为基础，多年来培育形成了磷铵硫酸水泥联产、海水“一水多用”、清洁发电与盐碱电联产三条高度相关的生态工业链，实现了资源综合利用和控制环境负荷的有机统一，走出了一条工业生产与环境协调发展的可持续之路。杭州萧山临江工业园区根据上下游关系、技术可行性和经济可行性以及环境友好的要求，核心企业以及相关的附属企业组成7个相对独立、相互共生的工业生态群落，通过共同产品、废物和能量的关联，构成多种物质能量链接的生态链网络。[66]

（3）资源回收低碳产业园区

该类园区是在循环经济理念下，培育、引进利废企业和相关服务企业，集回收分拣、集散交易、示范加工、物流配送、污染治理、管理培训、科技研发、公共服务等诸多功能于一体，通过多元化、多维度、集约式发展，建设成集聚型、生态型、服务型、科技型的产业集群园区。

2010年5月，国家发改委和财政部根据资源循环利用产业发展现状及循环经济试点成效，首批选择天津子牙循环经济产业区、安徽界首田营循环经济工业区、湖南汨罗循环经济工业园、广东清远华清循环经济园、四川西南再生资源产业园区、宁波金田产业园、青岛新天地静脉产业园等7家区域性资源循环利用园区开展“城市矿产”示范基地建设。再按照可复制、可推广、可借鉴的要求，实现回收体系网络化、产业链条合理化、资源利用规模化、技术装备领先化、基础设施共享化、环保处理集中化、运营管理规范化。然后通过示范、引导和带动，既能节省大量原生资源，弥补我国原生资源不足，又能“变废为宝,化害为利”，缓解我国资源环境的约束压力。

（4）多元化发展低碳产业园区

此类园区内彼此靠近的企业既有工业也有农业企业，它们之间通过协同管理资源与环境，在系统减碳的同时，保持园区经济、能源、环境多维度的持续发展，实现社会产出的最大化。

例如新疆石河子国家生态工业（造纸）示范园区立足于石河子垦区的笈笈草特色资源，以此作为造纸原料，采用无氯漂白工艺造纸，造纸产生的废水灌溉农田，草叶添

---

[65] 宋小龙，陈来，宋倩：《生态产业园区发展模式研究———基于食物链类型的分析》，资源开发与市场，2008年第10期。

[66] 蒋海芸：《工业园区生态产业链与发展模式研究》，能源环境保护，2009年第5期。

加精饲料可供养殖场作饲料，养殖系统的排泄物回用于种植系统，提高土壤肥力，以求达到既改造沙漠和盐碱地，又合理开发和有效利用自然资源、保护生态环境和发展经济相协调的目标。又如四川沱牌曲酒酿酒工业生态园，绿色原料入窖发酵蒸馏生产出优质酒；酒糟生产饲料和生物活性有机肥；饲料用来养牛、猪、鸭；动物排泄物和其他下脚料做有机肥或沼气发酵；产生的沼气用作酿酒能源；畜禽用作食品加工，其副产物和园区内种植的中药材用作生物制药原料；肥料用于生态农业；植物提供无污染酿酒原材料；炭渣制砖；废水90%回收利用，10%经处理后达标排放，用于园区绿化灌溉。[67]

2．低碳产业园区与低碳化产业园区

（1）低碳产业园区

在进行良好规划和设计的基础上，从无到有地开发建设全新的产业园区，使得企业间尽最大可能地实现废物、废热等的交换与利用，提高能效和优化能源结构、防止环境污染，以达到整个新建园区资源节约、环境友好的目的。这类园区主要吸引那些具有“低碳绿色制造技术”的企业入园，并营建一些基础设施使得这些企业间可以实现废水、废热等的交换。并且该类园区的投资大，对入园成员的要求也较高。

如河北省曹妃甸工业园区在主导产业上重点发展现代港口物流业、钢铁工业、石化工业、电力工业、装备制造工业，并带动与此相关的新型建材工业、配套服务业、海水淡化等关联产业，建立能源综合利用及管理控制体系，重点建设企业内部节能和能源回收利用系统、企业间能源梯级利用系统、能源综合利用系统及相应的管理体制，形成产业相互促进、资源利用互补、经济与环境协调发展的低碳经济发展模式。又如2010年4月16日成立的辽宁省营口低碳生态科技产业园，按照低碳生态科技的产业链，园区总体规划为“三大板块，九大功能分区”，聚集了低碳科技园、低碳产业示范区和低碳建筑示范区三大板块的上下游产业，形成较为完整的低碳生态科技产业链条；九大功能分区（产业孵化基地、低碳企业总部、企业运营中心、低碳技术转移中心、展览展示中心、碳汇金融中心、低碳企业聚集中心、低碳科技研发中心、综合配套中心）吸纳低碳产业及其关联行业机构聚集成群，打造低碳产业服务平台和示范基地。

（2）低碳化产业园区

在原有的工业园区、高新技术园区的基础上进行就地改造，重新构架；对已存在的工业企业通过适当的工业生态技术改造，建立起区域内成员间废物和能量交换关系，以创造共生耦合、互惠互利的企业聚集区。

如天津经济技术开发区按照政府引导、市场化运作的原则，建立了完善的组织机构，制定了财政鼓励性政策，通过政策引导和市场驱动等手段、工业生态系统的构建与完善、资源和废物的减量化等措施，根据国际国内的产业发展趋势和市场需求，在电子信息、生物制药、汽车制造和食品饮料等行业，逐步形成行业内部及行业间的产业链和产品链。通过推进企业清洁生产、节水、节能等措施，减少了生产过程中的资源消耗，

[67] 钟书华等：《生态工业园区建设与管理》，人民出版社，2007年。

提高了能源效率，减少了主要污染物的产生和排放。并且不断优化产业布局，促进产业共生耦合和结构升级，形成了“政府推动、企业主体、全民参与”的低碳产业园区建设格局。又如昆山经济技术开发区生态工业建设以区内现有的电子信息业、精密机械加工业、民生用品业3 大门类1000 多家企业作为生态系统的结构成员，通过构建开放的柔性生态网络加以实现。柔性生态网络的形成、丰富和完善将在开发区建设过程中通过市场机制构建产业链、减量化措施及绿色招商等重点工程因地制宜逐步形成低碳园区。

目前国内各种演进阶段的产业园区并存，既有第一代的经济技术开发区、保税区和出口加工区等，也有第二代的高新技术开发区，还有第三代的生态工业园和循环经济工业园。部分生态工业园是在经济技术开发区或高新技术开发区的基础上升级换代形成的，而循环经济工业园与第一代产业园区没有必然联系。这些产业园区原来的发展方向有所差异，但现在急需实现低碳化转型，其发展方式如图10-1。

图10-1 中国既有产业园区的低碳发展方式

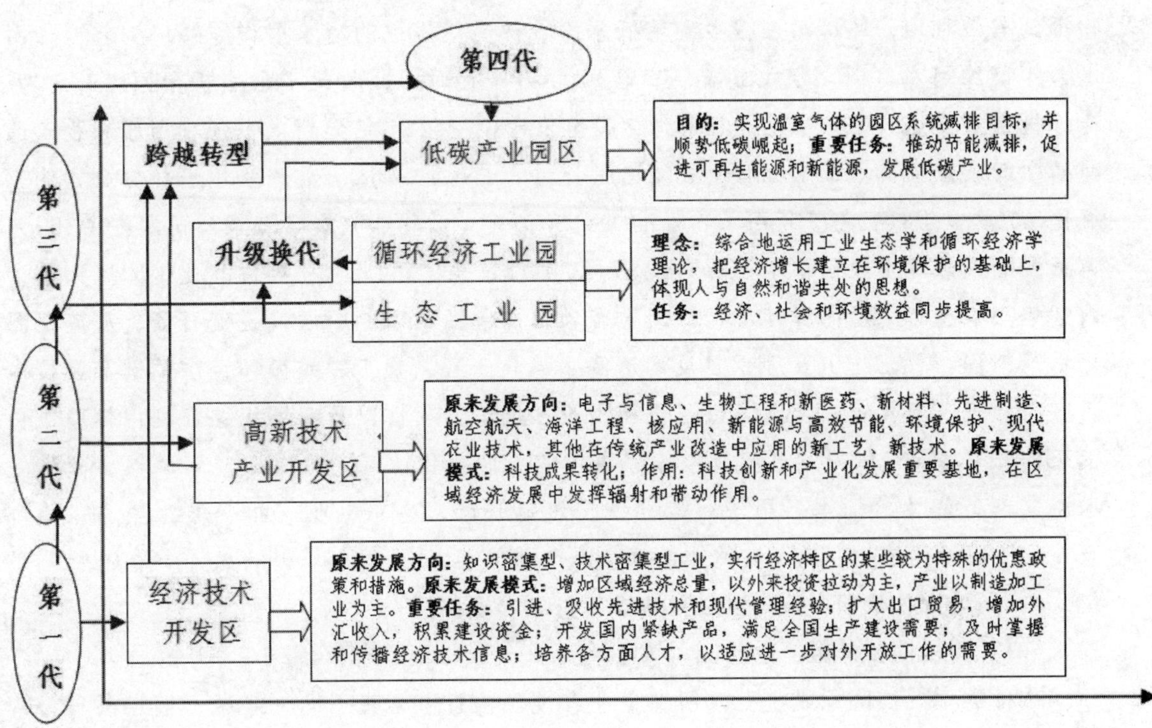

3．链式低碳产业园区与循环低碳产业园区

（1）链式低碳产业园区

围绕原有某一或几个大型联合企业所从事的核心行业，利用产业关联吸引产业链上的相关企业入园，构造工业生态链和工业生态系统，通过系统整体优化强化低碳配置。

典型的是中国广西贵港（制糖）生态工业园。园区以制糖厂为中心，根据制糖所产生的废物和副产品，建立了可以吸收这些废物和副产品的酿酒厂、造纸厂、水泥厂、发电厂，从而形成了多条一级循环产业链；通过各个系统(蔗田系统、制糖系统、酒精系统、造纸系统、热电联产系统、环境综合处理系统)之间的中间产品和废弃物的相互交换而互相衔接，最终形成了一个比较完整和闭合的生态工业网络。再如呼和浩特市托克托工业园区在化工产业上，围绕大陆集团多晶硅项目，打造单晶硅冶炼——拉棒、切片、太阳能电池片——太阳能电池板——太阳能发电系统产业链。大陆产业投资集团联合其国际、国内的战略合作伙伴，决定投资建设世界上最大的多晶硅的生产创新制造基地，彻底解决多晶硅材料生产、供应短缺对电子芯片和太阳能产业发展的瓶颈问题，并投资和发展下游单晶硅冶炼、拉棒、切片、太阳能电池片生产和太阳能电池板封装及太阳能发电系统等产业集群。

（2）循环低碳产业园区

园区内部多个关联行业和企业根据生态工业学与低碳经济、循环经济原理实现有机耦合，形成多行业，企业间共生关系多样化，实施面向低碳园区的系统综合管理、优化和调控。

如山东潍坊滨海经济开发区通过企业内外部间构建横向或纵向耦合产业链，并在一定程度上形成了网状结构，使园区内资源得到最佳配置，二氧化碳得到系统减排，废弃物得到有效利用，环境污染减少到较低水平：热电厂排放的清水用作纯碱厂工艺冷却用水，年节约海水1000 万立方米，节电350 万千瓦时，回收化工余热折合原煤3.3 万吨，折合效益达2800 万元；山东海化股份公司投资5.2 亿元新上综合利用废弃物改造纯碱生产装置项目，每年可消化氯碱树脂公司的电石泥548 万方，利用石化分公司的二氧化碳废气0.88 亿方，年可节约标准煤3.3 万吨；潍坊联兴炭素有限公司实施了30 万吨蒸汽的余热利用项目，年可节约3.87 万吨标准煤。再以2008年鲁北化工园区为例，该区启动实施了一批循环经济、低碳生态项目。包括：火电厂烟气脱硫石膏、灰渣资源化示范工程、鲁北40000 吨/日反渗透海水淡化工程、化工领域循环经济关键节能技术研究与示范、氧化铝赤泥废渣资源化利用等多项国债项目以及粉煤灰综合利用提取氧化铝工程、48MW 风力发电项目、环氧氯丙烷、四氯化钛等项目，形成了磷铵、硫酸、水泥联产，海水“一水多用”，盐、碱、热电联产，生态电业，油、煤、盐“三化合一”，钛白粉清洁生产六条完整的低碳生态产业体系。

4．同地同体低碳产业园区与异地虚拟低碳产业园区

（1）同地同体低碳产业园区

这种类型的园区原则上要求所辖企业在地理位置上聚集于同一区域，通过共享公共设施并进行科学整合，在实施系统减碳的同时，实现社会产出的最大化。前面所列举的产业园区基本上都属于同地实体类低碳产业园区。

如深圳光之明（国际）低碳产业园项目一期工程主要包括新能源电动汽车及燃料电池配件产品展销中心，核能、风能、智能产品展销中心，将要完成的二期工程主要包括空气能、太阳能、风光互补产品展销中心等，现代汽车集团、美的集团中央变频技能空调及中央热水器现已抢占先机，成为最早入驻园区的企业。建成后的园区将被打造成为一个集低碳产品研发、交易展览、信息交流、管理服务、科普为一体的低碳产业基地。

（2）异地虚拟低碳产业园区

此类园区并不严格要求其成员企业在同一地区或相邻地理区域，但仍按照低碳经济和生态工业的思想进行组织和运作，主要通过建立计算机模型和数据库，在电脑网络上建立起成员间的物料或能量联系，形成一个信息集成共享系统，为入园企业提供信息和指导。优点是可以省去一般建园所需的土地及设备购置等基础设施费用，避免进行大量的工厂迁址工作，具有较大的灵活性。但缺点是不得不承担建立前的搜寻成本和后续较高的物料运输成本。

严格来说目前我国还没有完全的异地虚拟类低碳产业园区，有些工业园区主要是将虚拟园区作为实体园区的辅助手段，其中典型的有广东南海国家生态工业示范园区、天津经济技术开发区、苏州高新区。广东南海虚拟园区依托“中国环保谷”网站构建了一个大型环保产业信息平台，主要由与核心区有生态工业关系的企业构成，充分体现对实体园区的补充和提升作用，并实现信息交流、资源共享。天津经济技术开发区自2004年以来一直在突破地域界限，开始虚拟工业园的实践活动，在开发区开展循环经济的基础上，也在天津市范围内寻找合作企业，通过企业共生的模式开展资源一体化利用。

二、低碳产业园区的发展模式

我们认为当前建立在能源禀赋、循环经济和技术集成基础上的低碳产业园区已基本发展成熟，可以作为一种模式向全国推广示范。

1. 新能源发展模式

此类产业园区依托所在区域良好的能源禀赋条件，充分利用可再生能源(如太阳能、水电、风能等)或新能源（潮汐能、地热能、生物质能等）供给区内企业用能需要，实现能源供应的低碳化，最大限度地提高能源的转化、利用效率，在整体水平上降低对不可再生能源(如石油、煤和天然气)的需求。

以威海经开区为例，临海是威海经开区的最大优势，风能是该区的最大资源。2005年9月，该区成功引进总投资7.2亿元的华能中电威海风发项目。该项目总装机容量近7万千瓦，与煤电相比年节标煤4500吨。2008年12月27日，该区又与华能新能源签署合作协议，斥资75亿元建设海上风电项目，总装机容量30万千瓦。项目建成后，可提供大量的清洁能源，提高资源重复利用率。2009年以来该区新力热电正在抓紧建设海水源热泵供暖项目，即利用海水吸收太阳能形成的低温低位热能资源，采用热泵原理，提取海水热能替代燃煤锅炉供暖。又例如徐州经开区投资4.13亿元建设了保利协鑫垃圾发电厂，该公司采用国际先进的二段往复式机械炉排炉，日处理区内由环卫部门统一收集和压缩的生活垃圾近1000吨，日发电约28万千瓦时。脱硫、脱硝效率、氯化氢等烟气排放达到国家标准，其中二恶英和烟尘排放低于国家规定标准。

2. 循环经济发展模式

该类园区对区内的企业进行能量流、水流、物质流、废物流以及信息流等方面进行技术集成，尽可能形成几条主要的生态工业链，利于副产品或废弃物的交换，能量、废水的梯级利用及基础设施的共享，构建一个稳固的生态工业网，形成产业相互促进、能源去碳化、资源利用减量化和循环互补、废物再利用的循环经济模式。

典型的案例是包头（铝业）生态工业园，园区利用现有的产业关联优势、区位优势，以电厂为基础，铝业为龙头，形成了一个“铝电联营”的循环经济模式低碳产业园。同时热电厂和铝业又各自成系统，一方面在园区大系统层次上实现资源共享和产品、副产品的交换；一方面又在各自系统内部构建循环链条，实现能源和副产品的梯级循环利用以及产品的深加工。[68]还有烟台经开区建成了绿环再生资源废物资源化等十一个生态工业链条，培育了绿环再生资源、永旭环保等多家“吃废”企业，实现企业之间废物的交换和资源化利用。

3．技术集成发展模式

通过将能效技术、减碳技术、碳封存与碳捕获技术和碳汇技术等主要的低碳技术在该类低碳产业园区进行技术集成，按照“点—线—面”模式推进，推动低碳技术成果应用和转化并完善推广。

如定位为“低碳生态产业园”的北京国门商务区以环保、节能、绿色、可持续发展战略为指导，在规划设计、建筑节能、新能源利用等方面引进国际先进技术。如绿色太阳能屋顶、雨水收集、中水回用、LED路灯照明、仿照“鸟巢”用生活污水为写字楼冬季供热夏季制冷等，还在其核心区的主要干道上，全部安装上LED节能路灯。商务区内的道路系统将主要以地面交通为主。为了鼓励公共交通出行，园区内还特别预留了城市轻轨和二层人行步道平台的空间。再如定位为国家级的节能装备制造、创新发展产业基地和低碳经济产业示范区的湖北（襄樊）节能产业园，将采取集中规划、分步实施的办法，打造七大核心节能技术装备产业板块和产业链，即单螺杆核心技术产业链、蓄热储能产业集群、智能电网装备产业链、余热发电产业链、智能建筑节能产业集群、节能新材料产业集群以及资源综合利用装备产业集群等，努力实现园区的能源供应低碳化、生产低碳化、建筑低碳化、生活低碳化。

第三节　中国低碳产业园区规划和建设

低碳工业园区在我国还是一个新鲜事物，国外虽有成功模式但不能简单的生搬硬套。中国低碳产业园区的建设必须立足于现有各种产业园区的低碳化转型和新建园区的低碳规划，并沿着正确的建设路径有序推进。低碳产业园区的规划建设是一个系统工程，涉及工程、技术、管理、信息、机构、基础设施等多个方面，编制科学、合理、可操作的建设规划是低碳产业园区建设的前提和基础，设计导向正确、切实可行的发展路径是低碳产业园区建设的重点和关键。

[68] 王瑞贤，罗宏，彭应登：《国家生态工业示范园区建设的新进展》，环境保护，2003年第3期。

一、低碳产业园区的规划框架

低碳产业园区规划以低碳经济学、低碳城市规划和工业生态学等作为理论指导，从系统的层面核算材料、设备、能源、人力投入造成的碳排放，从而制定相应的标准，选取系统减碳的技术，通过园区系统的物质集成、能量集成、废水集成和信息集成，主导产业的确定、主导企业的选择，低碳产业链网的设计，工艺、建筑、交通、管理的低碳化设计，从而构建一个完整的低碳产业园区规划框架（图10-2）。

图10-2 低碳产业园区的规划框架

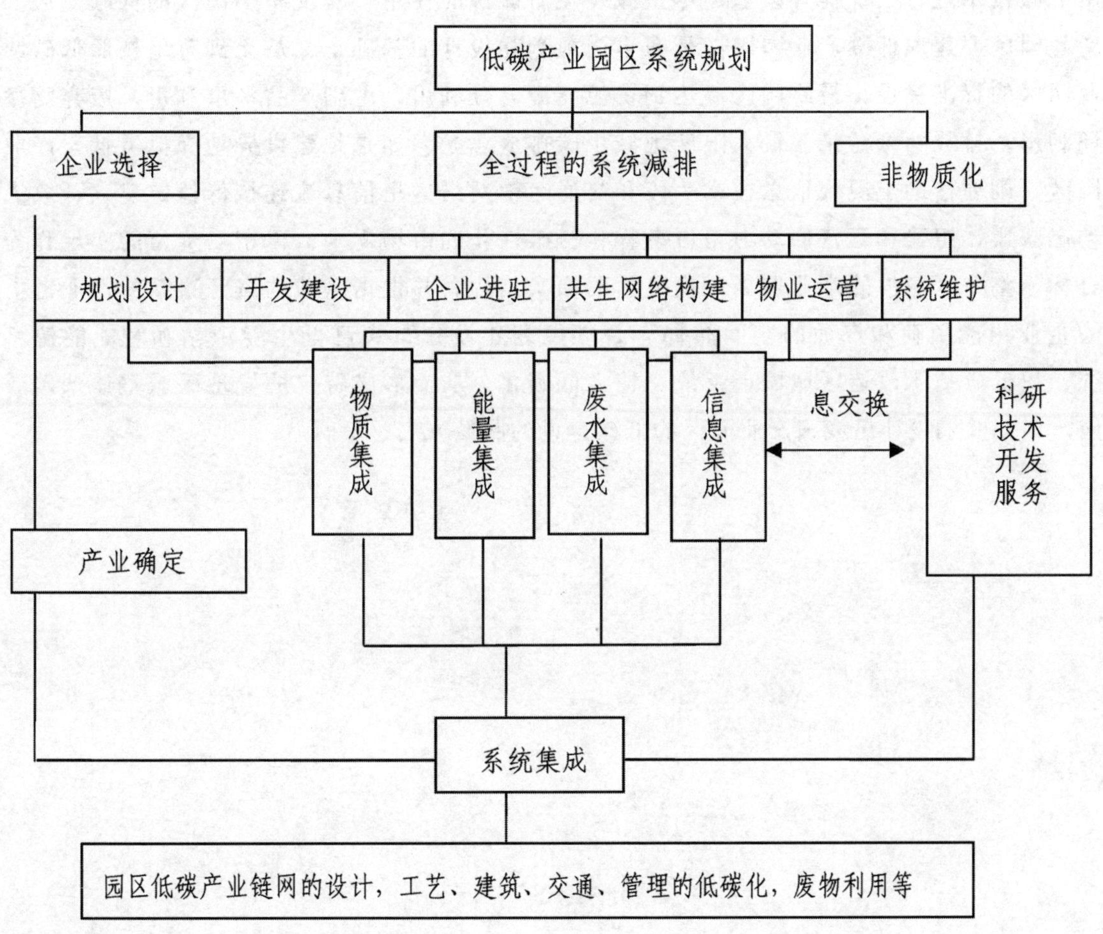

在该规划框架中，科研技术开发服务这个环节非常重要。除了要具备生态工业园和循环经济工业园等规划理念外，必须具有低碳经济学、能源经济学、低碳城市规划、低碳技术、低碳建筑、低碳交通、低碳管理等专业技术知识和系统集成能力。而且，低碳产业园区的规划设计、开发建设、企业进驻、共生网络构建、物业运营管理和系统维护是一个不断提升和完善的动态过程，必须由专业团队提供技术支撑，政府全力支持，形成官、产、学、研紧密联合的区域创新系统。

二、中国产业园区的低碳建设

我国既有的第一、二代产业园区要向第四代低碳产业园区发展，应该实现跨越转型；而第三代产业园区要向第四代发展，应该实现升级换代；至于新设产业园区则应完全按照低碳产业园区的标准进行建设。

跨越转型是指由经济技术开发区、高新技术产业开发区等传统的第一代产业园区不经过第三代的生态工业园或循环经济工业园的建设过程，直接进行低碳化改造，通过调整产业结构和能源结构，利用可再生能源和新能源，提高能效和发展低碳产业等途径，建成真正标准的低碳产业园区。升级换代是指由生态工业园或循环经济工业园，通过应用低碳技术进行系统提升改造，尽量减少化石能源的使用，实现整个园区的低碳效应。新建园区要建成低碳产业园区，是在事先规划和设计的基础上，从无到有地按照低碳产业园区的标准建设，最终园区要达到资源能源充分利用，主副产品多层利用，废弃物循环利用，排放物无污染，最大限度地减少碳排放总量。如果是建设异地虚拟类低碳产业园区，则要借助于现代信息技术手段和交通运输网络，用信息流连接价值链建立开放式动态联盟，组建和运营的动力来自多样化、柔性化的市场需求，以市场价值的实现作为目标，整个区域内的产业发展形成灵活的梯次结构。并根据区域的资源禀赋、产业链上的企业用能负荷和产业的空间布局，合理规划建设分布式可再生能源站和智能能源系统，用低碳技术改造区域城市系统，使之低碳化，从而形成特定的异地区域整体低碳效应。由此我们设计出我国产业园区的低碳建设的路径（表10-1）：

表10-1 中国低碳产业园区低碳建设路径

模式	路径
跨越转型	1、经济技术开发区、高新技术产业开发区等园区概况和现状分析，包括园区概况、经济社会发展、生态环境、能源结构和碳排放情况等； 2、低碳产业园区建设的必要性和紧迫性分析，包括环境影响回顾、必要性、有利条件、制约因素等； 3、低碳产业园区建设的总体框架，包括规划范围和依据、指导思想、规划目标和指标体系、总体设计方案等； 4、主导产业低碳生态链设计、建设，导入资源循环和能源梯级利用流程； 5、可再生及智能能源系统设计（包括分散或集中式分布能源站和智能能源系统）、建设或改造实施； 6、低碳交通系统设计、建设或改造实施； 7、低碳市政系统设计（包括集中污水处理，集中固体废物处理处置，原材料、水、电、天然气及其他燃料等供给系统）、建设或改造实施；实现共享化的配套设施集成； 8、低碳工艺设计（包括减碳或去碳工艺、零碳措施等）、建设或改造实施； 9、低碳建筑设计、建设或改造实施； 10、低碳产业体系和共生网络的构建； 11、低碳产业园区规划建设方案的整体实施、运行、管理、评估； 12、重大项目引进前的低碳评估； 13、低碳产业园区的信息系统建设，利用信息管理系统建立物质、水、能量、信息集成平台，提高园区的代谢能力，达到物质、能量的梯级利用和资源共享的低碳产业链网效果； 14、低碳产业园区的保障体系建设，包括政策法规保障、组织机构建设、技术支撑、管理手段、公众参与、宣传教育与经验交流。
升级换代	1、生态工业园、循环经济工业园园区的概况和现状分析，包括园区概况、经济社会发展、生态环境、能源结构和碳排放情况等； 2、低碳工业园区建设必要性和紧迫性分析，包括环境影响回顾、必要性、有利条件、制约因素等； 3、低碳产业园区建设的总体框架，包括规划范围和依据、指导思想、规划目标和指标体系、总体设计方案等； 4、原主导产业生态链的调查、评价，导入高效资源循环和能量梯级利用流程； 5-14同上。
全新建设	1、主导产业确定，低碳产业链网构建，主导企业的筛选、引进，高效资源循环利用企业的导入； 2-11同上5-14。
空间虚拟	1、确定虚拟低碳产业园区建设的区域范围，调查其概况和现有条件分析； 2、在广泛的网上网下搜寻基础后，建立计算机模型和数据库，在电脑网络上建立起成员间的物料或能量联系，形成一个信息集成共享系统； 3、主导产业低碳生态链设计、建设，导入资源循环和能源梯级利用流程； 4、低碳产业体系和共生网络的构建； 5、在信息集成共享系统平台上实现信息交流、资源共享和物料运输；

第四节　我国低碳产业园区的发展方向

目前我国第一代的经济技术开发区、第二代的高新技术开发区、第三代的生态工业园和循环经济工业园，绝大多数还远远未达到真正低碳产业园区的要求。因此基于应对全球气候变暖、保护生态环境和实现可持续发展的理念，将低碳经济学、产业生态学和循环经济的理论渗透到低碳产业园区的建立和运行之中，从系统整体的角度着眼，对园区的全生命周期进行考察，在各方面强化低碳配置，提高碳生产力，形成经济、环境、社会的互相融合与同步最大化态势，是中国未来低碳产业园区发展的方向。

一、低碳产业园区的发展趋势

1．系统全生命周期的减碳化

真正的减碳，应该运用系统减碳的技术，然后选定不同的样本核算出样本各自的碳排放量，不仅要考虑园区单纯运营过程中产生的直接碳排放，也应全面考虑园区建设与运营全过程的间接碳排放，将涉及材料和设备投入、维护、更新、废弃等过程的排放都纳入核算范围，从而制定相关测算和评价标准，分析各个样本的减碳潜力，采取行之有效的降碳措施。

我国的低碳园区尚在起步阶段，虽然有北京大学国家重点实验室和北京经开区共同组建的北京经开低碳高端园区发展研究中心对北京经开区和北工大软件园两个产业园区进行的系统碳排放测算和评估，但相关标准和系统测评体系也还处在讨论之中。因此，从园区的区位选择、规划设计、物流采购到营建施工、物业运营，再到物流运输、运行维护、直到拆卸回收和废旧材料处理，各个阶段的全生命流程都要运用系统减碳的思路来操作。

2．动态发展的柔性结构

企业共生产业链一旦形成，并因技术联系的刚性而缺乏柔性，那么随着园区内外环境条件的变化，园区发展可能会面临一定的风险。因而，园区共生产业链应该处于一种动态变化过程之中，体现出柔性结构的特点。园区只有立足于当地独特的资源优势和企业或产品优势，使园区企业间的工业生态联系不仅有一定的稳定性，还要有必要的弹性，建立并充分利用其特有的共生产业链的柔性，使园区经济在保持生态可持续性、资源循环利用和碳排放不断降低的基础上，保证竞争的公平，同时具备较强的抗御各种风险的能力。

园区内的企业要能根据市场及环境变化，建立灵活多样、面向市场的生产经营平台，随时根据资源、市场和外部环境的变化调整产业结构、产品结构、所用原料及其工艺流程，实现产品的升级换代。产品设计除考虑实用、成本、利润等因素外，还必须考虑国家有关节能环保尤其是产品本身的绿色安全、废弃物排放等方面的法律规定，以及产品以后的升级换代。[69]

3．园区和市区的有机融合

产业园区作为城市的特殊组成部分及区域经济增长的动力，比城市其他地区在基础设施、资金、产业能耗等方面有着较大的比较优势。其发展低碳经济、实现低碳转型，一方面对于城市或区域的低碳发展具有很好的空间扩散作用；另一方面要走规模经济、范围经济和外部经济的道路，最后融入母体，实现超越园区的范围即所在城市和区域的低碳发展。

低碳产业园区的发展必将是企业、园区和市区三个层面的有机融合，企业内部的小型物料循环链、园区内部的中型产业循环链和市区内部的大型网状循环链联动发展，国家主管部门、市政府、园区和企业各自找准定位、各司其职，在市政设施的共建共享、信息的沟通和交流、人才、资金和技术的合作、资源和环境的跨区域统筹等方面，真正实现园区和市区的一体化发展。

二、低碳产业园区的发展建议

1．建立一套定量测算和评价的标准

具体的流程是：首先搜集园区各类建筑系统、交通系统、能源系统、水系统、废弃物处理系统、相关的附属设施等各个子系统的自然环境、社会经济等方面数据。对园区系统的结构类子系统中的关键因子进行系统监测，对功能类子系统（包括物质代谢、温室气体等物质流输出、总能耗、园区能源的自给情况等）中的关键因子进行调查，为正确认识低碳园区系统特征提供必要的数据支持。然后，从园区的全生命周期出发，系统性分析建造、运输、运行、维护、拆毁和废旧材料处理各个阶段，在确定园区的类型和当地气候的影响后，确定在园区系统全生命周期过程中所消耗的材料、设备、能源和人力投入，建立基本的消耗清单。随后，建立三大数据库系统，包括基于投入产出方法建立的体现碳排放密度数据库、能源燃烧排放因子数据库和设备材料经济成本数据库。在获得消耗清单和数据库支持后，建立单元计算子模型，再根据园区在整个生命周期内材料、设备、能源、人力投入情况，进而对园区直接和间接的碳排放进行测算，最终根据测算结果对产业园区进行评估。[70]

2．打造低碳产业集群

低碳产业集群是指通过技术创新与制度创新，实现清洁能源结构和高能源效率的产业集群。[71]我国的产业园区作为高新技术产业的重要载体，一直走在我国新型工业化道路的前端。在当前实行产业结构升级换代的形势面前，为力争全球产业链的中高端位置，就应该建立以低碳生态产业链为支撑的产业集群。其重点在于对产业园区进行原有产业集群的低碳生态化改造：清洁利用传统能源，提高能效，提高新能源和可再生能源在能源消费中的比重；完善各种环保、能耗监管制度，推行清洁生产机制；重视新能源与能源设备产业的发展，建立园区低碳发展专项基金，将有条件的产业园区建设成为新

---

[69] 金永红，慈向阳：《生态工业园区产业共生链网结构模式研究》，科技管理研究，2008年第9期

[70] 许惠英：《北京经开：引领低碳高端产业园区发展之路》，中国科技产业，2009年第6期。

[71] 冯奎：《中国发展低碳产业集群的战略思考》，对外经贸实务，2009年。

能源和可再生能源产业发展的战略平台。此外还要重视优化低碳产业集群的环境，包括技术创新、政策和文化等环境。注意提升产业集群的稳定性和生产力，在城镇以上区域范围构建具有多样性、广泛性和灵活性的低碳产业共生环境。

3．以点带面、均衡布局

到目前为止，中国设立的各种产业园区多在东部沿海地带和中部地区，而西部又恰好是碳生产力低下、生态环境最为脆弱的地区。由于资源和环境问题具有一定的外部性，因此，低碳产业园区的规划和建设要实行区域化操作，就是在更大的行政区域层面、生态单元层面，甚至是大流域尺度上通盘考虑，统一规划，平衡布局，根据事物内在联系统筹兼顾、提高效能。

一段时期内，建设重点应是在有一定资源和产业优势，并具备一定低碳产业基础的地区，优先选择或建立不同类型的产业园区进行不同类型的低碳示范点建设。通过示范点，一方面进行低碳产业集群建设的理论和实践探索，积累经验；另一方面，通过其空间扩散及其相互作用辐射带动周边地区，由点及面，逐步提升所在城市和区域的低碳发展水平。当务之急是在西部有条件的城市如西安、重庆和成都等建立一批低碳产业示范园区，以点带面地将低碳经济理念辐射整个西部地区，为全面开展低碳产业园区建设工作，大力降低西部碳减排水平，为改善生态环境奠定基础。

4．因地制宜、分类指导

低碳产业园区在我国各地的分布与其他类型的开发区、工业园一样，受到城市开放程度、区位条件、用地状况、产业结构水平和城市发展协调性及对外交通能力等因素的制约。因此，在不同城市或不同主体行业建设低碳产业园区，应分析不同城市的产业特点，充分发挥当地资源优势，因地而异地提出不同的推进策略和具有针对性的要求，从而建设各具特色的低碳产业园区。

就大区域层面来讲，为了避免全国低碳园区出现产业结构趋同现象，东、中、西三大经济地带要进行合理的产业分工，提高产业集中度，形成整体竞争优势，与国家的产业结构调整进行良好互动。对已存在大量各类开发区和工业园区的东中部地区，应推广改造重构类园区，即将原有产业园区通过适当的技术手段进行低碳化、生态化改造，在区域内重构物质和能量交换和循环系统。在具有一定招商引力的地区特别是西部城市，若新建和规划产业园区，则可一步到位，直接定位于低碳产业园区。就园区的主导产业而言，东部可重点考虑化工、建材及轻工等行业；中部将重点放在能源和原材料行业；西部首选资源开发业，在加大火电、石油和煤炭等传统能源行业低碳化改造的同时，因地制宜地发展水电、太阳能和生物质能等新能源和可再生能源。

5．投资与经营方式多元化

应对气候变化，减少温室气体排放需要大量投入。目前仅靠政府投资建设低碳产业园区一是办事效率不高，二来资金远远不够；而园区招商若主要以民营企业扩张为主，科技含量不高，又会导致技术瓶颈的出现。所以动员全社会力量，自觉承担减排社会责任，形成多元化的低碳经济投入机制将是大势所趋，可优先将国家低碳产业园区重点建设项目纳入股市募集资金的支持领域，建立良性互动机制，使企业的资本结构保持良好的弹性结构。[72]

低碳产业园区的建设和运营方式也要灵活多样，或官建民营，或民办官管，都可获得良好的经济、社会和环境效益。上述两种做法相结合的好处在于：在资源共享、风险分摊的原则下，既可减轻政府的财政压力，又能确保低碳产业园区顺利开展建设工作，还为投资者提供投资机会，形成一种“多赢”的局面。

6．整合低碳产业链重构产业分工体系

目前大部分产业园区的分工模式是一种园区内各园区自成体系的水平分工模式，园区之间产业结构相似，产业分工水平相当，缺乏产业链条纵向联系，割裂了园区之间的产业关联和资源共享，这是一种低水平的分工形式。该模式约束了有效的产业集聚规模，容易导致争夺资源、重复建设和恶性竞争。

今后要重构低碳产业园区之间的分工模式，以虚实结合型产业链的形式，打破各园区的地域和行业限制，建立信息网络共享平台和物流网络平台，以加强支撑虚实结合型产业链运行的基础平台建设，促进它们之间的产业联系与资源共享。

7．实施全方位和全过程的系统低碳管理

以往流行的园区末端减排模式并不能完全实现真正的降碳减排。实施全方位的低碳化管理，在科学测评的基础上，挖掘出已建园区的减碳潜力；在新建园区的规划和设计伊始，就将园区低碳管理系统纳入进来，综合考虑园区低碳设施与低碳技术的应用，科学合理的集聚和布局低碳产业，逐步形成低碳园区系统的构建；积极倡导在入园企业实现低碳化的管理与运营；面向园区客户宣传低碳理念，推广低碳产品；开展低碳标签认证和推行低碳建筑标准，促使低碳真正成为园区内的特色文化，切实将低碳战略落到园区日常营运的各个阶段和各个环节。

8．培育低碳产业园区的特色优势与品牌

对于企业群集的低碳产业园区，为保持其比较优势和竞争优势，首先要培育园区企业的低碳特色优势，这必须充分发挥区域经济优势和低碳产业集群优势，培植产品低碳标准和低碳标签的特色优势，打造企业低碳管理特色优势，强化企业低碳运营特色优势；其次是提升园区低碳品牌，包括：提高可靠的品牌内在质量，营造强视觉冲击的品牌外在质量，形成富有带动作用的品牌集群。

因此园区发展低碳特色优势产业，培育在国际市场具有一定知名度和美誉度的自主低碳品牌，发挥品牌优势，提升园区的综合实力，成为今后低碳产业园区发展的重点。

9．构建完善的园区支撑和服务体系

低碳产业园区的性质和功能定位决定了其需要“苛刻”的配套“硬件”支撑体系和“软件”服务体系，以完成“发展低碳产业、减排温室气体、保护生态环境”的使命。

未来园区完善的“硬件”支撑体系将包括：雄厚的工业基础、完备的基础设施、方便的信息网络等。一流的“软件”支撑体系则包括：完整的专业人才资源体系、合理的科技企业孵化体系、坚实的自主创新支撑体系、专业的商贸、咨询、金融等综合服务体系、鼓励创新的文化体系和相应的政策法律体系。

[72] 李翔，许兆义：《生态工业园区建设理论探讨》，中国安全科学学报，2004年第12期。

参考文献

1、童昕，王缉慈，李天宏：《论可持续发展与生态工业革命》，《科技导报》2000年第4期。

2、陈国谦等：《中国低碳园区的系统测算技术与评估体系》，北京高端低碳园区研究中心（内部讨论稿），2009年12月。

3、刘卫东，陆大道，张雷等：《我国低碳经济发展框架与科学基础——实现2020年单位GDP碳排放降低40%～45%的路径研究》，商务印书馆2010版。

4、宋小龙，陈来，宋倩：《生态产业园区发展模式研究——基于食物链类型的分析》，《资源开发与市场》2008年第10期。

5、蒋海芸：《工业园区生态产业链与发展模式研究》，《能源环境保护》2009年第5期。

6、钟书华等：《生态工业园区建设与管理》，人民出版社2007年版。

7、王瑞贤，罗宏，彭应登：《国家生态工业示范园区建设的新进展》，《环境保护》2003年第3期。

8、金永红，慈向阳：《生态工业园区产业共生链网结构模式研究》，《科技管理研究》 2008年第9期。

9、许惠英：《北京经开：引领低碳高端产业园区发展之路》，《中国科技产业》2009年第6期。

10、冯奎：《中国发展低碳产业集群的战略思考》，《对外经贸实务》2009年。

11、李翔，许兆义：《生态工业园区建设理论探讨》，《中国安全科学学报》2004年第12期。

Construction of Urban Low-Carbon Industrial Parks in China

Zhang wang, Liu Jianwen,Chen Kehua, Chen Yiyuan

Abstract: Urban industrial parks are special areas of Chinese cities in which emission of CO_2 is intensive and massive. Currently, China is developing a low-carbon economy and constructing low-carbon cities. As a result, Chinese industrial parks face pressure to undertake low-carbon development. Actually, the low-carbon industrial park is the fourth-generation of the industrial parks following the Economic and Technical Development Zone, High-Tech Industrial Development Zone and Eco-Industrial Park. The development of the Low-Carbon Industrial Park has important practical significance for the survival of the traditional industrial parks, the sustainable development of its region, as well as the low-carbon transformation of all national industry. The Low-Carbon Industrial Park is composed of three categories: new energy endowment, recycling economy and technical integration. These can be classified according to four indicators: existing foundation, corporate relations, industrial structure and relative positions. Traditional industrial parks transformed to low-carbon industrial parks primarily in two ways, through restructuring and upgrading. The goal of Low-Carbon Industrial Parks in China is to reduce CO_2 emissions over the life cycle of system, create flexible structures for dynamic development, and integrate parks and urban areas organically. This paper suggests how to further develop Low-Carbon Industrial Parks, specifically by establishing a set of quantitative measurement and evaluation standards; creating low-carbon industrial clustering; using the experience of a successful park to serve as an example; and taking local conditions into account.

Key Words: Low-Carbon Industrial Park; Goal of Low-Carbon Industrial Parks; Low-carbon Industrial Clustering.

第十一章 中国城市低碳品牌创建研究

周跃云 赵先超 王小兵 晨 风 刘义文[73]

摘 要：城市发展向低碳转型，创建低碳品牌，形成品牌竞争力，是当前国内城市一项紧迫而重要的任务。本文界定了城市低碳品牌的概念，对创建城市低碳品牌的意义进行了探讨；论述了中国城市品牌发展历程以及中国城市低碳品牌发展过程中的投入产出失衡、政企角色错位、品牌内涵缺失的严峻现状，提出了中国城市低碳品牌的创建策略.

关键词：城市低碳品牌 低碳品牌构成 低碳品牌策略

截止到2008年底，中国大陆共有城市655座，包括4个直辖市、283个地级市和368个县级市，比1978年的193个增加了462个，城镇人口超过6亿，城镇化率达到45.7%。改革开放以来，城市GDP占全国GDP的比重始终保持上升趋势，2000年为43002.3亿元，占全国GDP的43.3%；2008年已经上升至186279.5亿元，占全国GDP的62%，城市已经成为中国经济发展的基本载体，成为持续推动中国经济发展的火车头。[74]另一方面，广大城市在经济快速发展的同时，却也广泛面临着交通堵塞、能源紧缺和环境恶化的严峻局面。[75]据统计，全球大城市消耗的能源占全球的75%，温室气体排放量占世界的80%。与此相类似，中国城市在全国能耗和碳排放中也占据了主导地位。2005年，全国84%的商业能耗发生在城市，在35个最大的城市中，人口只占全国的18%，而能源消耗和碳排放均占了全国总量的40%。[76]伴随着低碳理念的风靡全球，作为高能耗、高碳排放的集中地，城市理应成为应对气候变化和发展低碳经济的主体。面对传统“三高一低”的高碳型经济发展方式，城市也普遍面临着亟需向低碳发展转型的严峻形势，走低碳发展之路已成为城市的普遍共识。在此背景下，以城市范围内知名的低碳企业、低碳园区以及低碳产业为着力点，创建中国城市低碳品牌，不仅可以塑造城市形象，形成城市低碳品牌竞争力，还可以成功促进城市的低碳转型，从而形成推动城市发展的持久动力。

---

[73] 周跃云，教授，硕士生导师，全球低碳城市联合研究中心副主任，湖南工业大学长株潭两型社会研究院常务副院长；赵先超，湖南师范大学资源与环境科学学院硕士研究生。

[74] 数据来源：《中国城市统计年鉴（2001）》与《中国城市统计年鉴（2009）》。

[75] 季曦、陈占明、任抒杨：《城市低碳产业的评估与分析：以北京为例》，《城市与区域规划研究》2010年第2期。

[76] Dhakal, S.2009. Urban Energy Use and Carbon Emissions from Cities in China and Policy Implications. Energy Policy. In press.

第一节 城市低碳品牌概述

一、城市低碳品牌概念

我们认为城市低碳品牌是指城市经营者（包括政府、企业、市民、社会机构等多元经营主体）利用所属城市具有的独特资源禀赋、产业优势等特色品牌要素，通过低碳经济的发展、低碳城市的建设、低碳形象的宣传、低碳理念的营造、低碳活动的开展等一系列行动而在城市内外的社会公众头脑中形成的独特认知。

如果把城市低碳品牌界定为一个系统，那么城市低碳品牌系统就包括若干个子系统。从这个意义上讲，城市低碳品牌具有狭义与广义之分。狭义的城市低碳品牌仅指围绕城市这一整体区域所打造的品牌，例如保定打造的“低碳保定”，就是这样一个狭义的城市低碳品牌。广义的城市低碳品牌是相对于狭义的城市低碳品牌而言，其所涉及区域不仅指城市这一整体区域，还包括城市范围内所有涉及低碳主题的品牌，例如低碳产品品牌、低碳企业品牌、低碳园区品牌以及低碳产业品牌。

二、城市低碳品牌体系

本文所阐述的城市低碳品牌体系是指广义上的城市低碳品牌，按照由小至大的等级隶属关系，城市低碳品牌体系构成包括城市低碳产品品牌、城市低碳企业品牌、城市低碳产业品牌以及城市低碳园区品牌（见图11-1）。作为社会公众头脑中的一种独特认知，城市低碳品牌能够形成实体性认知和非实体性认知。其中，城市低碳产品品牌、城市低碳企业品牌和城市低碳园区品牌可以形成受众的实体性认知，而城市低碳产业品牌则可以形成受众的非实体性认知。

第一，城市低碳产品品牌。狭义的低碳产品仅指在使用过程中具有节能减排作用的产品。而广义的低碳产品是指在全生命周期内都具有节能减排作用的产品，即包括从产品原材料的采购、原材料的运输、产品生产、产品包装、货物配送、产品运行使用、产品回收、产品废弃处理等完整生命周期内都具有低能耗、低污染、低排放的产品。由于国家目前尚无确切标准来对低碳产品进行认证，市场上出现了“低碳建材”、“低碳家居”、“低碳家电”等所谓的低碳产品。然而，专家指出不少商家打低碳产品品牌，只是跟风的一种手段，主要用于促销和吸引消费者，其低碳产品的真伪性存在较大争议。在与低碳产品品牌相关联的低碳产品认证领域，英国、加拿大、德国、日本、韩国和美国加州等分别推出了基于III型环境标志的碳足迹或碳等级的低碳标志。目前，国家环保部也已启动了低碳产品认证工作，初步确定将汽车、家电产品和办公设备等排放温室气体较多的产品种类作为开展低碳产品认证的优先领域，并启动了相关标准的制修订工作。

第二，城市低碳企业品牌。我们认为低碳企业也应该从全生命周期角度进行界定，即低碳企业是指从企业场地施工建设、企业产品生产等全生命周期内的所有流程都能够

图11-1 城市低碳品牌的体系构成[77]

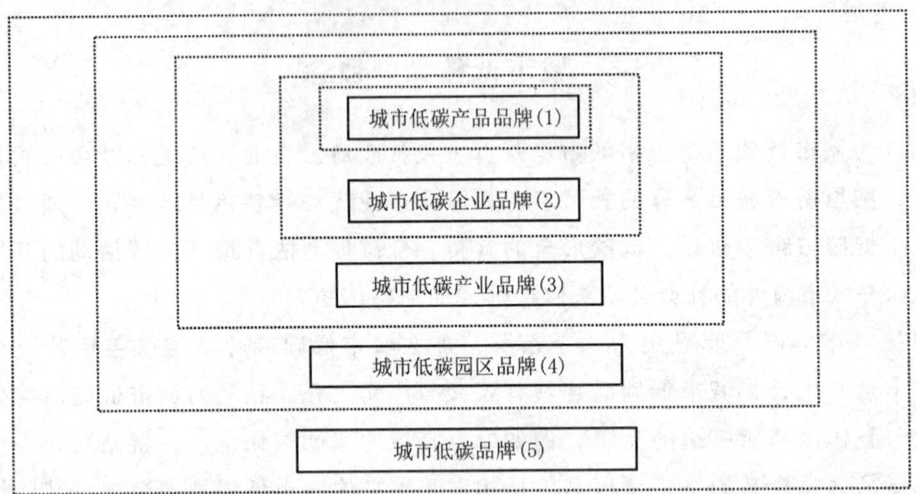

实现能耗与碳排放的降低。经济观察报和经济观察研究院共同主办的“中国最佳低碳企业排行榜”认为低碳企业应是在节能减排方面或者推动节能减排方面有典型事例企业。[78]这种观点基本符合低碳企业品牌的要求。中国城市低碳经济的发展，关键在于一批低碳企业的强力支撑。目前，国内各地城市的低碳企业积极抢抓低碳发展的历史机遇，通过低碳化技术改造等手段，逐步形成了一批低碳企业品牌。资料显示，蒙牛通过建设国内最大的沼气发电项目，将牛粪转化为能源，年减排温室气体约25，000吨二氧化碳，目前已在节能减排和循环经济方面累计投入资金超过4亿元。[79]蒙牛乳业也因低碳发展而受益匪浅，先后分获“中国低碳节能优秀企业奖”、“绿色健康企业”、“最受关注的低碳贡献企业”、“中国低碳新锐企业”、“中国节能减排20佳企业”以及“影响中国 2009～2010年度（低碳）绿色品牌大奖”。

第三，城市低碳产业品牌。低碳产业是指能够实现节能减排作用，并具有低能耗、低污染、低排放特征的产业，主要指新能源产业、节能环保产业等。为有效应对全球气候变化，特别是继中国政府向全世界做出到2020年单位国内生产总值二氧化碳排放比2005年下40%～50%的庄重承诺后，各地城市也纷纷寻求低碳转型，依托区域资源禀赋，积极发展低碳产业。从目前发展趋势来看，太阳能、充电电池和垃圾处理产业引领

[77]从整体角度讲，城市低碳品牌（5）由城市低碳产品品牌（1）、城市低碳企业品牌（2）、城市低碳产业品牌（3）和城市低碳园区品牌（4）组成；从局部角度讲，即本体系中的N层低碳品牌由（N-1）……1层低碳品牌组成，例如城市低碳企业品牌（2）由城市低碳产品品牌（1）组成，城市低碳园区品牌（4）由城市低碳产业品牌（3）、城市低碳企业品牌（2）和城市低碳产品品牌（1）组成等。

[78]《中国最佳低碳企业评选简介》，新浪网http://finance.sina.com.cn/hy/20100407/22077706072.shtml。

[79]佚名：《蒙牛为节能减排作出行动表率》，光明网，http://www.tianjinwe.com/rollnews/201003/t20100310_625823.html。

了中国低碳产业的发展（见表12-1）。国内不少城市围绕新能源产业，形成了比较有代表性的低碳产业品牌，如风电产业。保定市在确立了“中国电谷、低碳保定”的发展定位后，重点打造太阳能光伏发电产业、风力发电等低碳产业品牌，已初步形成了光伏发电、风力发电、新型储能、高效节能、输变电及电力自动化等六大低碳产业集群和较完整的新能源产业体系。

第四，城市低碳园区品牌，即城市低碳产业园区品牌。低碳园区可以定义为园区系统在满足必要的运行条件下，以系统产生最少的温室气体排放并获得最大的社会产出。低碳园区的内涵是：园区要在温室气体排放总量和排放强度上均体现低碳；园区系统在减碳的同时，必须满足园区必要的运行；园区碳排放量的最小化与社会产出的最大化；低碳园区必须实现其社会价值的最大化。[80]低碳园区品牌，是各类各级产业园区在低碳化发展过程中，通过低碳企业的发展、低碳产业的培育、低碳产品的开发等行动，在获取园区最大经济效益、社会效益、生态效益等复合效益的前提下实现最小碳排放为特点，而逐渐形成的特色品牌。目前，中国共有各类国家级产业园区198个，包括54个经济技术开发区、56个高新技术产业开发区、60个出口加工区、15个保税区和13个保税港区。与数量庞大的国家级产业园区相比，城市低碳产业园区屈指可数，在此基础上形成的城市低碳园区品牌更是少之又少。

三、城市低碳品牌创建意义

作为城市巨大的无形资产和战略资源，城市低碳品牌的创建具有重要的战略意义和实际意义。特别是在全国各城市纷纷抢抓低碳试点城市的关键时期，创建城市低碳品牌是建设低碳城市的重要途径，是深入贯彻落实科学发展观的具体要求，是体现以人为本，构建和谐社会的重要抓手，是提升城市综合竞争力的重要措施，是促进城市可持续发展的根本举措，是中国城市立足于世界城市的必由之路。创建中国城市低碳品牌，将可以带给城市更多的效益，并且这种效益远不止经济效益，环境效益、社会效益等复合效益都将随之而来。

1．促进城市产业升级，培植产业发展

国内一批具有代表性的城市已经开始积极争创低碳城市试点，打造城市低碳品牌。这些城市不仅包括东部沿海发达城市，例如北京、上海；也包括中西部内陆欠发达城市，例如贵阳、广元。一方面，以吉林与株洲为代表的国家传统老工业基地城市，传统产业结构亟需优化升级，传统的高污染、高增长、高消耗、低效益的“三高一低”经济增长方式亟需变革，战略新兴产业亟需培育与发展。另一方面，以北京、上海为代表的发达城市，经济发展面临碳锁定的严重制约，经济发展后劲不足，也迫切探求低碳经济的发展方式。

[80] 陈国谦等：《中国低碳园区的系统测算技术与评估体系》，北京高端低碳园区研究中心（内部讨论稿），2009年12月。

面临低碳城市建设的历史机遇，积极发展低碳经济，塑造良好的城市低碳形象，创建城市低碳品牌，不仅可以吸引资金、技术、人才等核心要素流向城市，促进传统产业结构优化和升级，还可以提高能源利用效率，培植新能源、新材料等一批战略新兴产业发展，促使城市发展向绿色、低碳方向变革。

2．强化城市形象识别，扩大城市影响

打造城市名片，创建城市品牌在强化城市形象方面的积极作用已经毋庸置疑。国内多数城市热衷于打造城市名片，例如处于东部沿海的某城市现有数十张城市名片，如“国家优秀旅游城市”、“国家园林城市”、国家卫生城市”、“国家环保模范城市”、“全国循环经济示范城市”、“全国双拥模范城市”等。城市名片如此之多，虽有让人眼花缭乱之感，但对强化城市形象，扩大城市影响力具有极大的提升作用。

面临低碳发展的全球背景，国内各大城市开始竞相建设低碳城市，创建城市低碳品牌，其目的即是在于提高城市的文明程度、生态质量，履行政府节能减排的责任，表明城市发展低碳经济的决心，强化城市形象，扩大城市影响。

3．增强城市竞争能力，提升城市地位

城市竞争能力的增强，关键在于城市经济的发展。打造低碳城市，创建城市低碳品牌，可以培育和扶植低碳产业的发展与壮大，可以通过扶持，做大做强一批低碳企业，开发一批有竞争力的低碳产品，打造具有国际竞争力的低碳产业园区，形成一、二、三产业协同发展，城市经济结构低碳优化的良好发展局面。

城市低碳品牌的率先创建，可以提高城市在低碳领域的发言权，使城市在世界低碳城市发展的大舞台上拥有一席之地，可以使居民对城市形成良好认知，增强城市居民的凝聚力和自豪感，吸引人才、资金、技术的涌进，提高城市的核心竞争力，从而有利于提升城市地位。

4．改善城市人居环境，提高生活质量

低碳城市创建的最终目标是为城市居民创造一个良好的城市人居环境，实现城市经济繁荣、居民安居乐业、生态环境优美、人文环境良好的美好蓝图。一方面，城市低碳品牌的创建可以变革现代城市因传统经济发展方式而带来的污染严重、环境质量差的严峻现实，而予以取代的则是生态环境好、绿化水平高的“现代田园城市”；另一方面，城市低碳品牌的创建要求城市范围内社区、建筑、交通等领域的低碳化，特别是低碳生活的实现，能够在满足低碳要求的基础上最终提高城市居民生活质量。

另外，城市低碳品牌创建还能够形成向心力和辐射力。所谓向心力，既包括对城市本地居民的凝聚力，这种凝聚力能够使城市居民展现出良好的精神姿态，有助于塑造和提升城市形象，也包括对其它城市居民形成的吸引力，这种吸引力能够吸引城市以外区域资金、技术、人才等要素的涌入。所谓辐射力，是侧重城市影响而言，即对城市以外区域居民的辐射力，这种辐射力能够扩大城市影响，提升城市地位，同时也可以转化为城市的向心力。

第二节 中国城市低碳品牌发展现状

21世纪，是一个以品牌引领城市发展的时代。产品需要品牌，因为产品品牌能够奠定产品在市场中的竞争优势；企业需要品牌，因为企业品牌能够使企业在市场中处于不败之地；园区需要品牌，因为园区品牌能够使园区在众多园区中脱颖而出；城市需要品牌，因为城市品牌能够使城市在竞争中时刻处于领先之势。

一、中国城市品牌发展历程

90年代以来，国内开展了各式各样的城市品牌创建活动。按照时间顺序，比较有影响的是由全国爱卫会提出的国家卫生城市（1990年）；住房和城乡建设部提出的国家园林城市（1992年）和国家生态园林城市（1992年）；国家环保总局提出的国家环保模范城市（1996年）；全国绿化委员会和国家林业局提出的国家森林城市（2004年）；中央文明办、中宣部和中央精神文明建设指导委员会倡导的全国文明城市以及国家发改委提出的低碳试点城市（2010年）。此外，还有国家旅游局评审的中国旅游城市和中国优秀旅游城市等（见表11-1）。

通过对表11-1中所列出的相关城市品牌与城市低碳品牌的共同点与不同点来看，城市低碳品牌将是未来城市品牌的发展方向。一方面，城市走低碳发展之路已经成为国内外城市管理者的共识，特别是目前国内多数城市已经有“舍弃”传统城市品牌而纷纷创建城市低碳品牌的倾向。另一方面，国家卫生城市、国家园林城市、国家环保模范城市以及国家森林城市与低碳城市相比，其考核标准与涉及内容只是低碳城市一个方面（当然在某一方面，考核标准与涉及内容要具体）。以低碳（试点）城市与国家森林城市比较为例，前者将森林建设（用森林覆盖率等指标来反映）作为低碳资源的一个方面来考核，而后者只突出森林建设的单一层面，强调森林生态网络、森林健康等内容，对森林建设相关指标进行具体考核。

二、中国城市低碳品牌发展中的问题

在世界各地城市普遍探求低碳转型的全球背景下，创建城市低碳品牌将带给城市持续的发展动力。但是，“低碳”理念与内涵在国内仍没有被人们普遍认知，低碳城市建设至今也没有形成较系统的建设模式，城市低碳品牌创建更是处于起步阶段，相当多的城市管理者对低碳城市建设、城市低碳品牌创建等方面的理解存在较大误差，导致当前国内城市低碳品牌发展现状令人堪忧。

1. 投入产出失衡

中国城市低碳品牌发展出现的问题之一就是投入产出失衡，即城市低碳品牌打造的高成本与品牌发挥的低效益形成巨大反差。

哥本哈根会议后，各国都将低碳经济作为未来经济的发展方向。在低碳经济发展过

表11-1 国内城市低碳品牌与现有城市品牌比较

品牌名称	考核标准	与低碳城市品牌的相同点
国家卫生城市	城市生活垃圾无害化处理率≥80%；城市生活污水处理率≥30%；建成区绿化覆盖率≥30%，人均绿地面积≥5平方米；大气总悬浮微粒年日平均值（TSP）：北方城市≤0．350毫克／立方米，南方城市≤0．250毫克／立方米；城市除四害有三项达到全国爱卫会规定的标准	生态环境、政府管理、基础设施建设、绿化水平（如建成区绿化覆盖率）、“三废”处理（如城市生活污水处理率）等内容均有涉及
国家园林城市	综合管理、绿地建设、建设管控、生态环境、节能减排、市政设施、人居环境、社会保障等考核指标	绿地建设、生态环境、节能减排、交通、政府管理、基础设施等内容均有涉及
国家生态园林城市	城市生态环境、城市生活环境、城市基础设施等考核指标	城市生态环境质量、城市基础设施、政府管理等内容均有涉及
国家环境保护模范城市	社会经济、环境质量、环境建设、环境管理等考核指标	城市经济、城市社会发展、环境质量、政府管理、基础设施等内容都有涉及
国家森林城市	组织领导、管理制度、森林建设（综合指标、森林覆盖率、建成区绿化覆盖率、人均公共绿地面积、乡土树种、城市森林自然度、生态网络、森林健康、公共休闲、生态文化、乡村绿化等）	生态环境，如森林覆盖绿、绿化水平等、基础设施、政府管理等内容均有涉及，都强调森林覆盖率
国家文明城市	廉洁高效的政务环境、公正公平的法治环境、规范守信的市场环境、健康向上的人文环境、安居乐业的生活环境、可持续发展的生态环境、扎实有效的创建活动等考核指标，同时，指标分基本指标和特色指标	生活环境、生态环境、政府管理、基础设施等内容都有所涉及
国家低碳试点城市	低碳经济、低碳社会、低碳资源、低碳环境、低碳设施、低碳政策等方面衡量，并从编制低碳发展规划、制定支持低碳绿色发展的配套政策、加快建立以碳排放为特征的产业体系、建立温室气体排放数据统计和管理体系、积极倡导低碳绿色生活方式和消费模式等方面考核	

资料来源：根据相关资料整理。

与低碳城市品牌的不同点	开始时间	已获城市/试点城市	授予部门
前者（低碳城市品牌）反映了卫生、环境、经济等多个方面，而后者注重与卫生相关的绿化、“三废”处理。	1990	威海市、三明市、烟台市、莱州市、滨州市、深圳市、珠海市、佛山市等	全国爱卫会
前者注重低碳发展，后者注重园林建设；前者的绿地建设指标是从城市这一整体区域而言，而后者涉及包括居住区绿化、道路绿化、单位绿化、立体绿化等各区域绿化水平；前者所选指标涉及低碳经济、低碳资源、低碳环境、低碳设施等全面内容，后者所选指标不侧重经济	1992	濮阳市、郑州市、杭州市、绍兴市、长沙市、岳阳市等	住房和城乡建设部
生态环境质量方面，前者仅涉及森林覆盖率等少量指标，而后者用来反映城市生态环境质量的指标比较全面，涉及综合物种指数、本地植物指数、城市热岛效应程度等；基础设施方面，前者则从交通设施、建筑设施等多个方面来反映，后者注重“三废”处理设施等指标	1992	张家港市、常熟市、昆山市、江阴市、荣成市等	国家环保总局
前者不单强调环保投入，后者是强调环保投入；经济指标中，后者只有低碳产出指标（单位GDP能耗），对低碳消费指标（人均碳排放水平）没有涉及；社会指标中，后者只有人口出生率指标，对低碳人口指标（如高碳消费人口比重、单位碳排放就业人数）没有涉及；环境指标中，后者较少考虑低碳环境相关指标（如单位GDP的COD排放）	1996	天津市、马鞍山市廊坊市、成都市、桂林市、胶南市、莱西市、日照市、蓬莱市、潍坊市等	国家环保总局
前者将森林建设（用森林覆盖率等指标来反映）作为低碳资源的一个方面；后者只突出森林建设单一层面，强调森林生态网络、森林健康内容，对森林建设相关指标进行具体考核	2004	贵阳市、沈阳市、长沙市、成都市、包头市、许昌市、临安市、新乡市等	全国绿化委员会/国家林业局
前者侧重“低碳”，虽涉及“低碳政策”的“无形”指标，但以低碳资源、低碳环境等“有形”指标为主，强调“有形”指标；后者侧重“文明”，既有“无形”的廉洁高效的的政务环境、公正公平的法治环境、规范守信的市场环境，也有“有形”的生态环境，强调“无形”指标；	2005	厦门市、青岛市、大连市、宁波市、深圳市、包头市、中山市等	中央文明办/中宣部/中央精神文明建设指导委员会
	2010	天津市、重庆市、深圳市、厦门市、杭州市、南昌市、贵阳市、保定市等	国家发改委

程中，新能源产业异军突起。在新能源产业中，多晶硅行业是国内众多城市创建城市低碳品牌的重要抓手。由于受利润驱使及政府推动等多重因素影响，多晶硅行业在国内发展异常迅猛的局面一时难以遏制。2009年国家发改委已经初步认定多晶硅属于高耗能和高污染产品，多晶硅产业已经被打上“出现重复建设倾向”的标签，并被列入产能过剩行业。据资料显示：从生产工业硅到生产太阳能电池全过程综合电耗约220万千瓦时/兆瓦。2008年我国多晶硅产能2万吨，产量4000吨左右，在建产能约8万吨，产能已明显过剩。[81] 虽然国家科技部对多晶硅产能过剩提出了质疑，但近期出现的多晶硅价格动荡似乎也在一定程度上验证了产能过剩的事实。暂且不讨论多晶硅产能过剩是否真实，我国多晶硅产业布局明显不合理却是一个不争的事实。专家指出，由于多晶硅耗电量大，电费占生产成本的比重高，应建在能源丰富、电价低廉的地方，但国内城市发展低碳经济热潮高涨，往往将新能源产业作为发展方向，将多晶硅行业作为重点，其新建的项目有相当部分建在能源紧缺、电价较高的华东、华中地区。

一方面，国内多个城市在发展低碳经济时往往选择新能源产业作为突破口，将多晶硅产业作为重点来打造城市低碳品牌。目前，除四川乐山外，还有重庆万州、内蒙古鄂尔多斯等城市争相打造“多晶硅之都”。截至2009年上半年，四川、河南、江苏、浙江等20多个省有近50家公司正建设、扩建和筹建多晶硅生产线，总建设规模逾10万吨，是2005年全国产量60吨的1000多倍，总投资超过1000亿元；倘若这些产能全部实现，相当于全球多晶硅年需求量的两倍。[82] 另一方面，四川省政府发布通告，将暂停审批包括钢铁、水泥、平板玻璃、煤化工、多晶硅、风电设备产能严重过剩行业的扩大产能项目。由于产能相对过剩，目前多晶硅行业已结束暴利行情，现货市场价格理性回落到70美元/公斤，逼近国内生产企业的成本。据资料显示，四川省一些多晶硅企业因成本高、需求不足而出现了间歇性停产。[83] 政府高额成本打造的“多晶硅之都”的城市低碳品牌，也面临着优胜劣汰的挑战。

2．政企角色错位

中国城市低碳品牌发展出现的问题之二就是政企角色错位，即在城市低碳品牌创建中政府高调炒作与企业的盲目无序发展形成鲜明对比。

首先，政府在创建城市低碳品牌过程中，脱离城市实际情况高调炒作之举时有出现。如前面章节所述，低碳建筑广义上是指全生命周期的建筑，即从规划设计、施工材料选取、建筑施工、运行、维护以及后期拆除等全生命周期的低碳化。然而，有些城市断章取义，仅从低碳建筑生命周期某一阶段考虑来认定低碳建筑，并通过各种途径大加宣扬，以此打造城市低碳品牌。例如，某城市举办了大型的国际盛会，投资上亿元新建“低碳”展馆，通过新闻媒体、广播电视等多种渠道宣扬其低碳主题，强化受众的低碳品牌认知，但这些价值极其不菲的建筑要么大多是钢结构建成，要么就是在会后拆除，

---

[81]《关于抑制部分行业产能过剩和重复建设引导产业健康发展的若干意见》，国发【2009】38号，2009年9月30日。

[82] 杨希伟、梁鹏、张洪河、李兴文：《亢奋的多晶硅》，2009年9月8日《瞭望新闻周刊》。

[83] 阮长安：《多晶硅等产能过剩，四川暂停申批6行业扩产项目》，2010年6月29日《四川在线——华西都市报》。

其实质就不是低碳建筑。

其次，界于政府和企业之间的非政府机构近期也频频开始了低碳评级作秀的商业行为。2009年12月，中国城市竞争力研究会发布了“2009中国十佳创建低碳生态城市排行榜”（见表11-2）。2010年1月，由全国政协经济委员会、中国科协等单位联合主办的“首届低碳中国论坛”评选出了包括杭州、深圳、成都、呼和浩特、无锡、温州、保定、德州、朔州、广元等10城市在内的“低碳中国贡献城市”，另外论坛还评选出了“最具竞争力的低碳产业基地城市”、“低碳中国贡献企业”。2010年4月，中国城市发展网推出了“十佳低碳城市排行榜”，按照先后顺序，入选的城市有上海、香港、北京、台北、杭州、大连、珠海、深圳、南昌、保定。有识之士指出，当前的低碳城市排行榜往往是官方机构与非官方机构合作组织的商业化评比，[84]难免也有借机炒作之嫌。

表11-2 2009中国十佳创建低碳生态城市排行榜

排名	城市	得分	排名	城市	得分
1	上海	75.68	6	大连	64.66
2	香港	71.91	7	珠海	63.2
3	北京	68.56	8	深圳	63.03
4	台北	67.33	9	南昌	62.94
5	杭州	65.09	10	保定	61.88

注：资料来源于中国城市竞争力研究会

最后，本应属于城市低碳品牌创建主体的企业虽也积极行动付诸实践，投身于风电、光伏太阳能、地热能、LED照明等新能源产业，但也有部分企业伴随低碳浪潮盲目跟风、无序发展。以发展新能源产业的企业为例，企业盲目无序发展的表现之一是投资新光伏太阳能的企业数量剧增，盲目的高速发展必然导致低水平的重复建设；表现之二是生物质能、LED照明等产业的发展也存在误区，国内企业对LED产业投资明显过热。以路灯为例，LED生产企业数大大超过传统路灯企业数，而LED市场消化能力还相当有限。[85]

3．品牌内涵缺失

中国城市低碳品牌发展出现的问题之三就是品牌内涵缺失，即城市低碳品牌理念存在偏差与品牌定位盲目模仿并存。

首先，国内城市在创建城市低碳品牌时，往往缺乏对城市本身的深入分析与挖掘，缺乏对低碳品牌的深入认识，直接导致了在城市低碳品牌定位上出现偏差等问题。例如，国内××城市提出创建“零碳××”的城市低碳品牌，并进行了声势浩大的宣传推

---

[84] 潘家华、魏后凯：《中国城市发展报告 NO.3》，社会科学文献出版社，2010年，第309页。

[85] 钟虹、绍生余：《低碳前景虽好，切勿发热跟风》2010年6月3日《新华日报》。

广活动。我们认为该城市低碳品牌创建理念出现了一定偏差。第一，缺乏对城市本身的深入分析，对于该城市而言，经济发展仍是刻不容缓的头等大事，其发展方式可以也应当是低碳经济，但这里的“低碳”只是相对的低碳，或者表述为“低碳高增长”；第二，缺乏对品牌的深入认识，将城市加上“零碳”二字并不一定就能凸显城市低碳元素，也不一定能与其它城市有所区别；第三，缺乏对国际环境的深入分析，目前像阿拉伯联合酋长国阿布扎比的马斯达、瑞典斯德哥尔摩的哈姆贝地区、英国的贝丁顿零能源社区等提出了打造零排放城市构想，但此类城市都有一个共同特征——较小的城市规模、大量绿色空间以及在附近地区有大量使用非化石燃料的条件。专家指出，这种小规模的实验性的模式是否适用于大城市，仍是一个未知数。[86]

其次，国内城市在创建城市低碳品牌时，还存在品牌定位盲目模仿的不妥行为。因为城市所处区域相异，导致城市地理环境、资源禀赋、产业结构等要素存在较大差异，城市低碳品牌定位时盲目模仿，一方面会影响其他城市努力打造的品牌核心竞争力，另一方面还会弱化自身城市的低碳品牌形象。当前，国内“太阳城”的城市低碳品牌之争异常激烈。除山东省德州市外，全国已有近10个城市打出了“太阳城”的旗号。这些在建或待建的太阳城，遍布中国版图的东中西部，还不断有后来者踊跃加入。在争夺“太阳城”城市低碳品牌的城市中，河北省保定打出了“中国太阳之城”和“中国电谷”的名号；江苏省无锡市则以尚德为龙头，聚集了一批光伏企业，将“太阳城”冠名在与新加坡合作的光伏产业园；甘肃省敦煌市也启动了一项“中国敦煌大漠太阳城发展规划”。跑步奔向“太阳城”的，还有河北省邢台市、云南省昆明市、山东省日照市以及与德州市相隔仅一小时车程的济南市。[87]

第三节　中国城市低碳品牌塑造策略

城市低碳品牌塑造是一项艰巨的系统工程，涉及城市区位条件、资源禀赋、产业基础、经济技术等诸多要素，是城市特定形象及所拥有的个性化“符号”和“信息”的建设，需要一套相对完整的塑造策略，而不仅仅是提几个城市口号就万事大吉。城市低碳品牌塑造必须要以高品质的低碳“产品”品牌塑造为基础，这个低碳“产品”品牌并不仅指低碳产品品牌本身，它既包括低碳产品品牌，还包括低碳企业品牌、低碳园区品牌以及低碳产业品牌。

中国城市低碳品牌塑造一般要经过城市低碳品牌战略规划、调查研究、城市低碳发展定位、城市低碳品牌核心价值筛选、城市低碳形象识别系统设计、城市低碳品牌推广实施以及城市低碳品牌监督管理与反馈七大阶段（见图11-2）。

---

[86] 顾朝林、谭纵波、刘志林等：《基于低碳理念的城市规划研究框架》，《城市与区域规划研究》2010年第2期。

[87] 冯洁：《“太阳城”到底是个什么城？没人说得清》，2010年4月14日《南方周末》。

图11-2 城市低碳品牌塑造步骤

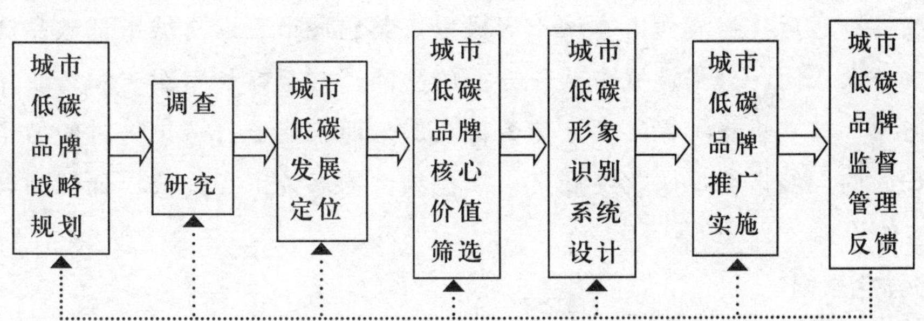

一、城市低碳品牌战略规划

城市低碳品牌战略规划是塑造城市低碳品牌的第一步。制定战略规划的作用在于为塑造城市低碳品牌制订一个具有指导性的蓝图，从而合理确定规划目的、调研内容、定位思路、时间进度、推广与传播策略、整体预算等相关内容。由于城市低碳品牌战略规划是城市总体规划的一个方面，与城市产业发展战略规划、城市交通发展战略规划、城市旅游发展战略规划等具有同等地位。因此，在制定城市低碳品牌战略规划时要与城市其它规划，特别是要与城市总体规划不相冲突，以共同促进城市发展。

二、市场调研

城市低碳品牌塑造的第二个步骤就是根据战略规划确定的调研目的和调研内容进行专门的调查研究，进行SWOT分析。调查研究的目的是详细了解城市的基本情况以及城市相关品牌塑造情况，例如企业品牌、产品品牌、旅游品牌、城市品牌等，从而在仔细剖析城市现状的基础上发现问题，挖掘城市特色，寻求本城市与其它城市相比所具有的竞争优势。一般来说，在塑造城市低碳品牌时调查研究可以从两方面进行：第一，着眼于城市区域本身进行调研，即从城市资源禀赋、产业特色、未来发展、旅游发展、市民意向和城市发展规划等入手；第二，着眼于本城市外的其它城市，特别是对具有一定相似度的竞争城市进行调研。鉴于调研的难度，可以利用专业机构向本城市外包括海外的受众进行电话访谈或问卷调查，从而在调研基础上得出准确、科学的结论，为城市低碳品牌定位提供决策依据。

三、城市低碳品牌定位

城市低碳品牌定位实际上就是确定城市低碳品牌类型，如地理型、资源型、产业型、产品型等，它是建立城市低碳品牌的灵魂，是对城市现有形象及未来发展远景的描绘，是经营城市、建立城市低碳品牌的核心。在市场调研基础上确定城市低碳发展思路、态势、目标及主要措施后，就能准确进行城市低碳品牌定位。首先，要考虑城市的资源或产业优势，明确与其他相同性质的城市比较而言自身的竞争优势；其次，要考虑低碳品牌定位是否真实，是否符合城市实际情况；再次，要考虑城市低碳品牌定位是否具有可持续性；最后，还要考虑本城市居民以及其它城市受众对城市低碳品牌定位的认同。不考虑公众认同，只强调城市某一方面的功能，甚至靠长官意志和行政命令搭建起的“城市形象”、“重点工程”都是徒劳无功的，即使能够打造出一时的城市低碳品牌也是不会长久的。城市的低碳化发展是一项持续性的系统工程，城市低碳品牌定位也需要遵循相应的原则。

1．差异化原则

城市低碳品牌定位关键在于挖掘城市特色，寻求差异与竞争优势，使本城市低碳品牌与其它竞争城市低碳品牌在比较中率先脱颖而出。寻找差异化的关键则在于挖掘城市的个性。城市个性是城市魅力的集中展示与精华所在，它存在于城市悠久的历史、特色的产业、独特的人文以及自然环境之中。城市低碳品牌存在的价值是它在市场上的定位和不可替代的个性，就如同产品品牌一样，著名品牌之所以屹立不倒，就因为它始终遵循着自己的定位和保持着与竞争对手的差异。城市低碳品牌定位差异化，才能避免雷同，避免多数城市已经出现的“千城一面”这一趋同现象，才能根据个性展示达到与众不同的目的。

当前，国内城市争相打造城市低碳品牌，纷纷将城市低碳品牌定位于差异化并不明显的“太阳能之城”、“多晶硅之都”。这些城市在城市低碳品牌定位时出现的缺乏个性、雷同现象，多数是因为未能从战略定位的角度来全盘考虑城市的发展，未能从差异化角度出发寻求城市的优势与特色，而在定位中盲目选择造成。诚然不排除个别城市结合城市特色资源将城市定位于“太阳能之城”、“多晶硅之都”等城市低碳品牌的合理性，然而如此多的城市出现同一定位，显然违背了差异化这一原则。

2．真实性原则

城市低碳品牌定位必须以真实性原则为基础。不符合城市实际情况的城市低碳品牌定位是无法赢得城市居民的认知感与自豪感的。因此，城市低碳品牌定位必须以城市的实际情况为基础，必须立足城市现有的资源条件、经济发展状况、技术力量，而不是为了打造先声夺人之势而脱离城市实情，甚至脱离国家乃至国际发展背景。

回顾国内城市塑造城市低碳品牌历程，有××城市高调打造“零碳××”的城市低碳品牌，起始就引来了专家学者阵阵质疑，因为以某市经济发展条件而论，打造“零碳××”显然是欲登“空中楼阁”。同时，也有部分城市明明不具备多晶硅产业发展的资源优势，却在低碳发展的热潮中，一哄而上，甚至提出打造“多晶硅之都”的城市低碳品牌，其做法都违背了真实性这一原则。

3．可持续原则

城市低碳品牌定位是一个持续性的系统工程，其目的不在于短期的轰动效应，而在于长期的持续品牌效应。城市低碳品牌定位一旦确定，一般来说就具有时间上的可持续性。可持续的好处在于能够强化受众对品牌认知的累积效应，形成品牌的持久竞争力。

然而，纵观国内各城市低碳品牌定位，相当一部分城市表现为短时间内城市定位连续更换、飘忽不定，缺乏连贯性、稳定性与可持续性。成都一度曾有多个城市品牌，例如“国际大都会”“熊猫故乡”“天府之都”“美食之都”“成功之都”“多彩之都”“东方伊甸园”，近期又连续定位了三个城市低碳品牌，即“零碳成都”“低碳城成都”“世界田园城市”，城市品牌定位变换如此之快，不仅让品牌受众眼花缭乱，严重影响了品牌塑造效果，也显然违背了可持续性这一原则。

4．认同性原则

城市低碳品牌定位还必须符合认同性原则。认同主要来自两方面：一方面来自本城市范围内包括城市管理者、城市居民、相关专家等城市经营者的认同；另一方面还要得到本城市之外的相关外界公众的认同，特别是旅游者的认同。而要做到这一点，就要求城市在低碳品牌定位时要以差异化、真实性以及可持续性为前提。

当前，国内许多城市因为仅仅有几个太阳能企业，就标榜自己为“太阳能之城”；因为有几家多晶硅产业投产，就标榜自己为“多晶硅之都”，都显然违背了认同性原则。

四、城市低碳品牌核心价值筛选

城市低碳品牌核心价值是一个低碳城市的灵魂。环境、经济、资源、产业、历史等是构成和决定一个城市低碳品牌的要素，[88] 同时城市低碳品牌核心价值也从这些要素中筛选而出，但城市低碳品牌核心价值又不仅仅是这些要素的简单加总。城市低碳品牌核心价值既包含了看得见摸得着的东西，同时也渗透了许多复杂多元的无形价值。[89] 它不仅反映了城市在低碳竞争时代存在的价值，而且代表了这个城市能够为广大市民带来的利益，比如因低碳经济发展带来的生态环境的优化，绿化水平的提高等，同时代表了这个城市能够为企业投资者带来的最大回报。

城市低碳品牌核心价值筛选必须是来源于城市低碳品牌的全体受众；来源于低碳城市的历史、现状、以及将来；来源于低碳城市的经济、产业、资源、环境与社会等方面；来源于低碳城市的竞争对手等诸多方面。只有通过多层次的完整、全面的分析和归纳综合，才能够提炼、筛选出城市低碳品牌的核心价值。[90]

五、城市低碳形象识别系统设计

CIS，原为“Corporate Identity System”，即“企业形象识别系统”。城市形象是城市在建设和发展过程中形成的各种要素，如自然资源、优势产业、基础设施、城

---

[88] 张先军、张丽梅：《如何构建富有中国特色的“品牌城市”》，《2008中国城市规划年会论文集》2008年10月9日。

[89] 北京国际城市发展研究城市竞争力研究课题组：《中国的城市品牌之路》。

[90] 孙雷：《建设城市品牌》，全球品牌网，http://news.b2b.cn/talk/2009-02/191261.shtml。

市建筑、环境特色等。城市低碳品牌塑造，就是应该在建设城市形象的基础上，结合城市低碳品牌定位，设计城市CIS系统，传达给与城市有关的社会公众，使其对城市形象有一个整体的看法和评价。

伴随着城市竞争的日益激烈，CIS逐渐被引用到了城市品牌塑造中，即形成了城市形象识别系统（City Identity System，简称CIS）。我们以城市形象识别系统为基础，构建城市低碳形象识别系统（City Low-Carbon Identity System，简称CLCIS）。城市低碳形象识别系统主要包括低碳理念识别系统MI（Mind Identity）、低碳行为识别系统BI（Behavior Identity）和低碳视觉识别系统VI（Visual Identity）。城市低碳形象识别系统设计的基本工作包括设计出城市低碳品牌、规划实施城市低碳品牌建设的具体方案、推广城市低碳品牌。其中，MI指城市独特的城市精神、低碳口号等，是城市低碳形象识别系统的核心；BI指体现着城市低碳行动的各个细节，基本内容包括对内和对外两个方面；VI是低碳城市的外在表现，是城市低碳形象最直接的反映，能够使人产生城市低碳视觉效应的事物很多，包括低碳符号、低碳标志等，在进行城市低碳视觉识别系统设计时需要把低碳城市发展理念等因素通过形象宣示表现出来。

六、城市低碳品牌推广实施

在进行城市低碳品牌定位以及城市形象识别系统设计后，就要着手进行城市低碳品牌的传播（推广实施）。城市低碳品牌传播指通过各种方法将城市的低碳品牌个性和低碳品牌形象传递给受众，以期获得受众的认知和认同，并在受众心目中树立良好的城市和低碳品牌形象，最终提高城市低碳品牌的知名度和美誉度。

城市低碳品牌的推广，关键在于选择切实可行的宣传组合策略，如产品、价格、分销和促销等策略的组合使用，特别促销组合策略应用，如广告、公共关系、直销、大型主题活动、品牌形象大使等工具。

城市低碳品牌的推广，重点在于对内传播与对外传播的互补。首先，城市低碳品牌的对内传播。从社会参与角度讲，全体市民都是其所在城市品牌的传播主体。因此，强化对市民的宣传教育，努力提高市民的城市低碳品牌意识，是搞好城市低碳品牌推广的基础性工作。对内传播的主要手段是利用传统媒介，如报刊、电台、电视台等新闻媒体。其次，城市品牌对外传播。城市低碳品牌对外传播的主要目的是促使人才、资金、技术等要素流向城市，使本城市外的受众形成对城市低碳品牌的完整认知，累积和强化城市低碳品牌拉力，达到塑造城市低碳品牌的目标。[91] 对外传播的主要手段是综合采用大型活动、会议、展览、广告、公关等多种方式。

[91] 余明阳、姜炜：《城市品牌》，广东经济出版社，2004。

七、城市低碳品牌监督管理与反馈

城市低碳品牌塑造的最后一个步骤是品牌的监督管理与反馈。城市低碳品牌的塑造不是一蹴而就，而是需要长时间的打造和积累。加之城市之间的竞争无时不在，无处不在，城市低碳品牌时刻保持品牌竞争力的前提就是具有健全的监督管理以及反馈机制。因此在进行城市低碳品牌推广之后，需要设立专门的机构并建立相应效果测评和反馈机制。

传统上，我国内地城市的品牌组织和管理职能多归属于政府新闻宣传部门。而城市发展低碳经济，建设低碳城市以及塑造城市低碳品牌等多是由各市发改委牵头，因此建立城市低碳品牌监督管理机制的核心与关键就是要妥善协调政府职能部门的关系。建立以政府职能部门为主、社会公众普遍参与的城市低碳品牌监督与管理机构，能够做到对城市低碳品牌的定期检查与不定期抽查，达到有效管理的目标。

与其他城市品牌一样，城市低碳品牌的设计和管理，应该严格遵循专业规范，并且予以注册保护。2003年初，大连、珠海、连云港等城市都相继提出打造“浪漫之都”的品牌定位，但只有大连将“浪漫之都”品牌实行注册。与此情形相类似，目前有保定、德州、日照等多个城市提出打造“太阳能之城”的城市低碳品牌，如何在科学确定城市低碳品牌定位的基础上，严格遵循专业规范，将“太阳能之城”的城市低碳品牌进行注册，是摆在这些城市面前的一个紧迫而严峻的问题。

城市低碳品牌的最终塑造，既是一个不断持续的过程，也是一个不断反馈完善的过程。城市低碳品牌反馈就是将城市低碳品牌监督管理过程中发现的问题反馈到定位、设计、推广等环节，以有效指导城市低碳品牌的科学塑造。

第四节　中国城市低碳品牌发展展望

哥本哈根气候会议后，低碳理念遍及全球。国内城市在面临近几十年传统经济增长带来的诸多问题的现实背景下，也纷纷提出建设低碳城市的战略性构想。2008年1月，世界自然基金会（WWF）在中国大陆以上海和保定两市为试点，推出“低碳城市”发展示范项目（Low Carbon City Initiative in China，LCCI）。2008年7月，杭州市在全国率先提出打造低碳城市的目标。2008年12月，珠海提出申请成为“低碳经济示范区”。同月，吉林市被列为低碳经济区案例研究试点城市。另外深圳、昆明、南宁、株洲、贵阳、日照、无锡、南昌等多个城市，也纷纷提出建设低碳城市的构想。2010年8月，国家发改委下发通知，广东、辽宁、湖北、陕西、云南五省和天津、重庆、深圳、厦门、杭州、南昌、贵阳、保定八市被列为低碳试点省市，[92]从而看出国家已把创建低碳城市作为“十二五”时期的发展重点。

国内城市既承担着节能减排的责任，也面临着发展地方经济、保护生态环境的繁重

[92] 《关于开展低碳省区和低碳城市试点工作的通知》，发改气候【2010】1587号，2010年8月10日。

任务，面对低碳试点城市的“先行先试”、“资金补贴”等诸多优惠政策，可以预见的是低碳城市创建以及低碳品牌塑造将成为“十二五”时期的重点。

一、创建模式趋于丰富

国内城市经过逐步探索与实践，围绕城市低碳品牌创建已经形成了几种较为典型的创建模式，例如产品或企业带动模式、产业促进模式以及经营城市模式。随着城市经营者对城市低碳品牌的重视以及深入探索，城市低碳品牌创建模式将会进一步丰富。

第一，产品或企业带动模式。创建城市低碳品牌，必须要有一大批名企与名牌产品作支撑。产品或企业带动模式是以低碳产品品牌或低碳企业品牌为抓手，通过培育一批知名企业以及开发具有竞争力的低碳产品，推动城市低碳品牌知名度和美誉度的提升，从而带动城市低碳品牌的创建。该模式一般的发展流程是从低碳产品品牌到低碳企业品牌到低碳产业品牌最后发展到城市低碳品牌。在城市低碳品牌创建方面，河北省保定市的城市低碳品牌创建基本采用这一模式。近年来，保定市深入开展“质量兴市，名牌兴企”活动，经过多年的精心培育和艰苦努力，先后打造出英利太阳能电池、乐凯胶片、风帆蓄电池、三利毛线、巨力索具等一批在省内乃至全国有较高影响力的知名低碳企业品牌和产品品牌。以此为契机，依托城市区域这些知名产品和企业，保定正在创建“太阳能之城”的城市低碳品牌。

第二，产业促进模式。产业促进模式是以城市区域内某种具有竞争力的低碳产业集群为重点，通过充分利用城市区域的资源优势、技术优势，从而带动城市低碳品牌的创建。与产品或企业带动模式不同的是，在创建城市低碳品牌过程中，政府的作用变小，而市场的作用在增大。乐山市是国家硅材料开发与副产物利用产业化基地，目前已有四川永祥、东汽峨半、乐电天威、新光硅业等多家多晶硅企业，形成了完整的太阳能光伏硅材料产业链、电子级硅材料产业链、硅化工循环利用产业链，依托这些低碳产业链，四川省乐山市正在创建“多晶硅之都”的城市低碳品牌。

第三，经营城市模式。城市经营是以城市政府为主导的多元经营主体根据城市功能对城市环境的要求，运用市场经济手段，对城市整体的战略性管理。经营城市模式是城市政府在社会急剧变化的背景下，在现代市场经济的大环境中，将城市作为类同于现代企业的一个整体对象，以社会营销观念作为指导，把经营理念自觉地贯穿于城市的规划、建设和管理的全过程。经营城市模式容易出现的问题是政府在创建城市低碳品牌时经常处于主导地位，而其它广大城市经营者却没有过多的参与权与话语权。由于政府管理者易受功利影响，多出现在任期内急功近利的典型问题。同时，参与城市经营的企业也容易产生追求短期利润最大化的倾向。

二、创建价值逐步凸显

伴随着全国以及全球城市的低碳化转型，各城市积极争夺低碳战略制高点，将会纷纷创建城市低碳品牌来提高城市竞争力，其城市低碳品牌的创建价值将会逐步凸显。

第一，城市低碳品牌的创建将进一步引导全国城市向低碳转型。目前，城市向低碳转型虽然是大势所趋，但是多数城市管理者对于低碳概念却仍是模糊不清，对于创建低碳城市也只是采用实施一批重点工程或形象工程，造成了低碳城市创建的遍地开花，却结果甚少的尴尬局面。而创建城市低碳品牌，将能够汇集低碳建设成果，能够树立低碳城市的创建模板，在成功积累城市低碳发展的实践经验的基础上，对其它低碳城市的创建起到引导作用。

第二，城市低碳品牌的创建将进一步提高城市经济发展能力。品牌就是经济，一座城市拥有了城市低碳品牌就可以形成鲜明的城市形象，形成强大的城市竞争力。

第三，城市低碳品牌的创建将进一步丰富城市品牌创建实践。作为城市品牌的内部品牌，城市低碳品牌创建将极大地拓宽传统城市品牌的内容与类别。

三、关注力度平稳提高

当前，国家已经把节能减排作为对地方政府的考核指标之一，从而对地方政府创建低碳城市、塑造城市低碳品牌形成了较大的约束力；同时，地方政府也希望依托城市低碳化发展来寻求新的经济增长点，从而形成了地方政府创建低碳品牌、塑造城市低碳品牌的驱动力。约束力主要来自国家层面，驱动力主要来自地方政府本身以及竞争城市层面。约束力和驱动力的共同作用将使城市低碳品牌关注力度平稳提高。

第一，多数提出创建低碳试点的城市已经开始陆续创建城市低碳品牌。目前保定市、德州市、日照市提出创建“太阳能之城”、成都市提出创建“世界田园城市”。这些城市对城市低碳品牌关注力度自然较大，同时，国内将会有更多省市创建低碳城市，各城市对城市低碳品牌关注力度也会逐步提高。

第二，随着城市低碳品牌的作用已经被城市管理者所认知，城市经营者创建城市低碳品牌的热潮将会进一步提升。目前，城市低碳品牌已经受到了政界、企业界、学术界、新闻界等各界人士的普遍关注，今后其关注的内容也将会进一步拓展。未来一段时期其关注的内容不仅包括城市低碳品牌概念、内涵与组成要素，更重要的是还包括创建城市低碳品牌的策略、流程与方法、作用及意义等。

第三，城市低碳品牌的关注主体进一步增多。其中，政府作为城市的管理者，创建城市低碳品牌的责任重大，同时，未来一段时期国家还将会对包括低碳产品、低碳企业、低碳园区在内的城市低碳品牌认证进行重点支持；广大专家学者将城市低碳品牌相关的理论研究成果应用于实践，也是当今社会对广大理论工作者的时代要求；非政府机构也会选择城市低碳品牌的相关主题进行研究，例如诸多非政府机构所进行的类似于“低碳城市风云榜”的评选、排名等活动；而广大城市居民在意识到城市低碳品牌创建带来巨大作用后，也会以主人翁的姿态加大对城市低碳品牌的关注力度。

四、推广方式加速拓宽

城市低碳品牌成功创建后，其宣传推广将是提升品牌知名度的重要步骤。近几十年的中国品牌发展，已经形成了比较丰富的品牌推广方式。将这些推广方式运用到城市低碳品牌推广，并结合城市低碳品牌自身特色进行拓宽，也将是未来一段时期中国城市低碳品牌发展方向。

1．资源合作方式

所谓资源合作方式，是指城市依托区域条件、资源禀赋、产业发展等实际情况，通过与其它区域的政府、企业、科研院所等各种机构所进行的经济、技术、人才等资源要素的合作，借此来推动城市低碳品牌的传播推广。

四川省广元市自2008年汶川特大地震以来，结合灾后恢复重建，积极发展低碳经济，在低碳重建中逐步打造了“低碳重建”的城市低碳品牌。2009年，中国社科院、世界自然基金会和广元市政府联合主办了低碳重建与企业发展国际论坛。通过论坛，广元市政府推广城市低碳品牌，围绕市资源优势，招商引资。中石油、中石化及大唐水电等众多企业给广元市投资19.9亿元。此外，广元市还与成都理工大学达成地热资源利用开发合作协议，与武汉凯迪控股达成综合性生物质能源开发框架协议。

2．活动引导式

所谓活动引导式，即是指城市通过举办具有一定影响力的会议、展览、节庆等主题活动来推广城市低碳品牌，从而促进受众对品牌的认知。城市品牌和城市节庆活动具有鲜明的特色和长久的魅力，虽然不少城市缺乏战略性规划和传播策略以及充足的投入来打造城市品牌，但是都不惜斥巨资于大型会展、节庆活动，并将城市的招商引资、旅游推广等融入其中，这也是当下很多城市借大型活动推介城市品牌的一个客观原因，城市低碳品牌亦是如此。

最鲜明的例子是，2010年上海世博会将“低碳世博”品牌成功推介。本届世博会以“城市，让生活更美好”为主题，以“城市多元文化的融合”、“城市经济的繁荣”等为副主题，紧抓“低碳”理念，通过各种方式推广“低碳世博”品牌。首先从交通方式上，倡导“世博绿色出行”，在上海世博园内及周边地区，将有超过1000辆超级电容车、纯电动车、燃料电池车、混合动力车等新能源汽车示范运行。其次从世博场馆建设上，本着低碳的目标，世博会场馆采用节能的建设构想，大大降低能耗。其中园区内最大的钢结构项目——世博中心，总能耗低于国家节能标准规定值的约80%，并创造性地解决了国内外大型公共建筑节能减排的世界性难题。可以说，通过上海世博会成功塑造了“低碳上海、低碳世博”这个城市低碳品牌。

3．媒体联动式

所谓媒体联动式，是指城市利用电视、广播、广告、杂志、报纸等传统媒介以及互联网、新闻发布会、论坛等新型媒介来推广城市低碳品牌的方式。当前，利用央视广告推广包括城市低碳品牌在内的诸多城市品牌已经成为政府的共识。在众多传统媒体中，电视由于受众范围广，传播速度快的优势受到城市和企业的青睐。中央电视台作为全国最有影响的电视媒体，在未来相当长的时期内仍然是品牌推广的第一选择，也将是未来城市推广城市低碳品牌的一个重要选择。

此外，作为新型的传播方式，论坛的作用逐渐增大，特别是国家级、国际级论坛。

2010年1月，低碳中国论坛首届年会在北京举办。此次论坛评选出了包括低碳中国贡献城市、最具竞争力的低碳产业基础城市、积极发展低碳经济城市三项在内的低碳城市风云榜。此外，“低碳世博”的城市低碳品牌推广也充分运用了论坛这种新型媒介。2010年5月5日~17日，由联合国人居环境发展研究会、亚洲城市品牌研究会、中国品牌建设协会等各机构共同举办了“世博中国年-2010城市经济可持续发展高峰论坛”。此外，2010年6月18日~20日，中国城市规划学会、美中城市协会和同济大学联合主办了“上海世博-低碳宜居城市发展论坛”。

五、认证工作初步开展

开展包括低碳产品、低碳企业等相关领域的城市低碳品牌认证，是中国城市低碳品牌走向国际化的重要一步，也将发展成为未来工作重点。

第一，低碳产品认证将进入实质性阶段。低碳产品认证，是以产品为链条，通过向产品授予低碳标志，从而向社会推进一个以顾客为导向的低碳产品采购和消费的模式。其目的是以公众的消费选择、引导和鼓励企业开发低碳产品，向低碳生产模式转变，最终达到减少全球温室气体的效果。[93] 目前德国、英国、日本、韩国等十几个国家已经开展了低碳产品认证。2010年3月，英国标准协会和中国环境保护部环境发展中心签署了低碳产品认证合作备忘录，双方将在产品碳足迹认证领域合作。环境认证产品目前已纳入国家的政府采购清单，而被认证的低碳产品也将会出现在政府采购清单中。国家环保部将汽车、家电产品等排放温室气体较多的产品优先纳入开展低碳产品认证领域，已经初步开展了低碳产品的认证工作。此外，广东长青集团旗下的创尔特喷火灶和冷凝式热水器已经获得由国际节能环保协会颁发的“世界低碳环境推动力产品”证书，为城市低碳品牌认证工作奠定了良好开端。

第二，低碳企业认证也将会有初步尝试。企业是经济发展的源泉，也是碳排放的主要来源。企业特别是高耗能、高排放的企业实现低碳认证后，一方面能够强迫企业树立低碳意识，发展低碳经济，另一方面能够正确核算碳排放额度，为实现碳排放交易奠定基础。目前，中国质量认证中心（英文缩写CQC）在青岛举行海尔集团(海尔空调)低碳体系（ISO14064）定点试点企业揭牌仪式，为中国低碳企业认证做了一定奠基。

第三，低碳园区认证也将有序开展。产业园区是企业最主要的集聚地，也是发展经济的主要载体。因此，开展低碳园区认证既能够引导产业园区的低碳化发展，也能够有效促进园区内企业的节能减排。目前，苏州工业园区已经全面启动了由政府搭台，认证机构参与的低碳认证工作。伴随着国内产业园区的低碳化改造狂潮，低碳园区认证也将成为继低碳产品认证、低碳企业认证后的又一个发展方向。

---

[93] 资料来源：http://baike.baidu.com/view/3101637.htm。

参考文献

1、张焱、张锐：《城市品牌论》，《管理学报》2006年第3期。
2、黄琴、孙湘明：《城市品牌战略研究》，武汉大学博士学位论文，2005。
3、刘彦平：《城市品牌建设之二：品牌管理》，《国际公关》2006年第4期。
4、刘舜：《廊坊市城市品牌建设问题与对策研究》，《北京经济》2008年第5期。
5、石磊、刘蓉洁、朱庆伟：《城市品牌的塑造》，《城市问题》2007年第5期。
6、胡晟斌、涂永式：《加强品牌塑造，创建中国品牌》，《现代商业》2009年第33期。
7、刘蕾：《论城市经营与城市环境》，《株洲工学院学报》2006年第1期。
8、刘丽、王晓宁：《论品牌城市建设》，《科学对社会的影响》2006年第4期。
9、孔琳、蔡文杰：《中国城市品牌建设现状》，《国际公关》2009年第5期。

Construction of Low-carbon Urban Brands in China

ZHOU Yueyun，ZHAO Xianchao，WANG Xiaobing，CHENG Feng，LIU Yiwen

Abstract: With the shift toward low-carbon urban development, it is an urgent and important task for Chinese domestic cities in the modern time to build urban low-carbon brands, including low-carbon product brands, low-carbon park brands, and low-carbon enterprise brands. This paper first gives a definition of urban low-carbon branding and discusses the significance of creating it. Then, the paper discusses the development of Chinese urban branding and its problems, such as the imbalance between input and output, the fault role between government and corporations, and the scarcity of the brand awareness. Finally, this paper suggests a strategy for the creation of low-carbon brands of Chinese cities.

Keywords: Urban Low-carbon Branding,Low-carbon Brand Framework,Low-carbon Brand Strategy

第十二章 石家庄市正定新区低碳发展规划案例

陈洪波[94] 储诚山

摘要：本研究从低碳发展理念、指标体系、实施策略选择等方面，以全新视角提出正定新区低碳发展路线。正定新区低碳发展指标体系包括三个层次，第一个层次是总体目标，即正定新区低碳发展碳排放强度目标；第二个层面是核心指标，分别从低碳空间布局、低碳交通、低碳建筑、低碳产业、低碳市政设施5个关键重点领域设置15项核心指标；第三层次是支撑指标，设置了63项支撑指标。各层级指标对应于相应规划层次，便于规划控制和落实。本规划通过自下而上实施方案，到2020年初步将正定新区建成一个空间布局紧凑、低碳交通引导、绿色建筑普及、低碳产业创新、低碳市政支撑的新型低碳城区雏形，碳排放强度比2005年下降77%；到2030年，全面建成一个世界知名的低碳新城，成为全国低碳产业创新基地、低碳建筑展示中心、低碳交通示范样板，碳排放强度比2005年下降84%。

关键词：正定新区 低碳规划 指标体系 碳排放强度

第一节 正定新区基本概况

2009年河北省政府在《关于加快壮大中心城市促进城市群快速发展的意见》中指出："石家庄作为两大省域中心之一，要继续壮大规模，2020年城市人口达到300万，远期发展到500万，增强实力，率先发展，发挥出对我省经济社会的领跑作用"。

为拉开城市骨架，寻求城市空间发展和优化城市布局，石家庄市新一轮空间发展提出了"北跨"战略，即跨过河，在其以北的广大地区寻求发展空间，正定新区规划和开发正是在此背景下提出。

正定新区位于石家庄市北部10公里，滹沱河北岸，历史文化名城正定县东侧，西至京珠高速，东至规划京珠高速，南邻滹沱河，北至张石高速支线，见图12-1。正定新区规划建设用地110平方公里，容纳120万人口。

[94] 陈洪波，男，中国社会科学院城市发展与环境研究所，副研究员；储诚山，天津社会科学院城市经济研究所，副研究员。

图12-1 正定新区规划图

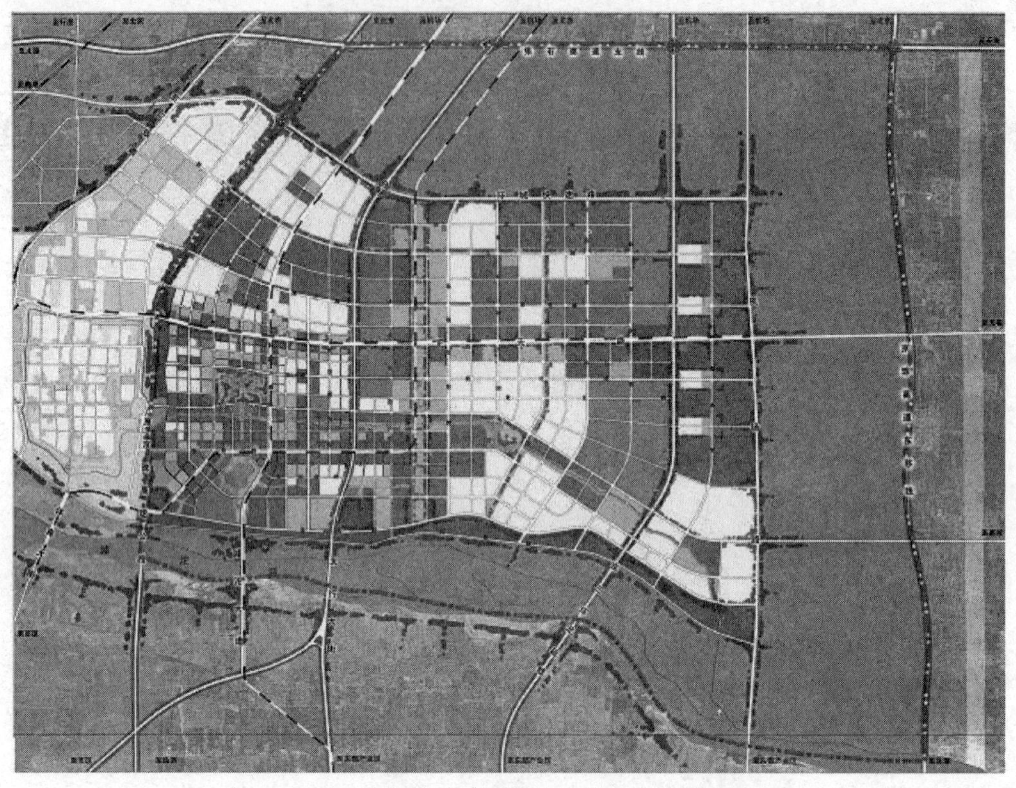

一、正定新区行政用地现状及性质

正定新区现状地跨正定县、藁城市两县，两县各占地分别为41%和59%。包括县的镇、南牛乡部分用地，诸福屯镇全部用地，共28个村庄；藁城市的张家庄镇、南孟镇和南董镇部分用地，九门乡全部用地，共33个村庄，行政区划见图12-2。2008年，正定新区人口共17.08万人，人口密度为971人/km²。其中，属正定县人口68789人，属藁城人口102063万人。

正定新区内现有乡镇多属于农业地区的行政、经济和集贸中心，不具备特色产业和特色经济。现状农业用地占总用地的78.66%，现状基底多为农田，以种植玉米、小麦等粮食作物为主，间隔有以杨树林为主的农田防护林，整体生态价值不高。

现状工业用地占城市建设用地的59.56%，比例为M1:M2:M3=5:78:17，以二类工业为主。一类工业以缝纫、工艺品加工业为主，二类工业以纺织、食品加工为主，三类工业以印染、金属加工等为主。

二、正定新区现状经济状况

正定新区内各乡镇经济发展不平衡，经济基础较好的代表乡镇有诸福屯镇等，其他乡镇较平均，农民人均年纯收入在5400元左右。而同期，石家庄市农村居民人均年收入为5469元。故该区域农村经济发展状况与石家庄市平均水平相当。

图12-2 正定新区行政区划图

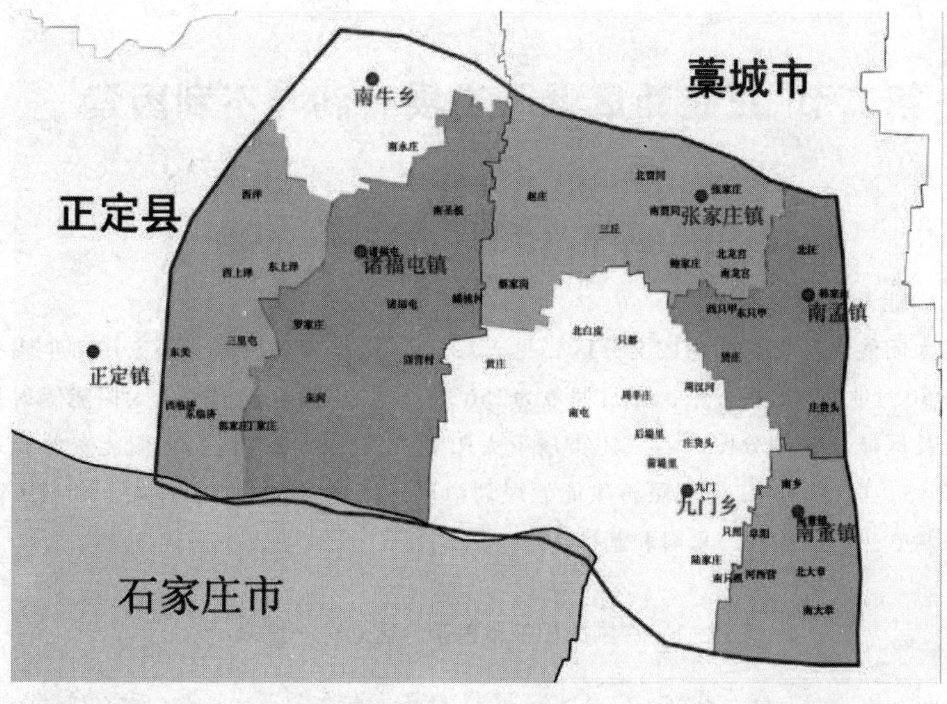

正定新区现有工业企业100余家，年销售收入近14亿元人民币。其中，规模以上企业约35家；年销售收入亿元以上的企业有4家：石家庄市诚峰热电有限公司(年销售收入1.8亿，为正定新区最大的能耗与排放单位)、今麦郎面粉有限公司、石家庄盛华企业集团有限公司、石家庄镇州电器有限公司。

正定新区现状存在的问题是：基础设施和服务设施状况均较差，给排水设施、集中供热设施、环境卫生设施、文体设施均不完善；城镇绿化覆盖率低、道路狭窄不成网络；人均用地指标超标、土地浪费严重，居民点数量多、规模小，不利于资源有效利用；工业用地比例过高，并与村庄居住用地混杂。

三、正定新区总体规划概述

正定新区功能定位为市级行政、文化中心，现代服务业基地，科教创新集聚区，生态宜居新城。正定新区城区布局以“中心起步，轴带拓展，分区引导”为发展策略，逐步构建 “一心一网，三轴两带，十大片区”的空间布局结构。正定新区锁定“低碳、生态、智慧”为发展定位，通过大力发展生态经济、低碳经济，将正定新区按照生态城市标准建设为低碳经济、循环经济示范区，打造创新动力之城、宜居活力之城和滨水魅力之城，引领石家庄都市区发展转型，实现可持续发展。

正定新区规划期限为2009～2030年，分三个阶段完成。其中，近期至2015年，完成起步区30平方公里中10平方公里核心区建设；中期从2015年至2020年，建成起步区30平方公里，规划人口30万人；远期自2020年至2030年，建成110平方公里，人口规模达120万人，用地规模人均建设用地90平方米。

第二节 正定新区低碳发展有利与不利因素

一、有利因素

1.太阳能资源较为丰富

中国太阳能辐射带划分为四类分区，见表12-1。根据相关资料，石家庄市年辐射量为5270～5651兆焦耳/平方米，年日照数为2563～2852小时。根据中国太阳能辐射带分区划分表及区域位置划分图，石家庄市属于太阳能资源二、三类区，太阳能资源较为丰富，图12-3。因此，正定新区可再生能源规划中可充分利用太阳能。例如，利用太阳能进行光伏发电、生产热水、采暖和制冷等。

表12-1 中国太阳能辐射带分区划分一览表

分区	太阳总辐射量（兆焦耳/平方米）
一类：太阳能丰富区	＞6280
二类：太阳能较丰富区	5440～6280
三类：太阳能可利用区	4600～5440
四类：太阳能贫乏区	＜4600

图12-3 中国太阳能辐射带区域位置划分图

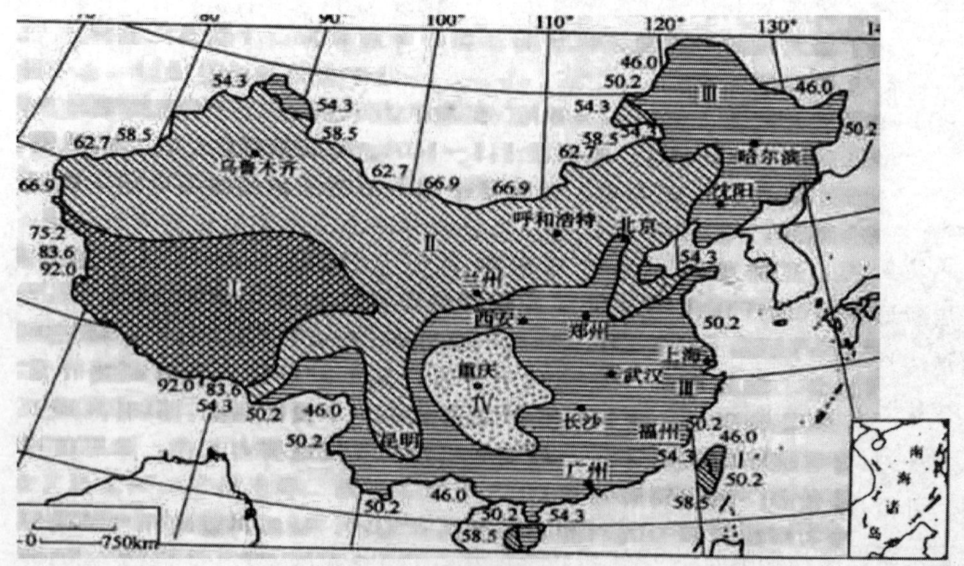

2.地热能丰富，天然气供给较为充足

石家庄市有较好的地热优势，水温及出水量均有开发潜力。根据石家庄平原地热资源卫星影像特征，正定新区蕴藏着大量的低温地热资源，正定新区可规划推广浅层地热能的使用。

天然气京石邯长输管线和陕京二线长输管线靠近正定新区，为正定新区提高天然气在化石能源中消费比例提供了可能。

3.旅游资源丰富

正定新区西侧为历史悠久的历史文化名城，名胜古迹众多，现有国家级文物保护单位5处，省级文物保护单位7处，素有“九楼四塔八大寺”、“二十四座金牌坊”之称，文化积淀深厚，享有“古建筑宝库”的美誉；与正定新区南侧紧邻的石家庄市母亲河滹沱河，是流经石家庄市的最大河流，随着河整治工程的开展，河流防洪安全将得到保障，河流景观将得到恢复；而古老悠久的燕赵大地，自然、人文景观丰富多彩，民风朴实豪放。这些都为正定新区发展具有明显低碳优势的产业－旅游业提供了重要资源和发展基础。

4.产业基础雄厚，为正定新区发展新兴产业创造条件

石家庄市医药产业是全市所有工业中增加值最大的行业，为正定新区发展生物制药创造了良好的基础。

正定新区现状中传统优势产业是纺织业，这为将来正定新区提升纺织服装业升级，建立纺织业工业园，提高产品附加值和降低产业能耗提供捷径。

石家庄市钢铁产业发达，正定新区可以此为契机，延长钢铁业产业链，对钢铁产品进行深加工，大力发展新材料和新能源产业。

河北省为农业大省，正定新区可立足于河北省，面向全国乃至全球大力发展生物育种业，在作物、畜禽和林木等种业方面实施突破，创建一批与“登海种业和隆平高科”不分伯仲的育种企业。

5.石家庄市发展面临重大机遇

河北省提出的“三年大变样”战略举措，要求石家庄尽快完善省会中心职能，形成快速提升城市形象的行政、体育、文化、会展、金融、商务中心。河北省政府在《关于加快壮大中心城市促进城市群快速发展的意见》中指出：“石家庄作为两大省域中心之一，要继续壮大规模，2020年城市人口达到300万，远期发展到500万，增强实力，率先发展，发挥出对我省经济社会的领跑作用”。

为拉开城市骨架，寻求城市空间发展和优化城市布局，石家庄市新一轮空间发展提出了“北跨”战略，即跨过滹沱河，在其以北的广大地区寻求发展空间。

这一系列政策与对石家庄市的发展要求，为“北跨”区域正定新区发展低碳产业，进行低碳城市规划与建设提供了机会与可能。

二、不利因素

1.风力资源比较匮乏

风能的利用主要是以风能作动力和风力发电两种形式，其中又以风力发电为主。以有效风功率密度为基础，我国风能资源划分为五类分区，详见表12-2。

表12-2 中国风能分区划分一览表

分区	有效风功率密度(瓦/平方米)
风能资源丰富区	＞200
风能资源较丰富区	150～200
风能资源可利用区	100～150
风能资源可利用区	50～100
风能资源贫乏区	＜50

河北省风能资源主要分布在张家口、承德坝上地区。石家庄市年平均风速为1.7米/秒，在我国风能分区划分表及有效风功率密度分布图中(见图12-2)，石家庄市属于风能资源可利用区，在当前技术水平下，石家庄市不适合于风力发电(一般情况下，只有年平均风速大于6米/秒的地区才适合建设风电场)。因此，正定新区无大规模利用风能的可能，其风能利用主要在于局部区域的风光一体化照明，这对正定新区提高可再生能源应用比重提供了制约。

图12-4 我国风能有效风功率密度分布图

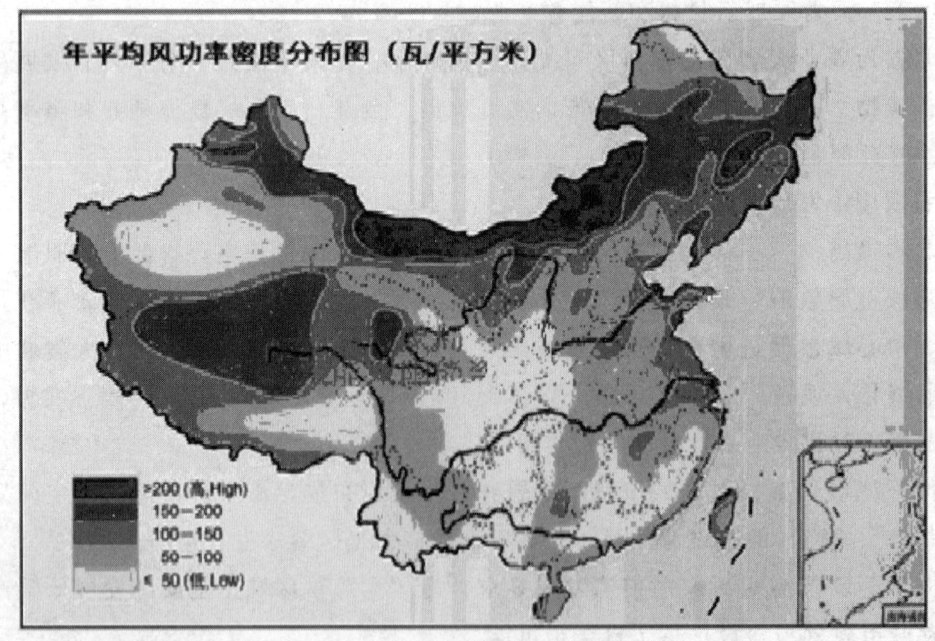

2、无水电发展潜力

石家庄市位于华北平原中南部太行山东麓，属海河流域，境内有河、汶河、磁河、槐河、济河、绵河等干流6条。全市水电资源理论蕴藏35.32万kW，规划可开发小水电装机总容量19.14万kW。到2006年底．全市境内已建成小型水电站50座，其中河道引水式32座、水库坝后式7座、渠道电站11座，总装机容量10万千瓦；另有在建小水电站4座，装机容量5250千瓦，已建及在建小水电项目占全市规划可开发总量的52%。

正定新区位于滹沱河北侧，但近年来，滹沱河一直处于干涸状态，根本不可能开发水电，亦无利用其他河流开发水电的可能。

3、生物质能利用有限，核电利用不太现实

正定新区建成后无农村用地和乡村住宅，不可能开发利用户用沼气；与石家庄市距离45公里的晋州秸秆发电厂，由于秸秆收购困难和高昂的收购成本，该电厂运行举步维艰。而距离石家庄市区仅10多公里的正定新区，更不太可能大规模利用枯枝、秸秆等生物质能，正定新区生物质能利用主要在于区内生活垃圾焚烧发电和污泥沼气回收利用。这些因素，对正定新区提高可再生能源利用比例产生掣肘。

正定新区地理位置和水资源短缺的特性，决定了正定新区不可能建设利用零碳的核电。

4、碳减排面临财力约束

从近几年石家庄市经济发展水平看，石家庄市人均GDP比全国人均水平高出30%不到。减碳和减排并非零成本，正定新区以及石家庄市较低经济发展水平，尤其是在正定新区建设初期只有投入而无经济产出，这就决定了一些低碳技术不可能得到完全使用。

第三节 正定新区低碳发展原则目标取向

“低碳”作为正定新区“低碳、生态、智慧”三大定位之一，旨在顺应全球应对气候变化、中国政府中期节能减排目标和保证能源安全等背景环境下，通过低碳空间布局、低碳交通、低碳建筑、低碳基础设施、低碳产业和低碳管理与政策等重要领域的规划与实施，提升正定新区和石家庄市竞争力与可持续发展能力，打造正定新区成为中国低碳城市名片，在国内外广泛宣传推介石家庄正定新区低碳城区发展方案，并使之成为中国政府展示低碳发展决心和负责任大国形象的载体。

正定新区建成后，第一产业农业在全部经济中所占比重极低；而污水处理和垃圾处理过程中甲烷全部得以回收利用；正定新区用地规划不安排容易产生污染的重化工业项目，而突出打造总部经济、创新产业、现代物流、行政中心、职业教育等功能，构建科技含量较高的全新低碳城区。因此，未来正定新区主要温室气体排放为化石能源消费所产生的二氧化碳排放。

一、正定新区低碳发展指导思想

正定新区低碳发展的指导思想是：以全面贯彻落实科学发展观为出发点，以增强正定新区碳竞争力为目标，针对低碳空间布局、低碳交通、低碳建筑、低碳产业、低碳市政设施等重点领域，通过科学规划、指标控制、示范工程引导、政策激励、管理创新为手段，努力打造低碳、高效、高品质的宜居新城，使之成为国内外有影响、有特色的低碳发展标杆城市，全面提升石家庄的整体形象和综合实力，为我国、乃至发展中国家探索出一条低碳城市化新路，实现人与社会、人与自然和谐发展。

二、正定新区低碳发展总体目标

正定新区低碳发展总体目标是：通过20年努力，将正定新区打造成低碳、高效、高品质的宜居新城、开发利用零碳能源、实现绿色和谐发展的可持续示范区和低碳交通、低碳建筑和具有碳竞争力产业的创新基地。

到2020年，初步建成一个空间布局简约、绿色交通引导、低碳建筑普及、低碳市政支撑的新型低碳城区雏形，实现碳排放强度较2005年下降77%；到2030年，全面建成一个世界知名的低碳新城，成为全国低碳产业创新基地、低碳建筑展示中心、低碳交通示范样板，碳排放强度比2005年下降84%。

三、正定新区低碳发展发展愿景

低碳、高效、高品质的宜居新城；

开发利用零碳能源、实现绿色和谐发展的可持续示范区；

低碳交通、低碳建筑和具有碳竞争力产业的创新基地。

第四节　正定新区低碳发展指标体系

低碳规划和城市低碳发展，首先需要构建低碳指标体系，确定各指标目标值。在正定新区低碳指标选取和目标值确定时，遵循科学性、适用性、系统性和可操作性原则，为正定新区低碳规划和发展提供一套指导性指标体系。

一、指标体系

已构建的正定新区低碳发展指标体系包括三个层次，第一个层次是总体目标，即：正定新区低碳发展的碳强度目标；第二个层面是核心指标，分别从低碳空间布局、低碳交通、低碳建筑、低碳产业、低碳市政设施5个重点领域设置15项核心指标，见表12-3；第三层次是支撑指标，设置63项支撑指标。

本规划采取自下而上的方式予以实施。第一步：依据支撑指标挑选关键措施；第二步，对关键措施进行成本分析，选择最优的关键措施，并落实责任单位，明确考核目标；第三步，由关键措施保证支撑指标的实现，支撑指标再确保核心指标和总目标的实现，见图12-5。

表12-3 总体目标、重点领域和核心指标体系表

总体目标	碳排放强度（吨二氧化碳/万元GDP）	≤1.17	2030年(≤0.82)
低碳空间	职住平衡指数	0.8～1.2	
	功能混合街区比例（%）	≥80	
	城市中心与轨道站点耦合度（%）	100	城市中心是指市各级中心(市级中心、区级中心以及片区级中心)
	城市乔木覆盖率（%）	≥35	
低碳交通	绿色出行率（%）	≥90	含公共交通、非机动车和步行出行
	交通清洁能源利用率（%）	公共交通工具:100	
		社会车辆:≥20	
低碳建筑	建筑节能率（%）	≥70	住宅75%，公建65%
	绿色建筑比例（%）	≥80	公建100%，住宅70%
	可再生能源建筑应用比例(%)	≥75	根据实施力度，综合利用率在58%-75%之间。
低碳产业	第三产业比重（%）	≥75	与法国、丹麦2005年经济结构相近
	单位工业增加值能耗(tce/万元工业增加值)	≤0.63	较2005年降低84%。生态工业区标准为0.5，过于严格，天津、北京2007年水平为1.25
低碳市政	清洁能源供应比例（%）	≥95	
	给水节能率(%)	≥30	单位供水综合能耗较常规水厂降低30%
	污水处理节能率（%）	≥30	单位污水处理综合能耗较常规水厂降低30%
	固体废弃物利用率(%)	≥95	见支撑指标解释

图12-5 正定新区碳排放强度总目标实现流程图

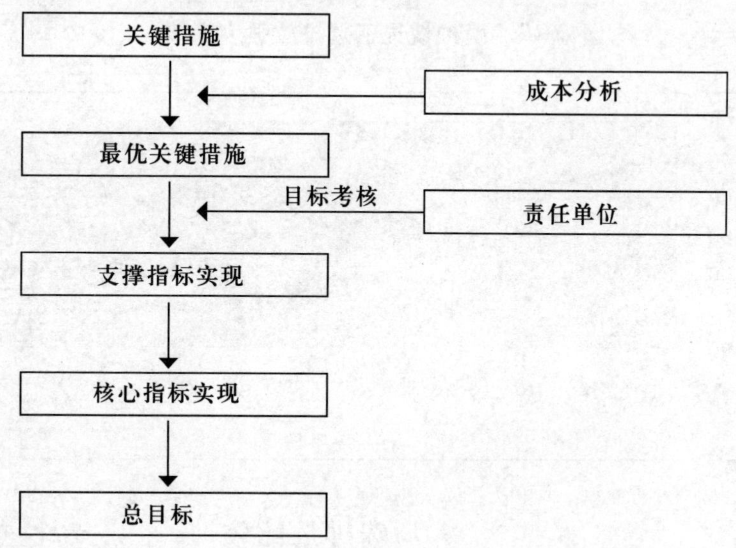

二、指标体系的特点

1.在全国率先提出以碳排放强度作为低碳城市发展的唯一总目标，碳排放强度下降幅度超过已公布的任何城市。

2.构建以公交交通和零碳慢行交通为主的低碳交通体系，绿色出行率达到90%；并首次提出自行车停放设施设置率、公交专用道设置率等便于规划控制的支撑指标。

3.全面推行低碳建筑，在全国率先提出正定新区内所有新建建筑节能标准到达75%，并将太阳能、污水源热泵和地源热泵大规模用于建筑采暖、制冷和提供生活热水。

4.从规划初期就提出避免锁定效应，将空间布局和市政设施纳入规划控制范围，并创造性地提出了供水节能率、污水处理节能率等新指标。

5.提出了低碳城市管理模式。创新城市化模式：城市化工业化跨越发展的全新模式。以碳生产力和品质生活为导向的低碳发展路线图。

6.低碳门槛，整体设计：严格标准，防止技术锁定效应。

第五节 常规情景和规划情景碳排放比较

一、碳排放强度比较

常规情景时，正定新区碳排放强度从2005年5吨二氧化碳/万元GDP，经2020年2.85吨二氧化碳/万元GDP下降到2030年1.6吨二氧化碳/万元GDP；规划情景时，2005年5吨二氧化碳/万元GDP，经2020年1.17吨二氧化碳/万元GDP下降到2030年0.82吨二氧化碳/万元GDP，见图12-6。

图12-6 两种情景下碳排放强度比较

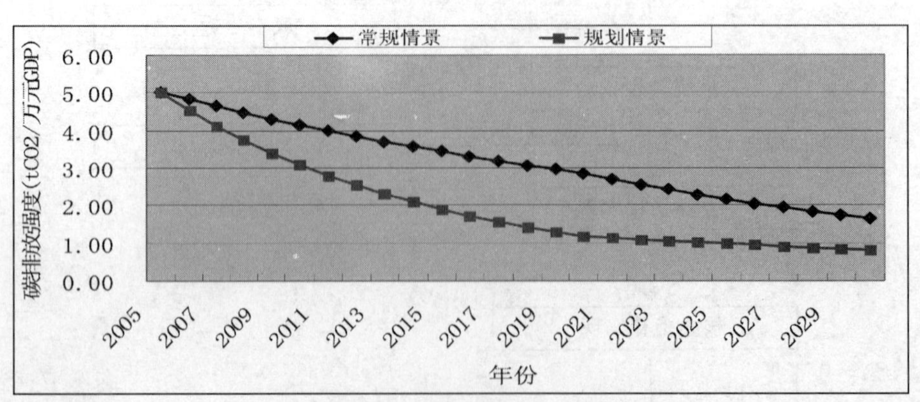

二、人均碳排放比较

常规情景时，人均碳排放从2005年9.29吨二氧化碳/人上升到2020年45.22。随后，随着正定新区人口增多，经济增速放缓，人均碳排放下降到2030年35.54吨二氧化碳/人；规划情景时，人均碳排放从2005年9.29吨二氧化碳/人上升到2020年18.56，随后随着人口增多，经济增速放缓，人均碳排放下降到2030年17.66吨二氧化碳/人。

三、碳排放总量比较

常规情景时，总排放从2005年158.67万吨二氧化碳增加大到2020年1356.6万吨，随着区域面积扩张和经济总量增大，碳排放增加到2030年4265.25万吨二氧化碳；规划情景时，总排放从2005年158.67万吨经2020年556.92增加到2030年2119.70万吨二氧化碳，见图12-7。

图12-7 两种情景下人均碳排放比较

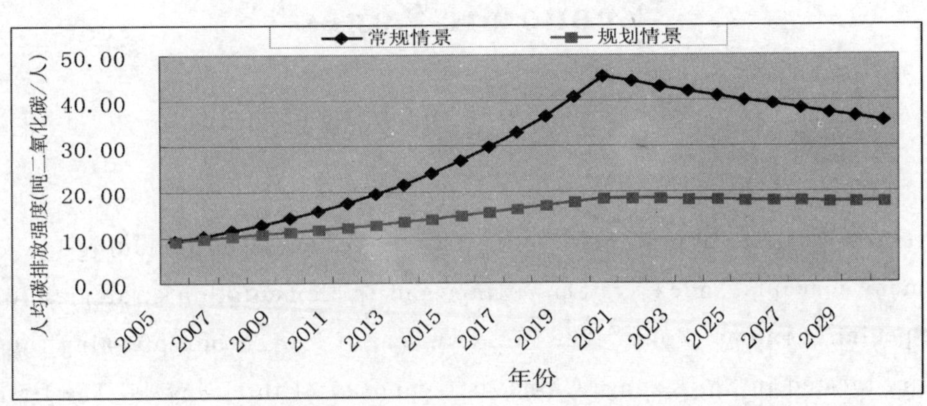

可以看出，2020年规划情景时碳排放比常规情景减少800万吨左右，占常规情景总排放的60%以上；2030年规划情景碳排放比常规情景减少2145万吨，占常规情景总排放的50%。

图12-8 两种情景下碳排放量比较

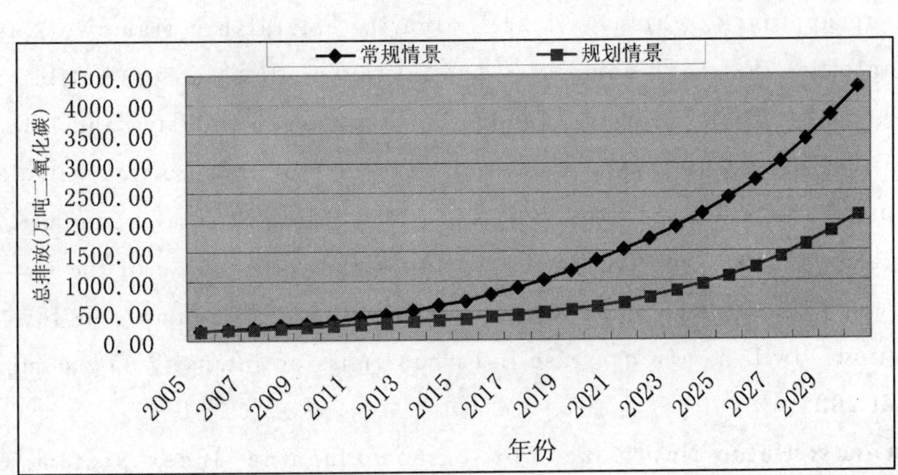

以上分析我们还可以看出，如果能按照低碳规划情景发展，我们估计正定新区人均碳排放2020年会出现拐点。这是因为目前正定新区110平方公里仅17.08万人口，而到2020年30平方公里增到30万人，人均GDP以每年12%左右速率递增，必然导致人均碳排放增大到极大值；而随后，经济增长速度放缓，正定新区人口从2020年30万增加到2030年120万，人均碳排放呈下降趋势(下降幅度很小)。对于总排放量，规划期末2030年之前不会出现拐点，因为人口增加速度依然高于人均碳排放下降速度。

Low-carbon Planning Studies for Hutuo Special Economic Zones

Chen Hongbo, Chu Chengshan

Abstract: This study presents a new perspective on issues including low-carbon development concepts, index system setting, and implementation strategies for low-carbon Special Economic Zones. The index system of low-carbon planning for Hutuo New Zone, located in Shijiazong, China, is composed of three levels. The first level is overall goal, i.e. the target of carbon intensity for the Hutuo Special Economic Zone low-carbon planning; the second level consists of 15 key indicators in 5 key areas including low-carbon spatial layout, low-carbon traffic, low-carbon building, low-carbon industry and low-carbon municipal facilities; the third level includes 63 supporting indicators. The indicators of different levels correspond to relevant planning levels for implementation of the planning. Furthermore, the planning adopts a bottom-up approach, which will preliminarily establish a framework for new low-carbon cities that have compacted spatial layout, low-carbon traffic guiding, popularization of green buildings, innovative low-carbon industry and low-carbon municipal facilities. The carbon emissions intensity of these cities will decrease 77% compared to the level of 2005. By 2030, the Hutuo Special Economic Zone – as a new famous low-carbon city in the world, an innovative base of the low-carbon industry, an exhibition centre of low carbon buildings, an example of low-carbon transportation – twill have a decrease in carbon emission intensity 84% compared to the level of 2005.

Keywords: Hutuo New Zone, Low-carbon Planning, Index System, Carbon Emission Intensity

附件一：2008年中国110城市中低碳转型发展前十名城市

Appendix 1 The Top Ten Cities of Low Carbon Development in 110 Selected Chinese Cities in 2008

图A1-1 GDP总量最高的十个城市（2005年不变价）

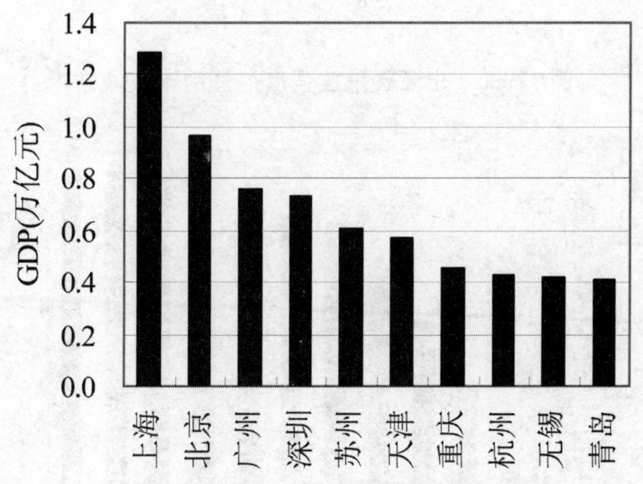

图A1-2 单位GDP能耗最低的十个城市

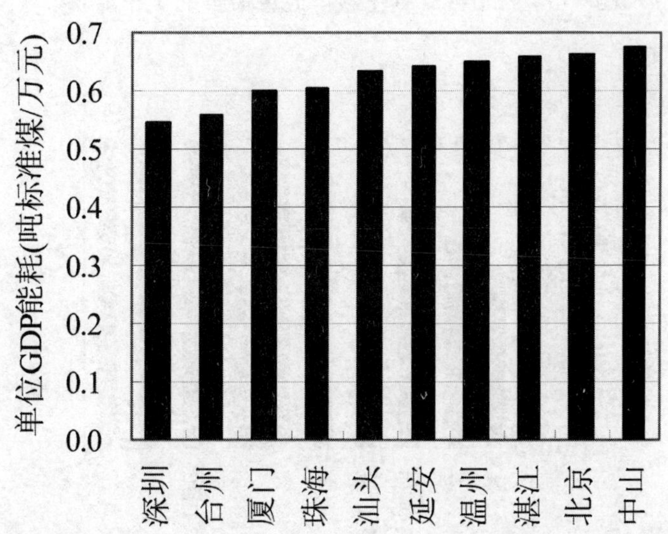

图A1-3 二氧化碳生产力水平最高的十个城市

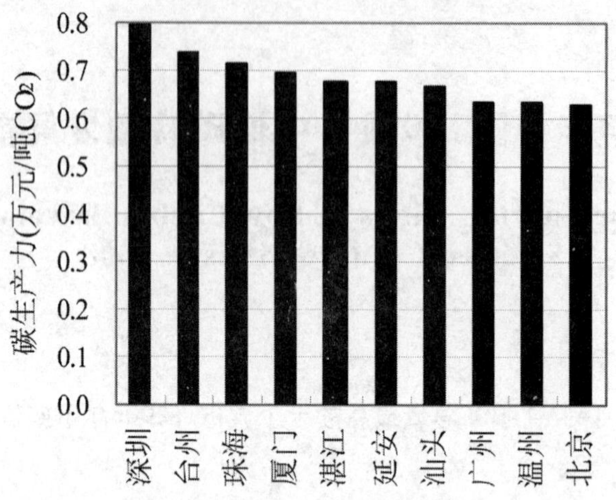

图A1-4 能源碳排放强度最低的十个城市

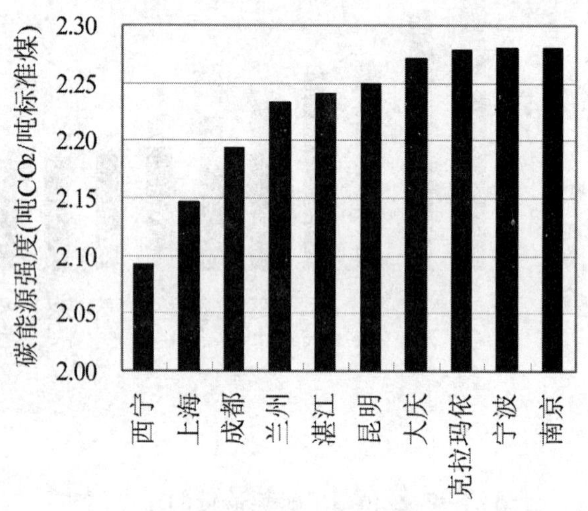

图A1-5 人均二氧化碳排放量最少的十个城市

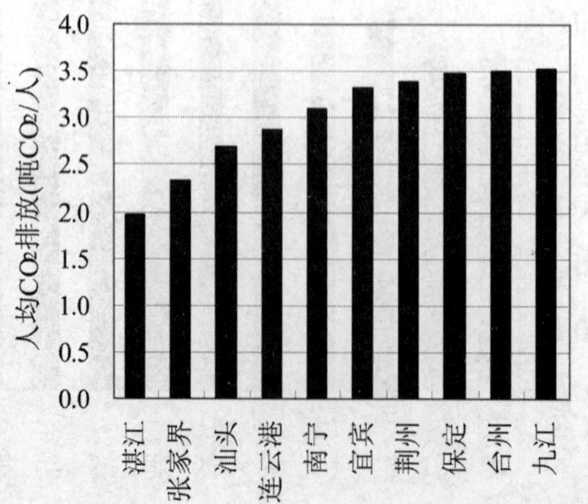

图A1-6 居民碳消费结构最优的十个城市

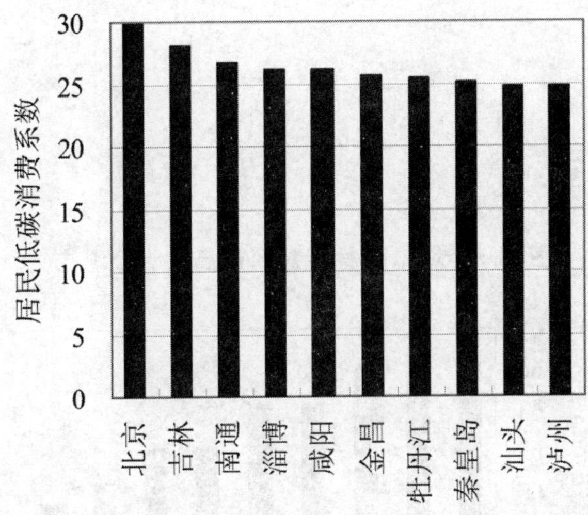

图A1-7 碳排放就业岗位贡献最大的十个城市

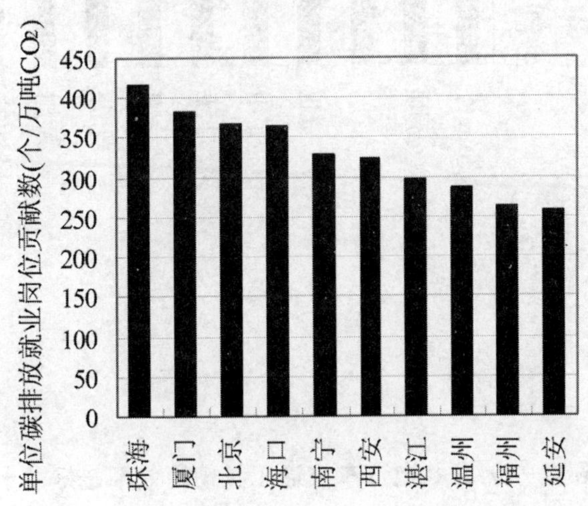

图A1-8 非化石能源消费比重最高的十个城市

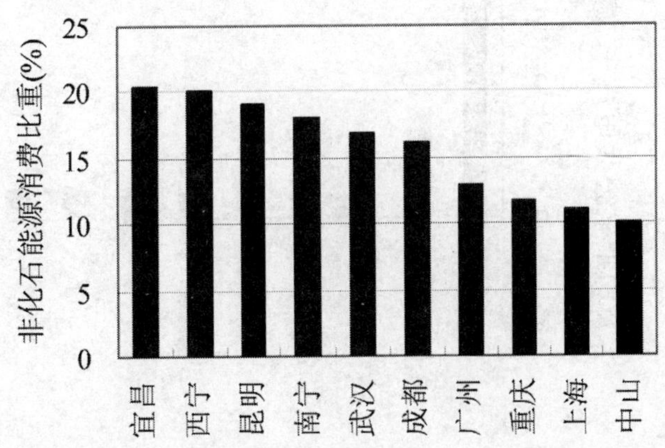

图A1-9 城市森林覆盖率最高的十个城市

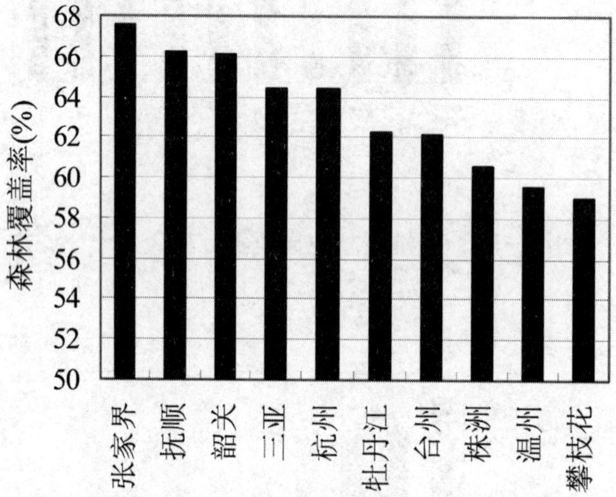

68
66
64
62
60
58
56
54
52
50
森林覆盖率(%)
张家界
抚顺
韶关
三亚
杭州
牡丹江
台州
株洲
温州
攀枝花

图A1-10 公共电汽车交通工具使用效率最好的十个城市

2.5
2.0
1.5
1.0
0.5
0.0
人均乘坐公共电汽车次数(次/人/辆)
海口
延安
阳泉
克拉玛依
金昌
马鞍山
西宁
宜宾
攀枝花
珠海

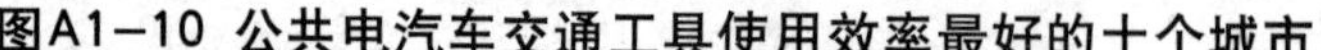

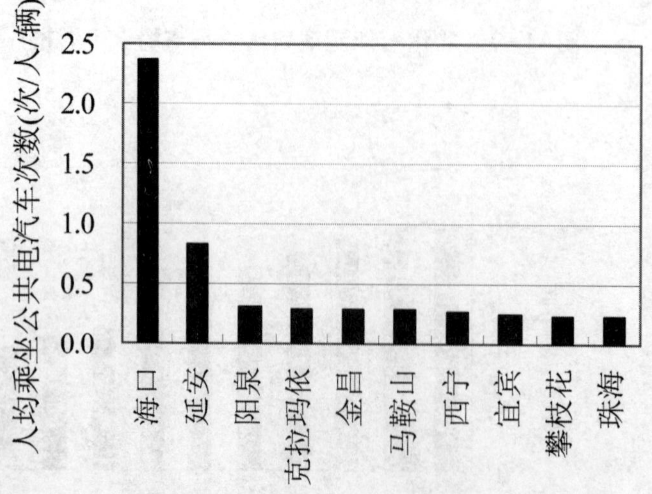

图A1-11 居住建筑单位面积能耗最低的十个城市

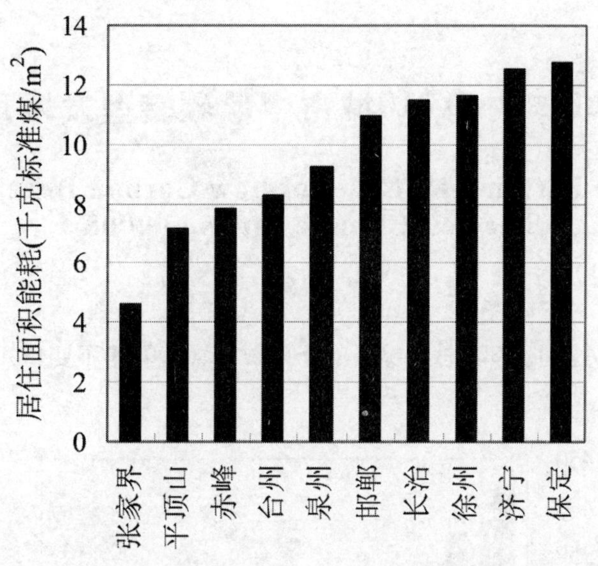

图A1-12 工业水污染物排放强度最低的十个城市

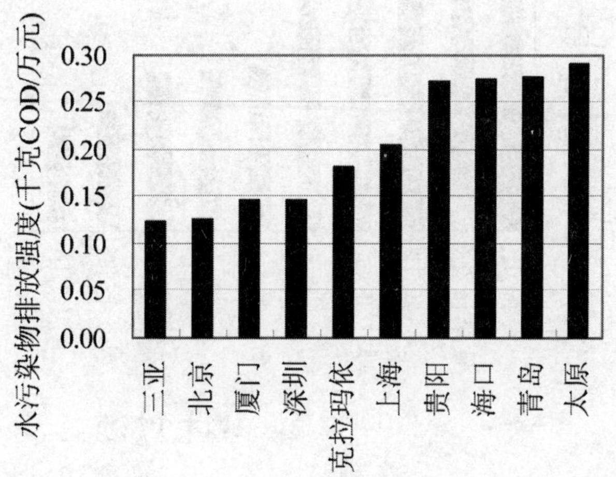

图A1-13 工业大气污染物排放强度最低的十个城市

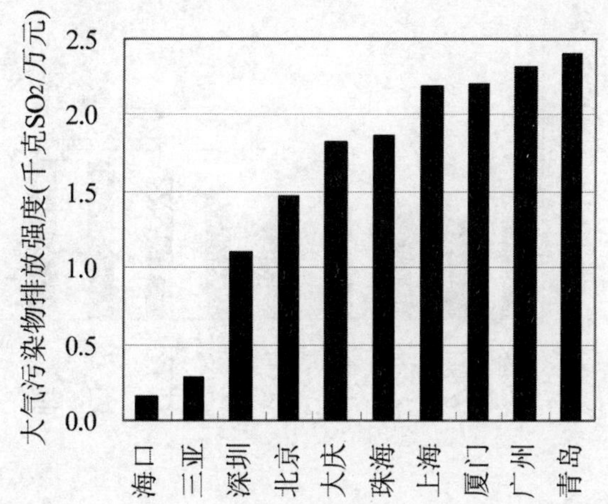

附件二：2008年中国110城市中低碳转型发展后十位城市

Appendix 2 The Bottom Ten Cities of Low Carbon Development in 110 Selected Chinese Cities in 2008

图A2-1 GDP总量最低的十个城市（2005年不变价）

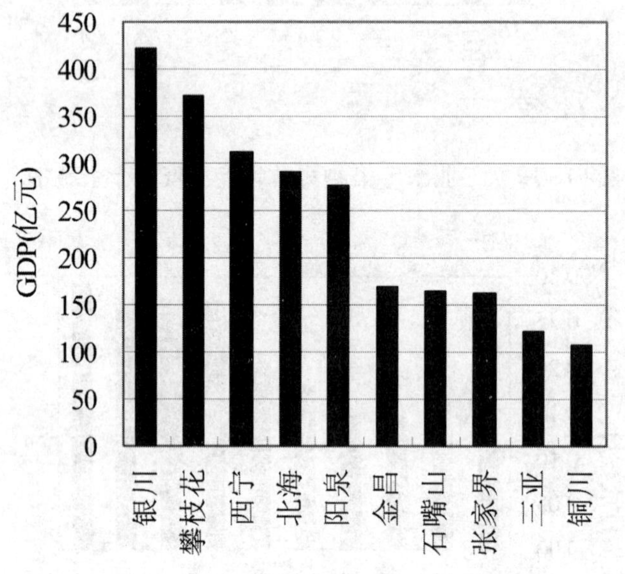

图A2-2 单位GDP能耗最高的十个城市

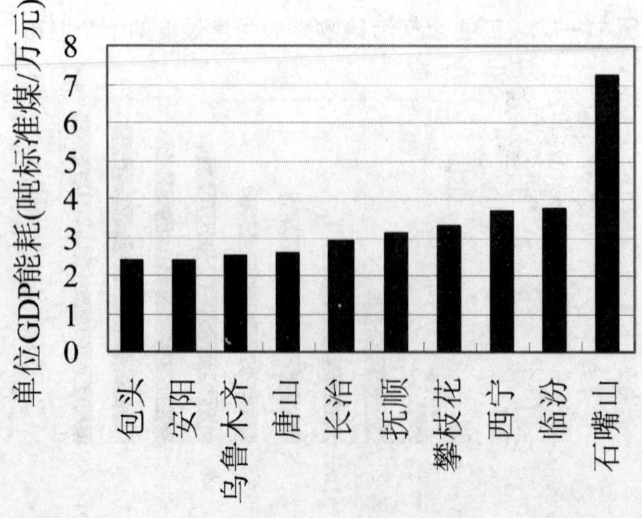

图A2-3 二氧化碳生产力水平最低的十个城市

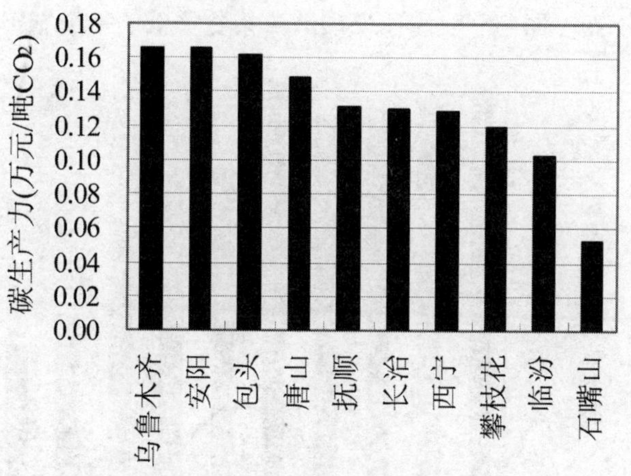

图A2-4 能耗的碳排放强度最高的十个城市

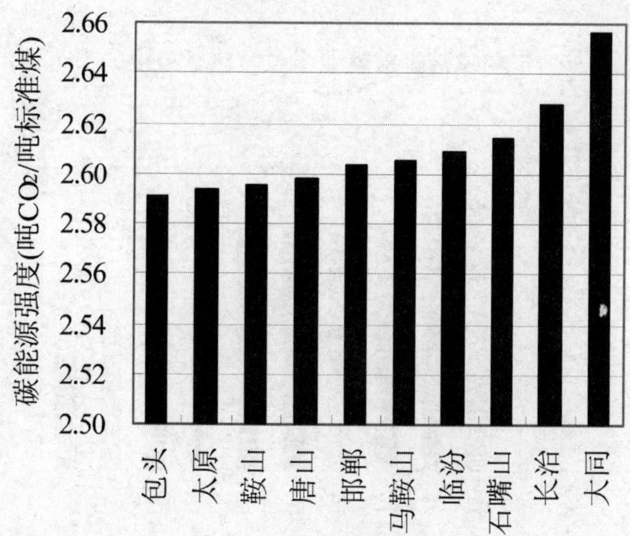

图A2-5 人均二氧化碳排放量最高的十个城市

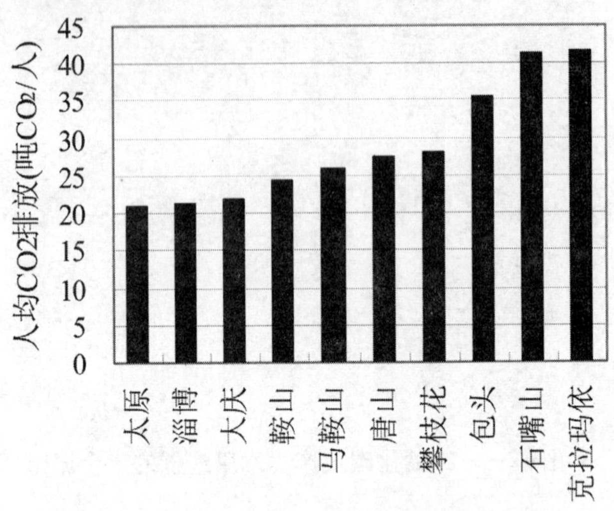

图A2-6 居民低碳消费系数最低的十个城市

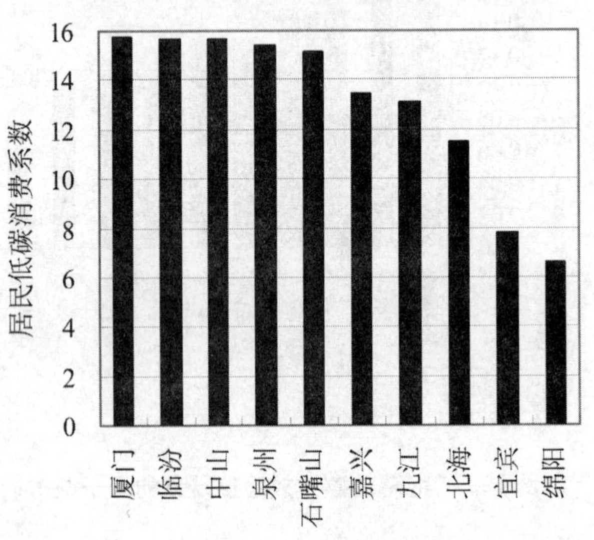

图A2-7 单位碳排放就业岗位贡献数最少的十个城市

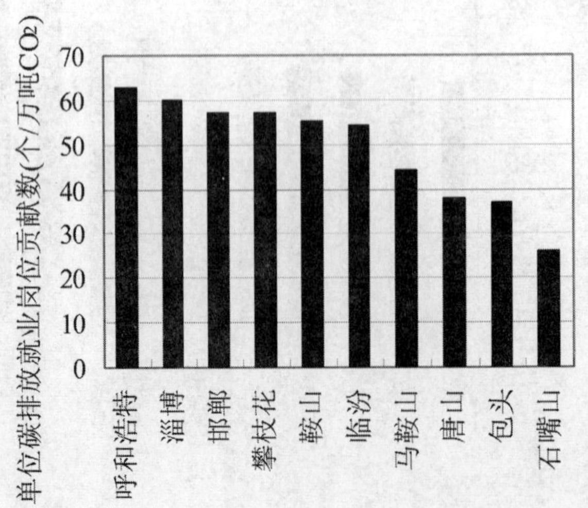

图A2-8 非化石能源消耗比重最低的十个城市

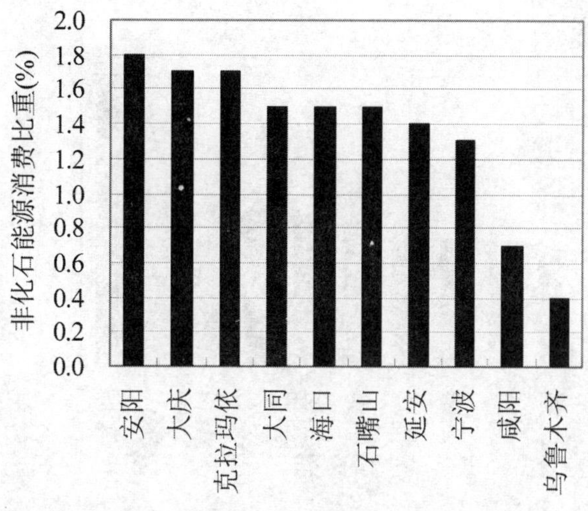

图A2-9 森林覆盖率最低的十个城市

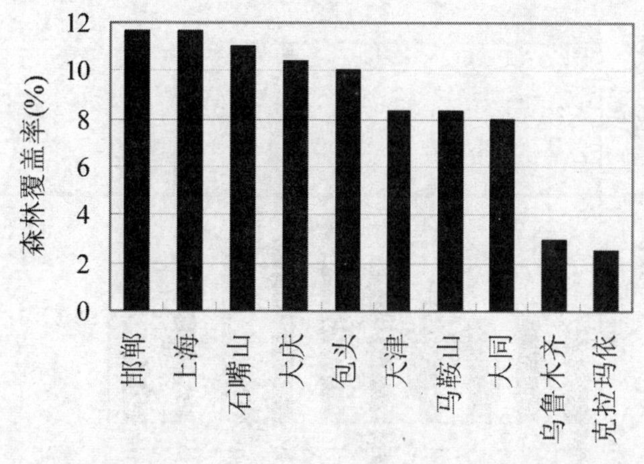

图A2-10 城市每辆公共电汽车人均乘坐次数最少的十个城市

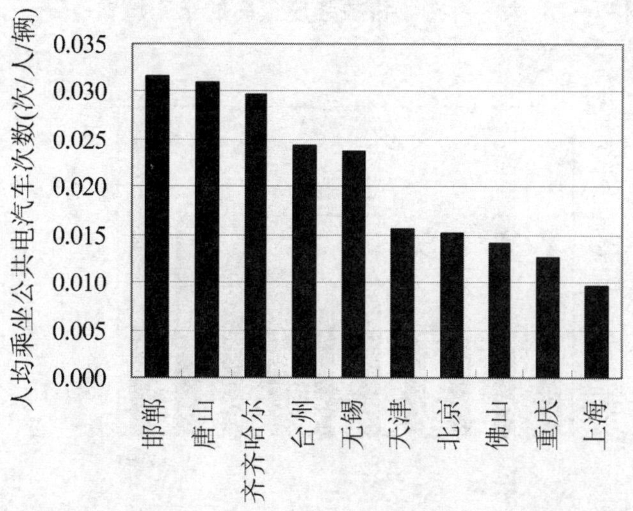

图A2-11 城市单位居住面积能耗水平最高的十个城市

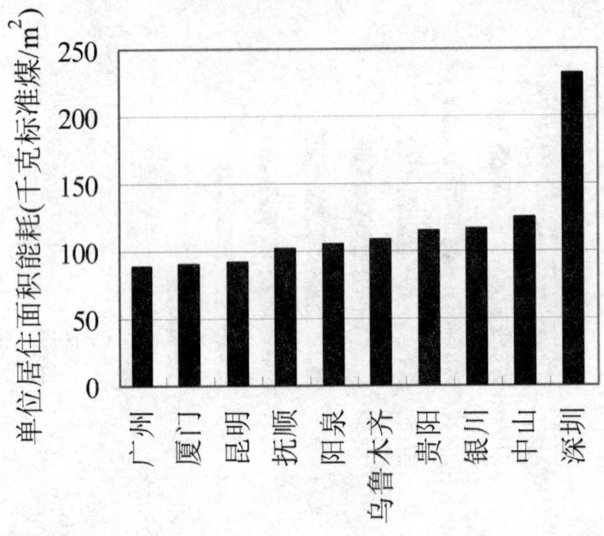

图A2-12 工业水污染物排放强度最高的十个城市

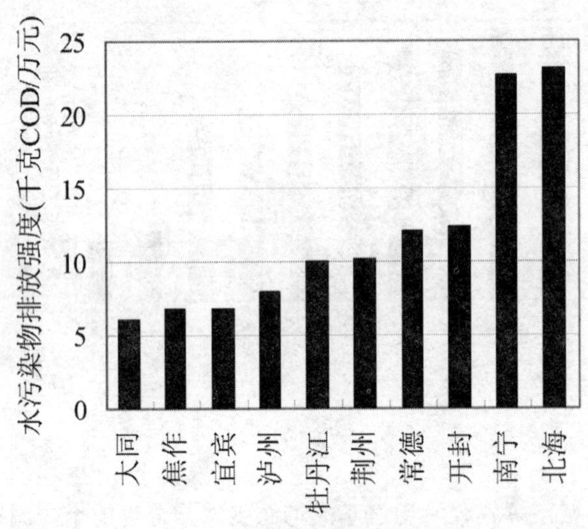

图A2-13 大气污染物排放强度最高的十个城市

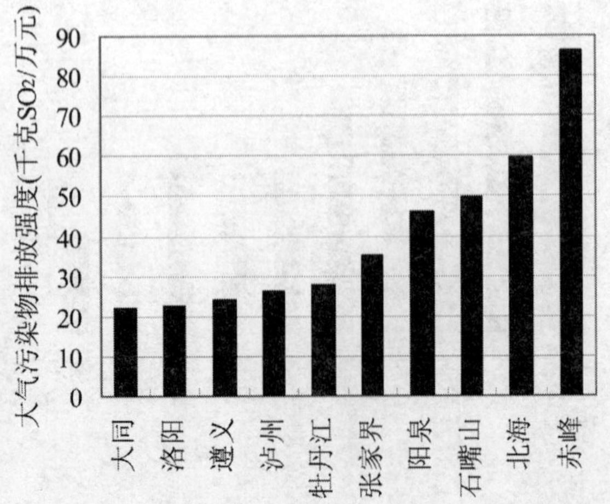

附件三：2008年中国110城市低碳发展指标数据

Appendix 3 The Data of Low Carbon Development Indicators in 110 Selected Chinese Cities in 2008

表A3-1 110城市GDP（2005年不变价）

城市名称	亿元	城市名称	亿元	城市名称	亿元	城市名称	亿元
北京	9592.95	苏州	6071.69	青岛	4096.36	湛江	923.14
天津	5682.07	南通	2242.76	淄博	2172.75	中山	1313.47
石家庄	2545.97	连云港	684.10	枣庄	968.33	南宁	1116.30
唐山	3022.29	扬州	1393.22	烟台	3117.95	柳州	806.13
秦皇岛	702.40	杭州	4244.12	潍坊	2246.05	桂林	791.02
邯郸	1694.49	宁波	3505.89	济宁	1940.86	北海	291.11
保定	1474.14	温州	2265.01	泰安	1312.53	海口	422.93
太原	1253.09	嘉兴	1664.53	威海	1752.21	三亚	121.18
大同	479.10	湖州	922.33	日照	670.49	重庆	4552.03
阳泉	277.32	绍兴	2092.92	郑州	2504.95	成都	3487.12
长治	560.01	台州	1793.36	开封	591.31	攀枝花	371.95
临汾	679.29	合肥	1388.21	洛阳	1710.91	泸州	429.15
呼和浩特	1177.36	芜湖	623.74	平顶山	859.02	绵阳	656.45
包头	1448.48	马鞍山	589.58	安阳	862.32	宜宾	553.04
赤峰	578.52	福州	2155.68	焦作	890.93	贵阳	789.60
沈阳	3323.54	厦门	1522.70	武汉	3418.50	遵义	578.87
大连	3428.69	泉州	2473.81	宜昌	899.13	昆明	1503.19
鞍山	1974.76	南昌	1541.93	荆州	543.15	曲靖	646.94
抚顺	604.86	九江	626.00	长沙	2328.80	西安	1901.40
长春	2389.48	济南	2840.73	株洲	769.18	铜川	107.94
吉林	1015.14	青岛	4096.36	湘潭	545.63	宝鸡	622.44
哈尔滨	2669.22	淄博	2172.75	岳阳	927.48	咸阳	640.22
齐齐哈尔	610.52	枣庄	968.33	常德	912.71	延安	571.02
大庆	1920.66	烟台	3117.95	张家界	160.88	兰州	796.78
牡丹江	442.71	潍坊	2246.05	广州	7544.98	金昌	168.96
上海	12855.54	济宁	1940.86	韶关	500.99	西宁	312.35
南京	3597.84	泰安	1312.53	深圳	7285.19	银川	421.82
无锡	4190.91	威海	1752.21	珠海	997.89	石嘴山	163.27
徐州	1826.00	日照	670.49	汕头	906.93	乌鲁木齐	862.37
常州	1950.39	郑州	2504.95	佛山	3913.97	克拉玛依	516.07

表A3-2 110城市单位GDP能耗

城市名称	吨标准煤/万元	城市名称	吨标准煤/万元	城市名称	吨标准煤/万元	城市名称	吨标准煤/万元
北京	0.662	徐州	1.227	泰安	1.281	桂林	1.096
天津	0.947	常州	0.934	威海	0.812	北海	1.021
石家庄	1.622	苏州	0.906	日照	1.342	海口	0.779
唐山	2.600	南通	0.730	郑州	1.187	三亚	0.801
秦皇岛	1.299	连云港	0.833	开封	1.117	重庆	1.267
邯郸	2.262	扬州	0.739	洛阳	1.364	成都	0.905
保定	1.060	杭州	0.750	平顶山	2.009	攀枝花	3.299
太原	2.230	宁波	0.840	安阳	2.419	泸州	1.596
大同	2.100	温州	0.650	焦作	1.991	绵阳	1.591
阳泉	2.340	嘉兴	0.860	武汉	1.190	宜宾	1.364
长治	2.930	湖州	1.020	宜昌	1.160	贵阳	1.820
临汾	3.760	绍兴	0.900	荆州	1.690	遵义	1.900
呼和浩特	1.677	台州	0.560	长沙	0.886	昆明	1.282
包头	2.387	合肥	0.980	株洲	1.390	曲靖	1.833
赤峰	1.821	芜湖	1.400	湘潭	1.816	西安	0.873
沈阳	1.046	马鞍山	2.249	岳阳	1.371	铜川	1.930
大连	1.031	福州	0.676	常德	0.997	宝鸡	1.253
鞍山	1.757	厦门	0.600	张家界	0.947	咸阳	1.207
抚顺	3.084	泉州	0.814	广州	0.680	延安	0.642
长春	0.698	南昌	0.906	韶关	1.819	兰州	1.987
吉林	1.815	九江	1.068	深圳	0.544	金昌	1.806
哈尔滨	1.316	济南	1.101	珠海	0.603	西宁	3.705
齐齐哈尔	1.594	青岛	0.821	汕头	0.632	银川	2.154
大庆	1.382	淄博	1.791	佛山	0.802	石嘴山	7.206
牡丹江	1.335	枣庄	1.785	湛江	0.659	乌鲁木齐	2.503
上海	0.801	烟台	0.815	中山	0.673	克拉玛依	1.770
南京	1.178	潍坊	1.187	南宁	0.838		
无锡	0.799	济宁	1.380	柳州	1.951		

表A3-3 110城市二氧化碳的生产力水平

城市名称	万元/吨二氧化碳	城市名称	万元/吨二氧化碳	城市名称	万元/吨二氧化碳	城市名称	万元/吨二氧化碳
北京	0.630	徐州	0.321	泰安	0.307	桂林	0.385
天津	0.456	常州	0.425	威海	0.494	北海	0.401
石家庄	0.242	苏州	0.446	日照	0.292	海口	0.532
唐山	0.148	南通	0.542	郑州	0.329	三亚	0.544
秦皇岛	0.307	连云港	0.481	开封	0.352	重庆	0.320
邯郸	0.170	扬州	0.543	洛阳	0.287	成都	0.504
保定	0.370	杭州	0.538	平顶山	0.194	攀枝花	0.119
太原	0.173	宁波	0.522	安阳	0.165	泸州	0.272
大同	0.179	温州	0.633	焦作	0.197	绵阳	0.259
阳泉	0.170	嘉兴	0.456	武汉	0.366	宜宾	0.313
长治	0.130	湖州	0.388	宜昌	0.370	贵阳	0.225
临汾	0.102	绍兴	0.451	荆州	0.248	遵义	0.209
呼和浩特	0.239	台州	0.736	长沙	0.457	昆明	0.347
包头	0.162	合肥	0.404	株洲	0.284	曲靖	0.221
赤峰	0.213	芜湖	0.279	湘潭	0.216	西安	0.485
沈阳	0.381	马鞍山	0.171	岳阳	0.288	铜川	0.202
大连	0.419	福州	0.594	常德	0.397	宝鸡	0.320
鞍山	0.219	厦门	0.698	张家界	0.424	咸阳	0.332
抚顺	0.131	泉州	0.509	广州	0.635	延安	0.677
长春	0.575	南昌	0.437	韶关	0.227	兰州	0.225
吉林	0.232	九江	0.374	深圳	0.795	金昌	0.219
哈尔滨	0.307	济南	0.373	珠海	0.714	西宁	0.129
齐齐哈尔	0.251	青岛	0.507	汕头	0.665	银川	0.191
大庆	0.319	淄博	0.228	佛山	0.533	石嘴山	0.053
牡丹江	0.302	枣庄	0.219	湛江	0.678	乌鲁木齐	0.165
上海	0.582	烟台	0.491	中山	0.623	克拉玛依	0.248
南京	0.372	潍坊	0.334	南宁	0.512		
无锡	0.500	济宁	0.282	柳州	0.210		

表A3-4 110城市能耗的碳排放强度

城市名称	吨二氧化碳/吨标准煤	城市名称	吨二氧化碳/吨标准煤	城市名称	吨二氧化碳/吨标准煤	城市名称	吨二氧化碳/吨标准煤
北京	2.399	徐州	2.541	泰安	2.539	桂林	2.370
天津	2.316	常州	2.518	威海	2.493	北海	2.444
石家庄	2.544	苏州	2.473	日照	2.549	海口	2.412
唐山	2.598	南通	2.527	郑州	2.562	三亚	2.295
秦皇岛	2.507	连云港	2.498	开封	2.541	重庆	2.468
邯郸	2.603	扬州	2.491	洛阳	2.552	成都	2.193
保定	2.551	杭州	2.478	平顶山	2.569	攀枝花	2.538
太原	2.593	宁波	2.280	安阳	2.503	泸州	2.305
大同	2.657	温州	2.430	焦作	2.554	绵阳	2.426
阳泉	2.512	嘉兴	2.549	武汉	2.296	宜宾	2.345
长治	2.627	湖州	2.529	宜昌	2.328	贵阳	2.447
临汾	2.609	绍兴	2.465	荆州	2.385	遵义	2.518
呼和浩特	2.498	台州	2.426	长沙	2.469	昆明	2.249
包头	2.591	合肥	2.523	株洲	2.531	曲靖	2.474
赤峰	2.576	芜湖	2.559	湘潭	2.549	西安	2.364
沈阳	2.511	马鞍山	2.605	岳阳	2.533	铜川	2.570
大连	2.317	福州	2.492	常德	2.526	宝鸡	2.497
鞍山	2.595	厦门	2.389	张家界	2.493	咸阳	2.499
抚顺	2.477	泉州	2.413	广州	2.317	延安	2.300
长春	2.495	南昌	2.529	韶关	2.427	兰州	2.234
吉林	2.372	九江	2.501	深圳	2.311	金昌	2.530
哈尔滨	2.477	济南	2.434	珠海	2.323	西宁	2.092
齐齐哈尔	2.505	青岛	2.404	汕头	2.380	银川	2.430
大庆	2.271	淄博	2.451	佛山	2.339	石嘴山	2.614
牡丹江	2.481	枣庄	2.554	湛江	2.240	乌鲁木齐	2.417
上海	2.147	烟台	2.500	中山	2.384	克拉玛依	2.278
南京	2.280	潍坊	2.522	南宁	2.329		
无锡	2.503	济宁	2.566	柳州	2.437		

表A3–5　110城市能源消费总量

城市名称	万吨标准煤	城市名称	万吨标准煤	城市名称	万吨标准煤	城市名称	万吨标准煤
北京	6350.53	徐州	2240.50	泰安	1681.64	桂林	867.21
天津	5380.92	常州	1821.66	威海	1423.55	北海	297.35
石家庄	4129.57	苏州	5500.95	日照	900.04	海口	329.47
唐山	7857.95	南通	1637.21	郑州	2973.38	三亚	97.06
秦皇岛	912.42	连云港	569.85	开封	660.49	重庆	5767.42
邯郸	3832.94	扬州	1029.59	洛阳	2333.68	成都	3155.84
保定	1562.59	杭州	3183.09	平顶山	1725.78	攀枝花	1227.07
太原	2794.40	宁波	2944.95	安阳	2085.94	泸州	684.93
大同	1006.11	温州	1472.26	焦作	1773.85	绵阳	1044.41
阳泉	648.94	嘉兴	1431.50	武汉	4068.01	宜宾	754.34
长治	1640.84	湖州	940.77	宜昌	1042.99	贵阳	1437.07
临汾	2554.15	绍兴	1883.63	荆州	917.92	遵义	1099.85
呼和浩特	1974.68	台州	1004.28	长沙	2063.32	昆明	1927.09
包头	3457.16	合肥	1360.44	株洲	1069.16	曲靖	1185.85
赤峰	1053.44	芜湖	873.24	湘潭	990.86	西安	1659.92
沈阳	3477.75	马鞍山	1325.79	岳阳	1271.58	铜川	208.33
大连	3534.33	福州	1457.24	常德	909.97	宝鸡	779.92
鞍山	3469.65	厦门	913.62	张家界	152.36	咸阳	772.75
抚顺	1865.51	泉州	2013.68	广州	5130.59	延安	366.60
长春	1666.64	南昌	1396.55	韶关	911.30	兰州	1583.03
吉林	1842.91	九江	668.77	深圳	3963.14	金昌	305.19
哈尔滨	3513.23	济南	3128.26	珠海	601.73	西宁	1157.13
齐齐哈尔	973.10	青岛	3363.55	汕头	573.18	银川	908.44
大庆	2654.15	淄博	3891.72	佛山	3139.00	石嘴山	1176.42
牡丹江	590.98	枣庄	1728.82	湛江	608.35	乌鲁木齐	2158.32
上海	10297.29	烟台	2539.45	中山	883.97	克拉玛依	913.17
南京	4238.25	潍坊	2664.96	南宁	935.55		
无锡	3348.54	济宁	2678.72	柳州	1572.54		

表A3-6　110城市人均二氧化碳排放量

城市名称	吨/人	城市名称	吨/人	城市名称	吨/人	城市名称	吨/人
北京	8.99	徐州	6.55	泰安	7.83	桂林	3.58
天津	10.60	常州	10.41	威海	12.65	北海	4.61
石家庄	10.67	苏州	11.52	日照	8.06	海口	4.33
唐山	27.47	南通	5.09	郑州	10.25	三亚	3.94
秦皇岛	7.74	连云港	2.88	开封	3.58	重庆	5.01
邯郸	10.75	扬州	5.24	洛阳	9.28	成都	5.45
保定	3.49	杭州	8.44	平顶山	8.85	攀枝花	28.01
太原	20.88	宁波	9.34	安阳	10.01	泸州	3.67
大同	8.41	温州	3.94	焦作	12.54	绵阳	4.69
阳泉	12.35	嘉兴	6.51	武汉	10.43	宜宾	3.33
长治	13.13	湖州	8.30	宜昌	6.01	贵阳	8.93
临汾	15.87	绍兴	9.15	荆州	3.39	遵义	3.68
呼和浩特	18.46	台州	3.51	长沙	7.74	昆明	6.95
包头	35.38	合肥	6.47	株洲	7.29	曲靖	5.07
赤峰	6.24	芜湖	9.03	湘潭	8.59	西安	4.69
沈阳	11.26	马鞍山	26.02	岳阳	5.91	铜川	6.38
大连	13.36	福州	5.32	常德	3.72	宝鸡	5.18
鞍山	24.28	厦门	8.77	张家界	2.32	咸阳	13.04
抚顺	20.52	泉州	6.24	广州	11.68	延安	3.93
长春	5.38	南昌	7.65	韶关	6.47	兰州	10.35
吉林	9.90	九江	3.52	深圳	10.45	金昌	15.87
哈尔滨	8.64	济南	11.49	珠海	9.44	西宁	11.11
齐齐哈尔	4.28	青岛	9.56	汕头	2.69	银川	12.58
大庆	21.75	淄博	21.17	佛山	12.33	石嘴山	41.31
牡丹江	5.23	枣庄	12.05	湛江	1.97	乌鲁木齐	19.11
上海	11.71	烟台	9.04	中山	8.39	克拉玛依	41.63
南京	12.73	潍坊	7.56	南宁	3.11		
无锡	13.73	济宁	8.63	柳州	10.33		

表A3-7　110城市居民低碳消费系数

城市	%	城市	%	城市	%	城市	%
北京	29.76	徐州	17.45	泰安	19.69	桂林	17.03
天津	21.08	常州	22.07	威海	18.32	北海	11.47
石家庄	21.86	苏州	20.12	日照	18.62	海口	16.79
唐山	22.03	南通	26.66	郑州	20.16	三亚	18.13
秦皇岛	25.13	连云港	20.34	开封	16.28	重庆	20.04
邯郸	17.80	扬州	24.60	洛阳	22.56	成都	17.96
保定	21.22	杭州	17.43	平顶山	20.47	攀枝花	16.38
太原	24.03	宁波	19.85	安阳	23.22	泸州	24.75
大同	22.02	温州	20.65	焦作	18.91	绵阳	6.57
阳泉	21.66	嘉兴	13.39	武汉	17.69	宜宾	7.77
长治	17.76	湖州	19.87	宜昌	18.60	贵阳	17.75
临汾	15.63	绍兴	23.28	荆州	19.53	遵义	19.27
呼和浩特	23.15	台州	21.06	长沙	20.19	昆明	16.49
包头	22.31	合肥	18.43	株洲	22.48	曲靖	16.32
赤峰	19.62	芜湖	20.19	湘潭	19.99	西安	23.57
沈阳	18.86	马鞍山	21.19	岳阳	20.94	铜川	19.45
大连	18.12	福州	16.26	常德	15.80	宝鸡	21.35
鞍山	21.22	厦门	15.77	张家界	19.65	咸阳	26.14
抚顺	21.21	泉州	15.43	广州	22.80	延安	21.36
长春	22.46	南昌	19.06	韶关	24.48	兰州	21.09
吉林	28.06	九江	13.10	深圳	17.10	金昌	25.63
哈尔滨	21.36	济南	21.28	珠海	24.69	西宁	18.57
齐齐哈尔	20.33	青岛	17.34	汕头	24.79	银川	18.52
大庆	19.44	淄博	26.21	佛山	24.71	石嘴山	15.17
牡丹江	25.53	枣庄	19.01	湛江	18.80	乌鲁木齐	18.93
上海	18.71	烟台	19.67	中山	15.63	克拉玛依	20.61
南京	24.50	潍坊	21.36	南宁	17.61		
无锡	20.14	济宁	19.72	柳州	15.80		

表A3-8 110城市单位碳排放就业岗位贡献数

城市	岗位/万吨	城市	岗位/万吨	城市	岗位/万吨	城市	岗位/万吨
北京	365.8	徐州	107.6	泰安	117.9	桂林	149.4
天津	160.8	常州	79.6	威海	106.5	北海	138.7
石家庄	81.5	苏州	90.1	日照	82.0	海口	364.2
唐山	38.0	南通	146.2	郑州	131.3	三亚	257.6
秦皇岛	123.3	连云港	233.2	开封	162.9	重庆	165.6
邯郸	56.9	扬州	143.8	洛阳	87.9	成都	223.0
保定	163.9	杭州	220.1	平顶山	108.1	攀枝花	56.9
太原	110.9	宁波	161.0	安阳	82.6	泸州	160.2
大同	174.9	温州	287.0	焦作	74.3	绵阳	131.3
阳泉	132.6	嘉兴	201.3	武汉	192.6	宜宾	179.2
长治	82.2	湖州	130.0	宜昌	155.5	贵阳	193.4
临汾	54.1	绍兴	168.9	荆州	168.2	遵义	109.1
呼和浩特	62.7	台州	224.1	长沙	164.1	昆明	224.0
包头	37.1	合肥	142.4	株洲	115.7	曲靖	100.5
赤峰	117.2	芜湖	107.1	湘潭	113.6	西安	321.4
沈阳	117.8	马鞍山	44.1	岳阳	123.1	铜川	169.9
大连	114.2	福州	262.3	常德	140.7	宝鸡	157.4
鞍山	55.4	厦门	382.5	张家界	194.3	咸阳	187.5
抚顺	63.2	泉州	254.5	广州	205.0	延安	258.8
长春	233.3	南昌	181.1	韶关	135.1	兰州	146.1
吉林	77.4	九江	195.7	深圳	219.3	金昌	97.3
哈尔滨	170.3	济南	158.2	珠海	416.2	西宁	92.7
齐齐哈尔	181.7	青岛	160.0	汕头	229.4	银川	130.3
大庆	90.6	淄博	59.9	佛山	77.1	石嘴山	25.7
牡丹江	174.0	枣庄	77.9	湛江	297.5	乌鲁木齐	89.9
上海	168.4	烟台	138.1	中山	125.3	克拉玛依	79.2
南京	110.9	潍坊	103.8	南宁	327.6		
无锡	77.2	济宁	88.9	柳州	90.9		

表A3-9 110城市非化石能源消耗比重

城市	%	城市	%	城市	%	城市	%
北京	4.00	徐州	3.50	泰安	2.00	桂林	2.15
天津	4.71	常州	2.60	威海	2.20	北海	5.50
石家庄	4.00	苏州	3.20	日照	4.00	海口	1.50
唐山	3.00	南通	2.90	郑州	2.30	三亚	4.70
秦皇岛	3.00	连云港	8.00	开封	3.20	重庆	11.73
邯郸	3.00	扬州	3.60	洛阳	2.00	成都	16.20
保定	3.70	杭州	8.10	平顶山	4.60	攀枝花	4.40
太原	3.00	宁波	1.30	安阳	1.80	泸州	3.50
大同	1.50	温州	3.50	焦作	7.50	绵阳	4.00
阳泉	3.00	嘉兴	2.00	武汉	16.90	宜宾	5.00
长治	2.50	湖州	2.30	宜昌	20.36	贵阳	9.00
临汾	2.50	绍兴	3.70	荆州	6.00	遵义	4.70
呼和浩特	5.00	台州	4.00	长沙	4.28	昆明	19.00
包头	4.00	合肥	4.00	株洲	3.40	曲靖	4.00
赤峰	5.00	芜湖	3.00	湘潭	3.80	西安	3.60
沈阳	4.60	马鞍山	2.00	岳阳	3.00	铜川	2.80
大连	2.98	福州	4.90	常德	3.60	宝鸡	4.90
鞍山	8.00	厦门	8.00	张家界	2.70	咸阳	0.70
抚顺	10.00	泉州	4.00	广州	13.00	延安	1.40
长春	10.00	南昌	5.60	韶关	9.00	兰州	6.00
吉林	4.00	九江	3.40	深圳	4.50	金昌	5.60
哈尔滨	5.00	济南	4.00	珠海	8.00	西宁	20.00
齐齐哈尔	5.00	青岛	4.00	汕头	3.00	银川	4.50
大庆	1.70	淄博	2.50	佛山	5.00	石嘴山	1.50
牡丹江	4.70	枣庄	2.00	湛江	6.50	乌鲁木齐	0.40
上海	11.10	烟台	4.00	中山	10.00	克拉玛依	1.70
南京	3.80	潍坊	4.00	南宁	18.00		
无锡	2.50	济宁	3.00	柳州	8.00		

表A3-10 110城市森林覆盖率

城市名称	%	城市名称	%	城市名称	%	城市名称	%
北京	21.50	徐州	27.70	泰安	34.40	桂林	58.00
天津	8.30	常州	20.00	威海	38.20	北海	28.89
石家庄	26.92	苏州	20.30	日照	34.20	海口	37.00
唐山	24.35	南通	16.80	郑州	23.30	三亚	64.40
秦皇岛	41.98	连云港	18.05	开封	15.60	重庆	34.00
邯郸	11.60	扬州	17.60	洛阳	32.82	成都	36.80
保定	20.00	杭州	64.35	平顶山	23.00	攀枝花	58.97
太原	15.00	宁波	50.50	安阳	15.00	泸州	38.40
大同	8.00	温州	59.60	焦作	13.50	绵阳	45.70
阳泉	25.25	嘉兴	16.80	武汉	25.12	宜宾	39.01
长治	26.90	湖州	50.90	宜昌	55.30	贵阳	39.93
临汾	29.50	绍兴	54.03	荆州	15.00	遵义	40.00
呼和浩特	20.00	台州	62.20	长沙	52.25	昆明	45.00
包头	10.00	合肥	15.80	株洲	60.63	曲靖	36.20
赤峰	24.00	芜湖	20.00	湘潭	45.01	西安	44.99
沈阳	24.00	马鞍山	8.30	岳阳	36.00	铜川	43.90
大连	41.50	福州	54.90	常德	43.80	宝鸡	50.00
鞍山	46.40	厦门	43.00	张家界	67.50	咸阳	23.50
抚顺	66.20	泉州	58.70	广州	38.30	延安	37.00
长春	15.00	南昌	16.10	韶关	66.10	兰州	12.21
吉林	54.00	九江	52.00	深圳	45.00	金昌	20.82
哈尔滨	44.60	济南	27.80	珠海	30.00	西宁	27.00
齐齐哈尔	13.37	青岛	35.37	汕头	30.00	银川	12.00
大庆	10.40	淄博	32.40	佛山	18.00	石嘴山	11.00
牡丹江	62.30	枣庄	31.00	湛江	27.70	乌鲁木齐	2.94
上海	11.60	烟台	38.00	中山	17.00	克拉玛依	2.50
南京	23.00	潍坊	30.60	南宁	42.15		
无锡	22.00	济宁	26.00	柳州	55.00		

表A3-11 110城市每辆公共电汽车人均乘坐次数

城市名称	次／万人／辆	城市名称	次／万人／辆	城市名称	次／万人／辆	城市名称	次／万人／辆
北京	152	徐州	328	泰安	700	桂林	1288
天津	157	常州	695	威海	908	北海	1931
石家庄	354	苏州	473	日照	919	海口	23735
唐山	309	南通	472	郑州	374	三亚	1536
秦皇岛	1189	连云港	981	开封	851	重庆	126
邯郸	316	扬州	623	洛阳	875	成都	518
保定	546	杭州	348	平顶山	412	攀枝花	2362
太原	666	宁波	748	安阳	810	泸州	1279
大同	1208	温州	318	焦作	1215	绵阳	1548
阳泉	3002	嘉兴	708	武汉	377	宜宾	2469
长治	1530	湖州	606	宜昌	705	贵阳	948
临汾	758	绍兴	543	荆州	950	遵义	1202
呼和浩特	1067	台州	242	长沙	836	昆明	439
包头	793	合肥	1030	株洲	1098	曲靖	930
赤峰	1155	芜湖	1373	湘潭	809	西安	637
沈阳	364	马鞍山	2870	岳阳	797	铜川	1700
大连	497	福州	531	常德	820	宝鸡	2305
鞍山	941	厦门	2039	张家界	2184	咸阳	1807
抚顺	1920	泉州	382	广州	364	延安	8283
长春	500	南昌	529	韶关	1492	兰州	1281
吉林	967	九江	807	深圳	802	金昌	2873
哈尔滨	395	济南	420	珠海	2329	西宁	2681
齐齐哈尔	297	青岛	378	汕头	393	银川	1514
大庆	663	淄博	356	佛山	141	石嘴山	1858
牡丹江	981	枣庄	483	湛江	359	乌鲁木齐	1128
上海	96	烟台	539	中山	1374	克拉玛依	2917
南京	667	潍坊	562	南宁	725		
无锡	237	济宁	480	柳州	1280		

表A3–12 110城市单位居住面积能耗水平

城市名称	千克/平方米	城市名称	千克/平方米	城市名称	千克/平方米	城市名称	千克/平方米
北京	8.731	徐州	1.163	泰安	1.306	桂林	1.697
天津	3.811	常州	4.434	威海	2.152	北海	3.039
石家庄	2.420	苏州	2.620	日照	3.131	海口	3.901
唐山	3.493	南通	1.591	郑州	4.606	三亚	6.896
秦皇岛	3.987	连云港	1.567	开封	4.709	重庆	4.631
邯郸	1.092	扬州	1.925	洛阳	1.697	成都	8.495
保定	1.270	杭州	6.548	平顶山	0.715	攀枝花	6.959
太原	3.756	宁波	6.843	安阳	3.004	泸州	2.752
大同	3.520	温州	2.556	焦作	3.784	绵阳	3.007
阳泉	10.417	嘉兴	1.692	武汉	5.141	宜宾	2.120
长治	1.149	湖州	1.641	宜昌	2.318	贵阳	11.560
临汾	4.732	绍兴	1.623	荆州	2.503	遵义	2.012
呼和浩特	3.560	台州	0.826	长沙	5.027	昆明	9.121
包头	5.733	合肥	8.113	株洲	2.686	曲靖	0.000
赤峰	0.779	芜湖	5.011	湘潭	2.377	西安	6.499
沈阳	4.566	马鞍山	3.202	岳阳	1.579	铜川	4.180
大连	7.514	福州	3.762	常德	1.586	宝鸡	2.881
鞍山	3.058	厦门	8.935	张家界	0.458	咸阳	1.706
抚顺	10.243	泉州	0.922	广州	8.770	延安	2.327
长春	3.467	南昌	2.382	韶关	3.825	兰州	4.034
吉林	2.738	九江	2.252	深圳	23.085	金昌	0.000
哈尔滨	2.687	济南	4.905	珠海	5.366	西宁	4.923
齐齐哈尔	2.770	青岛	3.791	汕头	5.811	银川	11.732
大庆	4.913	淄博	7.404	佛山	5.863	石嘴山	3.129
牡丹江	1.531	枣庄	2.774	湛江	2.732	乌鲁木齐	10.914
上海	7.307	烟台	1.959	中山	12.435	克拉玛依	7.307
南京	4.978	潍坊	1.506	南宁	4.531		
无锡	5.153	济宁	1.251	柳州	3.459		

表A3-13　110城市工业废水COD排放强度

城市名称	千克COD/万元	城市名称	千克COD/万元	城市名称	千克COD/万元	城市名称	千克COD/万元
北京	0.125	徐州	1.262	泰安	0.713	桂林	2.177
天津	0.418	常州	1.828	威海	0.460	北海	23.153
石家庄	3.642	苏州	1.013	日照	1.707	海口	0.275
唐山	1.817	南通	1.884	郑州	1.141	三亚	0.123
秦皇岛	1.123	连云港	0.800	开封	12.284	重庆	3.258
邯郸	0.806	扬州	1.801	洛阳	0.423	成都	3.728
保定	3.025	杭州	3.125	平顶山	1.361	攀枝花	1.147
太原	0.290	宁波	0.419	安阳	4.608	泸州	7.869
大同	6.089	温州	3.422	焦作	6.734	绵阳	0.941
阳泉	0.302	嘉兴	1.260	武汉	0.876	宜宾	6.801
长治	0.940	湖州	1.329	宜昌	1.565	贵阳	0.272
临汾	1.059	绍兴	2.260	荆州	10.151	遵义	0.725
呼和浩特	0.843	台州	0.550	长沙	0.503	昆明	0.317
包头	0.410	合肥	0.308	株洲	2.867	曲靖	0.813
赤峰	2.491	芜湖	1.711	湘潭	5.273	西安	3.236
沈阳	0.295	马鞍山	0.668	岳阳	5.692	铜川	0.534
大连	0.403	福州	0.502	常德	12.052	宝鸡	4.211
鞍山	0.511	厦门	0.146	张家界	6.081	咸阳	3.704
抚顺	0.452	泉州	2.335	广州	0.445	延安	1.446
长春	0.841	南昌	3.221	韶关	1.567	兰州	0.306
吉林	2.303	九江	1.180	深圳	0.147	金昌	1.582
哈尔滨	1.223	济南	0.352	珠海	0.364	西宁	3.556
齐齐哈尔	4.110	青岛	0.277	汕头	1.577	银川	3.803
大庆	0.449	淄博	1.100	佛山	0.999	石嘴山	3.341
牡丹江	10.058	枣庄	3.614	湛江	2.180	乌鲁木齐	1.048
上海	0.204	烟台	0.656	中山	1.128	克拉玛依	0.181
南京	0.613	潍坊	0.864	南宁	22.612		
无锡	0.787	济宁	0.661	柳州	4.699		

表A3-14 110城市工业废气二氧化硫物排放强度

城市名称	千克二氧化硫/万元	城市名称	千克二氧化硫/万元	城市名称	千克二氧化硫/万元	城市名称	千克二氧化硫/万元
北京	1.466	徐州	13.110	泰安	11.469	桂林	13.518
天津	3.148	常州	4.279	威海	8.665	北海	59.800
石家庄	11.671	苏州	4.012	日照	6.479	海口	0.150
唐山	7.784	南通	6.674	郑州	14.450	三亚	0.280
秦皇岛	8.627	连云港	8.069	开封	14.647	重庆	20.188
邯郸	11.075	扬州	8.664	洛阳	22.411	成都	6.374
保定	9.179	杭州	3.207	平顶山	16.353	攀枝花	21.753
太原	6.145	宁波	3.442	安阳	11.792	泸州	26.133
大同	22.119	温州	6.675	焦作	15.839	绵阳	6.603
阳泉	46.119	嘉兴	8.624	武汉	4.240	宜宾	20.002
长治	10.869	湖州	8.507	宜昌	4.937	贵阳	11.108
临汾	9.121	绍兴	3.689	荆州	14.901	遵义	24.057
呼和浩特	15.102	台州	6.334	长沙	6.128	昆明	7.124
包头	15.392	合肥	2.906	株洲	12.985	曲靖	13.526
赤峰	86.530	芜湖	7.186	湘潭	15.627	西安	7.433
沈阳	2.977	马鞍山	5.815	岳阳	11.887	铜川	14.661
大连	4.246	福州	7.805	常德	15.378	宝鸡	12.715
鞍山	8.118	厦门	2.207	张家界	35.072	咸阳	21.820
抚顺	6.491	泉州	4.854	广州	2.314	延安	3.868
长春	2.478	南昌	3.849	韶关	14.582	兰州	9.977
吉林	4.727	九江	19.178	深圳	1.095	金昌	20.657
哈尔滨	3.999	济南	4.119	珠海	1.867	西宁	19.339
齐齐哈尔	15.094	青岛	2.403	汕头	9.954	银川	4.806
大庆	1.827	淄博	8.726	佛山	6.064	石嘴山	49.860
牡丹江	27.838	枣庄	20.886	湛江	7.494	乌鲁木齐	16.468
上海	2.195	烟台	4.851	中山	5.164	克拉玛依	3.109
南京	3.258	潍坊	5.437	南宁	17.258		
无锡	2.618	济宁	8.259	柳州	5.653		

附件四：2008年110城市低碳发展排位比较

Appendix 4 The Order of 110 Selected Chinese Cities for Low Carbon Development in 2008

表A4-1 110城市GDP总量（2005年不变价）排位

城市名称	排名	亿元	相对值	城市名称	排名	亿元	相对值
铜川	110	107.94	0.000	南宁	55	1116.30	0.079
三亚	109	121.18	0.001	呼和浩特	54	1177.36	0.084
张家界	108	160.88	0.004	太原	53	1253.09	0.090
石嘴山	107	163.27	0.004	泰安	52	1312.53	0.094
金昌	106	168.96	0.005	中山	51	1313.47	0.095
阳泉	105	277.32	0.013	合肥	50	1388.21	0.100
北海	104	291.11	0.014	扬州	49	1393.22	0.101
西宁	103	312.34	0.016	包头	48	1448.48	0.105
攀枝花	102	371.95	0.021	保定	47	1474.14	0.107
银川	101	421.82	0.025	昆明	46	1503.19	0.109
海口	100	422.93	0.025	厦门	45	1522.70	0.111
泸州	99	429.15	0.025	南昌	44	1541.93	0.112
牡丹江	98	442.71	0.026	嘉兴	43	1664.53	0.122
大同	97	479.10	0.029	邯郸	42	1694.49	0.124
韶关	96	500.99	0.031	洛阳	41	1710.91	0.126
克拉玛依	95	516.07	0.032	威海	40	1752.21	0.129
荆州	94	543.15	0.034	台州	39	1793.36	0.132
湘潭	93	545.63	0.034	徐州	38	1826.00	0.135
宜宾	92	553.04	0.035	西安	37	1901.40	0.141
长治	91	560.01	0.035	大庆	36	1920.66	0.142
延安	90	571.02	0.036	济宁	35	1940.86	0.144
赤峰	89	578.52	0.037	常州	34	1950.39	0.145
遵义	88	578.87	0.037	鞍山	33	1974.76	0.146
马鞍山	87	589.58	0.038	绍兴	32	2092.92	0.156
开封	86	591.31	0.038	福州	31	2155.67	0.161
抚顺	85	604.86	0.039	淄博	30	2172.75	0.162
齐齐哈尔	84	610.52	0.039	南通	29	2242.76	0.167
宝鸡	83	622.44	0.040	潍坊	28	2246.05	0.168
芜湖	82	623.74	0.040	温州	27	2265.01	0.169
九江	81	626.00	0.041	长沙	26	2328.80	0.174
咸阳	80	640.22	0.042	长春	25	2389.48	0.179
曲靖	79	646.94	0.042	泉州	24	2473.81	0.186
绵阳	78	656.45	0.043	郑州	23	2504.95	0.188
日照	77	670.48	0.044	石家庄	22	2545.97	0.191
临汾	76	679.29	0.045	哈尔滨	21	2669.22	0.201

连云港	75	684.09	0.045	济南	20	2840.73	0.214
秦皇岛	74	702.40	0.047	唐山	19	3022.29	0.229
株洲	73	769.18	0.052	烟台	18	3117.95	0.236
贵阳	72	789.60	0.053	沈阳	17	3323.54	0.252
桂林	71	791.02	0.054	武汉	16	3418.50	0.260
兰州	70	796.78	0.054	大连	15	3428.69	0.260
柳州	69	806.13	0.055	成都	14	3487.12	0.265
平顶山	68	859.02	0.059	宁波	13	3505.89	0.267
安阳	67	862.31	0.059	南京	12	3597.84	0.274
乌鲁木齐	66	862.37	0.059	佛山	11	3913.97	0.299
焦作	65	890.93	0.061	青岛	10	4096.36	0.313
宜昌	64	899.13	0.062	无锡	9	4190.91	0.320
汕头	63	906.93	0.063	杭州	8	4244.12	0.324
常德	62	912.71	0.063	重庆	7	4552.02	0.349
湖州	61	922.33	0.064	天津	6	5682.06	0.437
湛江	60	923.14	0.064	苏州	5	6071.69	0.468
岳阳	59	927.48	0.064	深圳	4	7285.19	0.563
枣庄	58	968.33	0.067	广州	3	7544.98	0.583
珠海	57	997.89	0.070	北京	2	9592.95	0.744
吉林	56	1015.14	0.071	上海	1	12855.54	1.000

表A4-2　110城市单位GDP能耗排位

城市名称	排名	吨标准煤/万元	相对值	城市名称	排名	吨标准煤/万元	相对值
深圳	1	0.544	1.000	徐州	56	1.227	0.897
台州	2	0.560	0.998	宝鸡	57	1.253	0.894
厦门	3	0.600	0.992	重庆	58	1.267	0.891
珠海	4	0.603	0.991	泰安	59	1.281	0.889
汕头	5	0.632	0.987	昆明	60	1.282	0.889
延安	6	0.642	0.985	秦皇岛	61	1.299	0.887
温州	7	0.650	0.984	哈尔滨	62	1.316	0.884
湛江	8	0.659	0.983	牡丹江	63	1.335	0.881
北京	9	0.662	0.982	日照	64	1.342	0.880
中山	10	0.673	0.981	洛阳	65	1.364	0.877
福州	11	0.676	0.980	宜宾	66	1.364	0.877
广州	12	0.680	0.980	岳阳	67	1.371	0.876
长春	13	0.697	0.977	济宁	68	1.380	0.874
南通	14	0.730	0.972	大庆	69	1.382	0.874
扬州	15	0.739	0.971	株洲	70	1.390	0.873
杭州	16	0.750	0.969	芜湖	71	1.400	0.872
海口	17	0.779	0.965	绵阳	72	1.591	0.843
无锡	18	0.799	0.962	齐齐哈尔	73	1.594	0.842
上海	19	0.801	0.961	泸州	74	1.596	0.842
三亚	20	0.801	0.961	石家庄	75	1.622	0.838
佛山	21	0.802	0.961	呼和浩特	76	1.677	0.830
威海	22	0.812	0.960	荆州	77	1.690	0.828
泉州	23	0.814	0.959	鞍山	78	1.757	0.818

烟台	24	0.814	0.959	克拉玛依	79	1.769	0.816
青岛	25	0.821	0.958	枣庄	80	1.785	0.814
连云港	26	0.833	0.957	淄博	81	1.791	0.813
南宁	27	0.838	0.956	金昌	82	1.806	0.811
宁波	28	0.840	0.956	吉林	83	1.815	0.809
嘉兴	29	0.860	0.953	湘潭	84	1.816	0.809
西安	30	0.873	0.951	韶关	85	1.819	0.809
长沙	31	0.886	0.949	贵阳	86	1.820	0.808
绍兴	32	0.900	0.947	赤峰	87	1.821	0.808
成都	33	0.905	0.946	曲靖	88	1.833	0.807
南昌	34	0.906	0.946	遵义	89	1.900	0.796
苏州	35	0.906	0.946	铜川	90	1.930	0.792
常州	36	0.934	0.941	柳州	91	1.951	0.789
天津	37	0.947	0.940	兰州	92	1.987	0.783
张家界	38	0.947	0.940	焦作	93	1.991	0.783
合肥	39	0.980	0.935	平顶山	94	2.009	0.780
常德	40	0.997	0.932	大同	95	2.100	0.766
湖州	41	1.020	0.929	银川	96	2.154	0.758
北海	42	1.021	0.928	太原	97	2.230	0.747
大连	43	1.031	0.927	马鞍山	98	2.249	0.744
沈阳	44	1.046	0.925	邯郸	99	2.262	0.742
保定	45	1.060	0.923	阳泉	100	2.340	0.730
九江	46	1.068	0.921	包头	101	2.387	0.723
桂林	47	1.096	0.917	安阳	102	2.419	0.719
济南	48	1.101	0.916	乌鲁木齐	103	2.503	0.706
开封	49	1.117	0.914	唐山	104	2.600	0.691
宜昌	50	1.160	0.908	长治	105	2.930	0.642
南京	51	1.178	0.905	抚顺	106	3.084	0.619
潍坊	52	1.187	0.904	攀枝花	107	3.299	0.586
郑州	53	1.187	0.903	西宁	108	3.705	0.526
武汉	54	1.190	0.903	临汾	109	3.760	0.517
咸阳	55	1.207	0.900	石嘴山	110	7.206	0.000

表A4-3　110城市二氧化碳生产力水平排位

城市名称	排名	万元／吨二氧化碳	相对值	城市名称	排名	万元／吨二氧化碳	相对值
石嘴山	110	0.053	0.000	咸阳	55	0.332	0.375
临汾	109	0.102	0.066	潍坊	54	0.334	0.379
攀枝花	108	0.119	0.089	昆明	53	0.347	0.396
西宁	107	0.129	0.102	开封	52	0.352	0.403
长治	106	0.130	0.103	武汉	51	0.366	0.421
抚顺	105	0.131	0.105	保定	50	0.370	0.427
唐山	104	0.148	0.128	宜昌	49	0.370	0.427
包头	103	0.162	0.146	南京	48	0.372	0.430
安阳	102	0.165	0.151	济南	47	0.373	0.431
乌鲁木齐	101	0.165	0.151	九江	46	0.374	0.433
邯郸	100	0.170	0.157	沈阳	45	0.381	0.441
阳泉	99	0.170	0.158	桂林	44	0.385	0.447
马鞍山	98	0.171	0.158	湖州	43	0.388	0.451
太原	97	0.173	0.161	常德	42	0.397	0.463
大同	96	0.179	0.170	北海	41	0.401	0.468
银川	95	0.191	0.186	合肥	40	0.404	0.473
平顶山	94	0.194	0.190	大连	39	0.419	0.493
焦作	93	0.197	0.193	张家界	38	0.424	0.499
铜川	92	0.202	0.200	常州	37	0.425	0.501
遵义	91	0.209	0.210	南昌	36	0.437	0.517
柳州	90	0.210	0.212	苏州	35	0.446	0.530
赤峰	89	0.213	0.216	绍兴	34	0.451	0.536
湘潭	88	0.216	0.220	天津	33	0.456	0.543
金昌	87	0.219	0.223	嘉兴	32	0.456	0.543
枣庄	86	0.219	0.224	长沙	31	0.457	0.544
鞍山	85	0.219	0.224	连云港	30	0.481	0.576
曲靖	84	0.221	0.226	西安	29	0.485	0.581
贵阳	83	0.225	0.231	烟台	28	0.491	0.590
兰州	82	0.225	0.232	威海	27	0.494	0.594
韶关	81	0.227	0.234	无锡	26	0.500	0.602
淄博	80	0.228	0.235	成都	25	0.504	0.607
吉林	79	0.232	0.241	青岛	24	0.507	0.611
呼和浩特	78	0.239	0.250	泉州	23	0.509	0.614
石家庄	77	0.242	0.255	南宁	22	0.512	0.619
克拉玛依	76	0.248	0.263	宁波	21	0.522	0.632
荆州	75	0.248	0.263	海口	20	0.532	0.646
齐齐哈尔	74	0.251	0.266	佛山	19	0.533	0.647
绵阳	73	0.259	0.277	杭州	18	0.538	0.654
泸州	72	0.272	0.295	南通	17	0.542	0.659
芜湖	71	0.279	0.305	扬州	16	0.543	0.660
济宁	70	0.282	0.309	三亚	15	0.544	0.661

株洲	69	0.284	0.311	长春	14	0.575	0.703
洛阳	68	0.287	0.316	上海	13	0.581	0.712
岳阳	67	0.288	0.316	福州	12	0.594	0.728
日照	66	0.292	0.322	中山	11	0.623	0.768
牡丹江	65	0.302	0.335	北京	10	0.630	0.777
哈尔滨	64	0.307	0.342	温州	9	0.633	0.781
秦皇岛	63	0.307	0.342	广州	8	0.635	0.784
泰安	62	0.307	0.343	汕头	7	0.665	0.824
宜宾	61	0.313	0.350	延安	6	0.677	0.841
大庆	60	0.319	0.358	湛江	5	0.677	0.841
宝鸡	59	0.320	0.359	厦门	4	0.698	0.868
重庆	58	0.320	0.359	珠海	3	0.714	0.890
徐州	57	0.321	0.361	台州	2	0.736	0.920
郑州	56	0.329	0.371	深圳	1	0.795	1.000

表A4-4 110城市能耗的碳排放强度排位

城市名称	排名	吨二氧化碳/吨标准煤	相对值	城市名称	排名	吨二氧化碳/吨标准煤	相对值
西宁	1	2.092	1.000	福州	56	2.492	0.291
上海	2	2.147	0.902	张家界	57	2.493	0.290
成都	3	2.193	0.820	威海	58	2.493	0.290
兰州	4	2.234	0.749	长春	59	2.495	0.287
湛江	5	2.240	0.738	宝鸡	60	2.497	0.283
昆明	6	2.249	0.722	呼和浩特	61	2.498	0.281
大庆	7	2.271	0.682	连云港	62	2.498	0.281
克拉玛依	8	2.278	0.670	咸阳	63	2.499	0.279
宁波	9	2.280	0.667	烟台	64	2.499	0.278
南京	10	2.280	0.667	九江	65	2.501	0.276
三亚	11	2.295	0.639	安阳	66	2.503	0.273
武汉	12	2.296	0.638	无锡	67	2.503	0.272
延安	13	2.300	0.631	齐齐哈尔	68	2.504	0.269
泸州	14	2.305	0.622	秦皇岛	69	2.507	0.265
深圳	15	2.311	0.612	沈阳	70	2.511	0.257
天津	16	2.316	0.603	阳泉	71	2.512	0.257
大连	17	2.317	0.602	遵义	72	2.517	0.246
广州	18	2.317	0.601	常州	73	2.518	0.246
珠海	19	2.323	0.591	潍坊	74	2.522	0.238
宜昌	20	2.328	0.582	合肥	75	2.523	0.236
南宁	21	2.329	0.580	常德	76	2.526	0.232
佛山	22	2.339	0.562	南通	77	2.527	0.229
宜宾	23	2.345	0.553	南昌	78	2.529	0.227
西安	24	2.364	0.519	湖州	79	2.529	0.226
桂林	25	2.370	0.507	金昌	80	2.530	0.225
吉林	26	2.372	0.504	株洲	81	2.531	0.223
汕头	27	2.380	0.490	岳阳	82	2.533	0.218

中山	28	2.383	0.484	攀枝花	83	2.538	0.210
荆州	29	2.385	0.482	泰安	84	2.539	0.208
厦门	30	2.389	0.473	徐州	85	2.541	0.205
北京	31	2.399	0.456	开封	86	2.541	0.204
青岛	32	2.404	0.447	石家庄	87	2.544	0.200
海口	33	2.412	0.434	嘉兴	88	2.549	0.191
泉州	34	2.413	0.431	湘潭	89	2.549	0.191
乌鲁木齐	35	2.417	0.424	日照	90	2.549	0.190
台州	36	2.426	0.409	保定	91	2.551	0.187
绵阳	37	2.426	0.408	洛阳	92	2.552	0.185
韶关	38	2.427	0.406	枣庄	93	2.554	0.182
温州	39	2.430	0.402	焦作	94	2.554	0.181
银川	40	2.430	0.402	芜湖	95	2.559	0.173
济南	41	2.433	0.395	郑州	96	2.562	0.167
柳州	42	2.437	0.390	济宁	97	2.566	0.161
北海	43	2.444	0.376	平顶山	98	2.568	0.156
贵阳	44	2.447	0.371	铜川	99	2.570	0.153
淄博	45	2.451	0.365	赤峰	100	2.576	0.144
绍兴	46	2.465	0.339	包头	101	2.591	0.116
重庆	47	2.468	0.334	太原	102	2.593	0.112
长沙	48	2.469	0.332	鞍山	103	2.595	0.110
苏州	49	2.473	0.325	唐山	104	2.598	0.103
曲靖	50	2.474	0.323	邯郸	105	2.603	0.095
抚顺	51	2.477	0.318	马鞍山	106	2.605	0.091
哈尔滨	52	2.477	0.318	临汾	107	2.609	0.084
杭州	53	2.478	0.317	石嘴山	108	2.614	0.076
牡丹江	54	2.481	0.312	长治	109	2.627	0.052
扬州	55	2.491	0.294	大同	110	2.657	0.000

表A4-5　110城市能源消费总量排位

城市名称	排名	万吨标准煤	相对值	城市名称	排名	万吨标准煤	相对值
三亚	1	97.064	1.000	保定	56	1562.591	0.856
张家界	2	152.356	0.995	柳州	57	1572.535	0.855
铜川	3	208.330	0.989	兰州	58	1583.031	0.854
北海	4	297.349	0.980	南通	59	1637.213	0.849
金昌	5	305.190	0.980	长治	60	1640.842	0.849
海口	6	329.466	0.977	西安	61	1659.918	0.847
延安	7	366.596	0.974	长春	62	1666.640	0.846
连云港	8	569.851	0.954	泰安	63	1681.642	0.845
汕头	9	573.178	0.953	平顶山	64	1725.779	0.840
牡丹江	10	590.978	0.952	枣庄	65	1728.815	0.840
珠海	11	601.728	0.951	焦作	66	1773.850	0.836
湛江	12	608.346	0.950	常州	67	1821.660	0.831
阳泉	13	648.938	0.946	吉林	68	1842.910	0.829
开封	14	660.492	0.945	抚顺	69	1865.507	0.827

九江	15	668.770	0.944	绍兴	70	1883.630	0.825
泸州	16	684.930	0.942	昆明	71	1927.089	0.821
宜宾	17	754.341	0.936	呼和浩特	72	1974.681	0.816
咸阳	18	772.748	0.934	泉州	73	2013.683	0.812
宝鸡	19	779.918	0.933	长沙	74	2063.315	0.807
桂林	20	867.212	0.924	安阳	75	2085.940	0.805
芜湖	21	873.240	0.924	乌鲁木齐	76	2158.323	0.798
中山	22	883.968	0.923	徐州	77	2240.504	0.790
日照	23	900.042	0.921	洛阳	78	2333.678	0.781
银川	24	908.440	0.920	烟台	79	2539.447	0.761
常德	25	909.973	0.920	临汾	80	2554.146	0.759
韶关	26	911.296	0.920	大庆	81	2654.154	0.749
秦皇岛	27	912.416	0.920	潍坊	82	2664.958	0.748
克拉玛依	28	913.169	0.920	济宁	83	2678.720	0.747
厦门	29	913.618	0.920	太原	84	2794.400	0.736
荆州	30	917.924	0.920	宁波	85	2944.951	0.721
南宁	31	935.551	0.918	郑州	86	2973.377	0.718
湖州	32	940.773	0.917	济南	87	3128.257	0.703
齐齐哈尔	33	973.103	0.914	佛山	88	3139.003	0.702
湘潭	34	990.859	0.912	成都	89	3155.842	0.700
台州	35	1004.281	0.911	杭州	90	3183.092	0.697
大同	36	1006.112	0.911	无锡	91	3348.535	0.681
扬州	37	1029.587	0.909	青岛	92	3363.554	0.680
宜昌	38	1042.989	0.907	包头	93	3457.160	0.671
绵阳	39	1044.412	0.907	鞍山	94	3469.652	0.669
赤峰	40	1053.436	0.906	沈阳	95	3477.750	0.669
株洲	41	1069.155	0.905	哈尔滨	96	3513.226	0.665
遵义	42	1099.850	0.902	大连	97	3534.326	0.663
西宁	43	1157.125	0.896	邯郸	98	3832.943	0.634
石嘴山	44	1176.416	0.894	淄博	99	3891.717	0.628
曲靖	45	1185.845	0.893	深圳	100	3963.141	0.621
攀枝花	46	1227.069	0.889	武汉	101	4068.011	0.611
岳阳	47	1271.579	0.885	石家庄	102	4129.566	0.605
马鞍山	48	1325.788	0.880	南京	103	4238.252	0.594
合肥	49	1360.444	0.876	广州	104	5130.585	0.507
南昌	50	1396.554	0.873	天津	105	5380.915	0.482
威海	51	1423.547	0.870	苏州	106	5500.948	0.470
嘉兴	52	1431.497	0.869	重庆	107	5767.415	0.444
贵阳	53	1437.070	0.869	北京	108	6350.531	0.387
福州	54	1457.236	0.867	唐山	109	7857.950	0.239
温州	55	1472.259	0.865	上海	110	10297.288	0.000

表A4-6　110城市人均二氧化碳排放量排位

城市名称	排名	吨/人	相对值	城市名称	排名	吨/人	相对值
湛江	1	1.974	1.000	哈尔滨	56	8.641	0.832
张家界	2	2.317	0.991	厦门	57	8.766	0.829
汕头	3	2.693	0.982	平顶山	58	8.846	0.827
连云港	4	2.878	0.977	贵阳	59	8.928	0.825
南宁	5	3.106	0.971	北京	60	8.989	0.823
宜宾	6	3.332	0.966	芜湖	61	9.034	0.822
荆州	7	3.390	0.964	烟台	62	9.043	0.822
保定	8	3.491	0.962	绍兴	63	9.149	0.819
台州	9	3.511	0.961	洛阳	64	9.276	0.816
九江	10	3.517	0.961	宁波	65	9.337	0.814
开封	11	3.576	0.960	珠海	66	9.437	0.812
桂林	12	3.584	0.959	青岛	67	9.562	0.809
泸州	13	3.668	0.957	吉林	68	9.903	0.800
遵义	14	3.684	0.957	安阳	69	10.012	0.797
常德	15	3.716	0.956	郑州	70	10.245	0.791
延安	16	3.932	0.951	柳州	71	10.333	0.789
温州	17	3.937	0.950	兰州	72	10.349	0.789
三亚	18	3.943	0.950	常州	73	10.407	0.787
齐齐哈尔	19	4.282	0.942	武汉	74	10.426	0.787
海口	20	4.330	0.941	深圳	75	10.446	0.786
北海	21	4.608	0.934	天津	76	10.598	0.783
西安	22	4.685	0.932	石家庄	77	10.668	0.781
绵阳	23	4.687	0.932	邯郸	78	10.750	0.779
重庆	24	5.014	0.923	西宁	79	11.113	0.770
曲靖	25	5.074	0.922	沈阳	80	11.255	0.766
南通	26	5.087	0.921	济南	81	11.487	0.760
宝鸡	27	5.176	0.919	苏州	82	11.520	0.759
牡丹江	28	5.234	0.918	广州	83	11.675	0.755
扬州	29	5.241	0.918	上海	84	11.707	0.755
福州	30	5.318	0.916	枣庄	85	12.045	0.746
长春	31	5.384	0.914	佛山	86	12.334	0.739
成都	32	5.448	0.912	阳泉	87	12.351	0.738
岳阳	33	5.907	0.901	焦作	88	12.542	0.733
宜昌	34	6.011	0.898	银川	89	12.583	0.732
赤峰	35	6.236	0.893	威海	90	12.647	0.731
泉州	36	6.238	0.892	南京	91	12.732	0.729
铜川	37	6.380	0.889	咸阳	92	13.038	0.721
合肥	38	6.465	0.887	长治	93	13.131	0.719
韶关	39	6.467	0.887	大连	94	13.357	0.713
嘉兴	40	6.505	0.886	无锡	95	13.725	0.704
徐州	41	6.550	0.885	金昌	96	15.872	0.650
昆明	42	6.946	0.875	临汾	97	15.874	0.649

株洲	43	7.294	0.866	呼和浩特	98	18.459	0.584
潍坊	44	7.557	0.859	乌鲁木齐	99	19.109	0.568
南昌	45	7.652	0.857	抚顺	100	20.519	0.532
秦皇岛	46	7.735	0.855	太原	101	20.876	0.523
长沙	47	7.735	0.855	淄博	102	21.170	0.516
泰安	48	7.826	0.852	大庆	103	21.746	0.501
日照	49	8.063	0.846	鞍山	104	24.275	0.438
湖州	50	8.300	0.840	马鞍山	105	26.018	0.394
中山	51	8.391	0.838	唐山	106	27.470	0.357
大同	52	8.409	0.838	攀枝花	107	28.014	0.343
杭州	53	8.442	0.837	包头	108	35.377	0.158
湘潭	54	8.591	0.833	石嘴山	109	41.311	0.008
济宁	55	8.626	0.832	克拉玛依	110	41.628	0.000

表A4-7　110城市居民低碳消费系数排位

城市名称	排名	%	相对值	城市名称	排名	%	相对值
绵阳	110	6.569	0.000	湘潭	55	19.995	0.579
宜宾	109	7.773	0.052	重庆	54	20.042	0.581
北海	108	11.473	0.211	苏州	53	20.116	0.584
九江	107	13.100	0.282	无锡	52	20.143	0.585
嘉兴	106	13.394	0.294	郑州	51	20.156	0.586
石嘴山	105	15.169	0.371	长沙	50	20.187	0.587
泉州	104	15.428	0.382	芜湖	49	20.187	0.587
中山	103	15.633	0.391	齐齐哈尔	48	20.328	0.593
临汾	102	15.634	0.391	连云港	47	20.340	0.594
厦门	101	15.772	0.397	平顶山	46	20.472	0.600
常德	100	15.801	0.398	克拉玛依	45	20.606	0.605
柳州	99	15.802	0.398	温州	44	20.646	0.607
福州	98	16.257	0.418	岳阳	43	20.937	0.620
开封	97	16.279	0.419	台州	42	21.064	0.625
曲靖	96	16.318	0.420	天津	41	21.085	0.626
攀枝花	95	16.380	0.423	兰州	40	21.087	0.626
昆明	94	16.490	0.428	马鞍山	39	21.190	0.630
海口	93	16.791	0.441	抚顺	38	21.208	0.631
桂林	92	17.033	0.451	鞍山	37	21.215	0.632
深圳	91	17.100	0.454	保定	36	21.218	0.632
青岛	90	17.344	0.465	济南	35	21.284	0.635
杭州	89	17.432	0.468	宝鸡	34	21.349	0.637
徐州	88	17.451	0.469	延安	33	21.355	0.638
南宁	87	17.610	0.476	潍坊	32	21.356	0.638
武汉	86	17.688	0.479	哈尔滨	31	21.359	0.638
贵阳	85	17.748	0.482	阳泉	30	21.657	0.651
长治	84	17.764	0.483	石家庄	29	21.865	0.660
邯郸	83	17.799	0.484	大同	28	22.022	0.666
成都	82	17.964	0.491	唐山	27	22.028	0.667
大连	81	18.116	0.498	常州	26	22.074	0.669
三亚	80	18.129	0.499	包头	25	22.311	0.679

威海	79	18.324	0.507	长春	24	22.462	0.685
合肥	78	18.429	0.511	株洲	23	22.480	0.686
银川	77	18.523	0.515	洛阳	22	22.564	0.690
西宁	76	18.570	0.517	广州	21	22.800	0.700
宜昌	75	18.599	0.519	呼和浩特	20	23.150	0.715
日照	74	18.619	0.520	安阳	19	23.222	0.718
上海	73	18.713	0.524	绍兴	18	23.281	0.721
湛江	72	18.800	0.527	西安	17	23.575	0.733
沈阳	71	18.862	0.530	太原	16	24.030	0.753
焦作	70	18.912	0.532	韶关	15	24.484	0.773
乌鲁木齐	69	18.930	0.533	南京	14	24.500	0.773
枣庄	68	19.015	0.537	扬州	13	24.600	0.778
南昌	67	19.057	0.539	珠海	12	24.687	0.781
遵义	66	19.267	0.548	佛山	11	24.713	0.782
大庆	65	19.442	0.555	泸州	10	24.750	0.784
铜川	64	19.450	0.555	汕头	9	24.789	0.786
荆州	63	19.534	0.559	秦皇岛	8	25.133	0.801
赤峰	62	19.624	0.563	牡丹江	7	25.525	0.817
张家界	61	19.650	0.564	金昌	6	25.628	0.822
烟台	60	19.671	0.565	咸阳	5	26.136	0.844
泰安	59	19.687	0.566	淄博	4	26.206	0.847
济宁	58	19.718	0.567	南通	3	26.662	0.866
宁波	57	19.849	0.573	吉林	2	28.058	0.927
湖州	56	19.869	0.574	北京	1	29.759	1.000

表A4-8 110城市单位碳排放就业岗位贡献数排位

城市名称	排名	岗位/吨二氧化碳	相对值	城市名称	排名	岗位/吨二氧化碳	相对值
石嘴山	110	0.003	0.000	北海	55	0.014	0.289
包头	109	0.004	0.029	常德	54	0.014	0.295
唐山	108	0.004	0.031	合肥	53	0.014	0.299
马鞍山	107	0.004	0.047	扬州	52	0.014	0.302
临汾	106	0.005	0.073	兰州	51	0.015	0.308
鞍山	105	0.006	0.076	南通	50	0.015	0.308
攀枝花	104	0.006	0.080	桂林	49	0.015	0.317
邯郸	103	0.006	0.080	宜昌	48	0.016	0.332
淄博	102	0.006	0.087	宝鸡	47	0.016	0.337
呼和浩特	101	0.006	0.095	济南	46	0.016	0.339
抚顺	100	0.006	0.096	青岛	45	0.016	0.344
焦作	99	0.007	0.124	泸州	44	0.016	0.344
佛山	98	0.008	0.132	天津	43	0.016	0.346
无锡	97	0.008	0.132	宁波	42	0.016	0.346
吉林	96	0.008	0.132	开封	41	0.016	0.351
枣庄	95	0.008	0.134	保定	40	0.016	0.354
克拉玛依	94	0.008	0.137	长沙	39	0.016	0.354
常州	93	0.008	0.138	重庆	38	0.017	0.358

石家庄	92	0.008	0.143	荆州	37	0.017	0.365
日照	91	0.008	0.144	上海	36	0.017	0.365
长治	90	0.008	0.145	绍兴	35	0.017	0.367
安阳	89	0.008	0.146	铜川	34	0.017	0.369
洛阳	88	0.009	0.159	哈尔滨	33	0.017	0.370
济宁	87	0.009	0.162	牡丹江	32	0.017	0.380
乌鲁木齐	86	0.009	0.164	大同	31	0.017	0.382
苏州	85	0.009	0.165	宜宾	30	0.018	0.393
大庆	84	0.009	0.166	南昌	29	0.018	0.398
柳州	83	0.009	0.167	齐齐哈尔	28	0.018	0.399
西宁	82	0.009	0.172	咸阳	27	0.019	0.414
金昌	81	0.010	0.183	武汉	26	0.019	0.427
曲靖	80	0.010	0.192	贵阳	25	0.019	0.429
潍坊	79	0.010	0.200	张家界	24	0.019	0.432
威海	78	0.011	0.207	九江	23	0.020	0.435
芜湖	77	0.011	0.208	嘉兴	22	0.020	0.450
徐州	76	0.011	0.210	广州	21	0.021	0.459
平顶山	75	0.011	0.211	深圳	20	0.022	0.496
遵义	74	0.011	0.213	杭州	19	0.022	0.498
南京	73	0.011	0.218	成都	18	0.022	0.505
太原	72	0.011	0.218	昆明	17	0.022	0.508
湘潭	71	0.011	0.225	台州	16	0.022	0.508
大连	70	0.011	0.227	汕头	15	0.023	0.522
株洲	69	0.012	0.230	连云港	14	0.023	0.531
赤峰	68	0.012	0.234	长春	13	0.023	0.532
沈阳	67	0.012	0.236	泉州	12	0.025	0.586
泰安	66	0.012	0.236	三亚	11	0.026	0.594
岳阳	65	0.012	0.249	延安	10	0.026	0.597
秦皇岛	64	0.012	0.250	福州	9	0.026	0.606
中山	63	0.013	0.255	温州	8	0.029	0.669
湖州	62	0.013	0.267	湛江	7	0.030	0.696
银川	61	0.013	0.268	西安	6	0.032	0.757
郑州	60	0.013	0.270	南宁	5	0.033	0.773
绵阳	59	0.013	0.270	海口	4	0.036	0.867
阳泉	58	0.013	0.274	北京	3	0.037	0.871
韶关	57	0.014	0.280	厦门	2	0.038	0.914
烟台	56	0.014	0.288	珠海	1	0.042	1.000

表A4-9　110城市非化石能源消耗比重排位

城市名称	排名	%	相对值	城市名称	排名	%	相对值
乌鲁木齐	110	0.40	0.000	台州	55	4.00	0.180
咸阳	109	0.70	0.015	合肥	54	4.00	0.180
宁波	108	1.30	0.045	泉州	53	4.00	0.180
延安	107	1.40	0.050	济南	52	4.00	0.180
大同	106	1.50	0.055	青岛	51	4.00	0.180
海口	105	1.50	0.055	烟台	50	4.00	0.180
石嘴山	104	1.50	0.055	潍坊	49	4.00	0.180
大庆	103	1.70	0.065	日照	48	4.00	0.180
克拉玛依	102	1.70	0.065	绵阳	47	4.00	0.180
安阳	101	1.80	0.070	曲靖	46	4.00	0.180
嘉兴	100	2.00	0.080	长沙	45	4.28	0.194
马鞍山	99	2.00	0.080	攀枝花	44	4.40	0.200
枣庄	98	2.00	0.080	深圳	43	4.50	0.205
泰安	97	2.00	0.080	银川	42	4.50	0.205
洛阳	96	2.00	0.080	沈阳	41	4.60	0.210
桂林	95	2.15	0.088	平顶山	40	4.60	0.210
威海	94	2.20	0.090	牡丹江	39	4.70	0.215
湖州	93	2.30	0.095	三亚	38	4.70	0.215
郑州	92	2.30	0.095	遵义	37	4.70	0.215
长治	91	2.50	0.105	天津	36	4.71	0.216
临汾	90	2.50	0.105	福州	35	4.90	0.225
无锡	89	2.50	0.105	宝鸡	34	4.90	0.225
淄博	88	2.50	0.105	呼和浩特	33	5.00	0.230
常州	87	2.60	0.110	赤峰	32	5.00	0.230
张家界	86	2.70	0.115	哈尔滨	31	5.00	0.230
铜川	85	2.80	0.120	齐齐哈尔	30	5.00	0.230
南通	84	2.90	0.125	佛山	29	5.00	0.230
大连	83	2.98	0.129	宜宾	28	5.00	0.230
唐山	82	3.00	0.130	北海	27	5.50	0.256
秦皇岛	81	3.00	0.130	南昌	26	5.60	0.261
邯郸	80	3.00	0.130	金昌	25	5.60	0.261
太原	79	3.00	0.130	荆州	24	6.00	0.281
阳泉	78	3.00	0.130	兰州	23	6.00	0.281
芜湖	77	3.00	0.130	湛江	22	6.50	0.306
济宁	76	3.00	0.130	焦作	21	7.50	0.356
岳阳	75	3.00	0.130	鞍山	20	8.00	0.381
汕头	74	3.00	0.130	连云港	19	8.00	0.381
苏州	73	3.20	0.140	厦门	18	8.00	0.381
开封	72	3.20	0.140	珠海	17	8.00	0.381
九江	71	3.40	0.150	柳州	16	8.00	0.381
株洲	70	3.40	0.150	杭州	15	8.10	0.386
徐州	69	3.50	0.155	韶关	14	9.00	0.431

温州	68	3.50	0.155	贵阳	13	9.00	0.431
泸州	67	3.50	0.155	抚顺	12	10.00	0.481
扬州	66	3.60	0.160	长春	11	10.00	0.481
常德	65	3.60	0.160	中山	10	10.00	0.481
西安	64	3.60	0.160	上海	9	11.10	0.536
保定	63	3.70	0.165	重庆	8	11.73	0.568
绍兴	62	3.70	0.165	广州	7	13.00	0.631
南京	61	3.80	0.170	成都	6	16.20	0.792
湘潭	60	3.80	0.170	武汉	5	16.90	0.827
北京	59	4.00	0.180	南宁	4	18.00	0.882
石家庄	58	4.00	0.180	昆明	3	19.00	0.932
包头	57	4.00	0.180	西宁	2	20.00	0.982
吉林	56	4.00	0.180	宜昌	1	20.36	1.000

表A4-10 110城市森林覆盖率排位

城市名称	排名	%	相对值	城市名称	排名	%	相对值
克拉玛依	110	2.5	0.000	潍坊	55	30.6	0.432
乌鲁木齐	109	2.9	0.007	枣庄	54	31.0	0.438
大同	108	8.0	0.085	淄博	53	32.4	0.460
天津	107	8.3	0.089	洛阳	52	32.8	0.466
马鞍山	106	8.3	0.089	重庆	51	34.0	0.485
包头	105	10.0	0.115	日照	50	34.2	0.488
大庆	104	10.4	0.122	泰安	49	34.4	0.491
石嘴山	103	11.0	0.131	青岛	48	35.4	0.506
邯郸	102	11.6	0.140	岳阳	47	36.0	0.515
上海	101	11.6	0.140	曲靖	46	36.2	0.518
银川	100	12.0	0.146	成都	45	36.8	0.528
兰州	99	12.2	0.149	海口	44	37.0	0.531
齐齐哈尔	98	13.4	0.167	延安	43	37.0	0.531
焦作	97	13.5	0.169	烟台	42	38.0	0.546
太原	96	15.0	0.192	威海	41	38.2	0.549
长春	95	15.0	0.192	广州	40	38.3	0.551
安阳	94	15.0	0.192	泸州	39	38.4	0.552
荆州	93	15.0	0.192	宜宾	38	39.0	0.562
开封	92	15.6	0.202	贵阳	37	39.9	0.576
合肥	91	15.8	0.205	遵义	36	40.0	0.577
南昌	90	16.1	0.209	大连	35	41.5	0.600
南通	89	16.8	0.220	秦皇岛	34	42.0	0.607
嘉兴	88	16.8	0.220	南宁	33	42.2	0.610
中山	87	17.0	0.223	厦门	32	43.0	0.623
扬州	86	17.6	0.232	常德	31	43.8	0.635
佛山	85	18.0	0.238	铜川	30	43.9	0.637
连云港	84	18.1	0.239	哈尔滨	29	44.6	0.648
保定	83	20.0	0.269	西安	28	45.0	0.654
呼和浩特	82	20.0	0.269	深圳	27	45.0	0.654
常州	81	20.0	0.269	昆明	26	45.0	0.654
芜湖	80	20.0	0.269	湘潭	25	45.0	0.654

苏州	79	20.3	0.274	绵阳	24	45.7	0.665
金昌	78	20.8	0.282	鞍山	23	46.4	0.675
北京	77	21.5	0.292	宝鸡	22	50.0	0.731
无锡	76	22.0	0.300	宁波	21	50.5	0.738
南京	75	23.0	0.315	湖州	20	50.9	0.745
平顶山	74	23.0	0.315	九江	19	52.0	0.762
郑州	73	23.3	0.320	长沙	18	52.3	0.765
咸阳	72	23.5	0.323	吉林	17	54.0	0.792
赤峰	71	24.0	0.331	绍兴	16	54.0	0.793
沈阳	70	24.0	0.331	福州	15	54.9	0.806
唐山	69	24.4	0.336	柳州	14	55.0	0.808
武汉	68	25.1	0.348	宜昌	13	55.3	0.812
阳泉	67	25.3	0.350	桂林	12	58.0	0.854
济宁	66	26.0	0.362	泉州	11	58.7	0.865
长治	65	26.9	0.375	攀枝花	10	59.0	0.869
石家庄	64	26.9	0.376	温州	9	59.6	0.878
西宁	63	27.0	0.377	株洲	8	60.6	0.894
徐州	62	27.7	0.388	台州	7	62.2	0.918
湛江	61	27.7	0.388	牡丹江	6	62.3	0.920
济南	60	27.8	0.389	杭州	5	64.4	0.952
北海	59	28.9	0.406	三亚	4	64.4	0.952
临汾	58	29.5	0.415	韶关	3	66.1	0.978
珠海	57	30.0	0.423	抚顺	2	66.2	0.980
汕头	56	30.0	0.423	张家界	1	67.5	1.000

表A4-11　110城市每辆公共电汽车人均乘坐次数排位

城市名称	排名	次/人/辆	相对值	城市名称	排名	次/人/辆	相对值
上海	110	0.010	0.000	深圳	55	0.080	0.030
重庆	109	0.013	0.001	九江	54	0.081	0.030
佛山	108	0.014	0.002	湘潭	53	0.081	0.030
北京	107	0.015	0.002	安阳	52	0.081	0.030
天津	106	0.016	0.003	常德	51	0.082	0.031
无锡	105	0.024	0.006	长沙	50	0.084	0.031
台州	104	0.024	0.006	开封	49	0.085	0.032
齐齐哈尔	103	0.030	0.008	洛阳	48	0.087	0.033
唐山	102	0.031	0.009	威海	47	0.091	0.034
邯郸	101	0.032	0.009	日照	46	0.092	0.035
温州	100	0.032	0.009	曲靖	45	0.093	0.035
徐州	99	0.033	0.010	鞍山	44	0.094	0.036
杭州	98	0.035	0.011	贵阳	43	0.095	0.036
石家庄	97	0.035	0.011	荆州	42	0.095	0.036
淄博	96	0.036	0.011	吉林	41	0.097	0.037
湛江	95	0.036	0.011	牡丹江	40	0.098	0.037
广州	94	0.036	0.011	连云港	39	0.098	0.037
沈阳	93	0.036	0.011	合肥	38	0.103	0.040
郑州	92	0.037	0.012	呼和浩特	37	0.107	0.041

武汉	91	0.038	0.012	株洲	36	0.110	0.042
青岛	90	0.038	0.012	乌鲁木齐	35	0.113	0.044
泉州	89	0.038	0.012	赤峰	34	0.115	0.045
汕头	88	0.039	0.013	秦皇岛	33	0.119	0.046
哈尔滨	87	0.040	0.013	遵义	32	0.120	0.047
平顶山	86	0.041	0.013	大同	31	0.121	0.047
济南	85	0.042	0.014	焦作	30	0.122	0.047
昆明	84	0.044	0.014	泸州	29	0.128	0.050
南通	83	0.047	0.016	柳州	28	0.128	0.050
苏州	82	0.047	0.016	兰州	27	0.128	0.050
济宁	81	0.048	0.016	桂林	26	0.129	0.050
枣庄	80	0.048	0.016	芜湖	25	0.137	0.054
大连	79	0.050	0.017	中山	24	0.137	0.054
长春	78	0.050	0.017	韶关	23	0.149	0.059
成都	77	0.052	0.018	银川	22	0.151	0.060
南昌	76	0.053	0.018	长治	21	0.153	0.061
福州	75	0.053	0.018	三亚	20	0.154	0.061
烟台	74	0.054	0.019	绵阳	19	0.155	0.061
绍兴	73	0.054	0.019	铜川	18	0.170	0.068
保定	72	0.055	0.019	咸阳	17	0.181	0.072
潍坊	71	0.056	0.020	石嘴山	16	0.186	0.075
湖州	70	0.061	0.022	抚顺	15	0.192	0.077
扬州	69	0.062	0.022	北海	14	0.193	0.078
西安	68	0.064	0.023	厦门	13	0.204	0.082
大庆	67	0.066	0.024	张家界	12	0.218	0.088
太原	66	0.067	0.024	宝鸡	11	0.231	0.093
南京	65	0.067	0.024	珠海	10	0.233	0.094
常州	64	0.070	0.025	攀枝花	9	0.236	0.096
泰安	63	0.070	0.026	宜宾	8	0.247	0.100
宜昌	62	0.071	0.026	西宁	7	0.268	0.109
嘉兴	61	0.071	0.026	马鞍山	6	0.287	0.117
南宁	60	0.072	0.027	金昌	5	0.287	0.117
宁波	59	0.075	0.028	克拉玛依	4	0.292	0.119
临汾	58	0.076	0.028	阳泉	3	0.300	0.123
包头	57	0.079	0.029	延安	2	0.828	0.346
岳阳	56	0.080	0.030	海口	1	2.373	1.000

表A4-12 110城市单位居住面积能耗水平排位

城市名称	排名	千克/平方米	相对值	城市名称	排名	千克/平方米	相对值
张家界	1	0.458	1.000	唐山	55	3.493	0.866
平顶山	2	0.715	0.989	大同	56	3.520	0.865
赤峰	3	0.779	0.986	呼和浩特	57	3.560	0.863
台州	4	0.826	0.984	太原	58	3.756	0.854
泉州	5	0.922	0.979	福州	59	3.762	0.854
邯郸	6	1.092	0.972	焦作	60	3.784	0.853
长治	7	1.149	0.969	青岛	61	3.791	0.853
徐州	8	1.163	0.969	天津	62	3.811	0.852
济宁	9	1.251	0.965	韶关	63	3.825	0.851
保定	10	1.270	0.964	海口	64	3.901	0.848
泰安	11	1.306	0.963	秦皇岛	65	3.987	0.844
潍坊	12	1.506	0.954	兰州	66	4.034	0.842
牡丹江	13	1.531	0.953	铜川	67	4.180	0.835
连云港	14	1.567	0.951	常州	68	4.434	0.824
岳阳	15	1.579	0.950	南宁	69	4.531	0.820
常德	16	1.586	0.950	沈阳	70	4.566	0.818
南通	17	1.591	0.950	郑州	71	4.606	0.817
绍兴	18	1.623	0.949	重庆	72	4.631	0.816
湖州	19	1.641	0.948	开封	73	4.709	0.812
嘉兴	20	1.692	0.945	临汾	74	4.732	0.811
桂林	21	1.697	0.945	济南	75	4.905	0.803
洛阳	22	1.697	0.945	大庆	76	4.913	0.803
咸阳	23	1.706	0.945	西宁	77	4.923	0.803
扬州	24	1.925	0.935	南京	78	4.978	0.800
烟台	25	1.959	0.934	芜湖	79	5.011	0.799
遵义	26	2.012	0.931	长沙	80	5.027	0.798
宜宾	27	2.120	0.927	武汉	81	5.141	0.793
威海	28	2.152	0.925	无锡	82	5.153	0.793
九江	29	2.252	0.921	珠海	83	5.366	0.783
宜昌	30	2.318	0.918	包头	84	5.733	0.767
延安	31	2.327	0.917	汕头	85	5.811	0.763
湘潭	32	2.377	0.915	佛山	86	5.863	0.761
南昌	33	2.382	0.915	西安	87	6.499	0.733
石家庄	34	2.420	0.913	杭州	88	6.548	0.731
荆州	35	2.503	0.910	宁波	89	6.843	0.718
温州	36	2.556	0.907	三亚	90	6.896	0.715
苏州	37	2.620	0.904	攀枝花	91	6.959	0.713
株洲	38	2.686	0.902	克拉玛依	92	7.307	0.697
哈尔滨	39	2.687	0.901	上海	93	7.307	0.697
湛江	40	2.732	0.899	淄博	94	7.404	0.693
吉林	41	2.738	0.899	大连	95	7.514	0.688

泸州	42	2.752	0.899	合肥	96	8.113	0.662
齐齐哈尔	43	2.770	0.898	成都	97	8.495	0.645
枣庄	44	2.774	0.898	北京	98	8.731	0.634
宝鸡	45	2.881	0.893	广州	99	8.770	0.633
安阳	46	3.004	0.887	厦门	100	8.935	0.625
绵阳	47	3.007	0.887	昆明	101	9.121	0.617
北海	48	3.039	0.886	抚顺	102	10.243	0.568
鞍山	49	3.058	0.885	阳泉	103	10.417	0.560
石嘴山	50	3.129	0.882	乌鲁木齐	104	10.914	0.538
日照	51	3.131	0.882	贵阳	105	11.560	0.509
马鞍山	52	3.202	0.879	银川	106	11.732	0.502
柳州	53	3.459	0.867	中山	107	12.435	0.471
长春	54	3.467	0.867	深圳	108	23.085	0.000

表A4-13　110城市工业废水COD排放强度排位

城市名称	排名	吨/万元	相对值	城市名称	排名	吨/万元	相对值
三亚	1	0.000	1.000	攀枝花	56	0.001	0.956
北京	2	0.000	1.000	九江	57	0.001	0.954
厦门	3	0.000	0.999	哈尔滨	58	0.001	0.952
深圳	4	0.000	0.999	嘉兴	59	0.001	0.951
克拉玛依	5	0.000	0.997	徐州	60	0.001	0.951
上海	6	0.000	0.996	湖州	61	0.001	0.948
贵阳	7	0.000	0.994	平顶山	62	0.001	0.946
海口	8	0.000	0.993	延安	63	0.001	0.943
青岛	9	0.000	0.993	宜昌	64	0.002	0.937
太原	10	0.000	0.993	韶关	65	0.002	0.937
沈阳	11	0.000	0.993	汕头	66	0.002	0.937
阳泉	12	0.000	0.992	金昌	67	0.002	0.937
兰州	13	0.000	0.992	日照	68	0.002	0.931
合肥	14	0.000	0.992	芜湖	69	0.002	0.931
昆明	15	0.000	0.992	扬州	70	0.002	0.927
济南	16	0.000	0.990	唐山	71	0.002	0.926
珠海	17	0.000	0.990	常州	72	0.002	0.926
大连	18	0.000	0.988	南通	73	0.002	0.924
包头	19	0.000	0.988	桂林	74	0.002	0.911
天津	20	0.000	0.987	湛江	75	0.002	0.911
宁波	21	0.000	0.987	绍兴	76	0.002	0.907
洛阳	22	0.000	0.987	吉林	77	0.002	0.905
广州	23	0.000	0.986	泉州	78	0.002	0.904
大庆	24	0.000	0.986	赤峰	79	0.002	0.897
抚顺	25	0.000	0.986	株洲	80	0.003	0.881
威海	26	0.000	0.985	保定	81	0.003	0.874
福州	27	0.001	0.984	杭州	82	0.003	0.870
长沙	28	0.001	0.983	南昌	83	0.003	0.865
鞍山	29	0.001	0.983	西安	84	0.003	0.865

铜川	30	0.001	0.982	重庆	85	0.003	0.864
台州	31	0.001	0.981	石嘴山	86	0.003	0.860
南京	32	0.001	0.979	温州	87	0.003	0.857
烟台	33	0.001	0.977	西宁	88	0.004	0.851
济宁	34	0.001	0.977	枣庄	89	0.004	0.848
马鞍山	35	0.001	0.976	石家庄	90	0.004	0.847
泰安	36	0.001	0.974	咸阳	91	0.004	0.845
遵义	37	0.001	0.974	成都	92	0.004	0.843
无锡	38	0.001	0.971	银川	93	0.004	0.840
连云港	39	0.001	0.971	齐齐哈尔	94	0.004	0.827
邯郸	40	0.001	0.970	宝鸡	95	0.004	0.822
曲靖	41	0.001	0.970	安阳	96	0.005	0.805
长春	42	0.001	0.969	柳州	97	0.005	0.801
呼和浩特	43	0.001	0.969	湘潭	98	0.005	0.776
潍坊	44	0.001	0.968	岳阳	99	0.006	0.758
武汉	45	0.001	0.967	张家界	100	0.006	0.741
长治	46	0.001	0.965	大同	101	0.006	0.741
绵阳	47	0.001	0.964	焦作	102	0.007	0.713
佛山	48	0.001	0.962	宜宾	103	0.007	0.710
苏州	49	0.001	0.961	泸州	104	0.008	0.664
乌鲁木齐	50	0.001	0.960	牡丹江	105	0.010	0.569
临汾	51	0.001	0.959	荆州	106	0.010	0.565
淄博	52	0.001	0.958	常德	107	0.012	0.482
秦皇岛	53	0.001	0.957	开封	108	0.012	0.472
中山	54	0.001	0.956	南宁	109	0.023	0.023
郑州	55	0.001	0.956	北海	110	0.023	0.000

表A4-14　110城市工业废气二氧化硫排放强度排位

城市名称	排名	吨/万元	相对值	城市名称	排名	吨/万元	相对值
海口	1	0.000	1.000	济宁	56	0.008	0.906
三亚	2	0.000	0.998	湖州	57	0.009	0.903
深圳	3	0.001	0.989	嘉兴	58	0.009	0.902
北京	4	0.001	0.985	秦皇岛	59	0.009	0.902
大庆	5	0.002	0.981	扬州	60	0.009	0.901
珠海	6	0.002	0.980	威海	61	0.009	0.901
上海	7	0.002	0.976	淄博	62	0.009	0.901
厦门	8	0.002	0.976	临汾	63	0.009	0.896
广州	9	0.002	0.975	保定	64	0.009	0.895
青岛	10	0.002	0.974	汕头	65	0.010	0.887
长春	11	0.002	0.973	兰州	66	0.010	0.886
无锡	12	0.003	0.971	长治	67	0.011	0.876
合肥	13	0.003	0.968	邯郸	68	0.011	0.874
沈阳	14	0.003	0.967	贵阳	69	0.011	0.873
克拉玛依	15	0.003	0.966	泰安	70	0.011	0.869
天津	16	0.003	0.965	石家庄	71	0.012	0.867

杭州	17	0.003	0.965	安阳	72	0.012	0.865
南京	18	0.003	0.964	岳阳	73	0.012	0.864
宁波	19	0.003	0.962	宝鸡	74	0.013	0.855
绍兴	20	0.004	0.959	株洲	75	0.013	0.851
南昌	21	0.004	0.957	徐州	76	0.013	0.850
延安	22	0.004	0.957	桂林	77	0.014	0.845
哈尔滨	23	0.004	0.955	曲靖	78	0.014	0.845
苏州	24	0.004	0.955	郑州	79	0.014	0.834
济南	25	0.004	0.954	韶关	80	0.015	0.833
武汉	26	0.004	0.953	开封	81	0.015	0.832
大连	27	0.004	0.953	铜川	82	0.015	0.832
常州	28	0.004	0.952	荆州	83	0.015	0.829
吉林	29	0.005	0.947	齐齐哈尔	84	0.015	0.827
银川	30	0.005	0.946	呼和浩特	85	0.015	0.827
烟台	31	0.005	0.946	常德	86	0.015	0.824
泉州	32	0.005	0.946	包头	87	0.015	0.824
宜昌	33	0.005	0.945	湘潭	88	0.016	0.821
中山	34	0.005	0.942	焦作	89	0.016	0.818
潍坊	35	0.005	0.939	平顶山	90	0.016	0.812
柳州	36	0.006	0.936	乌鲁木齐	91	0.016	0.811
马鞍山	37	0.006	0.934	南宁	92	0.017	0.802
佛山	38	0.006	0.932	九江	93	0.019	0.780
长沙	39	0.006	0.931	西宁	94	0.019	0.778
太原	40	0.006	0.931	宜宾	95	0.020	0.770
台州	41	0.006	0.928	重庆	96	0.020	0.768
成都	42	0.006	0.928	金昌	97	0.021	0.763
日照	43	0.006	0.927	枣庄	98	0.021	0.760
抚顺	44	0.006	0.927	攀枝花	99	0.022	0.750
绵阳	45	0.007	0.925	咸阳	100	0.022	0.749
南通	46	0.007	0.924	大同	101	0.022	0.746
温州	47	0.007	0.924	洛阳	102	0.022	0.742
昆明	48	0.007	0.919	遵义	103	0.024	0.723
芜湖	49	0.007	0.919	泸州	104	0.026	0.699
西安	50	0.007	0.916	牡丹江	105	0.028	0.679
湛江	51	0.007	0.915	张家界	106	0.035	0.596
唐山	52	0.008	0.912	阳泉	107	0.046	0.468
福州	53	0.008	0.911	石嘴山	108	0.050	0.425
连云港	54	0.008	0.908	北海	109	0.060	0.309
鞍山	55	0.008	0.908	赤峰	110	0.087	0.000

附件五：中国城市低碳发展大事记（2005～2010年）

Appendix 5 Chronology of the Major Events of Chinese Urban Low-Carbon Development Since 2005

2005年

2005年2月28日 第十届全国人民代表大会常务委员会第十四次会议通过了《中华人民共和国可再生能源法》。

2005年6月27日 国务院发布《关于做好建设节约型社会近期重点工作的通知》（国发[2005]21号）。

2005年7月2日 国务院发布《关于加快发展循环经济的若干意见》（国发[2005]22号）。

2006年

2006年1月1日 《中华人民共和国可再生能源法》开始正式实施。

2006年7月19日 国务院总理温家宝主持召开国务院常务会议，讨论并原则通过《国务院关于加强节能工作的决定》。会议要求，各地区、各部门要全面贯彻落实科学发展观，把节能工作摆在更加突出的战略位置。

2006年12月26日 科技部、中国气象局、国家发改委、原国家环保总局等6部委联合发布了我国第一部《气候变化国家评估报告》。该报告是我国编制的第一部有关全球气候变化及其影响的国家评估报告，它的发布意义在于向国际社会进一步表明我国高度重视全球气候变化问题，为我国参与全球气候变化的国际事务、促进国民经济和社会的可持续发展提供科学决策依据；为未来我国参与全球气候变化领域的科学研究指出了方向；为编制《中国应对气候变化国家方案》、部署应对气候变化各项工作提供了科学依据。

2007年

2007年4月23～24日 “低碳经济和中国能源与环境政策研讨会”在北京成功举办。会议由中国环境与发展国际合作委员会秘书长祝光耀主持，英国副首相普里斯科特、挪威国会议员布伦德出席研讨会并发表演讲。

2007年5月30日 国务院总理温家宝主持召开国务院常务会议，审议并决定颁布《中国应对气候变化国家方案》。该方案回顾了我国气候变化的状况和应对气候变化的不懈努力，分析了气候变化对我国的影响与挑战，提出了应对气候变化的指导思想、原则、目标以及相关政策和措施，阐明了我国对气候变化若干问题的基本立场及国际合作需求。

2007年6月1日 国务院办公厅下发《关于公共建筑空调温度控制标准的通知》（国办发［2007］42号）。

2007年6月4日 中国政府正式发布《中国应对气候变化国家方案》，这是中国第一部应对气候变化的全面的政策性文件，也是发展中国家颁布的第一部应对气候变化的国家方案。方案的颁布实施，彰显了中国政府负责任大国的态度。

2007年6月7日 国务院总理温家宝主持召开国务院常务会议，审议并原则通过《可再生能源中长期发展规划》。

2007年7月9日 温家宝总理主持召开国家应对气候变化及节能减排工作领导小组第一次会议，审议了《推动落实节能减排综合性工作方案部门分工》、《落实应对气候变化国家方案部门分工》等文件。

2007年7月11日 国务院总理温家宝主持召开国务院常务会议，研究部署当前节能减排和应对气候变化工作，审议同意《2007年各部门节能减排工作安排》、《2007年各部门应对气候变化工作安排》和《单位GDP能耗统计指标体系监测体系和考核体系实施方案》。

2007年7月30日 国务院办公厅下发《关于建立政府强制采购节能产品制度的通知》（国办发［2007］51号）。

2007年9月4日 国家发改委发布《可再生能源中长期发展规划》。可再生能源占能源消费总量的比例将从目前的7%大幅增加到2010年的10%和2020年的15%；优先开发水力和风力作为可再生能源；为达到此目标，到2020年共需投资两万亿元；国家将出台各种税收和财政激励措施。

2007年9月8日 国家主席胡锦涛在亚太经合组织第15次领导人非正式会议上明确主张"发展低碳经济"，并提出4项建议应对全球气候变化：应该加强研发和推广节能技术、环保技术、低碳能源技术，建立"亚太森林恢复与可持续管理网络"，共同促进亚太地区森林恢复和增长，增加碳汇，减缓气候变化。

2007年9月16～22日 北京，天津，上海，深圳等108个城市同时进行"首届中国城市公交周及无车日"活动，活动主题为"绿色交通与健康"，同时，每年的9月22日定为"无车日"。

2007年9月26日 国务院总理温家宝主持召开国务院常务会议，讨论并原则通过《国家环境保护"十一五"规划》。

2007年10月28日 《中华人民共和国节约能源法》由中华人民共和国第十届全国人民代表大会常务委员会第三十次会议修订通过。

2007年12月14日 国家发展和改革委员会下发《关于批准武汉城市圈和长株潭城市群为全国资源节约型和环境友好型社会建设综合配套改革实试验区的通知》（发改经体［2007］3428号）。

2007年12月26日 国务院新闻办发表《中国的能源状况与政策》白皮书，着重提出能源多元化发展，并将可再生能源发展正式列为国家能源发展战略的重要组成部分，不再提以煤炭为主。

2007年12月31日 国务院办公厅下发《关于限制生产销售使用塑料购物袋的通知》（国办发[2007] 72号）

2008年

2008年4月1日 新修订的《中华人民共和国节约能源法》开始施行，新《节能法》在节能基本制度、法律调整范围、激励政策、法律责任等方面进行了较大修改。

2008年6月27日 胡锦涛总书记在中央政治局集体学习会上强调，必须以对中华民族和全人类长远发展高度负责的精神，充分认识应对气候变化的重要性和紧迫性，坚定不移地走可持续发展道路，采取更加有力的政策措施，全面加强应对气候变化能力建设，为我国和全球可持续发展事业进行不懈努力。

2008年7月23日 国务院总理温家宝主持召开国务院常务会议，研究部署加强节油节电工作和开展全民节能行动，审议并原则通过《公共机构节能条例（草案）》和《民用建筑节能条例（草案）》。

2008年10月1日 《公共机构节能条例》和《民用建筑节能条例》开始实施。

2008年10月10日 住房和城乡建设部下发《关于印发绿色建筑评价标识实施细则（试行修订）等文件的通知》（建科综[2008] 61号）。

2008年10月29日 国务院新闻办公室发表了《中国应对气候变化的政策与行动》白皮书，详细阐明了气候变化与中国国情、气候变化对中国的影响、应对气候变化的战略和目标、减缓气候变化的政策与行动、适应气候变化的政策与行动、提高全社会应对气候变化意识、加强气候变化领域国际合作、应对气候变化的体制机制建设等重大问题的原则立场和诸种积极措施。

2009年

2009年1月23日 国务院办公厅下发《关于治理商品过度包装工作的通知》。

2009年3月19～23日 由国家发改委、环境保护部、国家能源局、中国科学院等13个单位联合主办、中国可持续发展研究会承办的“2009中国国际节能减排与新能源科技博览会”在北京隆重举行。

2009年3月25～26日 国家发改委在西安召开全国发展改革系统资源节约和环境保护工作会议。会议的主要议题是：学习实践科学发展观，贯彻落实中央经济工作会议和十一届全国人大二次会议通过的《政府工作报告》的精神，总结近年来推进资源节约和环境保护工作进展情况及存在的问题，交流各地区的主要做法和经验，研究部署2009年资源节约和环境保护工作。

2009年4月17日 国家发改委、环境保护部等14个部委联合下发《关于2009年全国节能宣传周活动安排意见的通知》。

2009年5月18日 国家发改委、财政部下发《关于印发“节能产品惠民工程”高效节能房间空调器推广实施细则的通知》。

2009年6月5日 国务院召开国家应对气候变化领导小组暨节能减排工作领导小组会议，会议要求严控“两高”行业盲目扩张，大力发展循环经济，加快高效节能产品推广。

2009年7月19日 国务院办公厅下发《2009年节能减排工作安排的通知》（国办发[2009] 48号）。

2009年8月12日 国务院总理温家宝主持召开国务院常务会议，听取并审议了国家发改委《关于应对气候变化工作情况》的报告，研究部署应对气候变化有关工作，审议并原则通过《规划环境影响评价条例（草案）》。

2009年8月24日 第十一届全国人民代表大会常务委员会第十次会议审议并通过《国务院关于应对气候变化工作情况的报告》。报告主要内容有：将应对气候变化纳入国民经济和社会发展规划，研究制订《关于发展低碳经济的指导意见》，从中国国情和实际出发，开展低碳经济试点示范，试行碳排放强度考核制度，探索控制温室气体排放的体制机制，在特定区域或行业内探索性开展碳排放交易。

2009年8月27日 全国人大常委会表决通过《关于积极应对气候变化的决议》，这是中国最高国家权力机关首次专门就应对气候变化这一全球性重大问题作出决议。

2009年9月22日 国家主席胡锦涛在联合国气候变化峰会开幕式上发表了题为《携手应对气候变化挑战》的重要讲话指出：“全球气候变化深刻影响人类生存和发展”，“各国领导人汇聚联合国，共商应对气候变化大计，这对推动国际社会有力应对气候变化这一全球性挑战具有十分重要的意义”。

2009年9月22日 国家发展和改革委员会、科技部、工业和信息化部、财政部、住房和城乡建设部、国家质检总局联合下发《关于印发半导体照明节能产业发展意见的通知》。

2009年10月1日 《公共机构节能条例》开始施行，公务用车优先选用低能耗、低污染、使用清洁能源的车辆。

2009年11月6日 国家林业局发布《应对气候变化林业行动计划》。

2009年11月17日 中国国家主席胡锦涛和美国总统奥巴马在北京举行会谈。双方会谈后发表的《中美联合声明》强调，向绿色经济、低碳经济转型十分关键，未来数年清洁能源产业将为两国民众提供大量机会。双方相信，应对气候变化应该尊重发展中国家把经济和社会发展作为优先事项，并相信向低碳经济转型是促进所有国家经济持续增长和可持续发展的机会。

2009年11月25日 国务院总理温家宝主持召开国务院常务会议。会议决定，到2020年我国单位国内生产总值二氧化碳排放比2005年下降40%～45%，作为约束性指标纳入国民经济和社会发展中长期规划，并制定相应的国内统计、监测、考核办法。

2009年12月7日～18日 哥本哈根联合国气候变化大会召开，主要任务是确定全球第二承诺期应对气候变化的安排。

2009年12月18日 国务院总理温家宝在哥本哈根出席联合国气候变化会议领导人会议，并发表题为《凝聚共识 加强合作 推进应对气候变化历史进程》的重要讲话。他指出，中国是最早制定实施《应对气候变化国家方案》的发展中国家；中国是近年来节能减排力度最大的国家；中国是新能源和可再生能源增长速度最快的国家；中国是世界人工造林面积最大的国家。

2009年12月29日 北京市十三届人大常委会第十五次会议审议了《北京市实施〈中华人民共和国节约能源法〉办法（修订草案）》。

2010年

2010年1月16日 住房城乡建设部与深圳市人民政府在深圳签署合作框架，共建国家低碳生态示范市。

2010年1月20日 国务院总理温家宝主持召开国务院常务会议，研究部署加强淘汰落后产能工作。会议指出，加快淘汰落后产能是转变经济发展方式、提高经济增长质量和效益、有效应对国际金融危机的迫切要求，也是推进节能减排、积极应对全球气候变化的需要。会议对电力、煤炭、焦炭、铁合金、电石、钢铁、有色金属、建材、轻工、纺织等重点行业近期淘汰落后产能提出了具体目标任务，并研究了实现目标任务的措施。

2010年1月22日 国务院办公厅下发 《关于成立国家能源委员会的通知》（国办发〔2010〕12号）。国务院总理温家宝出任能源委主任，副总理李克强任副主任。

2010年1月29日 国务院总理温家宝分别复信丹麦首相拉斯穆森和联合国秘书长潘基文，表示中方积极评价并支持联合国哥本哈根气候变化会议发表的《哥本哈根协议》。重申，中国将采取积极措施，努力实现提出的国内自主行动目标，到2020年单位国内生产总值二氧化碳排放比2005年下降40%～45%，非化石能源占一次能源消费的比重达到15%左右，森林面积比2005年增加4000万公顷，森林蓄积量比2005年增加13亿立方米。

2010年3月26日 国务院国有资产监督管理委员会颁布《中央企业节能减排监督管理暂行办法》。

2010年4月1日 《中华人民共和国可再生能源法》（修正案）开始实施，这是迄今为止进入修改轨道最快的一部法律。

2010年4月2日 国务院办公厅转发发展改革委等部门《关于加快推行合同能源管理促进节能服务产业发展的意见的通知》（国办发[2010]25号）。

2010年4月22日 国家能源委员会首次召开全体会议。中共中央政治局常委、国务院总理、国家能源委员会主任温家宝主持会议，提出加强能源发展战略研究，大力培育新能源产业等六点工作要求：编制好“十二五”能源发展总体规划和专项规划；落实2020年非化石能源消费比重提高到15%的目标；构建以低碳排放为主的工业、交通、建筑体系；加快先进适用技术研究与推广应用；全方位拓展能源对外合作领域和空间；加强煤电油运供需衔接，满足居民生活和重点领域、重点单位需求。

2010年5月4日 国务院发布《关于进一步加大工作力度、确保实现“十一五”节能减排目标的通知》（国发2010〕12号）。

2010年5月5日 国务院召开全国节能减排工作电视电话会议，动员和部署加强节能减排工作。国务院总理温家宝作了重要讲话，他强调，要切实把节能减排作为加强宏观调控、调整经济结构、转变发展方式的重要任务，本着对国家、对人民、对历史高度负责的精神，下更大的决心，花更大的气力，做更大的努力，确保实现“十一五”节能减排目标。

2010年5月7～9日 “绿色经济与应对气候变化国际合作会议”在国家会议中心举行。中共中央政治局常委、国务院副总理李克强出席开幕式并发表主旨演讲。李克强强调，要推动绿色发展，加快经济发展方式转变，促进世界经济健康复苏和可持续发展。

2010年5月7～10日 “2010上海世博—低碳建筑与绿色城市论坛暨世界屋顶绿化大会”在上海成功举办。

2010年5月11日 由中国社会科学院城市发展与环境研究所与湖南工业大学联手打造的全球低碳城市联合研究中心在湖南工业大学挂牌成立，这是国内第一家由国家级科研院所与地方高校联姻打造的低碳城市研究机构。该机构由中国社会科学院城市发展与环境研究所所长潘家华任理事长，湖南工业大学校长王汉青任副理事长，环境经济学家梁本凡研究员任主任，两型社会研究院常务副院长周跃云任副主任。全球低碳城市联合研究中心主要从事城市低碳发展规划、城市低碳发展指数、城市温室气体排放清单、城市低碳产业技术集成、城市低碳项目与招商策划、国际低碳城市学术交流等等。宗旨是打造学术精品，引领世界潮流，推进文明发展，服务人类世界。

2010年5月21日 住房城乡建设部和科技部下发关于印发《村镇宜居型住宅技术推广目录》和《既有建筑节能改造技术推广目录》的通知（建科研函[2010]74号）。

2010年6月4日 国务院办公厅《关于进一步加大节能减排力度、加快钢铁工业结构调整的若干意见》。（国办发〔2010〕34号）

2010年7月12日 工业和信息化部下发《关于开展单位产品能耗限额标准执行情况和高耗能落后机电设备（产品）淘汰情况专项督查的通知》的通知（工信厅节函[2010]482号）。

2010年7月19日 国家发改委发布了《国家发展改革委关于开展低碳省区和低碳城市试点工作的通知》。确定首先在广东、辽宁、湖北、陕西、云南五省和天津、重庆、深圳、厦门、杭州、南昌、贵阳、保定八市开展试点。

2010年8月23日 中日韩三国旅游部长在浙江湖州共同签署了《低碳旅游倡议书》，以推进旅游业可持续发展。

2010年8月31日 上海市政协十一届六十三次主席会议审议通过了《上海发展低碳经济的实施路径和对策建议（草案）》

附注说明：大事记中所涉及的有关官方文件发布及重大会议与活动的信息来源为：中华人民共和国政府网站（http://www.gov.cn)、中国城市发展网（http://www.chinacity.org.cn/）、国家各部委官方网站以及各大媒体新闻报道，这里不再一一列举；对其所提供的信息参考，一并在此鸣谢。

后 记

《中国城市低碳发展2011》，中国城市低碳发展评价与考核指标体系，中国110城市低碳发展定量评价与排位等成果，带着很多城市、很多机构与很多学者的期望，终于与读者见面了。在这十月怀胎，一朝分娩，无限喜悦之际，我们不能忘记曾经为此成果直接和间接付出辛勤劳动与汗水的参与者与支持者。

首先要提到的是中国社会科学院城市发展与环境研究所、湖南工业大学、经济杂志社。这三个单位的领导高瞻远瞩，为研究工作提供了相关资源。其次要感谢的是这些单位参与研究与编辑工作的研究人员。他们在资料十分缺乏的情况下，克服各种困难，较好地完成了预定的研究工作任务。

潘家华所长全程指导研究工作，全程参加课题研讨，并对研究成果的核心部分进行修订。王汉青校长和陈志强社长多次参加课题组的研究活动并指导工作。中国科学院张雷教授在研究方法上对课题组进行了多次指导。杨重光研究员为指标体系的修改提出了宝贵的意见。研究的组织与全书的统稿工作由梁本凡研究员和周跃云教授负责完成，英文摘要的制作和修改由文章作者、梁本凡、陈梦玫和Claire Markgraf合作完成。成果的出版、印刷、发布与宣传工作由陈颖负责，蔡钱英、王曦、张健、邢章萍、韩倩、彭文迪、周蓓、吴冀、杨岩等参加了文字编辑工作。

完成本成果需要的指标数据之多，基础数据收集之难，是人们难以想象的。在这里要特别提到的是，我们的未来精英，在炎热的夏天，为基础数据收集贡献了他们的时间、精力与智慧。这些精英，除书中已署名或提到的以外，还有中国科学院的吴志安、苟亚青同学，北京大学殷杰、王柳、高雄帅同学，中国人民大学穆志慧、周蓉、李贞贞、刘莹同学，北京化工大学王玉凤、孙慧娟、张欣欣、周兆霞同学，中国地质大学刘碧、陈慧芳同学，北京交通大学姚明涛、马涛同学，北京邮电大学谢虹同学，河北大学杨勇同学、中国农业大学的孙淑静同学，湖南师范大学的向赵先超、向明电、周丽、朱凡瑾、仝娟同学等。

正是由于上述提到与没有提到的同志的辛苦努力，才得以完成这样一项具有重大社会意义的工作，在此，我们表示衷心的感谢与崇高的敬意。有了今年的研究与合作基础，我们希望明年的工作会做得更好。

梁本凡

2010年12月28日